投资的怪圈

Your Money and Your Brain

成为洞察人性的聪明投资者

［美］贾森·茨威格 _著

蒋宗强 _译

中信出版集团｜北京

图书在版编目（CIP）数据

投资的怪圈：成为洞察人性的聪明投资者/（美）贾森·茨威格著；蒋宗强译. -- 北京：中信出版社，2020.5（2021.4重印）

书名原文：Your Money and Your Brain: How the New Science of Neuroeconomics Can Help Make You Rich

ISBN 978-7-5217-1617-7

Ⅰ.①投… Ⅱ.①贾…②蒋… Ⅲ.①投资行为－研究 Ⅳ.① F830.59

中国版本图书馆 CIP 数据核字（2020）第 034625 号

Your Money and Your Brain: How the New Science of Neuroeconomics Can Help Make You Rich
Original English Language edition Copyright © 2007 by Jason Zweig
Published by arrangement with the original publisher, Simon & Schuster, Inc.
Simplified Chinese translation copyright © 2020 by CITIC Press Corporation
All Rights Reserved.

本书仅限中国大陆地区发行销售

投资的怪圈——成为洞察人性的聪明投资者

著　　者：[美] 贾森·茨威格
译　　者：蒋宗强
出版发行：中信出版集团股份有限公司
　　　　　（北京市朝阳区惠新东街甲 4 号富盛大厦 2 座　邮编　100029）
承　印　者：中国电影出版社印刷厂

开　　本：880mm×1230mm　1/32　　印　　张：13.25　　字　　数：307 千字
版　　次：2020 年 5 月第 1 版　　　　印　　次：2021 年 4 月第 4 次印刷
京权图字：01-2019-7320
书　　号：ISBN 978-7-5217-1617-7
定　　价：62.00 元

版权所有·侵权必究
如有印刷、装订问题，本公司负责调换。
服务热线：400-600-8099
投稿邮箱：author@citicpub.com

献给我的妻子,
她用真爱和优雅做了真正有意义的工作。

大咖力荐

本书简短有趣,包含了大量关于大脑、思维和金钱的深刻认知。首次阅读的时候,你肯定能学到很多东西,或许想再读一遍,学习更多。

——丹尼尔·卡尼曼(Daniel Kahneman)
普林斯顿大学心理学教授,2002年诺贝尔经济学奖得主

贾森·茨威格这本书具有开创性,他的发现挑战了我们关于投资行为的诸多传统观念。他高瞻远瞩地制定了一系列投资规则,如果遵循,将有利于避免做出情绪化决策;而投资者长期以来因为这些错误决策付出了高昂代价。与大多数投资类图书相比,这本书出类拔萃。

——戴维·德雷曼(David Dreaman)
《逆向投资策略》作者

贾森·茨威格开展了一流的研究,以诙谐的、非正式的文风向门外汉们阐释了复杂的问题,让大家理解大脑是如何运作的,以及如何利用本书的知识走出投资误区,做出明智决策。

——《出版人周刊》星级书评

贾森·茨威格是研究投资过程的知名专家，他写了一本关于新兴学科神经经济学的佳作。买一本，读一读，让自己成为一个更有思想、更加优秀的投资者。

——比尔·米勒（Bill Miller）
美盛集团前董事长兼首席投资官

贾森·茨威格了解影响你财务决策的魔鬼有哪些，它们住在哪里，为何令你贫穷，以及如何打败它们。为了你自己、你的未来及你的后代，这本书值得一读。

——威廉·伯恩斯坦（William Bernstein）
俄勒冈健康与科学大学临床神经学教授，
美国著名财富管理公司 Efficient Frontier Advisors 联合创始人，
《投资的四大支柱》作者

我不确定神经经济学是否能让你变成富人，但我确定贾森·茨威格这本书的深刻评论将使你变得更睿智。这是科学报道领域的专业人士所写的一部信息丰富的著作。

——安东尼奥·达马西奥（Antonio Damasio）
南加州大学大脑与创新研究所所长，
《笛卡尔的错误》与《寻找斯宾诺莎》作者

如同广告所言，这本书讲述的内容与你的大脑有关，但它并非只讲述了你的大脑，幸运的是，它还讲述了贾森·茨威格的，这是多么聪明、迷人、有启发性、强大而独特的大脑啊！要仔细倾听茨威格的话。我读过无数本关于投资的书，但这本书慷慨给予的知识是其他书无法媲美的。

——彼得·伯恩斯坦（Peter L. Bernstein）
《与天为敌》作者

金钱与大脑这对奇怪的组合在茨威格这本有趣的书中得到了很好的阐释。

——约瑟夫·勒杜（Joseph LeDoux）
纽约大学教授，《情绪化的大脑》作者

21世纪个人理财领域的显著突破，就是找出投资决策如此糟糕的原因……在关于投资心理学和神经经济学的著作中，记者贾森·茨威格这本书为懒惰的投资者提供了全面的治疗方法。

——罗伯特·弗里克（Robert Frick）
《基普林格个人理财》杂志资深编辑

茨威格这本书探讨了投资者的诸多行为产生的原因，让寻求投资建议和投资产品的买家同卖家处于平等地位，每一位投资者都值得一读。

——比尔·巴恩哈特（Bill Barnhart）
《芝加哥论坛报》记者

每一位金融专业人士都应该读一读这本书，至少每年都要读一遍。这将使他能够更加明晰地洞察为自己和客户做出的投资决策。

——迈克·克罗斯（Mike Clowes）
《投资新闻》记者

神经经济学融合了心理学、经济学和脑科学知识，这本书引人入胜、可读性强。

——卡拉·麦奎尔（Kara McGuire）
《明尼阿波利斯明星论坛报》记者

这本书很有说服力……快去买一本吧,这是很好的投资。

——汤姆·史蒂文森(Tom Stevenson)

英国《每日电讯报》记者

目录
Contents

第一章
神经经济学

第二章
思考与感觉

凭直觉的肠胃科医生 / 011
人有两个大脑 / 014
如果你非常聪明，为何行为如此愚蠢？ / 024
豆形软糖综合征 / 027
充分利用大脑的反射系统和反思系统 / 030

第三章
贪　婪

"我知道中奖的感觉有多棒" / 043
马克·吐温的收益 / 045
大脑的预期回路如同 Wi-Fi 热点一样星罗棋布 / 047
迫不及待的老鼠 / 050
为什么好消息会如此糟糕？ / 052

记忆是由金钱铸就的 / 054

对于期待的预期 / 056

胜算渺茫 / 057

忽视的风险 / 059

预期游戏 / 060

控制你的贪婪 / 062

第四章

预　　期

古巴比伦的巴鲁与股市预测者 / 065

概率有多大？ / 069

鸽子、老鼠和随机性 / 071

我们的大脑是如何形成的？ / 075

什么是多巴胺？ / 078

预测瘾 / 081

无意识学习 / 083

好事难过三 / 086

你最近为我赚了多少？ / 089

如何修正预测？ / 092

第五章
信　心

什么？我会焦虑？ / 107

我是最棒的 / 111

没有比"家"更舒适的地方 / 115

纯粹曝光效应的可怕影响 / 118

只对"哈莉·贝瑞"有反应的神经元 / 121

控制错觉 / 126

真的安全吗？ / 131

我运气正好 / 134

我一直都知道 / 139

我知道，我早就知道 / 144

让你的自信回归到正确水平 / 150

第六章
风　险

投资要冷静 / 161

现实的风险 / 163

我们可以从鸟类和蜜蜂身上学到什么？ / 167

框架效应 / 171

为何存在框架效应? / 175
那个不幸者会是谁呢? / 178
从众效应 / 180
放弃孤注一掷的投资 / 184
让风险为你服务 / 186

第七章
恐　惧

你害怕什么? / 195
大脑的热键 / 202
恐惧是正确的 / 207
人多就安全吗? / 211
当谁都不知道概率的时候 / 213
与恐惧做斗争 / 216

第八章
惊　讶

小意外也能带来惊讶 / 223
"从哪栋楼上跳下去最好?" / 225

让你感到惊讶的前扣带回皮质 / 226

意外的不对称性 / 229

苹果公司为何受挫？ / 230

负面消息的代价 / 232

打破意外的循环 / 234

第九章

懊 悔

雨中的狗 / 241

禀赋效应 / 243

没有人喜欢失去 / 246

人们往往很难摆脱现实 / 249

意外之财 / 252

选择空间 / 255

假设思维 / 256

懊悔的残酷后果 / 260

比较和对比 / 262

墨菲定律与投资 / 264

主管厌恶和恶心情绪的脑岛 / 270

随着时间的流逝…… / 275

如何减轻你的懊悔？ / 277

第十章
快　乐

钱（这才是我想要的） / 291

我要是个富人，该有多好啊！ / 292

不要纠缠于不幸 / 295

那不是很好吗？ / 299

记忆错觉 / 302

难以捉摸的快乐 / 304

有益的社交令人更快乐 / 306

攀比能带来快乐吗？ / 308

快乐能换来钱吗？ / 312

让自己成为幸运者 / 314

生命中的时间 / 317

拖延症 / 322

老年时光依然可以很美好 / 324

让自己快乐起来 / 328

附录1　十条基本的投资规则 / 339

附录2　排除某些投资的规则清单 / 341

附录3　投资策略声明 / 345

致　谢 / 349

注　释 / 353

额叶　顶叶

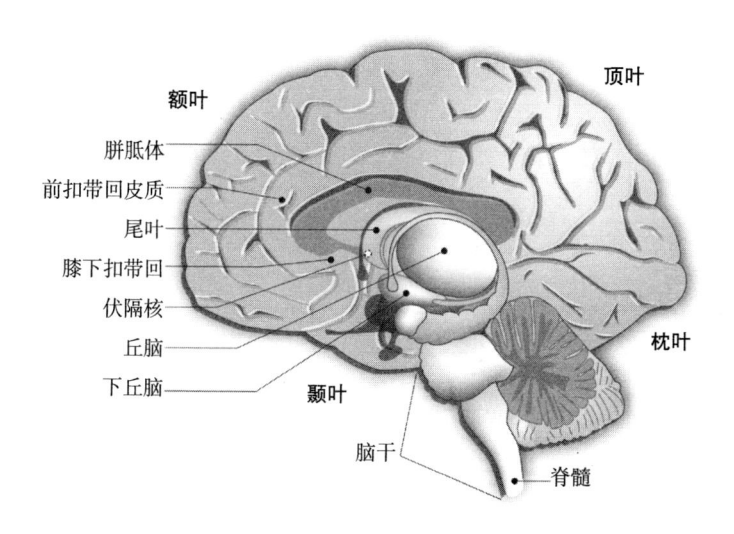

胼胝体
前扣带回皮质
尾叶
膝下扣带回
伏隔核
丘脑
下丘脑

颞叶

枕叶

脑干

脊髓

顶部

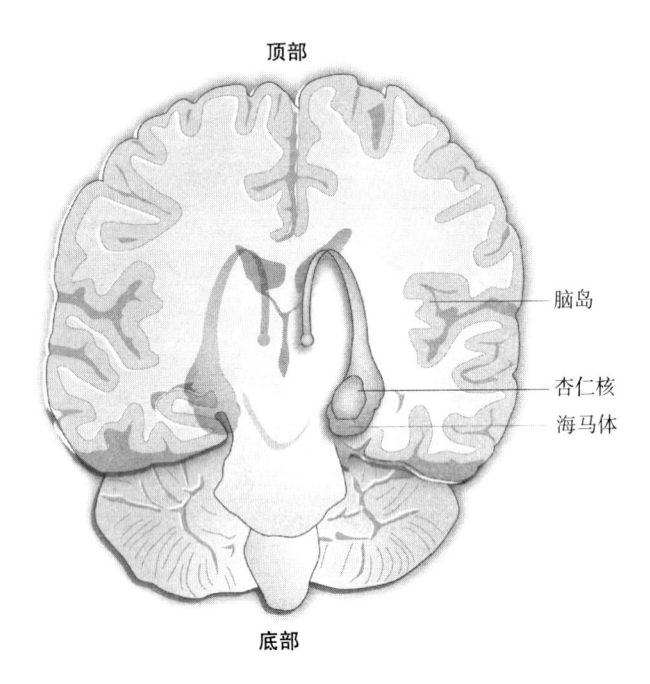

脑岛

杏仁核

海马体

底部

顶叶

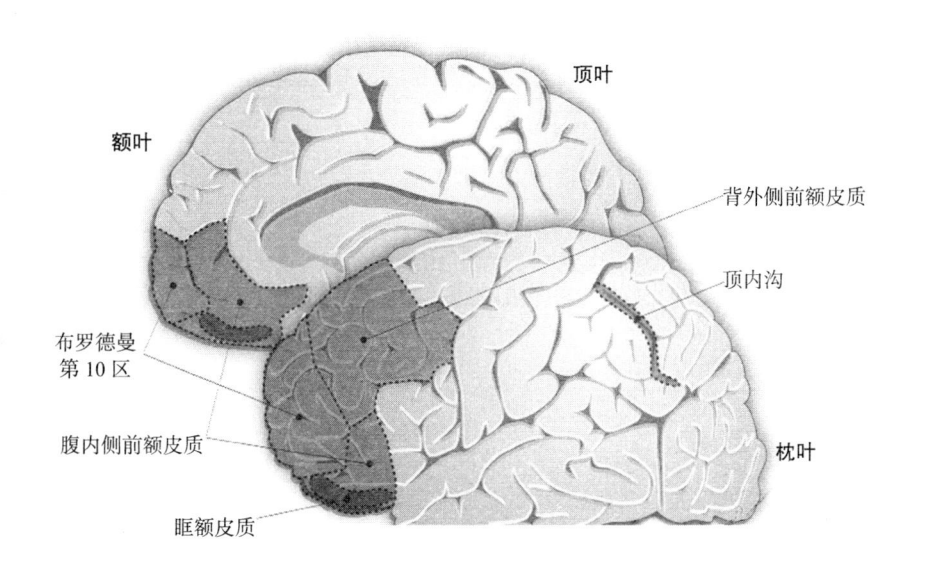

额叶

背外侧前额皮质

顶内沟

布罗德曼
第10区

腹内侧前额皮质

枕叶

眶额皮质

第一章
神经经济学

大脑，名词，一个让我们认为自己在思考的器官。[1]
——美国作家安布罗斯·比尔斯（Ambrose Bierce）

"我怎么会这么愚蠢呢?！"如果你从来没有愤怒地对自己大喊过这句话，那么你就算不上一个真正的投资者。在人类的所有活动中，或许投资最能让聪明人感到自己何其愚蠢。这就是为什么我要用任何投资者都能理解的术语来解释，当你在做关于钱的决定时，你的大脑里发生了什么。如果你想让某个工具或机器充分发挥效用，那么至少要了解一点它的运作原理，这对你是有帮助的。我们的大脑也是如此。如果你想让你的大脑在投资过程中发挥最大效用，那么你就要了解大脑，进而优化思维，否则永远无法实现财富的最大化。幸运的是，在过去多年里，科学家们在研究人类大脑估计收益、评估风险和计算概率的方式上取得了惊人的成果。借助影像技术的奇迹，我们现在可以精确地观察到在投资过程中神经通路的传导情况。

自 1987 年以来，我一直是一名财经记者。在了解投资的过程中，最令我兴奋的莫过于神经经济学领域的惊人发现。这是一个融合了神经学、经济学和心理学的新领域。得益于它的出现，我们可以开始理解投资行为背后的驱动因素究竟是什么，不仅可以从投资理论或实践层面去理解，而且可以从基本的生物功能角度去理解。这些根本性的见解所带来的光芒，将使你以前所未有的方式看到，是什么让自己成为一名投资者。

在这场对金融真相的终极探索之旅中，我将带你走进一些世界领先的神经经济学家的实验室，亲自描述他们那些令人着迷的实验，因为我请这些研究人员对我的大脑进行了一次又一次的研究。（对于我的大脑，神经经济学家们达成的科学共识很简单：那里一团糟。）

神经经济学的发现表明，我们所了解的诸多投资观点都是错误的。理论上，我们对投资了解得越多、越深刻，我们赚的钱就越多。长期以来，经济学家一直坚持认为投资者知道自己想要什么，理解风险收益权衡，并能合理地利用信息来追求自己的目标。

然而，在实践中，这些假设往往被证明是完全错误的。看看表 1–1，哪一边看起来更像你？

表 1–1 投资理财中的理论与实践

理论	实践
你觉得自己拥有清晰、连贯的财务目标	你根本不知道自己的目标是什么。之前，你可能觉得自己知道目标，但你已经改变目标了
你觉得自己能够仔细地计算成败概率	你觉得自己的亲戚朋友推荐的股票"肯定没问题"，直到赔得分文不剩时才回过神来，震惊不已
你觉得能够准确地了解自己的风险承受能力	在市场行情上行时，你说自己对风险的承受能力很高；当市场行情下行时，你惊慌失措，无法承受风险

（续表）

理论	实践
你觉得自己能高效地处理有用信息，以实现未来财富的最大化	你持有安然公司和世通公司的股票，但从不仔细阅读它们财报里面那些用小号字体给出的信息，从而没有注意到可能存在的风险
你觉得自己越聪明，挣的钱就越多	1720年，艾萨克·牛顿在一场股灾中赔得血本无归，拉开了天才们遭遇金融投资失败的序幕
你觉得越密切跟踪投资信息，就越能挣到钱	如果时刻关心自己的股票有什么新闻，那么你的收益率可能低于那些几乎不关心者的收益率
你觉得自己在投资方面做的事情越多，挣的钱就越多	"专业"投资者的收益率一般不会超过"业余"投资者的收益率

你并不孤单。很多减肥者从普瑞提金减肥法（Pritikin）换到阿特金斯减肥法（Atkins），再换到南滩减肥法（South Beach），结果到最后体重跟起初一样，甚至比起初还重。投资者最大的敌人往往是他们自己，他们知道得越多越是这样。

- 每个人都知道应该低买高卖，然而，我们经常高买低卖。
- 每个人都知道打败市场几乎是不可能的，但几乎每个人都认为自己能做到这一点。
- 每个人都知道恐慌性抛售是个坏主意，但是如果一家公司宣布每股赢利23美分，达不到市场预期的24美分，那么在一分半钟内，该公司的市值就可能暴跌50亿美元。
- 每个人都知道，华尔街那些自诩投资策略大师的人无法预测市场走势，但投资者仍然将那些在电视上发表预测的金融专家说的每一句话都牢记在心。
- 每个人都知道追逐热门股票或基金肯定会引火烧身，但每年仍有数百万投资者飞蛾扑火。尽管他们在一两年前发誓再也不会这么做，许多人依然重蹈覆辙。

本书的主题之一就是，我们的大脑经常驱使我们去做一些在投资层面不符合逻辑的事情，但这些事情从情绪上来看，却完全行得通。这并不会让我们失去理性，而是让我们更富有人性。我们人类大脑最初的设计是为了更多地获得一切能够提高生存概率的东西，并规避一切会降低生存概率的东西。我们大脑深处的神经通路掌管着我们的行为方式，使我们本能地渴望任何可能有回报的东西，而规避任何可能有风险的东西。

为了对抗数千万年前就存在的原始细胞产生的这些冲动，你的大脑只有一层薄薄的相对现代、有分析力的神经元回路，它们往往无法与你大脑的最古老部分催生的强烈情绪匹敌。这就是为什么知道正确的答案和做正确的事情是截然不同的两码事。

- 有一位投资者来自美国北卡罗来纳州格林斯伯勒市，是房地产公司高管，我就叫他埃德吧。他投资了一家又一家高科技公司和生物技术公司。据相关统计，埃德的投资里面，至少有4只股票损失了90%以上。埃德回忆说，损失了50%的钱后，"我就发誓如果股价再跌10%，我就把它卖出，当股价继续下跌时，我没有卖出，而是不断下调我的卖出点位。我觉得唯一比账面损失更糟糕的事情，就是卖掉这些股票，因为这样我就实实在在地损失掉了"。他的会计师提醒他，如果他卖掉股票，就可以及时止损，并减轻缴纳所得税的负担，但埃德还是无法忍受。他哀怨地问："如果行情开始好转呢？

那样我就会觉得自己犯蠢了两次,一次是买入时,一次是卖出时。"[2]

- 20世纪50年代,兰德公司(RAND)的一名年轻研究人员思考过一个问题,应该从退休金里拿出多少钱投资股票,拿出多少钱投资债券。作为一个线性规划专家,他知道"应该计算资产类别的历史协方差,并画出一个效率边界。相反,如果股市上涨而我没有参与,或者股市下跌而我深陷其中,这样的悲伤我完全可以想象。我的目的是尽量减少将来的遗憾。所以我把投资平均分成了债券和股票"。这位研究人员的名字是哈里·M.马科维茨(Harry M. Markowitz)。在这之前几年,他在《金融杂志》(*Journal of Finance*)上发表了一篇题为《资产选择》(*Portfolio Selection*)的论文,准确地展示了如何权衡风险与回报。1990年,马科维茨与他人共同获得了诺贝尔经济学奖,这主要得益于他在学术上取得的重大突破,但他无法把这种理论突破应用到自己的投资组合中。[3]

- 退休军官杰克·赫斯特(Jack Hurst)和他的妻子安娜·赫斯特(Anna Hurst)住在亚特兰大附近。他们没有信用卡债务,几乎把所有的积蓄都放在有分红的蓝筹股上,似乎是非常保守的投资者。但赫斯特也有他所谓的"游戏账户",他在里面用少量的钱进行豪赌。在股票市场进行一些长线投资是他试图实现他所谓的"彩票梦"而采用的一种筹资方式。这些梦对赫斯特很重要,因为他患有肌萎缩侧索硬化症(ALS)。自1989年开始,他已经完全瘫痪,只能通过操作一台带有特殊开关的笔记本电脑来投资,这种开关可以读取他面部肌肉中的电信号。2004年，他选择的其中一张"彩票"是天狼星卫星广播公司的股票，这是美国最不稳定的股票之一。赫斯特的梦想是买一辆为四肢瘫痪的人量身定做的露营车，然后出资筹建"肌萎缩侧索硬化症患者之家"，让这种疾病的患者及其家人可以得到特殊的治疗。他既是一个保守的投资者，又是一个激进的投资者。[4]

简而言之，在投资过程中，大脑远非我们喜欢伪装出来的那样连贯、高效及遵循逻辑。即便是诺贝尔经济学奖得主也未能按照自己的经济理论去行事。无论你是管理着数十亿美元资产的职业投资组合经理，还是拥有6万美元退休金的普通投资者，你进行的投资，都是对概率的冷静计算与收益带来的兴奋、损失带来的痛苦这些本能反应相结合的结果。

当你想到钱的时候，你两耳之间那仅有3磅①重的大脑组织中所包含的1000亿个神经元会引发一场猛烈的情绪风暴。你投资时，大脑不只负责加法、乘法、计算和评估。你赢了、输了或者拿钱去冒险，就会激起一些人类所能感受到的最深刻的情感。普林斯顿大学的心理学家丹尼尔·卡尼曼（Daniel Kahneman）说："财务决策并不一定与金钱有关。还有一些无形的动机，比如避免懊悔或获得自尊。"[5] 进行投资需要你根据过去的数据来做决定，而你对未来风险或回报的预感会让你充满希望、贪婪、自负、惊讶、恐惧、惊慌、懊悔和幸福。这就是为什么本书要论述大多数人在投资过程中

---

① 1磅≈0.45千克。——编者注

经历的一系列如过山车般的情绪。

在日常生活中的大多数情况下,你的大脑是一个功能强大的机器,它能立即引导你远离危险,同时可靠地引导你获得基本的回报,比如食物、住所和爱。但是,当你每天面对金融市场抛给你的更具挑战性的选择时,同样是那个聪明的大脑,却可能把你引入歧途。当你在做关于金钱的决定时,你那具有混乱而神奇的复杂性的大脑可能处于最佳或最差的状态,同时也最能体现人的本性。

这并不意味着感性是投资的敌人,也不意味着理性就能带来好的财务决策。那些头部受伤、大脑情感回路有异于常人者可能是真正高效的投资者。对你的投资组合来说,没有情感的纯粹理性和没有理性约束的纯粹情感一样糟糕。神经经济学表明,当你能有效控制你的情感而不是扼杀它时,会得到最好的结果。本书将帮助你在感性和理性之间找到正确的平衡。

最重要的是,本书可以帮你比以往任何时候都更了解你的投资本性。你可能觉得你已经知道自己属于哪种投资者了,但你可能错了。一位笔名叫"亚当·史密斯"(Adam Smith)的投资作家在他的经典著作《金钱游戏》(*The Money Game*)中打趣道:"如果你不知道自己是谁,那么去华尔街对你来说代价太过高昂。"[6](1999年购买互联网股票的人,自认为对风险有很高的承受能力,却在接下来的三年里损失了95%,他们知道这种代价多么昂贵。)多年来,我越来越相信,这个世界上只有三种投资者:一种认为自己是天才,一种认为自己是白痴,还有一种不确定。一般来说,不确定的人是唯一正确的。如果你认为自己是一个金融天才,那么几乎可以肯定的是,你比你想象的要笨,你需要用链条锁住你的大脑,这样你就能控制住自己比别人更聪明的念头，不去做一些徒劳的努力。如果你认为自己是一个金融白痴，那么你可能比你意识到的还要聪明，你需要训练你的大脑，这样你才能明白一个投资者要如何取得成功。

作为一名投资者，你应该更多地了解自己，这样可以让你拥有财富，也可以让你规避风险。正是由于这个原因，吸取从神经经济学中得出的基本教训才显得十分重要。下面就是其中一些教训。

- 货币损失或收益不仅仅在财务层面和心理层面有所影响，还会引发一些生理变化，对大脑和身体产生深远影响。
- 投资获利者的神经活动与吸食可卡因或吗啡成瘾者的神经活动没有区别。
- 大脑经过连续两次类似的刺激之后，比如股票价格连续两次上涨1美分，就会不知不觉地期望重复第三次，而且这种期望是无法控制的。
- 如果人们断定投资的回报是"可预测的"，那么一旦这种明显的模式被打破，他们的大脑会惊恐地加以回应。
- 大脑中应对财务损失与处理致命危险的区域是相同的。
- 大脑对预期获利与真正获利的反应是完全不同的，这有助于解释为什么金钱买不到幸福。
- 对好事或坏事的预期带来的情绪，往往比真正经历它们时还强烈。

我们都知道，要解决一个问题，必须真正了解它的起因。多年来，许多投资者告诉我，他们最大的挫折是无法从错误中吸取教训，就像转轮里的仓鼠一样，他们越想快速地追逐自己的财务梦想，就越是毫无进展。神经经济学的发现为人们提供了一个真正的机会，有助于沮丧的"仓鼠"跳出转轮，在处理财务问题时保持平和心态。本书能够让你比以往任何时候都更好地理解大脑在处理投资问题时的运作方式，从而帮你达到下面这些目的。

- 设定务实的、可实现的目标。
- 更加稳妥地获取更高的回报。
- 成为一个更冷静、更有耐心的投资者。
- 利用市场消息，远离市场上的噪声。
- 衡量自己专业能力的极限。
- 尽量减少犯错误的次数，降低错误的严重性。
- 当你犯错误时，不要自责。
- 控制你所能控制的事情，其他一切则淡然放下。

在为写这本书而反复研究的过程中，一个令我深感震惊的事实就是：大量证据表明，大多数人其实并不了解自己的行为方式。很多书的核心思想是证实你所知道的投资知识是错误的，但很少有书会告诉你，你对自己大脑的理解都是错误的，从而无法让你成为一名更加优秀的投资者。因此，本书不仅探讨了在投资过程中大脑内部的运作方式，还探讨了人之所以为人——既有神奇的力量，也有令人尴尬的弱点，究竟意味着什么。无论你认为自己对投资了解得何其多或何其少，关于理财投资的最终边界，总有更多的东西需要你去了解，那就是你自己。

第二章
思考与感觉

我们有必要了解人性的力量和弱点,然后才能确定理性在抑制情感方面能做些什么,以及哪些事情是理性做不到的。[1]

——荷兰哲学家本尼迪克特·德斯宾诺莎(Benedict de Spinoza)

凭直觉的肠胃科医生

纽约市一位名叫克拉克·尼尔森·哈里斯(Clark Nelson Harris)的肠胃科医生买入了凯斯纽荷兰环球公司(CNH Global N.V.)的股票。这是一家生产农业设备和建筑设备的公司。之前,这名医生为了买入一只股票,通常会事先做足功课。但这一次,当一位朋友问他为何断定该公司的股价会上涨时,他却承认说自己对这家总部位于荷兰的公司几乎一无所知。住在城里的医生对农用拖拉机、干草压捆机、推土机或挖土机一窍不通,但他偏偏喜欢这只股票。哈里斯医生解释说,该公司的股票代码(CNH)与他全名的首字母组合是一样的。他愉快地承认，这就是他买入这只股票的原因。当被问及是否有其他投资理由时，哈里斯医生回答说，我只是感觉不错，仅此而已。[2]

凭借直觉做财务决定的人可不仅仅是这名肠胃科医生。1999年，计算机读写公司（Computer Literacy, Inc.）的股票在一天之内暴涨了33%，这完全是因为该公司将名称改为听起来更时髦的"肥脑网"（FatBrain.com）。在1998年至1999年期间，美国就有许多上市公司在其新名称中加入".com"、".net"或"Internet"等字眼，使其股票业绩很快比科技行业的其他公司高出63%。

在波士顿凯尔特人队的股票刚上市那几年，其股价几乎丝毫不受重要商业因素的影响，比如，即便新建了一个球场，也不一定能影响其股价。但这个球队在前一天晚上的比赛中是输还是赢，则会严重影响其股价涨跌。至少在短期内，其股价并不是由收入或净利润等基本面因素决定的。相反，它是由体育迷们关心的事情驱动的，比如前一晚比赛的比分。

其他投资者甚至比哈里斯医生和波士顿凯尔特人队的球迷更依赖直觉。2002年末，一位交易员在网上解释为何购买了卡卡圈坊（Krispy Kreme Doughnuts Inc.）的股票时说："简直不敢相信，我的老板以每个6美元的价格为整个办公室买了30打甜甜圈……嗯，真是太棒了，甜甜圈千万不能和咖啡搭配着吃，不然就暴殄天物了。今天要多买点这个公司的股票。"另一位网友在该公司的在线留言板中宣称："这家公司的股票将会飙升，因为这些甜甜圈非常好吃。"

这些判断的第一个共同之处在于它们都是由直觉驱动的。购买这些股票的人没有分析基础业务,相反,他们依赖一种直觉、冲动或预感。这些判断的第二个共同之处在于它们都是错误的。凯斯纽荷兰环球公司的股票业绩自从哈里斯医生买入之后一直低于市场大盘,肥脑网也不再作为一个独立的公司而存在,许多网络公司的股票跌幅超过90%。在1999年到2002年之间,波士顿凯尔特人队的股票在休赛期带来的回报比赛季还高。卡卡圈坊公司的甜甜圈虽然依旧好吃,但其股价跌去了大约3/4。

这种想法也不是天真的个人投资者所独有的:一项对250多名金融分析师的调查显示,超过91%的人认为,在评估一项投资时,最重要的任务是把事实整理成一个引人注目的故事。[3] 投资组合经理们滔滔不绝地谈论着他们对某只股票的直觉是否正确,专业交易员们经常根据自己的直觉每天开展数十亿美元的交易。而据报道,全球领先的对冲基金管理者乔治·索罗斯(George Soros)甚至曾经在背部疼痛时考虑过抛售手中的股票。

马尔科姆·格拉德威尔(Malcolm Gladwell)在《眨眼之间:不假思索的决断力》(*Blink*)一书中宣称:"快速做出的决定或许和谨小慎微、深思熟虑之后做出的决定一样好。"格拉德威尔是一位杰出的作家,但说到投资,他的论点是非常危险的。在合适的条件下,比如决策环境和决策规则简单而稳定时,直觉的确可以催生惊人的决策速度和准确的判断。不幸的是,决策环境和决策规则(至少在短期内)可能非常复杂,而且非常不稳定。比如,债券在一段时间内表现良好,但你一买入,它们的回报率就变得很低。再比如,你手里的新兴市场股票型基金多年来一直处于亏损状态,但在你卖出之后,它的价值就翻了一番。在金融市场的疯人院里,唯一适用的规则似乎是墨菲定律,即任何可能出错的事情都会出错。不仅如此,这条规则还存在一个魔鬼般的扭曲现象,那就是,这些错误往往在你最不想出错的时候接踵而至。

格拉德威尔承认我们的直觉经常会误导我们。在股市引发的最令人痛苦的诸多反讽现象中,有一点是最显而易见的,即你对一项投资判断错误的信号之一,就是你的直觉认为自己的判断是正确的。通常情况下,你越是确信自己的直觉会给自己带来巨大回报,你越可能损失更多的钱。

在一个由这些规则管理的游戏中,如果你所做的只是在眨眼之间做决定,那么你的投资结果将会很糟糕。直觉在投资中扮演着合理的角色,但它应该是从属性的,而不是主导性的。当然,你可以让你的直觉更好地为你工作,而无须仅仅依靠直觉来投资。最好的财务决策是利用你大脑的双重优势,即直觉和分析,或者说感觉和思考。本章将向你展示如何最大限度地利用这两者。

人有两个大脑

快速思考一个问题:如果约翰·肯尼迪没有被暗杀,他今天有多大年纪?

现在,再给你一次机会,决定一下你是否要重新考虑自己的答案。

如果你和大多数人一样,第一直觉是肯尼迪应该已经 70 多岁了,在仔细考虑之后,你可能会在这个估算结果上再加 10 岁。(准确的答案是,他出生于 1917 年 5 月 29 日,所以再算算看吧。)并非只有外行的第一个答案是错误的。2004年，我对一位世界顶尖决策专家做了这个小试验，他第一次猜的是75岁，当我给他一些时间思考时，他把答案改成了86岁。

为什么我们一开始把这个问题的答案弄错了，然后又那么轻易地改正呢？当你第一次面对这个问题时，你的直觉会立即唤起你对肯尼迪的强烈视觉记忆：充满活力，年轻有为。然后，你向上调整那个年轻人的年龄，但可能不够，因为与约翰逊或里根这样的老总统相比，肯尼迪看起来甚至比他实际年龄更年轻。肯尼迪的娃娃脸如此生动地铭刻在你的记忆中，以至压倒了你应该考虑的其他数据，比如他去世了多少年。

心理学家称这个过程为"锚定和调整"，大脑的这一功能让我们在日常生活中的大部分时间都过得非常好。[4] 然而，一旦被提示重新考虑一下，大脑中掌管分析的那一部分可能意识到你的直觉出错了，然后加以调整：让我思考一下，我猜肯尼迪遇刺时40多岁，那是在1963年左右，所以如果他今天还活着的话，他已经100岁左右了。

但直觉并不总是给理性提供重新考虑的机会。在20世纪70年代早期，耶路撒冷希伯来大学的心理学家阿莫斯·特沃斯基（Amos Tversky）和丹尼尔·卡尼曼曾经做过这么一个试验：他们让人们旋转一个幸运轮盘，上面的数字编号从0到100，然后估算一下联合国中的非洲成员国比例是高于还是低于他们转到的数字。从表面上看，人们转到哪个数字是高度随机的，与答案不相关，对人不会产生影响，但事实并非如此。平均而言，转到10的人猜测只有25%的联合国成员国是非洲国家，而转到65的人则猜测45%的国家是非洲国家。[5]

你可以通过下面这个简单的练习来测试你自己的锚定倾向。取你电话号码的最后三位数，然后加上400。（比如，你的电话号码以237结尾，再加上400就是637。）现在回答这两个问题：匈奴王阿提拉（Attila）是在该数字代表的年份之前还是之后在欧洲被打败的？你认为匈奴王阿提拉被打败的确切年份是什么？尽管电话号码与中世纪野蛮人的战斗无关，但对数百人的实验表明，人们的猜测与电话号码表现出相同的趋势。（见表2–1）

表2–1 人们猜测的年份与电话号码的关系

电话号码后三位加上400的区间	对阿提拉被击败年份的平均估算
400~599	公元629年
600~799	公元680年
800~999	公元789年
1000~1199	公元885年
1200~1399	公元988年

顺便说一句，正确的答案是公元451年。

一旦你的直觉抓住一个数字，思维就会被这个数字卡住，就好像思维被它涂上了胶水一样。正是由于数字的锚定效应，房地产经纪人通常会先给你看市场上最贵的房子，然后其他的房子相比之下会显得便宜。基于同样的原因，基金公司几乎总是以每股10美元的价格推出新基金，从一开始就以便宜的价格吸引新投资者。在金融界，锚定效应无处不在，在你理解它为何如此有效之前，你无法完全防范它。

下面是另一个思维实验，它展示了直觉和分析思维之间的拉锯战。

一块棒棒糖和一块口香糖加起来只要 1.1 美元。这块棒棒糖比这块口香糖贵 1 美元。这块口香糖多少钱？

现在花 30 秒左右的时间来决定你是否想改变你不假思索给出的答案。

乍一看，几乎所有人都会说这块口香糖只卖 10 美分。大多数人永远不会注意到答案是错的，除非他们被明确要求再思考一遍。经过一段时间的思考，你可能意识到你犯了一个错误：如果口香糖 10 美分，而棒棒糖比口香糖贵 1 美元，那么棒棒糖就是 1.1 美元。但是 1.1 美元 +10 美分 =1.2 美元，这不可能是正确的。挠挠头，再思考一下，你就会得到正确的答案：口香糖 5 美分，棒棒糖 1.05 美元。[6]

只有当你大脑里面掌管分析的功能区意识到你的直觉可能犯了错误时，你才能正确地解决这样的问题。用加州大学洛杉矶分校的精神病学家马修·利伯曼（Matthew Lieberman）提出的术语来说，我把大脑的这两部分称为反射（或直觉）系统和反思（或分析）系统。[7]

大多数财务决策都是这两个系统之间的拉锯战。要明白分析系统战胜直觉系统有多难，请看图 2-1。即使你证明了你的直觉感知在捉弄你，也很难克服这种错觉。你知道你所看到的一定是错的，但仍然觉得它是对的。正如丹尼尔·卡尼曼所说："你必须认识到自己需要使用尺子。"

然而，如果说你的直觉系统强大而愚蠢，你的分析系统脆弱而聪明，这也不是事实。真实的情况是，每个系统都有自己的优缺

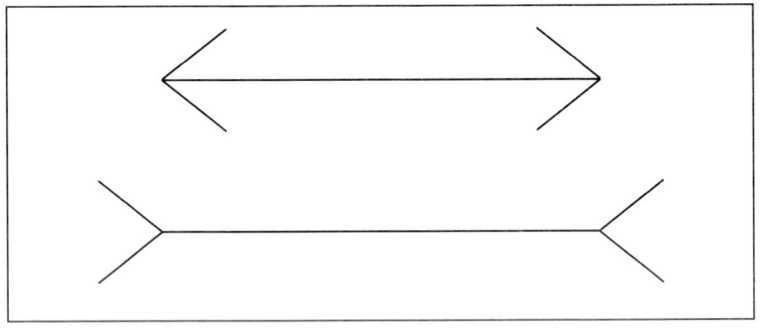

图 2-1　哪条线更长？

在德国生理学家缪勒-莱尔（Müller-Lyer）著名的错觉试验中，上面的水平线看起来比下面的短。事实上，它们的长度是一样的，你可以很容易地用尺子去测量它们。但你的直觉系统非常强大，它会继续告诉你下面的那条线更长，即使你的分析系统证明事实并非如此。

点。让我们更多地了解这两个系统是如何运作的，以及如何让它们更好地为投资者服务。

系统 1：反射系统

人们普遍认为，右脑掌管感性情绪，左脑掌管逻辑推理，这种观点并非完全错误，但实际情况更为微妙。虽然这两种思维很大程度上是在不同的领域进行的，但这种分工更多地存在于上下之间，而不是左右之间。

反射系统主要位于大脑皮质下面，我们大多数人将其视为大脑中负责思考的部分。虽然大脑皮质也是反射系统的关键部分，但大多数的反射过程都发生在它下方的基底神经节和边缘区。基底神经节是位于大脑核心部位的一组神经核团，其主要部分呈条纹状或带状的外观，也被称为纹状体，在辨别和追求我们认为有价值的东西（比如食物、饮料、社会地位、性别、金钱）时发挥着核心作用。不仅如此，它们还充当着大脑皮质和边缘系统之间的"中继站"，前者负责组织复杂的思维，后者负责处理来自外部世界的刺激。

所有哺乳动物的大脑都有一个边缘系统，人类的边缘系统和其他哺乳动物的边缘系统工作原理很像，就像大脑里面能够瞬间促使感性情绪迸发的一个"闪爆点"。[8] 如果我们要生存下去，就需要追求回报，并尽量规避风险。大脑边缘系统由杏仁核和丘脑等结构组成，它们能吸收视觉、声音和气味等感官刺激因素，然后以极快的速度去评估好坏。这些评估会转化为恐惧或快乐等情绪，刺激你的身体采取行动。

反射系统的工作速度非常快，以至你往往还没有意识到自己需要对某个因素做出反应，而你的大脑已经帮助你完成了整个反应过程。（比如，在公路上，你还没有意识到自己需要对某个危险因素做出反应，而你已经打方向盘避开了它，你可以想一想这种情况出现过多少次。）你大脑的这些部分可以在不到0.1秒的时间里触发警报。

加州大学洛杉矶分校的马修·利伯曼，反射系统（一些研究人员称之为"系统1"），"在做出大多数判断和决定时都会打头阵"。我们依靠直觉对我们周围的世界形成初步的了解，只有当直觉系统无法弄清一些事情时，我们大脑里面的分析系统才会被调动起来。正如丹尼尔·卡尼曼所说："我们主要运用的是系统1。"

事实上，反射系统并不是一个单一的、独立的系统，而是由通过不同方式处理不同问题的结构和过程共同组成的混合体。反射系统处理的问题多种多样，从惊跳反射到模式识别，从风险（或回报）感知到性格判断，无所不包。然而，这些过程的共同之处在于它们都是快速地、自发地、潜意识地完成的。

这使我们在大部分时间都忽略了我们周围发生的事情，除非我们需要规避风险或追求回报。加拿大安大略省汉密尔顿市麦克马斯特大学的行为生态学家鲁文·杜卡斯（Reuven Dukas）已经证明，鸟类和鱼类等动物必须同时关注多重外界刺激，这就使它们能够识别和捕捉的食物数量显著减少。人类也不例外：尽管一心多用确实存在于生活中，但我们对每一项新任务的专注度不断下降也是一个事实。把你的注意力从一件事转移到另一件事上，会导致杜卡斯所说的效率在一段时间内降低的现象。当你转移注意力时，你的大脑就像一个骑自行车的人，停了一会儿，然后必须重新努力恢复到全速前进状态，这种转移注意力的过程就降低了你的做事效率。正如杜卡斯所说，"我们需要把注意力集中在最重要的刺激因素上"。[9]

毕竟，我们的大脑不可能及时跟上周围环境中发生的一切事情。即便在你休息的时候，你的大脑（重量约占体重的2%）依然会消耗你20%的氧气摄入量，也会燃烧掉你体内20%的卡路里。由于大脑赖以运转的"固定成本"如此之高，你需要忽略你周围发生的大部分事情，因为其中绝大多数都没有意义。如果你一定要对每件事平等、持续地予以关注，大脑会信息超载，从而可能很快趋于崩溃。利伯曼说："思考让你疲惫不堪，所以除非迫不得已，否则反思系统倾向于什么事都不做。"

因此，我们的直觉堪称外界刺激的第一个过滤器，在一瞬间使我们能够保存心理能量，以备应对那些最有可能产生重要影响的因素。反射系统识别"相似性"的能力非常强大，当它识别到异常因素时,就会立即发出警报。比如,当你开车时,直觉系统每一秒都会受到数以百计的外界因素刺激,包括房屋、树木、店面、出口标志、广告牌、里程标志、头顶的飞机、过往车辆的颜色与车牌、栖息在灯柱上的鸟、来自你的汽车音响系统的音乐,甚至你的孩子坐在后排座椅上所做的事情,等等。所有这些因素在大脑直觉系统看来,是均匀的、模糊的,是一个熟悉模式的一部分,你可以毫不费力地游走于这些因素之间,它们不会对你构成威胁。

然而,如果大脑的反射系统受到了异常因素的刺激,比如前面的卡车爆胎了,一个行人忽然蹿到了车道上,或者你最喜欢的商店里有一个宣布打折的标牌,你的反射系统就会从背景中捕捉到这个异常因素,促使你踩刹车。你的反射系统让你忽略了那些习以为常的刺激因素,从而把你的注意力集中在任何意想不到的、新奇的、突如其来的或显著变化的东西上。你可能认为自己做了一个明智的决定,但在大多数情况下,你都是被趋利避害的基本冲动所驱使,而这些基本冲动是从我们的祖先那里就开始形成的。正如神经学家阿恩·欧曼(Arne Öhman)所说,进化过程塑造了我们的情绪,"让我们想做祖先不得不做的事情"。[10]

投资者为什么要关心这些呢?俄勒冈大学的心理学家保罗·斯洛维奇(Paul Slovic)解释说:"反射系统非常复杂,在数百万年的时间里一直为我们服务。但在现代世界,生活中充满了比直接威胁更复杂的问题,仅仅依靠反射系统是不够的,这样可能会让我们陷入麻烦。"大脑反射系统过于关注变化的因素,很难专注于那些不变的因素。如果道琼斯工业平均指数从12683.89点变为12578.03点,新闻播报员就会大喊:"道指今天下跌106点!"你的反射系统会对变化的大小做出反应，而忽略它的基数，使你觉得106点就算大幅下降，让你脉搏加快，手心出汗，甚至可能被吓得完全退出市场。你的情绪掩盖了一个事实：其实道指跌幅还不到1%。

同样，反射系统会促使你更多地关注某只像火箭一样上涨或像石头一样下跌的股票，而不是从整体的角度去思考你投资组合中更为重要却不那么引人关注的变化。你总想投资去年上涨123%的基金，这个数字太热门、太抢眼了，吸引了你的注意力，让你无法注意到该基金长期以来不温不火的表现。（该基金的广告以大字印刷123%，长期性的数字则以小字印刷，这并非偶然。）

加州理工学院的经济学家科林·卡默勒（Colin Camerer）这样总结反射系统："它有点像一只看门狗，会做出快速却草率的决定。它总是会攻击窃贼，但有时也会攻击邮递员。"[11] 这就是为什么眨眼之间形成的想法会让投资者陷入麻烦。

系统2：反思系统

你的大脑不仅有感性的直觉和情绪，还有一股重要的平衡力量：反思系统。[12] 这种功能主要存在于前额皮质，前额皮质位于额头后面，是额叶的一部分，像腰果一样蜷缩在大脑的核心部位。美国国立卫生研究院的神经学家乔丹·格拉夫曼（Jordan Grafman）称前额皮质为大脑的"首席执行官"。在这里，与大脑其他部分错综复杂地连接在一起的神经元负责从零碎的信息中归纳总结出具有一般性的结论，将你过去的经历组织成可识别的类别，分析出周围环境变化的原因，并为未来做计划。反思系统的另一个中枢是顶叶皮质，位于耳朵上方，负责处理数字和语言信息。

虽然反思系统在应对情绪方面确实发挥了作用，但你主要用它来解决更复杂的问题，比如，我的投资组合是否足够多样化？我在结婚纪念日应该给妻子买什么？当反射系统遇到自己无法解决的情况时，反思系统就会进行干预。

如果说大脑的反射系统是默认系统，即默认首先动用直觉来解决问题，那么反思区域就可以说是"后备机制"，即进行分析思考的神经回路。如果有人让你说出6853连续递减17得出的数字，你的直觉会一片空白。但过一会儿，你会有意识地发现自己在思考，6836，6819，6802……马修·利伯曼说："这种过程从来就不是独自悄然发生的。你不仅知道它，而且你觉得自己可以掌控它，甚至能用语言说出启动这个过程的原因。"

乔丹·格拉夫曼的研究表明，因中风、肿瘤等原因导致前额皮质受损的人很难评估建议和制订长期计划。他向前额叶受损的病人展示一些商业预测，做出这些预测的顾问们并未来到现场，而是出现在电脑屏幕上，这些病人要找出值得信任的顾问。在40次试验中，参与者有足够的机会将每个预测者的预测与实际结果进行比较。另一组大脑未受损伤的人很容易挑选出那些预测结果最准确的人。[13] 然而，前额皮质受损的病人判断的依据是格拉夫曼提供的线索，而不是客观事实，而这些线索通常无关乎正确的选择。比如，一个病人之所以比较喜欢某个顾问，竟然是因为这名顾问的头像背景是绿色的，而当时恰巧是春天。看来，如果前额皮质受损，大脑内部的制衡系统就会崩溃，致使反射系统毫无阻碍地在大脑中占据主导地位。

在艾奥瓦大学，研究人员向学生们迅速展示了一些数字并要求他们必须记住，然后让他们选择水果沙拉或巧克力蛋糕。当学生们被迫记住的数字是七位数时，63%的人选择了蛋糕。然而，当被要求记住的数字只有两位数时，59%的人选择了水果沙拉。我们的反思系统知道水果沙拉对我们的健康更好，但我们的反射系统渴望那种黏稠的、会使人发胖的巧克力蛋糕。如果反思系统忙于解决其他问题，比如试图记住一个七位数，那么反射系统掌管的冲动就很容易占据上风。另一方面，如果我们没有过多地思考其他事情（只是稍微分散一下注意力，比如记住一个两位数），那么反思系统就可以抑制反射系统的情绪冲动。

如果你非常聪明，为何行为如此愚蠢？

但大脑的反思系统并不是绝对正确的。西班牙巴塞罗那庞培法布拉大学的心理学家罗宾·霍加斯（Robin Hogarth）建议想象一下自己在超市收银台排队的情景。你的购物车堆得很高，这些食品要多少钱？直观地估计一下，你可以快速地比较一下你的购物车有多满，以及一辆购物车装满之后通常要花多少钱。比如说，如果你觉得自己比平时多买30%的东西，你就会本能地把你之前的账单数额乘以1.3。几秒钟后，直觉告诉你"我觉得大概是100美元"。你可以在没有意识到的情况下完成所有这些过程。但是如果用你大脑的反思部分思考一下，结果会怎么样呢？为此，你必须把购物车里的几十样东西分别加起来，并在脑子里不停地合计，直到你把每一件东西都数过为止（包括那些已经记不清的东西，比如1.8磅葡萄，每磅是1.79美元，还是2.79美元？）。你很可能在仅仅计算了几个商品的价格总和之后就会因大脑陷入迷茫而决定放弃继续计算。[14]

借助电脑设计原理来研究人脑功能和结构的计算神经科学家认为，反思系统可能依赖于他们所称的"树状搜索"。伦敦大学学院（University College London）的计算神经科学研究员纳撒尼尔·道（Nathaniel Daw）解释说，这种处理方法的名称来源于经典的树状决策过程，比如，在棋盘上，每走一步，接下来的选择空间就更大，就像一棵树的树枝距离树干越远，枝条就越多越长。[15] 如果纳撒尼尔和他的同事是正确的，那么你的反思系统会辛苦地逐个梳理你的经验、预测和结果，就像一只蚂蚁沿着一棵树的树枝上下移动，来来回回，以便找到它所需要的东西。正如我们之前提到的购物车的案例所示，树状搜索方法的成功受到记忆力强度及思考对象复杂程度的限制。

在金融市场上，那些盲目依赖反思系统的人，往往会遭遇"只见树木，不见森林"的结局。虽然医生在投资界名声不好，但以我的经验来看，工程师更糟。这可能是因为他们接受的训练就是去计算和测量每一个可能的变量。我遇到过一些工程师，他们每天花两三个小时分析股票，而且常常相信自己发现了一个能够击败市场的统计秘诀。由于他们压制了自己的直觉，所以他们的分析未能提醒他们注意最明显的事实：华尔街从来不缺可以衡量的东西，这种东西简直太多了，他们可以对一切事物滔滔不绝地发表评论。不幸的是，至少有1亿其他投资者也能看到同样的数据，从而导致针对这些因素的研究失去了很大一部分价值。同时，在任何时候，一个无法预见的事件都可能让市场措手不及，使任何人的统计分析毫无作用，至少暂时无用。

这就是1987年发生的事情。当时，即便被称为"投资组合保险"的神秘计算机程序也没能完全保护大型投资者免受损失,事实上,这可能也是美国股市单日暴跌23%的原因之一。1998年,这种情况再次发生。当时,美国长期资本管理公司(LTCM)的博士、诺贝尔奖得主及其他天才们衡量了所有可以想象到的事情,偏偏没有考虑到杠杆率过高的风险,并假设市场将维持正常状态。结果,当市场发疯时,该公司破产了,几乎连累了全球金融体系。

当一个问题很难解决时,反思系统可能会退缩,让反射系统接手。罗宾·霍加斯和已故的芝加哥大学教授希勒尔·艾因霍恩(Hillel Einhorn)开展了一项试验。[16] 在该试验中,研究人员告诉受试者说,有一位专家声称在他预测股市上涨之后,市场往往就会涨起来。然后,研究人员告知受试者可以通过观察下面一种或多种证据来验证这名专家的说法是否正确:

1. 在他预测股市上涨之后,市场表现如何;
2. 在他预测股市下跌之后,市场表现如何;
3. 在股市上涨前,他预测了什么;
4. 在股市下跌前,他预测了什么。

然后,研究人员问受试者这样一个问题:要确定专家的说法是否属实,最少需要以上四项里面的哪几项作为证据?48%的人回答说他们只需要第一项就够了。只有22%的人给出了正确答案:要想知道专家的说法是否属实,最基本的证据是第一项和第四项。即使他说市场总是在他预测之后才上涨,你仍然需要知道他在市场下跌之前说了什么(毕竟,市场行情并不总是上涨的),让他同时接受这两种测试是验证其说法是否准确的唯一方法。令人惊讶的是，这项研究是在伦敦大学统计学专业的教授和研究生中进行的，他们整天都在研究数字，当然应该知道得更多，但实际情况却并非如此。

要正确回答霍加斯和艾因霍恩的问题，你只需要明白，判断某物是否为真，最可靠的方法就是证伪，即设法证明它是假的。这是科学方法的基石，这种批判性思维模式推翻了很多自古流传下来的所谓"正统真理"，比如"世界是平的"及"地球是宇宙的中心"。但我们的直觉并不喜欢这种批判性思维，因为直觉系统更喜欢处理"是什么"这类具体直观的现实问题，而要处理诸如"不是什么"这类比较抽象的概念，那就需要调动大脑的反思系统，对比不同的备选方案，评估不同的证据，这是艰苦的脑力劳动。这就需要问一些棘手的问题，比如，在什么情况下这将不再成立或者无法奏效？正如普林斯顿大学的心理学家苏珊·菲斯克（Susan Fiske）和加州大学洛杉矶分校的谢利·泰勒（Shelley Taylor）所说的那样，人类的大脑在认知方面是一个吝啬鬼，它倾向于回避辛苦。[17] 如果反思系统不能很容易地找到解决办法，就会退缩，而反射系统就会重新占据主导地位，以一些草率和情绪化的暗示作为捷径。这就是为什么即使是统计学领域的专业人士也没能正确地完成霍加斯和艾因霍恩的任务：当第一个答案乍一看很正确时，为什么还要费心去逐一分析这四个答案的逻辑呢？

豆形软糖综合征

思考与感觉之间的冲突会导致非常奇怪的结果。[18] 马萨诸塞大学的心理学家在一个小碗和一个大碗里分别装满了豆形软糖。小碗里有 10 颗软糖,其中 9 颗是白色的,1 颗是红色的。大碗里有 100 颗软糖,91~95 颗是白色的,其余的都是红色的。参与试验的人如果能从两个碗里挑出一个红色的软糖,就能挣一美元。然而,首先,他们得到的提醒是,小碗里的红色软糖占总糖的 10%,大碗里的红色软糖不超过 9%。(见图 2-2)就在每个人试图拿出一颗红色软糖之前,碗被摇了摇,然后被遮起来,以防有人作弊。

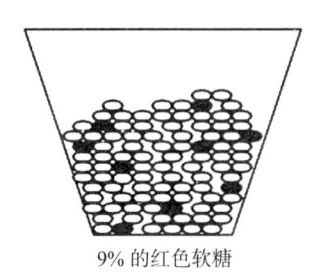

10% 的红色软糖　　　　　9% 的红色软糖

图 2-2　软糖实验

人们选择从哪个碗里挑红色软糖呢?使用反思系统进行分析思考的人总是会从小碗中选择,因为成功挑出红色软糖的概率一直是 10%,而从大碗中挑出红色软糖的概率永远不会超过 9%。尽管如此,仍然有接近 2/3 的人更喜欢从红色软糖比例最多仅为 9% 的大碗里挑选。

即使大碗里可能只有 5% 的红色软糖,也有近 1/4 的试验参与者选择从大碗中挑选,而不管他们的反思系统告诉他们什么是逻辑和概率。一个参与者向研究人员解释说:"虽然大碗中的白色软糖更多,红色软糖的比例对我不利,但我依然选择从大碗中挑选,因为那里的红色软糖数量多,看似更容易挑出红色软糖。"心理学家塞摩尔·爱泼斯坦（Seymour Epstein）和薇罗妮卡·德内斯－拉吉（Veronika Denes-Raj）解释说，参与者愿意承认自己的行为是不理性的……虽然他们知道成功概率不大，但他们觉得那里的红色软糖数量更多，成功机会更大。

对于上述现象，有一个专业术语，叫"分母失明"。虽然他们看不到分母，但每一个分数都有分母，都表现为：分子/分母。用最简单的方式来讲，你的每一项投资的影响都可以用下面这种方式来表现：收益或损失的总额/你的财富总额。

在这种基本的"投资分数"中，分子经常波动，且波动幅度很大，分母则变化得很慢。比如，你的净资产是20万美元，昨天你的股票市值没有任何变化。如果今天涨了1000美元，那么你的投资分数的分子马上从0涨到1000美元，分母从20万美元小幅上升至20.1万美元。分子从0美元到1000美元的飞跃是非常形象生动且令人兴奋的，而分母从20万美元到20.1万美元的变化几乎不会引人注目。

但重要的是分母，因为这才是你真正拥有的钱。毕竟，你的财富总额比它在某一天的增减要重要得多。即便如此，许多投资者仍专注于那些变化最大的数字，而忽视总体风险更大的资金。

20世纪80年代末，心理学家保罗·安德雷亚森（Paul Andreassen）进行了一系列出色的研究。他在哥伦比亚大学和哈佛大学的实验室里建立了一个人工模拟股票市场，向一组投资者展示了总体股价水平，但另一组只能看到股价的变动情况。结果关注股价水平的投资者的利润是关注股价变动情况的投资者的5~10倍（取决于股价的变动程度）。[19]这是因为那些关注股价变动情况的投资者交易过频，试图从中短期波动中套利，而那些关注总体股价水平的投资者则更愿意长期持有。

上述综合征在其他方面也表现得很明显。基金向投资者收取的费用很少，通常每年不到2%，而反映业绩的数字可能会很大，有时甚至超过20%。费用数字几乎没有波动，业绩数字却总是忽上忽下。难怪个人投资者总是说，在挑选基金时，往往觉得一只基金过去的业绩比其现在收取的费用要重要得多。

专业投资人士虽然懂的知识比较多，但也容易受到这种综合征的影响。[20]有财富顾问将基金收取的费用列为基金分析过程中的第八大因素，排在基金业绩、风险、基金存在年限、基金经理任职年限等因素之后。不幸的是，这些因素都无法帮助这些所谓的专家找到能够获得最高回报的基金。数十年的认真研究已经证明，影响基金未来业绩的一个最关键因素是一个相对稳定的小数字，就是它收取的费用。基金业绩时好时坏，但收取费用雷打不动。业绩和声誉等更为浮夸的因素几乎无法预测基金的回报率，但它们比基金收取的费用更生动、更多变，因而"劫持"了我们的注意力，这就促使投资者——无论业余的，还是专业的——在基金分析过程中容易受到上述综合征的影响。

充分利用大脑的反射系统和反思系统

把这些现象汇总到一起，就会发现一个明显的事实，那就是当你投资时，既不可能像《星际迷航》里那位冷静理性的斯波克一样行事，也不可能像那位容易情绪失控的麦考伊博士一样行事，这两类人的性格都不切合实际。人类大脑的反射系统和反思系统各有优缺点，因此，作为投资者，你面临的挑战就是如何让这两个系统更好地协同工作，从而在思考与感觉之间找到正确的平衡。下面的一些建议或许对你有所裨益。

➤**在是否信任某人或某公司的问题上，要相信你的直觉。**[21]一位名叫弗雷德·科布里克（Fred Kobrick）的共同基金经理曾参加过一场引人注目的演讲，演讲者是一家正快速增长的公司的首席执行官。之后，科布里克找到该首席执行官，告诉他自己对其公司的印象有多深刻，他可能会购买这只股票。当这位首席执行官伸出手与他握手时，科布里克注意到这位高管的衬衫袖口上印有风格独特的字母。然后，科布里克看到公司其他几位经理的衬衫袖子上也有同样的字母。他回忆说："在那一瞬间，我就知道我不想再买这只股票了。这些人在买衬衫的时候都不敢尊重自己的想法，非要与别人一模一样，怎么会把坏消息告诉老板呢？"

当然，大多数投资者不太可能与首席执行官们面对面接触，所以你应该睁大你感性的眼睛来阅读两份可能揭示公司老板性格的文件，一份是年度委托书，另一份是公司年度报告中的董事长致股东的信。委托书会让你了解经理人的薪酬水平，以及他们是否存在让你感到不安的利益冲突。董事长的信将表明其是否不公平地把市场行情的好转归功于自己（其实市场行情并不在他的控制范围之内），以及是否把错误决策的责任推给他人（实际上这些责任可能在其自身）。如果董事长在信中只是吹嘘公司未来将如何兴旺发达，却忽视了公司目前的窘境，那么这是一个值得担忧的迹象。罗宾·霍加斯说："如果你一开始就有一种不好的感觉，那就把你的情绪当作数据，质疑是你应该考虑推迟决策的信号。"

无论何时，当你面对面地判断一个人的性格时，依靠直觉可以让你避免过于冷静理性。比如，如果你选择一位股票经纪人或理财规划师来帮你管理财务，那么主要根据此人的专业资历来做选择可能是错误的。许多投资者很容易被简历上面充斥的头衔弄得眼花缭乱，比如工商管理硕士（MBA）、注册会计师（CPA）、金融分析师（CFA）、金融理财师（CFP）、法学博士（JD）和博士（PhD）。仅凭学历或专业资格就选择财务顾问，可能会让你找到一位技术上有能力却与你合不来，而且在市场走向极端时无法帮助你管理情绪的人。因此，你应该首先在 www.nasaa.org，www.napfa.org 等网站上研究每个候选人的背景。这将有助于确定候选人是否曾因与其他投资者进行不公平交易而受到监管机构的处罚。一旦你选定了至少两名均无不光彩历史的候选人，那么你就可以把每个人的教育背景和其他资历考虑进去，如果你的直觉告诉你哪个人更高尚，更契合你的个性，那么就选择这个人。

➢ **要知道反射系统什么时候会占据上风。**[22] 基金投资者在买卖特定行业的基金时，往往会赔得精光，这并不奇怪。分析整个行业需要进行大量的反思和研究，由于数十家公司提供各种相互竞争的产品和服务，很难对整个行业未来的盈利状况做出客观预测。但你的反射系统会接收到更简单的信息，比如，"油价正在飙升"或者"互联网正在改变世界"。这很容易分散你的注意力，使你无法开展更加详细的分析。心理学家保罗·斯洛维奇警告说，每当这种兴奋弥漫在空气中时，反射系统就会占据上风，反思系统就很难发挥作用，你就无法进行深入思考和分析。什么令人激动，什么能产生最生动的画面，你的感觉就使你最容易接受它们。如果有人对你说一些关于纳米技术的好话，比如"你知道，这些小机器可以产生巨大的利润"，那么你很可能倾向于买入与纳米技术相关的股票。

然而，当大多数人依赖这种反射性思维时，最终会蒙受巨额损失，而不是获得巨额利润。1999年和2000年，就在科技行业的丰厚回报灰飞烟灭之前，一窝蜂地投资科技行业基金的投资者损失了至少300亿美元。

当金融市场波澜不惊时，反思系统的判断比反射系统的直觉更容易占上风。但是，当牛市带来高得惊人的回报，或者当熊市造成令人沮丧的损失时，反射系统就占了上风。因此，三思而后行变得迫切而重要。

➢ **多问自己一个问题。**[23] 三思而后行的一个方法是制定一个程序来确保你问的问题是正确的。正如丹尼尔·卡尼曼所言，人们在某些时候面对一个困难的问题时，会选择回答一个更简单的问题。这是因为反射系统讨厌不确定性，它会很快将问题重新组织成易于理解和回答的问题。比如，面对"这只股票会继续上涨吗？"这样一个难以回答的问题，许多投资者往往会参考最近的价格走势图。如果趋势线向上倾斜，那么他们立即回答"是"，而没有意识到他们的反射系统欺骗了他们，引诱他们回答了一个完全不同的问题。趋势图显示的其实是一个简单得多的问题："这只股票最近一直在上涨吗？"卡尼曼说："在这种情况下，人们不会对他们想要回答的问题感到困惑，他们只是没有注意到自己其实是在回答一个不同的问题。"

在这种情况下，你可以多问自己一个问题，比如，"我如何知道？"或者"证据是什么？"或者"我需要更多的信息吗？"这些追问会迫使你注意到你的反射系统回答了错误的问题。芝加哥大学的心理学家奚恺元有另一个建议："如果这种情况发生在其他人身上，他们向你征求建议，你会告诉他们要做什么？我经常这样做决定：把自己放到别人的位置上。"奚恺元的建议特别有用，因为一旦你想象自己正在给别人提建议，你也可以想象那个人在向你施压："你确定吗？你怎么知道？"

➢ **不要仅仅证实一种说法，而要先试着去证伪**。正如我们所看到的，反射系统认为，证明一个论断的最好方法是不断寻找更多的证据来证明它的正确性。但要更加确定它是正确的，唯一的方法是更努力地寻找证据去证伪。基金经理经常会说："任何较买入价下跌15%的股票，我们都能让其增值之后再卖出。"作为证据，他们展示了他们所持有股票的表现。相反，你应该要求查看已售出股票的后续回报，这是判断基金经理是否真的应该卖出它们的唯一方法。同样，当一家投资咨询公司吹嘘说自己通过解雇表现不佳的基金经理而获得了更高的回报时，你可以询问那些经理在遭到解雇之后的业绩数据。只有通过观察这些未观察到的结果，你才能真正检验这些人的说法。（令人尴尬的是，这些专家自己从来没有分析过这些证据！）

➢ **用常识征服你的直觉**。一般来说，视觉和听觉会激活你的反射系统，而文字和数字则会激活你的反思系统。这就是为什么股票经纪公司和保险公司会在其制作的广告中展示一些富有魅力的人，他们牵着金光闪闪的猎犬漫步在金黄色的沙滩上。这种情景会在你的反射系统中激起强烈的舒适感和安全感。这也是为什么基金公司喜欢把大量数据和线条堆积成高山的形状，以此来展示其投资组合的业绩。这些图表显示的是初始投资随着时间的推移而增长，最终累积成一个喜马拉雅山式的财富高峰，从而产生了强烈的视觉冲击。

运动能让人产生一种力量感。半个多世纪以前，神经生物学家杰罗姆·莱特文（Jerome Lettvin）表示，青蛙视觉神经中的特殊细胞会在看到模拟苍蝇运动时向青蛙的大脑发送信号（即使这只假苍蝇的颜色和形状与真苍蝇存在差距）。当假苍蝇静止不动或运动轨迹不像真苍蝇时，蛙眼的细胞则没有反应。莱特文的结论是，当假苍蝇间歇性地移动而且其运动轨迹与真苍蝇相似时，青蛙就会振作起来去捕捉苍蝇。引起青蛙反应的不仅是猎物本身，还有它的运动。[24]

就像青蛙一样，人类天生就对运动感到兴奋。当用"攀升"或"跳涨"等富有动感的词而不是用"有所上涨"等中性词汇来概括股市活动时，投资者更倾向于预计股市将继续上涨。一些具有动感的修辞会导致我们的大脑产生市场肯定会"大涨一波"的预期。

隐喻的情感力量表明，你永远不应该被动地接受别人给你的包装好的信息。相反，你要确保用几种不同的方式打开这种信息的包装。当经纪人或理财规划师把一张色彩鲜艳的图表放在桌子上时，你要问这样的问题：如果以不同的、更长的时间段来衡量这笔投资，它会是什么样子？这只股票或基金与其他类似投资及市场指数等客观基准相比表现如何？根据它过去的业绩记录，像这样的投资什么时候会表现不佳？过去的业绩并不能预测未来，那么如果按照年费和税后回报等至少同样重要的标准去衡量，这种投资的表现如何呢？

> **只有傻瓜才会去做没有原则的投资。**[25] 当伟大的投资分析师本杰明·格雷厄姆（Benjamin Graham）被问及如何成为一个成功的投资者时，他回答说："人们不需要非凡的洞察力或智慧，最需要的是采取简单的原则，并坚持遵守这些原则。"我在附录1中列出了10条基本的投资规则。这"十诫"的首字母正好是THINK TWICE（三思而后行）。当市场上的某种情况可能导致你丧失理智时，你要抑制住自己的冲动。在做任何投资决策之前，依据你给自己制定的原则行事，这样可以防止自己被无端猜测及市场短期波动左右。

> **学会推迟决策。**[26] 当你情绪高涨时，不要急于做决策，先休息一下，不然以后可能会后悔。密歇根大学心理学家肯特·贝里奇（Kent Berridge）和加州大学圣迭戈分校的心理学家皮奥特·温克尔曼（Piotr Winkielman）已经证明，我们可能被情感冲昏头脑，而不知道自己内心在想什么。贝里奇和温克尔曼称这种现象为"无意识情感"（unconscious emotion）。要了解这种情感对人们的影响，可以看一看他们做过的一个实验。在这个实验中，口渴的人必须决定他们愿意付多少钱去换一杯饮料。平均而言，一组只愿意支付10美分，另一组愿意支付38美分。两组之间唯一的区别是，各啬的那一组事先看到的照片是一张生气的脸，观看时间不到0.02秒，而慷慨的那一组看到的照片则是一张笑脸，观看时间相同。这种视觉接触如此短暂，以至没有人意识到自己看到的是什么，没有一个参与者意识到自己感到更快乐或更焦虑。但是，在看完之后大约1分钟的时间里，他们的行为就受到了这些图像所产生的"无意识情

感"的控制。温克尔曼说:"短暂的刺激往往比长时间的刺激效果更好,因为你不知道是什么导致了你的情感或信念,从而可能更倾向于听从这种无意识情感的摆布。"

密歇根大学心理学家诺伯特·施瓦茨（Norbert Schwarz）表示:"大脑的反射系统会根据当前情况做出反应。你的情绪会影响你的一时行为,但你的决定所带来的后果可能远远超出这一刻。"一方面,当你感到异常乐观的时候,你可能会承担通常会回避的财务风险;另一方面,如果你感到焦虑或不安,你可能会回避一个你在其他时候很容易接受的风险。

几乎所有人在阳光明媚的时候都比天色灰暗的时候更快乐。毫无疑问,即使每天的云层没有合理的经济意义,在阳光明媚的日子里,股票的回报率也会略高于阴天。一些研究甚至记录了"狼人效应",在其影响下,股票在满月时的回报率只有新月时的一半。而那些国家队在世界杯淘汰赛中失利的国家,其股市在失利后第二天的平均表现比全球股指低 0.4 个百分点。[27]

上市公司可以利用大脑反射系统的缺陷谋利:给自己的股票设计一个读起来朗朗上口的代号。至少在短期内,如果一只股票的代号与人们熟悉的单词类似(如 MOO、GEEK 或 KAR),那么这些股票往往比那些代号发音困难(如 LXK、CINF 或 PHM)的股票表现更好。然而,从长期来看,那些代号读起来朗朗上口的股票有令人不安的破产倾向。[28]

因此,你要警惕自己一时情绪波动的影响,否则你可能永远无法实现财务稳定。[29]诺伯特·施瓦茨发出警告:"不要急于做出重要决策,留到第二天再说。"他不是在重复陈词滥调,他说的是科学研究证实的有趣的大智慧。如果你仔细考虑一下，而不是冲动行事，你几乎总能做出更好的投资决策。

马修·利伯曼说，另一种选择是"向那些不认同你观点的人征求第二种意见"。试着把你的投资想法告诉那些很了解你，却又不同意你观点的人。虽然你的配偶在这方面听起来很理想，但最佳人选是一个好的商业伙伴，而不是你的浪漫伴侣。值得关注的是，美国许多最具创新力、最成功的公司都是由两个能够相互制衡彼此想法的人领导的，比如，伯克希尔-哈撒韦公司有沃伦·巴菲特和查理·芒格，雅虎公司有戴维·费罗和杨致远，谷歌公司有拉里·佩奇和谢尔盖·布林。如果你有一个既能令你推心置腹又对你吹毛求疵的朋友，那么要养成一个习惯，在做任何决定之前，把你的投资理念跟这位朋友讲一讲，请他帮忙把关。

最后一个方法是试着通过身体运动去影响你的想法。施瓦茨解释说："你在一个身体里思考，你的身体反应与你的神经活动相互作用。"这虽然听起来很奇怪，但不无道理。比如，如果你推开面前的坚硬物体，就可以帮助你在做决定时多一些思考，少一些情绪波动。如果你推开电脑或书桌，就可以让自己少受一些个人情绪的影响。接下来，你可以用这个僵硬的动作来提醒自己，在做决策的时候，记得要三思而后行，可以参考本书附录1中列出的10条基本投资规则。你甚至可以在采取任何市场操作之前，用掌上电脑或手机自动给自己发送提示。

圣克拉拉大学金融学教授梅尔·斯塔特曼（Meir Statman）称，所有这些心理技巧提供了一种"冷水浴"的效果，可以帮你避免一时冲动。

➤ **当市场对你眨眼时,你要抓住稍纵即逝的机遇。**[30] 如果一只股票因为坏消息而遭受重挫,它可能会永久下跌,也可能只是暂时反应过度,晚些时候就会反弹回来。提前做好投资功课,你就可以随时出击了。如果你是一个认真的股票投资者,你应该购买你所了解的公司的股票,如果这些股票突然变得便宜了,那就买入。美盛集团的著名基金经理比尔·米勒就是这么做的。2004年夏天,职业教育公司(Career Education Corp.)的股价从约70美元跌至27美元,原因是有报道称监管机构正在调查该公司的账目和商业行为,投资者对此感到恐慌,纷纷抛售。但米勒知道,这所技术学校运营公司能够获得非常丰厚的利润,他觉得这种情况很可能会继续下去。因此,当市场"眨眼"时,米勒抓住了机会,以低价从惊慌失措的卖家手中买入了200万股。(到2004年底,该股票已经较夏季恐慌时的低点上涨了近50%。)

提前做功课能让你在其他投资者惊慌抛售时,及时抓住稍纵即逝的机遇。沃伦·巴菲特每年都会阅读安海斯–布希公司的年报,一边熟悉这家公司,一边耐心地等待股价变得足够便宜时出手。最终,在2005年初,该公司股价下跌,当时已经对该公司非常熟悉的巴菲特抢购了安海斯–布希的大量股份。

➤ **股票只有价格,而企业有价值。**[31] 从短期来看,只要有人想买进或卖出股票,或者只要有新闻发生,股票价格就会发生变化。有时,消息简直荒唐可笑。比如,1997年10月1日,世通宣布收购MCI通信公司(股票代码MCIC),"大众共同基金公司投资者"(股票代码MCI)的股价上涨了2.4%,交易量飙升到了平时正常交易量的11倍。投资者之所以急于买入大众共同基金的股票,是因为他们搞错了名称，误以为它会被世通公司收购，认为其股价将会上涨。但在这场混淆名称的闹剧中，大众共同基金的股价确实飙升了。同样，1999年初，当狂热的互联网交易员错误地认为美商环泰（Mannatech）是一只科技股时，该公司的股票在头两个交易日飙升了368%，但事实上，该公司是泻药和营养补充剂销售商。

长远来看，企业是股票的内在基础，股票只是企业在市场上的交换媒介，没有自己的生命。如果哪项业务变得更具长期赢利性，那么它将变得更有价值，其对应的股票价格也会走高。股票价格在一个交易日内变化上千次并不罕见，但在真实的商业世界中，企业价值在一天之内基本是稳定的。企业价值虽然会随着时间推移而变化，但不是一直在变。股票就像天气一样，几乎不间断地、毫无预警地变来变去。企业就像气候一样，其价值变化更加缓慢且可预测。从短期来看，天气引起我们的关注，且似乎决定了环境，但从长期来看，真正重要的是气候。

所有这些变化都可能分散人的注意力，以至巴菲特曾说："我总是喜欢在不知道价格的情况下研究投资，因为如果你看到了价格，它就会自动对你产生一些影响。"指挥家们发现，如果让古典音乐家在幕后进行试唱，那么他们就能更客观地评价，因为这样他们就不会由于音乐家的长相而产生任何先入之见，所以无法影响他们对音乐家声音的感知。

因此，一旦你对一家公司产生了兴趣，一个好办法就是最好先不去查看它的股价，而是花两周时间去研究一下这个公司。在两周时间结束时，忽略股票价格，只关注企业价值本身，做出自己的评估。你不妨从下面这些问题开始：我了解这家公司的产品或服务吗？如果股票没有公开交易，我还想拥有这种业务吗？在最近的企业收购中，类似公司的估值怎样？是什么让这个企业在未来更有价值？我读过该公司的财务报表吗，包括往往会揭示企业弱点的风险因素说明和脚注？

巴菲特说，所有这些研究确实让你回到了一个核心问题："我的第一个问题，也是最后一个问题，即我是否了解这家公司。我说的了解，是指从经济学的角度对它在未来五到十年的发展状况形成一个合理判断。如果你在回答这个基本问题时感到不舒服，你就不应该买这家公司的股票。"

➤**考虑问题时，要着眼全面**。你从经纪公司或基金公司看到的财务报表，往往是为了刺激你大脑的反射系统：它们强调的是每笔投资的短期价格变化，而不是你的总财富规模。这种方法让你的财务报表读起来不那么枯燥，尤其是在市场上下波动的时候。但它让你更有可能听从直觉，经常导致高买低卖。丹尼尔·卡尼曼警告说："考虑一项决定时，看似最自然的方式往往不是最好的方式。"[32]

如果你的财务顾问或基金公司不能帮你全面分析你的财务报表，你可以自己做：用 Excel 或类似的软件建一个电子表格。在每个季度末，使用小的、普通的字体，输入你的每一项投资的价值。使用 Excel 的"自动求和"来计算你持有的所有股票的总金额，用粗体字标出总数。（如果你不会用 Excel，有一张纸就可以了，一定要用更大、更醒目的数字记录总数。）要查看你的投资组合的表现，不要逐行阅读每一个条目。相反，把这个季度的总和与上一季度或一年、三年和五年之前的总和进行比较。现在你就可以很容易地看到你所持有的任一股票的大幅波动是否对你的整体投资组合产生了重要影响。卡尼曼将这种刻意的比较称为"着眼全面",这种比较需要动用你大脑的反思系统,以避免单笔投资的损失或收益促使你做出可能会后悔的行为(比如低价卖出或高价买入)。

无论你是投资个股,还是只在 401(k)计划[①]或其他退休计划中投入一些资金,"着眼全面"都将帮助你关注所有资产的长期表现和稳定性,而不是关注个别资产的短期波动。这样,你会变得更富有、更冷静。

---

① 401(k)计划为美国于 20 世纪 80 年代开始实施的一种社会保障计划。——编者注

第三章
贪　婪

贪爱银子的，不因得银子而知足。[1]

——《传道书》

"我知道中奖的感觉有多棒"

劳里·津克（Laurie Zink）在买彩票的问题上根本控制不住自己。[2] 她很清楚赢得加州超级乐透奖的概率是1/41416353，但她不在乎，她说："我知道胜算很小，但在我的脑海中，真实概率和知道中奖的感觉有多棒之间毫无关系。"津克在范德堡大学主修人类学，是一位聪明、勤奋的电视制片人。当她曾经被小概率的"好运虫"叮了一次之后，就再也不能把它的甜蜜毒素从她的身体里取出来了。这个"好运虫"就是：2001年，大学毕业三个月后，她参加了美国全国广播公司的真人秀节目《迷失》（Lost）。她和一个同伴被蒙上眼睛，带着100美元、几天的食物和水、一个急救箱和一个帐篷,在玻利维亚的一个偏远的山顶上下车。三周后,津克和她的队友回到纽约港的自由女神像下,惊讶地发现她和同伴每人赢得了10万美元。

从那以后,劳里·津克的脑子里就一直怀念着忽然发财时的那种极度兴奋。现在,每当加州彩票的头奖"够大",她就会买一张。津克几乎算不上一个彩票迷,她每年只会放纵几次,但这种感觉一旦袭来,就会是一种无法抗拒的冲动。她说:"我知道这种感觉是完全不理性的,但它会驱使我进入7-11便利店,让我掏出钱包去买彩票。理性地说,我知道我不会赢。但这些彩票仿佛在说:'嘿,你永远不知道结果如何。'我也知道如果真的中奖了,那该有多好。"劳里·津克的例子堪称典型,代表了一类人:有人对俄亥俄州中过至少100万美元彩票大奖的人进行过一项调查,发现82%的人在中奖之后会定期购买彩票。

不管你是否像劳里·津克一样中过大奖,你肯定知道赚钱的感觉很好。你可能没有意识到的是,预期赚钱比实际赚钱带来的感觉更好。

当然,你的大脑中并不存在一个只有财务报酬才能激活的金钱计量表。[3] 相反,你的大脑将潜在的投资收益(或赌博收益)视为一种基本追求,类似于食物、饮料、住所、安全、性爱、音乐、令人愉快的香气、漂亮的脸蛋,甚至是学会信任他人或取悦母亲等社交追求。经济收益只是人类最晚形成的一种能够引发良好感觉的体验,因为我们很早就发现,而且经常发现,金钱对于获取其他乐趣是必不可少的。因此,人类大脑的反射系统对潜在经济收益的反应不亚于对基本乐趣的反应。德国吉森大学的神经学家彼得·基尔施

（Peter Kirsch）这样解释："尽管金钱不能满足任何基本需求，你既不能吃它，也不能与它交配，但金钱与享受之间的联系非常紧密。"

财务收益预期会让你大脑的反射系统处于高度警觉状态，把你的注意力集中在当下最迫在眉睫的事情上。比如，在你买了一只股票之后，你会高度关注它继续上涨的可能性。你的想象力会令你非常兴奋，但结果往往不那么令人兴奋，尤其是当你一直保持期待的时候。当你把钱装进口袋的时候，贪婪的快感得到了满足，变成像打哈欠一样的神经反应。赚钱的感觉很好，预期赚钱的感觉更好。具有残酷讽刺意味的是，你的大脑具有一种生物学机制，这种机制在你预计会赢利时比你实际赢利时更容易被激发。

马克·吐温的收益

早在神经经济学家能够追踪人类大脑内部活动之前，马克·吐温就知道，预计会中头彩的感觉甚至比中了头彩的感觉还要更美好。[4] 在早期的回忆录《艰苦岁月》(*Roughing It*)中，马克·吐温回忆了 1862 年他同一位合伙人在内华达州开采银矿时发生的事情，他彻夜未眠。"就像一个电池给自己充满了电一样。"他天马行空地幻想自己的收益："我将在旧金山的核心地带建造一个占地两英亩的庄园，还要去欧洲游历三年。"他说："躺在床上的时候，对未来的展望让我辗转难眠。"在这辉煌的 10 天里，马克·吐温在纸面上成了千万富翁。然后，合伙人对银矿的所有权突然因法律上的问题被否定。马克·吐温病得很重，很伤心，也很绝望，但他从来没有忘记自己想到发大财时的那种喜悦之情。

马克·吐温晚年,在精彩的寓言《三万美元遗产》中,他回到了同样的主题:讥笑萨拉丁和伊莱克特拉·福斯特夫妇在得知可能继承3万美元巨款(大约相当于今天的60万美元)时臆想自己会住进城堡。他们假想拿着尚未到手的遗产去投资,不断地"给假想中的经纪公司下假想的订单",直到"最终积累了庞大的财富"。他们假想中的投资组合攀升至24亿美元(大致相当于今天比尔·盖茨的财富)。在幸福的假想中,卑微的店主和他的妻子幻想着住在豪华的大宫殿里,并乘坐他们的私人游艇遨游海上。但事实证明,这个消息只是一个残酷的恶作剧,不会给他们带来意外之财。福斯特夫妇惊呆了,沉默不语,悲痛而死。

最具讽刺意味的是,尽管马克·吐温嘲笑自己和他人的极端贪婪,但他一再把自己的钱投入高风险投资,希望这些投资带来高回报,却从未实现。多年来,马克·吐温把钱和梦想投入各种令人眼花缭乱的投机买卖中,包括以白垩为材料的印刷机、可以在丝绸上复制照片的机器、粉状营养品、复杂的机械排字机、螺旋形帽针以及改进的葡萄剪。

像马克·吐温这样一个极其聪明、多疑且富有的人,为何总是屈服于荒谬的快速致富念头呢?他可能控制不住自己。就像劳里·津克希望通过玩彩票来重新找回她赢得真人秀大奖时的兴奋一样,马克·吐温一定也是如此,毕竟1862年他在弗吉尼亚市发现银矿时,他内心深处的兴奋之情被激发了出来。每当他想到钱的时候,这种记忆就会让他大脑的反馈回路超速运转,结果是形成了一种对一夜暴富的终生性的迫切渴望,这让马克·吐温经历了从拥有财富到债台高筑,从破产到东山再起的大起大落。

大脑的预期回路如同 Wi-Fi 热点一样星罗棋布

我在斯坦福大学布莱恩·克努森（Brian Knutson）神经科学实验室的一项实验中体验过贪婪的冲动。[5]克努森个子不高，但很健壮且精力充沛，他的笑容富有感染力。他以前学的是比较宗教学，现在研究大脑如何产生情绪。在我玩他设计的一个投资类电子游戏时，克努森把我放进了一个功能性磁共振成像扫描仪来追踪我的大脑活动。通过将一块巨大的磁铁和无线电信号结合起来，功能性磁共振成像扫描仪可以精确定位大脑内血液中氧气水平的瞬间变化，从而使研究人员能够绘制出特定任务所涉及的神经区域。

在这项实验中，当我躺在功能性磁共振成像仪里的时候，我听到的声音非常大：你不妨想象自己躺在一个倒置的铁制浴缸里，有恶作剧者用铁棒敲打浴缸，用钻头钻浴缸，往浴缸里倒滚珠轴承，这样你就明白我的感受了。但我发现自己很快就习惯了所有的嗡嗡声和叮当声。几分钟后，我就做好了准备，可以接受克努森的任务了。随后，代表不同收益或损失级别的图形开始闪烁在屏幕上。

在克努森的实验中，功能性磁共振成像扫描仪内部的一个屏幕给我展示了一组符号：圆圈表示我能赢钱，正方形则意味着我会输。在每个圆圈或正方形内，垂直线的位置表示将要赢得或亏损多少钱（左边，0美元；中间，1美元；右边，5美元），水平线的位置（底部、中间或顶部）表示赢得收益或避免损失有多么容易或困难。因此，右边有一条垂直线和顶部有一条水平线的圆圈意味着我可能赢得5美元，但可能性很小。中间有一条垂直线，底部有一条水平线的正方形表示我很可能会损失1美元。

每个形状在出现后 2 秒到 2.5 秒就会消失，这就是预期阶段，当我紧张不安地等待输赢的机会时，一个白色的方块就会闪过屏幕，持续时间不到 1 秒。为了赢得屏幕展示给我的金额，或者避免屏幕展示给我的损失，我需要在提示出现的那一瞬间按下按钮。如果点击按钮的时间太早或太晚，就会错过收益（或蒙受损失）。在难度最大的三个级别中，我只有不到 0.2 秒的时间按下按钮，成功的概率只有 20%。每次尝试之后，屏幕都会显示我刚刚赢了或输了多少钱，并更新我的总额。

当代表着收益或损失非常小的形状出现时，似乎什么事情都没有发生，我平静地点击了一下，不怎么关心盈亏。但是，如果出现了一个标志着轻松获得大笔收益的圆形，那么，无论我多么冷静和谨慎，都能感到一股期待的浪潮席卷全身。（如果我在连续几次尝试中都没有赢得任何东西，或者连续亏损，那么贪婪的感觉就会更强烈。）就像体育节目解说员马夫·阿尔伯特（Marv Albert）在篮球嗖的一声穿过球网时发出的欢呼声一样，一个充满强烈希望的声音在我大脑里面低语："没错，机会来了！"此时，功能性磁共振成像扫描仪的结果显示，在那一刻，我大脑中一个名为伏隔核的反射性区域的神经元像疯了一样活跃起来。克努森发现，预期获得 5 美元收益在我的大脑中触发的活动强度，大约是预期获得 1 美元的两倍。

伏隔核位于眼睛后面的深处、大脑额叶后部的后部，卷曲着伸向头部中心。（伏隔核是大脑中负责体验预期收益快感的区域，同时也是让我们体验性快感的部位，这并不奇怪。）其他许多区域都是预期回路的一部分，它们广泛分布在你大脑的反射系统中，就像

Wi-Fi（无线上网）热点散布在大城市的心脏一样（在反射系统中，至少有一个名为"眶额皮质"的区域也和预期有关），但伏隔核是奖赏网络的一个核心"交换机"。

相比之下，得知结果并不是什么大事。无论什么时候，只要我点击的时机对了，并获得了收益，那么我就会感到一种不冷不热的满足感，比我在知道结果之前的那种热切期待要温和得多。事实上，克努森的扫描仪发现，当我获得收益时，伏隔核中的神经元的活跃程度远低于我预期得到奖励时的活跃程度。根据克努森对数十人的研究，大脑在这方面的反应模式差不多。

哈佛大学医学院的神经学家汉斯·布赖特（Hans Breiter）说："受益有两种基本的体验方式。性就是一个很好的例子：你在发生性爱之前会经历很长一段时间的兴奋过程，而最终的高潮不过转瞬即逝。另一个很好的例子就是做饭和吃饭：你真的很饿的时候，做饭过程会让你兴奋起来，当你最终吃完饭获得饱腹感之后，你可能并不会有什么快感。因此，预期阶段的兴奋实际上是快感的主要组成部分，引起这种兴奋的主要原因是心怀美好预期，而不是真正得到满足。"[6]

利用功能性磁共振成像扫描仪去检测性期待和性满足之间的差异不仅会令人不适，而且存在难度。但期待美食和品尝美食之间的差异已经得到了验证。一旦人们知道他们看到某个形状会得到一口葡萄糖水，那么在看到这个形状时他们的伏隔核的反应力度会超过真正喝到糖水时的反应力度。这印证了布赖特的观察，即想象美餐比真正去吃更令人兴奋。人们对金钱的感受也是如此。套用一句老话，期待比得到更好。

迫不及待的老鼠

为什么期待比结果对大脑反射系统的刺激更大呢？克努森的导师、俄亥俄州博林格林州立大学的贾克·潘克塞普（Jaak Panksepp）把这种功能称为"搜寻系统"（seeking system）。[7]在数百万年的进化过程中，正是对美好事物的期待刺激着我们的大脑，从而促使我们的感官处于高度警觉和兴奋的状态，激励我们去努力获得存在不确定性的回报。俄勒冈大学的保罗·斯洛维奇说，我们大脑中的预期回路就像一个激励机制，使我们能够追求长期的回报，而这些回报只有通过耐心和付出才能获得。如果我们无法从想象未来财富的过程中获得兴奋，那么就无法激励自己坚持足够久的时间去获取他们。与此相反的是，我们将只会抓住那些眼前的、短期的收益。

正如法国散文家蒙田所写的那样："如果我们要在一瓶水和火腿之间做出选择，且对吃和喝有着同样的渴望，那么毫无疑问，除了死于口渴和饥饿之外，没有其他办法。"[8]在约翰·巴斯1958年的小说《路的尽头》（The End of the Road）中，雅各布·霍纳（Jacob Horner）无法想象未来的快乐，因此每当他面临多重选择时就会陷入无所适从的状态。霍纳的治疗师多基博士给他制定了一个简单的规则：由左向右、由前向后或按照字母顺序选择，也就是说，让他选择排在最左边的、最先出现的，或者按照字母顺序排在最前面的。尽管这些规则很荒谬，但至少让霍纳开始知道如何做选择。如果我们大脑的"搜寻系统"无法发挥作用，我们就会像雅各布·霍纳一样，在面对不止一个选择时变得优柔寡断。正如多基博士告诉霍纳的那样："选择就是生存，如果你不选择，你就不能生存。"

我们可以通过研究"预期"对其他动物的影响来加深对它的了解。[9]日本富山医科药科大学的小野武年（Taketoshi Ono）领导了一个研究小组，研究老鼠如何预测奖励。小野武年和他的同事们已经证明，对水、蔗糖或电刺激等奖励的预期会激活老鼠大脑中被称为"感觉丘脑"的那个区域。就像一个电灯的双开关一样，这个电路有两个不同的阶段。第一个阶段是一道神经闪电，在不到0.01秒的时间里就会闪过，向大脑的其他部分发出信号，表明奖赏可能就在眼前。（实际上，当老鼠的大脑收到预测收益的提示时，它会尖叫："来了！"）然后是一个持续升级的反应，因为神经元一直在放电，直到奖励实现。潜在的奖赏越诱人，神经元的反应就越强烈，当奖励最终出现时，老鼠就会快速地扑向奖励。在这一阶段，老鼠似乎正在弄清楚最有可能出现哪种形式的奖励。

因此，预期的第一阶段似乎是一种"向后看"的表现：老鼠从之前的实验中知道，特定的声音或光线与奖励有关，因此提示一旦出现，几乎会立即刺激老鼠的大脑让其处于高度兴奋和准备状态。预期的第二阶段是一种"向前看"的表现：在发出提示和实现奖励之间，老鼠要识别出哪一种奖励即将到来。它们期望越高，它们的大脑就越是处于高度准备状态。（小野武年的研究小组发现，老鼠能在大约0.25秒内喝完一口白开水，但能在不到0.05秒的时间内喝完一口糖水。）正如小野武年所说，预期的两个阶段似乎是一种比较经验教训和未来结果的方式。艾米莉·狄金森完美地表达了这一观点，她写道："回顾是展望的一半，有时甚至更多。"

心理学家一直在探索当大脑的预期回路受损时会发生什么情

况。[10] 在英国剑桥大学的一个实验室里，老鼠被安置在一个房间里，可以用爪子按压两根杠杆。按其中一根杠杆，老鼠立刻得到一颗糖；按另一根杠杆，就能得到更美味的奖励——4颗糖，但是要延迟 10~60 秒。虽然大脑完好的老鼠会缺乏耐心，但有一半老鼠仍会选择较大、较晚的那种奖励。

然而，大脑伏隔核受损的老鼠会患上一种名为 ADD 的疾病，这不是注意力缺陷障碍（attention deficit disorder），而是预期缺陷障碍（anticipation deficit disorder）。没有正常运作的伏隔核，这些老鼠几乎完全无法延迟自己的满足感，它们 80% 以上的时间会选择较早但较小的奖励。失去预测未来奖励的能力迫使这些老鼠做出剑桥大学心理学家鲁道夫·卡迪纳尔（Rudolf Cardinal）所说的"冲动选择"（impulsive choice）。正如他所说，正常的预期回路可能使老鼠把它们的认知资源集中在长远利益。但对伏隔核功能欠缺的老鼠来说，此时此地的收获才是最重要的，未来永远不重要。

因此，我们大脑中"搜寻系统"的预期回路可谓有利有弊。我们的预期回路迫使我们密切关注未来获得回报的可能性，但它也让我们期待的未来比实际到来时感觉更好。这就是为什么我们大多数人很难理解那句老话：金钱买不到幸福。毕竟，未来不一定如我们所期待的那样。

为什么好消息会如此糟糕？

华尔街最古老的格言之一是："在谣言中买进，在消息中卖出。"[11] 这句陈词滥调背后的理论是，当聪明的投资者们普遍认为某件大事即将发生时,股市就会上涨。然后,一旦公众得知这一好消息,精明的投资者就会高价脱手,股价就会下跌。

这是有一定道理的,但它可能更多地与每个人大脑中的预期回路有关,而不是与少数几个大投资者超常的脑力有关。赛莱拉基因公司(Celera Genomics Group)就是一个生动的例子,该公司的股价因希望而飙升,但因现实而下跌。1999年9月8日,赛莱拉开始进行人类基因组测序。通过逐个识别构成人类DNA的30亿个碱基对,该公司可能实现生物技术历史上最大的飞跃之一。随着赛莱拉光彩夺目的事业开始吸引人们的关注,投资者们便满怀期待。1999年12月,法国兴业证券(SG Cowen)的生物技术股分析师埃里克·施密特(Eric Schmidt)总结了市场的心态:"投资者对这个行业充满了热情,希望今天的故事能够带动明天的经济。"赛莱拉的股价从测序项目开始时的17.41美元飙升至2000年初的244美元高点。

2000年6月26日,在白宫举行的一场盛大的新闻发布会上(当时的美国总统小布什和英国首相托尼·布莱尔也出席了),赛莱拉基因公司的首席科学家克雷格·文特尔(J. Craig Venter)称这是"人类10万年历史上的一个历史性时刻":该公司破解了人类基因密码。然而,该公司的股票对这一官方消息做出了什么反应呢?暴跌!当天下跌10.2%,第二天又下跌12.7%。

没有任何事情使公司的命运变得更糟。恰恰相反,赛莱拉所取得的是一个科学奇迹。那么,为什么股市会崩盘呢?最可能的解释很简单,那就是期望之火很容易被现实的冷水浇灭。投资者期待已久的好消息一出来,兴奋感就消失了。由此产生的情感真空几乎立即被一种痛苦的意识所填满，即未来不会像过去那样令人兴奋。正如尤吉·贝拉（Yogi Berra）的一句名言："未来不再是过去的样子了。"得到他们想要的东西让投资者没有什么可期待的，所以他们退出了，股票崩盘了。

截至2006年底，赛莱拉公司（阿普雷拉公司旗下两只股票之一）的股价约为14美元，比历史最高点低了90%以上。这表明，如果一家公司最大的资产是投资者的贪婪，那么买入其股票会带来很大危险。

记忆是由金钱铸就的

德国的研究人员在一项引人注目的实验中测试了经济收益预期是否能改善记忆力。[12] 神经学家用磁共振成像扫描仪扫描人们的大脑，同时向他们展示锤子、汽车或葡萄等物体的图片。有些图片与赢得半欧元的机会配对，而另一些则没有任何奖励。参与者很快就知道了哪些图片与赚钱的前景有可靠的联系。磁共振成像显示，当这些图片出现时，人们的预期回路会猛烈地启动。

紧接着，研究人员向参与者展示了一组更大的图片，包括一些之前没有在扫描仪中显示的图片。人们能非常准确地分辨出他们在之前的实验中看到的图片。他们同样善于识别这些图片中哪些预测了经济收益，哪些与收益无关。

三周后，参与者回到实验室。在那里，他们再次看到了这些图片。然而，这一次，令人惊讶的事情发生了：尽管他们已经21天没有看到这些图片了，却能更容易地分辨出那些表示能获得经济利益的图片和那些无法获得经济利益的图片。这一发现震惊了研究人员,他们回去重新检查了三周前的扫描结果。结果表明,潜在的奖励性图片不仅在预期回路中,而且在大脑中负责长期记忆的海马区引发了更强烈的活动。

最初的期望之火似乎以某种方式将潜在回报的记忆更深刻地烙进了大脑。神经学家埃姆拉·杜泽尔(Emrah Duzel)说:"对记忆的形成来说,预期奖励比收到奖励更重要。"一旦你了解到一个赌博可以赚钱,你便会记得那些环境和预期的刺激,记忆更清楚,也更持久。像艺术家运用喷雾使颜色更加稳定一样,预期就是记忆的固定剂,使你对获得奖励的记忆不会随着时间而褪色。

蒙特利尔康考迪亚大学的神经学家彼得·西格尔(Peter Shizgal)说,对一些人来说,那种美好感觉的记忆可能会挤掉各种更重要的财务信息。他讲述了这样一个故事:"我认识的一位心理学家有一个病人患有强迫性赌博的问题,一个周末这个病人赢了大约10万美元。他问病人:'你的净收益或净损失是多少?'病人说:'赔了190万美元,我总共投入了200万美元,最终赢了10万美元!'"西格尔解释说:"他的回答的第一部分完全没有感情色彩。这一部分才是重要信息,但对他没有影响。只有最终赢钱才是真正令他难忘的,并将继续控制他的行为。"

难怪我们许多人在回顾过去的投资时,只是盯着那些能够与沃伦·巴菲特相媲美的亮点,而实际上,我们真实的投资记录中充满了错误和损失。因为收益预期能帮助我们记住我们的收获,因此,回头看时,成功率只有20%的投资往往也能给我们带来美好感觉。

正如小野武年的老鼠实验所表明的那样,预期似乎分为两阶段：第一阶段是对记忆的回顾，第二阶段是充满希望的展望。这就解释了为什么劳里·津克在真人秀中奖之前从未买过彩票，之后却爱上了玩彩票；这也解释了为什么马克·吐温尽管很有钱，却一直想发大财。

对于期待的预期

在老鼠身上进行的预期实验表明，伏隔核中的神经元在发现一个预示奖励的符号后，仅用 0.1 秒就能发出信号。在接下来的 5~15 秒内，这些信号会刺激老鼠去追求线索所预测的任何奖励。[13] 在得到暗示和真正得到奖励之间的心理跳跃有助于解释为什么看到注射器会让海洛因成瘾者产生一种不可抗拒的渴望。这也是为什么赌场地板发出的叮当声会让一个上瘾的赌徒掏出钱包。正如陀思妥耶夫斯基在他的中篇小说《赌徒》(The Gambler)中所写的那样："在我去赌场大厅的路上，即使只听到两个房间之外传来的钞票散落的声音，我也几乎要崩溃了。"因为仅仅看到一个预测线索就可以触发冲动，所以便利店把彩票机放到收银机旁边，经纪公司把他们推荐的股票代码放在大门内侧的显眼位置，或者在休息大厅放一台电视，不停播放美国全国广播公司财经频道（CNBC）的节目。

当奖励临近时，大脑就会厌倦等待。[14] 尾状核是灵长类动物大脑的中心区域，在预示奖励的线索出现之前，尾状核中的神经元就已经开始活跃了。猴子们慢慢知道了自己把眼睛转向一个特定形状的物体，就能得到一杯水喝。它们还大致知道下一个线索可能何时出现。令人惊讶的是，猴子尾状核神经元在信号出现前 1.5 秒就开始放电。换句话说，一旦我们意识到奖励可能就在眼前，我们的注意力不仅会被一个收益或收益可能会来的信号所吸引，而且会被一个信号可能会来的暗示所吸引。日本和光理化研究院脑科学研究所的中原浩之（Hiroyuki Nakahara）将这种先于收益信号的反应称为"对回报预期的预期"。这就像巴甫洛夫的狗不是在铃响时才开始流口水，而是一看见巴甫洛夫开始朝铃走去就开始流口水一样。

这有助于解释为什么在 20 世纪 90 年代末，如果前一天的交易赚了钱，短线交易员就能获得非常高的人气。当思科系统（Cisco Systems）连续 10 个季度的每股盈利都比华尔街预期高出 1 美分时，仅仅是接近该公司发布下一份盈利报告的日期就让投资者感到欢欣鼓舞。在思科 2000 年 2 月发布业绩之前的 5 天里，该公司股价上涨 10.5%，成交量较正常水平高出 1/3 以上。这种巴甫洛夫式的价格上涨，是由投资者对即将公布的业绩垂涎三尺所推动的。（最终，思科每股收益确实比预期高出 1 美分，正如人们预计的那样，它又成功地在接下来的 3 个季度里做到了这一点。随后，该股暴跌，到 2002 年，其市值蒸发了约 4000 亿美元，创下金融史上单只股票的最大跌幅纪录。）

胜算渺茫

预期对于神经还有另一个不寻常的影响。[15] 布莱恩·克努森发现，尽管你的大脑对奖励总额的变化反应灵敏，但它对真正获得奖励的概率的变化却不那么敏感。实际上，你的大脑更擅长问"奖励有多大"，而不是问"获得奖励的可能性多大"。因此，无论获得收益的可能性有多低，潜在的收益越大，你越感到贪婪。

如果彩票的头奖是 1 亿美元，而公布的中奖概率从 1/1000 万下降到 1/1 亿，你买彩票的可能性会降低为原来的 1/10 吗？如果你像大多数人一样，你可能会不介意地耸耸肩，虽然知道希望渺茫，但仍然像以前一样快乐地买彩票。正如卡内基-梅隆大学的经济学家乔治·勒文斯坦（George Loewenstein）所解释的那样，这是因为赢得 1000 万美元的幻想会在你大脑的反射系统中引发一阵期待。只有到晚些时候，反思系统才会计算出你获胜的概率，这个概率就像摇滚歌手奥兹·奥斯本（Ozzy Osbourne）当选下一任教皇一样渺茫。

洛温斯坦解释说，金钱是一种基本的奖励形式，在反射系统中会被快速处理。你很可能对成堆的钱有一些生动的想象，并幻想着如何花掉，但你的大脑并不会对概率形成本能的认知。如果我们把头奖金额乘以或除以 10、100 或 1000，你对中奖愉悦感的预期将会发生巨大变化，但中奖概率的变化几乎不会引发情绪波动。因为预期是反射系统处理的，而概率是反思系统处理的，所以赢得 1 亿美元的心理意象挤掉了对中头奖概率有多低的计算。简而言之，只要有可能中大奖，其概率无论多低往往都会被抛到九霄云外。

在电影《阿呆与阿瓜》中，金·凯瑞饰演的角色劳埃德问他毕生心仪的女子玛丽·斯旺森，她爱上他的概率有多大。玛丽回答道："不大。"劳埃德犹豫地问道："能达到百分之一吗？"玛丽回答说："我更愿意说是百万分之一。"劳埃德惊叫道："你这是在告诉我还是有机会的，太好了！"

你购买股票或基金时的情况跟这也没有什么不同：你对巨大收

益的预期通常会把获得收益的概率挤到一边。这意味着，每当你面临一个预期收益大而成功概率低的投资机会时，你的大脑往往会导致你陷入麻烦。

忽视的风险

关于预期回路，你应该意识到的另一件事是，它不会孤立地评估潜在收益。[16] 从理论上讲，我们都应该更喜欢赢得更多，而不是赢得更少。但在实践中，情况往往并非如此。加州大学伯克利分校的心理学家芭芭拉·米勒斯（Barbara Mellers）表示，人们从输赢参半的赌博中获得的快乐，要多于从胜券在握的赌博中获得的快乐。米勒斯说："我们已经非常适应变化了，以至我们在评估潜在结果时，不仅会考虑到已经发生的事情，还会考虑到可能发生的事情。"赔钱的可能性反而加剧了赚钱带来的喜悦强度。

神经学家汉斯·布赖特领导的团队与心理学家丹尼尔·卡尼曼合作，测试了亏损的可能性如何影响我们对收益的预期强度。研究人员创造了三个"财富之轮"，每个"财富之轮"被分割成三部分，分别代表三种概率相同的结果：第一个"财富之轮"旋转一次，有机会赢得 10 美元、2.5 美元，或者什么都不赢；第二个"财富之轮"旋转一次，有机会赢得 2.5 美元、没有盈利或者亏损 1.5 美元；第三个"财富之轮"旋转一次，则有可能什么都不赢、输 1.5 美元或输 6 美元。有时会出现一个好结果，有时会出现一个有中等报酬的结果，有时会出现一个坏结果，所有这些都是随机发生的。

在这个实验中，你的大脑并不是只观察潜在的收益，而是将它们与其他可能的结果进行比较。好轮子可以给你 10 美元，且没有损失的风险。与此同时，"中等"轮子最多只能赚 2.5 美元，但潜在的收益可能会伴随着 1.5 美元的亏损。因此，尽管"中等"轮子提供了一个较小的收益优势，但由于存在亏损风险，它对大脑的刺激不亚于好轮子。布赖特和他的同事们发现，包括伏隔核在内的几个大脑区域，神经元在期待"中等"轮子旋转结果时的活跃程度，与它们在等待好轮子旋转结果时的活跃程度相当（赚钱概率为零的坏轮子刺激的是大脑内部主管恐惧的位置——杏仁核）。

因此，遭受损失的可能性使获得收益的希望显得更加吊人胃口。仔细想想，这很有道理。进化过程天然地让我们更加关注伴随着风险的收益，就像我们都知道摘玫瑰时要比摘雏菊时更加小心一样。

预期游戏

营销人员和那些想赚你钱的人完全理解你大脑中的预期回路是如何运作的。几乎在所有的赌场里，老虎机都安装在一进门的位置，所以，当你走进去的时候，你听到的第一个声音便是那些叮当作响的铃声，或是铜制硬币的哗啦哗啦声，它们让你充满了可能获得收益的兴奋。与此同时，宣传快速致富的骗子们长期以来一直在利用他们所谓的"赚快钱"的情感力量，大肆宣传潜在的巨额利润，通常是挥舞钞票，然后在上当受骗的人识破之前逃离。

在股票推销者那里，许诺未来会有好业绩是最古老的伎俩之一。[17]1720 年，南海公司（South Sea Co.）宣布未来将增加股息，从而推高了股价。用现代一位观察人士的话说，"这或许比其他任何举措都更能让人陶醉"。20 世纪 90 年代末，华尔街那些玩世不恭的投行人士系统性地低估了股票的 IPO（首次公开发行）价格，使得有些股票在首日交易中竟然飙升了 697%，进而让投资者迫不及待地想参与下一次 IPO。IPO 的官方披露文件被称为招股说明书。（招股说明书源自拉丁文 prospectus，意思是"展望未来"，这并非巧合。）

此外，即使市场整体下跌，依然有许多股票逆势上涨。2000 年，威尔逊 5000 指数（衡量美国股市回报的最广泛指标）下跌 10.7%，185 只股票上涨了至少 2 倍，23 只股票上涨了至少 10 倍。第二年，平均股价又下跌了 11%，231 只股票上涨了 2 倍多，16 只股票上涨了 10 倍多。2002 年，尽管市场下跌了 20.8%，但至少有 58 只股票上涨了 2 倍，3 只股票上涨了至少 10 倍。因为总有一些股票能让人变得富有，所以找到这样的股票似乎是件轻而易举的事。但你的搜寻系统更关心的是可能发生什么，而不是发生了什么，纵然许多股票在一年内大幅上涨，在第二年却灾难性地下跌，却很少被人铭记。这就是为什么对太多的人来说，投资是令人心痛和心碎的——多年来追逐一只又一只热门股票或基金反而让这些股票或基金变得冷门。

被贪婪冲昏头脑的不仅仅是个人投资者。对冲基金是一个庞大的资金池，只有百万富翁和养老投资基金、捐赠基金等机构投资者才能涉足。大投资者会愤怒地拒绝向传统的基金支付 1% 的管理费，却很乐意向对冲基金支付至少 2% 的管理费和 20% 的手续费。（在许多对冲基金中，投资方法非常模糊，被称为"黑匣子"。）事实上，正是由于对自己的投资策略保密，许多对冲基金才能够收取如此高昂的费用。对客户来说，不知道里面装的是什么让他们更难以抗拒巨额收益的可能性。如果所有礼物都用透明塑料包装，你的生日就不会那么有趣了。

控制你的贪婪

怎样才能让大脑的预期回路避开财务困境呢？首先要意识到你的预期回路会失控，这就是它的一种工作方式。因此，如果你大脑的其余部分不对预期进行制衡，你最终将追逐每一个在你面前爆发的热点。从长远来看，除了风险和损失，你什么也得不到。下面的策略可以教你如何做得更好。

➤**在华尔街，只有一件事是确定的，那就是，任何事情都是不确定的。**[18]记住，你的搜寻系统是由发大财的感觉激发的，这种感觉会妨碍你计算发财的概率。要警惕那些想用套话来诱惑你上当的人，这些套话包括"让你的财产翻一倍""上不封顶""真的要涨了"等。一项投资的预期回报率越高，你应该问的问题就越多。从这个问题开始：为什么知道这个伟大投资的人愿意让其他人知道这个秘密呢？然后问自己这个问题：为什么这个难得的投资机遇偏偏降临到我头上呢？此外，千万不要，我重复一遍，千万不要根据一个你从未见过的经纪人主动打来的电话进行投资。你要说"不"，然后挂掉。千万不要，我还要重复一遍，千万不要回复一封不请自来的鼓励你投资的电子邮件，对这种邮件，直接删除，不要打开。

➤**幸运很少两次青睐你。**如果你曾经尝到过忽然发财的甜头，就很可能想用余生来找回那种感觉。虽然发现过去一直上涨的股票很容易，但要发现未来继续上涨的股票就难多了。尤其要当心那些令你回忆起很久以前赚过钱的股票，因为这类股票与之前你赚钱的那只股票有相似之处可能纯属巧合。只有仔细研究了一只股票背后的基本业务之后，你才可以投入巨资买入，即便股市放假5年，你也乐于持有。

➢ **把你的"应急钱"锁起来，把钥匙扔掉。** 如果你不能阻止自己在市场上冒险，那么至少要限制一下风险水平。就像一个赌徒把钱包锁在酒店保险箱里，只带200美元到赌场来，以此限制自己的潜在损失一样，你也应该为投机性交易设定一个上限。将至少90%的资金投入低成本、多元化、涵盖市场所有类别股票的指数基金中。投机交易的比例最高为10%。确保你的"应急钱"与你的长期投资完全分开，永远不要混在一起。不管它涨多少或跌多少，永远不要在投机性账户上加大赌注。（尤其重要的是，当你的交易行情很好时，要抵制住加大赌注的诱惑。）如果投机性账户赔了，就关掉它。

➢ **经得住暗示的诱惑。**[19] 巴甫洛夫实验中的那条狗一听到铃声响起就会流口水，酒鬼一听到房间另一头啤酒倒入玻璃杯的声音就渴望喝一杯，同样，股市也会不断地发出信号，诱惑你入场。纽约州立大学石溪分校的心理学家霍华德·拉克林（Howard Rachlin）指出，戒烟的第一步最好就是每天尝试抽同样数量的香烟，这给我们提供了一个线索：贪得无厌的机会越少，你预期的满足感越小，那么你的自控能力就越强。布莱恩·克努森建议：扪心自问一下，怎样才能清理自己的环境？（想想一个试图戒烟的人，他把所有的烟灰缸都藏了起来。）怎样才能让自己接触到更少的暗示？试着关掉电视上的财经频道，这样就不会有任何关于股市走势的喧嚣去分散你对长期财务目标的关注。或者，如果你发现自己每天都要经过当地的股票经纪公司，忍不住隔着窗户偷看电子显示器上的股票行情，那么你就另选一条路。如果你发现自己痴迷于在网上查看股票价格，那么可以使用浏览器上的历史窗口来计算每天查询股票价格的次数，这个数字可能会让你深感震惊。减少查询次数的第一步就是知道自己每天查询得多么频繁。

要控制暗示带来的诱惑，另一种简单而有效的方法是在你买入或卖出一只股票之前列出一份清单，写上每项投资必须达到的标准。伯克希尔-哈撒韦公司每年的年报中都列出了六项收购标准，其中包括董事长巴菲特和副董事长芒格对他们考虑收购的任何公司都适用的标准。确保清单中包括了一些你不愿意深入考虑的因素，这样你就可以很快排除掉那些可能诱惑你的坏主意。关于排除某些投资的规则清单，请参阅附录2。

➤**三思而后行**。至少在投资方面，马尔科姆·格拉德威尔提倡的"无思之想"会引发灾难。相反，你需要三思而后行。克努森说："重要的是，要认识到风险收益的总额远远比获得收益的微小概率更能驱动你的行为。如果你能意识到这一点，那么你应该对自己说，'我应该走开，和我的孩子们玩一个小时，然后再想想'。"在巨大收益的前景刺激下做出的财务决定是一个糟糕的主意。冷静下来，如果你没有孩子来分散你的注意力，那就绕着街区散散步或者去健身房，然后重新考虑一下，等到你的热情已经过去，预期回路已经冷却下来，再去思考。

第四章
预　期

金钱动机要么根本不起作用，要么像兴奋剂一样起到麻醉作用。[1]
——英国诗人塞缪尔·泰勒·柯勒律治（Samuel Taylor Coleride）

古巴比伦的巴鲁与股市预测者

在伦敦大英博物馆的美索不达米亚展厅中，陈列着古代世界最令人震惊的文物之一。这是一个绵羊肝脏的黏土模型，与真实尺寸一样，是古巴比伦牧师的培训工具。古巴比伦的牧师被称为"巴鲁"（baru），他们通过研究刚宰杀的绵羊的肝脏来预测未来。该模型体现出了绵羊肝脏的斑点、颜色、大小和形状。巴鲁及其追随者们相信，每一种要素的变化都有助于预测未来之事，所以黏土模型被精心地细分为63个区域，每个区域都用楔形文字和其他符号来描述其预测能力。[2]

令人震惊的是，这一文物与今天有关金融的新闻报道具有很大相似之处。在这种黏土模型首次在美索不达米亚烧制出来 3700 多年后，那些通过观察绵羊肝脏去预测未来的古巴比伦巴鲁仍然没有消失，只是他们如今改头换面了，被称为市场策略师、金融分析师或投资专家。他们根据最新的失业报告清楚地断言利率将会上升，根据这个月有关通货膨胀的消息预测股票市场肯定会下跌，根据这个新产品或那个新老板预测公司股票将迎来好兆头。

就像古代的巴鲁根据绵羊肝脏揣摩未来一样，今天的市场预测者有时能准确预测未来，但这只是靠运气。所谓的"专家"错的时候更多，他们的愚蠢预测能组成一个长长的花名册。[3]

- 每年 12 月，《商业周刊》都会对华尔街的主要投资策略进行调查，以便预测来年股市的走势。10 年间，这些专家预测的平均偏差达到 16%。
- 1982 年 8 月 13 日（星期五），《华尔街日报》和《纽约时报》援引一位又一位分析师和交易员那些无不散布着阴郁和厄运的言论，比如"需要用抛售高潮结束熊市""投资者进退两难""市场彻底陷入恐慌性抛售"。然而，就在那一天，几十年来最大的牛市开始了，直到牛市开始很长时间之后，大多数专家仍然固执地看跌。
- 2000 年 4 月 14 日，纳斯达克市场暴跌 9.7%，收于 3321.29 点。肯博基金（Kemper Funds）的罗伯特·弗洛里克（Robert Froelich）和帝杰基金（Donaldson, Lufkin & Jenrette，简称 DLJ）的托马斯·加尔文（Thomas Galvin）一致声称："这是个人投资者长期以来面临的最大机遇，纳斯达克指数只会下跌 200 或 300 点，之后会收复 2000 点以上。"但事实证明，纳斯达克指数并没有回升，而是一路下跌了 2200 多点，到 2002 年 10 月达到了 1114.11 点的新低。

- 1980 年 1 月，当黄金价格达到每盎司 850 美元的历史新高时，美国财政部长威廉·米勒（G. William Miller）宣布："现在似乎不是抛售黄金的合适时机。"孰料第二天，金价下跌 17%。在接下来的 5 年里，黄金贬值了 2/3。
- 即便那些仔细研究少数几只股票的华尔街分析师，也与那些神神道道地预测未来的人没什么区别。据基金经理戴维·德雷曼（David Dreman）说，过去 30 年来，分析师对公司下一季度盈利的评估平均误差率达到了 41%。想象一下，电视天气预报员说昨天是 60 华氏度，结果却是 35 华氏度，误差为 41%。现在想象一下，分析师的准确率竟然如此之低，你还会继续听他们的预测吗？

所有这些预测都存在两个同样的问题：首先，它们假定，无论过去发生了什么，都是唯一可能发生的事情，没有考虑到其他可能发生的事情。其次，他们过于依赖短期的过去来预测长期的未来，投资大师彼得·伯恩斯坦（Peter Bernstein）称这是一种"事后预测"（postcasting）的错误。简而言之，即使专家们站在谷仓里，也无法用猎枪击中谷仓宽阔的另一侧。

事实上，无论你观察哪个经济变量，比如利率、通货膨胀率、经济增长率、油价、失业率、联邦预算赤字、美元价值或其他货币，你都可以确定三件事：首先，有人通过预测赚了很多钱；其次，他们不会告诉你他们其实根本不知道自己的预测有多准确；最后，如果你基于这些预测进行投资，你可能只会感到遗憾，因为就指引未来而言，这些预测并不比古巴比伦那些巴鲁的喃喃自语高明到哪里去。

我们都觉得分析应该奏效，但财务预测的无用性尤其令人沮丧。毕竟，我们都知道事先预习是提高我们（或我们的孩子）考试成绩的好方法。你练习高尔夫球、篮球或网球的次数越多，你就越可能成为好球员，但事先做足功课的投资者不一定能获得最高的业绩。为什么投资与此不同呢？原因有三：

第一，市场通常是正确的。数千万投资者的集体智慧已经为你的投资对象设定了价格。这并不意味着市场价格总是正确的，但它通常是正确的，而不是错误的。当市场像20世纪90年代末的互联网泡沫那样大错特错时，做空它就像试图在大浪中游泳。

第二，频繁交易需要支付更多成本。频繁买卖股票的成本很容易超过你所持股价总额的2%。如果交易太频繁，各种税费成本最高可以拿走你35%的收益。这些费用加在一起，就像砂纸一样，侵蚀掉了你的利润。

第三，随机性规则。无论你多么仔细地研究一项投资，它都可能因为你从未预料到的原因而下跌，比如新产品失败、首席执行官离职、利率上升、政府监管政策变革、战争或恐怖主义袭击。这些意外因素不具有可预测性，谁也无法预测。

那么，尽管所有的证据都表明金融大亨们预测未来的努力是徒劳的，为什么他们还在继续乐此不疲地做下去呢？为什么投资者总是听他们的？最重要的是，如果没有人能准确预测未来的行情，那么有没有一些实用的规则来帮你做出更好的投资决策呢？这就是第四章要讲的内容。

概率有多大？

心理学家丹尼尔·卡尼曼和阿莫斯·特沃斯基对"人总是理性的"这一传统观点进行了有力反驳。[4]经济学理论往往假定我们以一种符合逻辑的方式处理所有相关信息，以在风险和回报之间进行最佳权衡。卡尼曼和特沃斯基指出，在现实中，人们倾向于根据令人惊讶的短期数据样本，甚至根据不相关的因素来预测长期趋势。不妨看看下面这些例子。

1. 有两个碗，隐藏在视线之外，每个碗都有不同颜色的球，其中 2/3 的球是一种颜色，1/3 的球是另一种颜色。第一个人从 A 碗中取出 5 个球，其中 4 个是白色的，1 个是红色的。第二个人从 B 碗里取出 20 个球，其中 12 个是红色的，8 个是白色的。现在，你蒙上眼睛，只能取出一个球。如果你提前猜对了颜色，将赢得 5 美元。你是不是会赌从 A 碗里取出的球是白色，从 B 碗里取出的球是红色？

很多人之所以会打赌从 A 碗中取出的是白球，是因为第一个人从 A 碗中取出白球的概率是 80%，而第二个人从 B 碗中取出红球的概率是 60%。但 B 碗中的样本量是 A 碗中的 4 倍，更大的样本量意味着从 B 碗中取出红球的可能性要大于从 A 碗中取出白球的可能性。我们大多数人都知道大样本的数据更可靠，但我们还是被小样本分散了注意力。为什么？

2.一项全国性的调查对100名年轻女性进行了简短的性格描述，其中90名是职业运动员，10名是图书馆管理员。以下是这100人里面其中两个人的性格简介：

丽莎外向活泼，留着长发，皮肤黝黑，有时散漫邋遢，但社交生活丰富，已经结婚了，没有孩子；

米尔德莱德很安静，戴着眼镜，留着短发，喜欢微笑，但很少大笑，工作努力，非常有条理，只有几个亲密的朋友，是单身。

问题一：丽莎是图书管理员的概率有多大？

问题二：米尔德莱德是职业运动员的概率有多大？

大多数人倾向于认为丽莎是个运动员，而米尔德莱德是个图书管理员。虽然从上面的描述中可以明显看出，丽莎比米尔德莱德更有可能是一名运动员，但事实上，米尔德莱德可能也是一名职业运动员。毕竟，我们已经知道，这些调查对象里90%的人都是运动员。通常，当我们要判断一些事物出现的概率时，我们却会判断它们之间有多相似。为什么？

3.假设你和我在抛硬币（让我们各抛6次，将正面记为H、反面记为T），你先抛，结果是HTTHTH，这意味着正反面各占50%的概率，似乎符合随机性原则。然后，我来抛，得到的结果是HHHHHH，这一连串的正面令我感觉自己是抛硬币的天才。

但真相却是简单的：出现这两种结果的概率是一样的，都是1/64，或者说1.6%。但我们对第一个结果并不感到奇怪，对第二个结果却感到震惊,为什么呢?

鸽子、老鼠和随机性

关于随机性的谜题,答案藏在我们的大脑深处,而且可以追溯到我们人类的远古历史。人类拥有非凡的能力去发现和解释简单的行为模式,这有助于我们的祖先在危险的原始世界中生存下来,使他们能够躲避捕食者,找到食物和庇护所,最终在正确的时间和正确的地点种植作物。今天,我们寻找和完成简单行为模式的技能有助于我们应对日常生活中的许多基本挑战,比如"火车来了,我要赶上""婴儿饿了""我的老板每逢周一就成了蠢人"等。

但在投资问题上,我们也会不可救药地搜寻简单模式,假定通常不存在秩序的地方也存在秩序。我们认为能了解股市走向的不只是华尔街的大亨们,自己也可以。几乎每个人都对道琼斯指数或某只股票今后是涨还是跌有自己的看法,每个人都相信金融的未来是可以预测的。

根据随机数据寻求一种简单模式是我们大脑的一项基本功能,这是人类本性的基础,因此人类这一物种不应该只被称为"智人"或"智者",我们最好被称为"模式人"或者"模式探索者"。[5] 虽然大多数动物都有识别模式的能力,但人类对模式的痴迷程度却是独一无二的。人类有一种寻求模式、感知秩序的特殊能力,即使在本不存在模式的地方,也要寻求模式。天文学家卡尔·萨根(Carl Sagan)将这一特点称为"人类特有的幻想",也有人将其称为"幻想性错觉"(pareidolia)。

有人看到一个放置了 10 年之久的烤奶酪三明治上面的烧烤痕迹像圣母玛利亚的图案，易贝（eBay）上面甚至有人愿意出 2.8 万美元买下这个三明治。有人筛选大量的股市数据，希望找到能够使自己击败市场的"预测模式"。[6]

- 基于历史数据，人们存在一个共同的信念，即美国股市往往会在周五上升，在周一下跌，但在 20 世纪 90 年代，我们看到的情况恰恰相反。
- 10 月（1987 年股市崩盘的月份）被普遍认为是持有股票最糟糕的月份，但从长期历史来看，10 月的平均回报率在所有月份中排名第五。
- 数以百万计的投资者相信技术分析，即根据过去的价格来预测未来的价格，也相信市场时机，即在股票下跌之前可以离场。但从长远来看，几乎没有任何客观证据表明这两种策略都有效。
- 每年，许多华尔街人士都赞助美国国家橄榄球联盟的球队赢得"超级碗"（Super Bowl）冠军，这是基于一种被广泛持有且极不准确的观点，即国家橄榄球联盟的球队获得冠军，次年股市就会上涨。

这类行为背后的驱动力是什么？[7] 几十年来，心理学家已经证明，如果老鼠或鸽子知道股市是什么，它们可能比大多数人更适合做投资者。这是因为啮齿类动物和鸟类似乎只会在自身能力范围之内识别模式，在随机事件面前表现出一种自然的谦逊。然而，人类则不是如此。

在一个颇为典型的实验中，研究人员让屏幕上闪烁两种光，一种是绿色，一种是红色。5次中有4次是绿光闪烁（G），1次是红光闪烁（R），但是具体的闪烁顺序是随机的。（第一轮20次闪烁的顺序可能如下：RGRGGGGGRGGGGRGGGGGG；第二轮20次闪烁的顺序可能如下：GGGGRGGGGGGGRRGGGGGR。）在猜测下一道光的颜色时，最好的策略就是每次都预测绿色，因为你有80%的概率是对的。如果老鼠或鸽子猜对下一道闪光是什么颜色，就能得到一小块食物作为奖励，那么它们就是按照这种方式猜的。

然而，人们往往会在这类实验中失败。人们不会通过一直选绿色去锁定80%的正确率，而是在80%的情况下猜测接下来会出现绿色，剩下20%的机会猜测红色，但结果发现总是败兴而归。一般而言，这种盲目的自信会误导自己，猜中下一道光颜色的概率只有68%左右。更奇怪的是，即使研究人员明确告诉人们光的闪烁是随机的，他们也会坚持这种盲目自信的行为。虽然你不能对老鼠或鸽子给出这样的提示，但这些啮齿动物和鸟类通常很快就能学会如何使自己的得分实现最大化。相比之下，人们往往尝试得越多，表现得越差。人们花在这上面的时间越多，就越相信自己终于发现了某个模式和诀窍去预测这些完全随机的闪光颜色。

与其他动物不同的是，人类相信自己足够聪明，能够预测未来，即使我们被明确告知未来是不可预测的。人类智力较高，但这恰恰是我们在这类任务中的得分低于老鼠和鸽子的原因之一，这不得不说是一个深刻的进化悖论（所以，下次你骂别人"脑子不如鸟"的时候可以理直气壮了）。

在心理学教授乔治·沃尔福德（George Wolford）的带领下，达特茅斯学院的研究人员研究了为什么人类往往认为自己能够无中生有地创造或发现模式。沃尔福德的小组对"裂脑患者"进行了闪光实验，这些人为了治疗严重癫痫，将大脑半球之间的一些神经连接通过手术切断了。当这些病人看到一系列只能用右脑处理的闪光时，他们逐渐学会了像老鼠和鸽子一样一直猜测最频繁出现的选项。但是当出现他们大脑的左侧才能处理的闪光时，他们会不断尝试预测准确的闪光顺序，这反而大大降低了他们预测的整体准确性。

沃尔福德说，大脑的左半球似乎有一个模块，驱使人类不断地寻找模式，寻找因果关系，即使模式不存在也不甘放弃。他的研究伙伴迈克尔·加扎尼加（Michael Gazzaniga）将这部分大脑戏称为"解释器"。沃尔福德解释说："解释器让我们相信自己具有理解能力。如果数据中有一个模式，而且模式并不过于复杂，那么这可能是一件好事。"然而，他警告说："在随机或复杂的数据中持续地寻找解释和模式不是一件好事。"

这是 21 世纪遭到低估的投资观念。金融市场虽然不像那些闪烁的灯光那么随机，但它们的变化之复杂依然令人难以置信。虽然目前还没有人精准地确定"解释器"在大脑中的具体位置，但它的存在有助于解释为什么专家们一直试图预测那些不可预测的东西。面对持续不断、混乱无序的数据风暴，这些专家拒绝承认他们无法理解。相反，他们的"解释器"让他们固执地相信自己找到了可以预测未来的模式。

与此同时，其他人对这些预测家的重视程度超过了对他们以往预测记录的重视程度，而结果往往是悲剧性的。正如伯克利大学的经济学家马修·拉宾（Matthew Rabin）所指出的那样，CNBC 上的几句准确的预测就能让分析师看起来像个天才，因为观众没有切合实际的方法来对分析师之前的预测记录进行全面调查（这些记录很可能是平庸的）。[8] 在缺乏完整样本的情况下，一小串随机的运气在我们看来似乎是长期的、可靠的预测模式。但对投资者来说，听信偶然走运而预测准确的专家的话，最终必然会遭遇不幸的结局。

在投资过程中，你必须认识到大脑对探索和识别模式的执着。认识到下面这些基本事实具有至关重要的意义。

- 大脑会迅速得出结论。几乎任何事情，无论是股价上涨或下跌，还是基金回报率或高或低，只要连续出现过两次，大脑都会预测它会出现第三次。
- 大脑是无意识的。即使你认为自己完全在进行某种复杂的分析，你大脑中搜寻模式的机制也很可能会引导你找到一种更加符合本能的解决方案。
- 大脑的运转是自动的。无论何时，当你面对任何随机的东西，你都会在其中搜寻一种模式。这是由你大脑的构造决定的。
- 大脑的运转是不可控的。你既不能让大脑关闭这种问题处理方式，也不能让它消失。（幸运的是，我们将看到，你可以采取措施来抵消它。）

我们的大脑是如何形成的？

人类大脑总是迫不及待地在一堆随机性的数据中搜寻一个所

谓的"模式",这对人类来说利弊兼有,既是一种福气,又是一种诅咒。为什么会出现这种情况呢?纽约大学神经科学中心的神经生物学家保罗·格里姆彻(Paul Glimcher)惊呼道:"这真是一件奇怪的事情。和经济学家朋友们在一起时,我发现他们在分析财务决策时,就好像这是一个柏拉图式的推理问题,他们不知道这类决策背后是生物学问题。人类已经经历了数百万年的进化,是生物有机体,这些问题背后必然有生物学的原因!当我们在进化期间面临各种情况时,我们所做决定背后的驱动力肯定是进化的生物因素。"[9]

在整个历史中,人类几乎都是狩猎者和采集者,生活在小型游牧群体中,寻找伴侣,寻找庇护之所,追逐猎物,躲避捕食者,寻找可食用的水果、种子和树根。对人类的祖先来说,需要做出的决定比今天简单多了:只需要考虑如何避开豹子潜伏的地方,了解即将降雨的迹象,发现羚羊的踪迹,搜寻附近是否有水的痕迹,了解谁是值得信赖的,弄清楚如何与他们合作,学习如何战胜那些不值得信赖的人。这些都是我们的大脑在进化过程中执行的任务。

埃默里大学人类学家托德·普鲁斯(Todd Preuss)解释说:"人类和类人猿之间的主要区别似乎不在于大脑中增加了新的区域,而在于扩大了现有的区域,修改了它们的内部运作机制,以应对新的、不同的事情。对于诸如'假使……将会怎么样''当……时会发生什么''做这或做那的短期及长期后果如何'之类的问题,人类大脑中拥有更多的区域去应对。"[10]人类并不是唯一能制造工具、显示洞察力或规划未来的动物,然而,没有其他物种能像我们这样具有非凡的预测和推断能力,能够观察相关性,能够从结果中推断因果关系。

人类进化为高级物种"智人"至今还不到20万年，而且从那时起，人类的大脑几乎没有发育。1997年，古人类学家在埃塞俄比亚发现了一个距今15.4万年的智人头骨。它曾经拥有的大脑体积约为1450立方厘米。这至少是大猩猩或黑猩猩大脑体积的3倍，但并不比今天普通人的大脑小。我们的大脑深深根植于早期祖先赖以进化的原始环境，远早于"智人"的出现。虽然进化一直没有停止，但是人类大脑的大部分较为现代化的区域，比如前额皮质，主要是在石器时代形成的。

人们很容易想象到古老的东非平原：一个变化莫测、充满伪装的环境，阳光和阴影交替出现，一片片茂密的树林，起伏的开阔地带被陡峭的河床打断。在这种视觉线索高度相似的情况下，推断接下来会出现什么景物或发生什么事情的能力就是一种适应环境的能力，对生存起到至关重要的作用。一旦这些原始人类根据一个信息样本推断出了一个模式，找到了正确的答案（比如充足的食物、安全的住所），那么他们就不会想到去寻找更多的证据来证明自己做出了正确的决定。就这样，我们的祖先学会了充分利用小样本数据，而今天在投资过程中我们的大脑仍然专注于这类"自作聪明"的行为方式，比如到处寻求总结出的所谓的"模式"，急于根据零碎的证据得出结论，以及在为长远未来做计划时过度依赖短期数据。[11]

我们总是觉得技术进步的历史非常悠久，但人类种植粮食作物和最早城市的出现也只有大约1.1万年的历史。[12] 在公元前2500年左右，美索不达米亚平原就出现了最早的金融市场，那里有大麦、小麦、小米、鹰嘴豆和白银等产品的零星交易，而正式的股票和债券定期交易市场的历史也只有大约 4 个世纪。我们的祖先花了 600 多万年才进化到这一步。如果你想象所有的原始人类历史都刻在一英里长的卷轴上,那么第一个证券交易所要到最后四英寸才能显示出来。①

难怪我们形成于古代的大脑难以应对现代的投资挑战。贝勒医学院的神经学家 P. 里德·蒙塔古(P. Read Montague)认为人脑是一台高性能的机器,就像玛莎拉蒂跑车一样。但它不善于辨别长期趋势,不善于识别随机结果,不善于关注多重因素。我们的祖先很少面临这些挑战,但在投资过程中,你每次登录金融网站,每次收看 CNBC 的节目,每次跟财务顾问聊天或翻看《华尔街日报》时,你的大脑无不面临这类挑战。

什么是多巴胺?

英国剑桥大学的神经生理学家沃尔夫拉姆·舒尔茨(Wolfram Schultz)留着一头剪得很短的灰发,以及修剪得很整齐的银色胡须。他非常挑剔,不使用办公室里的茶杯时会把茶杯倒扣在毛巾上,以免掉入灰尘。我去拜访他的那天,他办公室里唯一值得注意的装饰是一张罗塞塔石(Rosetta Stone),它提醒我,神经科学家在试图探究人类决策的生物学基础时,面临着多么艰巨的任务。舒尔茨是德国人,曾在瑞士任教多年,他通过监测神经元的电化学活性来探索大脑的微观结构。[13]

---

① 1 英里 ≈1.61 千米,1 英寸 ≈2.54 厘米。——编者注

舒尔茨专门研究多巴胺。多巴胺是大脑中的一种化学物质，可以帮助包括人类在内的动物确定如何在正确的时间采取正确的行动以获得回报。多巴胺信号起源于大脑深处，也就是你的大脑组织与脊髓组织相连接的位置。大脑中大约有1000亿个神经元，但其中只有不到1/1000的神经元能产生多巴胺。然而，这极小一部分神经元对你的投资决策有着巨大的影响力。

正如南加州大学的神经学家安托万·贝沙拉（Antoine Bechara）所描述的那样："多巴胺将其手指伸向了大脑的每一个角落。"当多巴胺神经元被激活时，它们不会像手电筒一样聚焦于孤立的目标；相反，这些神经元会像烟花一样迸发，在大脑的各个部分释放出大量的能量，将动机转化为决策，再将决策转化为行动。只需0.05秒，这些电化学脉冲就能从你的大脑底部辐射到你的决策中心。[14]

在大众的心目中，多巴胺是一种令人愉悦的东西，它能给你带来一种自然的快感，一种内在的愉悦感，每当你得到你想要的东西时，它就会让你的大脑充满一种柔和的快感。事情远不止于此。除了评估奖励有多大价值之外，你还需要促使自己采取行动，去真正获得这个奖励。密歇根大学的心理学家肯特·贝里奇说："如果你知道奖励可能会发生，那就可以说你有了知识。如果你发现自己不能无所事事地坐着，而是必须做些什么，那么这就给知识增加了力量和激励。我们就是这么进化的，因为被动地了解未来是不够的。"

神经生理学家舒尔茨和里德·蒙塔古，以及伦敦大学学院的彼得·达扬（Peter Dayan），取得了三个关于多巴胺和奖励的重大发现。[15]

第一，得到你预期的东西不会产生额外的多巴胺刺激。与预期相一致的奖励会让你的多巴胺神经元陷入一种稳定的状态，以每秒3次左右的"休眠式"速度发射电化学脉冲。即使奖励原本是用来激励你的，但是如果这种奖励与你的预期一模一样，那么它不会令你的神经陷入兴奋状态。

这或许有助于解释，为什么瘾君子们总是渴望获得更大的刺激，为什么投资者如此渴望拥有增长势头更加强劲或盈利增速更快的股票。为了维持同样水平的神经活跃度，他们每次都需要更大的刺激。

第二，意想不到的收获会"点燃"你的大脑。通过对猴子的大脑进行研究，舒尔茨证实，当奖励突然到来时，多巴胺神经元被"点燃"的时间更长，也更强。在一瞬间，神经元每秒的放电次数从3次增加到40次。神经元放电频率越高，发出的信号越强烈。

舒尔茨解释说，多巴胺系统对新奇刺激比对熟悉刺激更感兴趣。如果你获得了一笔原本觉得不太可能得到的经济收益，比如说你在一家高风险的新生物技术公司的股票上赚了一大笔钱，或者你通过出售房地产大赚了一笔，那么你的多巴胺神经元就会以一种强烈的动力冲击你大脑的其他部分。舒尔茨说："这种积极的强化促使你关注更大的奖励，追求更多的东西。"

意想不到的奖励会刺激多巴胺的释放，让我们更加愿意冒险。冒险是可怕的，但如果我们不愿意冒险，不愿意做长远投资，觉得长远投资的收益不够刺激，那么除了最安全（回报当然也最低）的赌注之外，我们绝不会愿意押上任何东西。蒙塔古解释说，如果没有多巴胺的激增，人类始祖可能蜷缩在洞穴里饿死，而现代投资者会把所有的钱都藏在床垫下。

第三，如果你期望的奖励没有实现，那么多巴胺就会枯竭。当你注意到奖励即将到来的信号时，你的多巴胺神经元就会被激活，但如果奖励没有实现，这些神经元就会立即停止活动。这会使你的大脑失去预期的多巴胺。你的大脑将经历痛苦的转变，进入一种"刺激真空"状态，而不是出现"我成功了"的反应。这就像一个瘾君子正要给自己定期注射毒品，忽然有人把针从他身上拔出来一样。

预测瘾

就像自然界讨厌真空一样，人类讨厌随机性。人类对不可预测之事进行预测的冲动起源于大脑反射系统的多巴胺中心。我把人类这种预测倾向称为"预测瘾"。

这不仅仅是一个隐喻说法。当帕金森症患者接受药物治疗时，由于一些药物使大脑更容易分泌多巴胺，竟然导致一些患者产生了无法抑制的赌博欲望，而当患者停止服用这类药物后，这种强烈的赌博欲望几乎立即消退，就像电灯开关被关掉一样。酒精、尼古丁、大麻、可卡因和吗啡都会以各种方式影响大脑中多巴胺的触发区，从而吸引他们的使用者。比如，一剂可卡因会刺激大脑以大约15倍的速度释放多巴胺，这表明多巴胺可能在某种程度上有助于传递可卡因带来的快感。[16]

如果实验室里的老鼠被接上电线，它们按压一根杠杆，就接通电流，给其大脑里面的多巴胺中心施加轻微的电脉冲刺激，那么它们就会不间断地按压杠杆，而无暇顾及所有其他活动，包括吃饭。

它们宁愿饿死也不愿生活在没有多巴胺激增的状态里。人类大脑的相同区域受到电或磁刺激之后，会感到强烈快感甚至狂喜，一些研究表明这与多巴胺的释放有关。[17]

神经科学家还不能确定"快乐"是如何在大脑中传递的，也不能确切地知道为什么奖励让人感受到如此强烈的"回报感"。[18]我们可以肯定的是，多巴胺回路不能正常发挥作用的动物（包括人类），无法采取必要的行动来获得回报。

在哈佛大学医学院，汉斯·布赖特比较了两类人的大脑活动，一类人是可卡因成瘾者，另一类人是金融赌博成瘾者。[19]他们的相似性岂止是惊人，简直令人不寒而栗。布赖特说，把一个可卡因成瘾者的磁共振脑部扫描图像放在一个自认为即将赚钱的赌徒的扫描图像旁边，两幅图像中神经元的活动模式基本上是完全重叠的。他说："两者的相似性，你在其他地方很难找到"。布赖特问道，如果一个人对某种化学品上瘾，而钱可以用来购买这种化学品，那么他会不会对钱上瘾呢？这是一个非常好的问题，虽然还没有得到回答，但有大量的坊间数据表明，也许就是这样。换句话说，一旦你在连续几笔投资中获得了巨大的收益，你可能就会上瘾，只不过令你上瘾的物质不是酒精或可卡因，而是钱。

是什么样的潜在力量驱使我们的大脑对"预测"上瘾呢？蒙塔古和舒尔茨领导的多巴胺研究人员有一项发现，可能会让你想起巴甫洛夫的狗。[20]

一旦你知道了什么样的线索可以作为奖励的信号，你的多巴胺神经元就不再对奖励本身做出反应；相反，它们会被线索的出现触发。

如果奖励足够大，多巴胺似乎对线索有一种持久的记忆。[21] 当老鼠知道某种特定的声音预示着奖励即将到来后，即使距离它们上次听到或获得奖励已经过去 4 周之久，一旦再次听到这种暗示，老鼠大脑伏隔核中的神经元依然会发出信号。（对一只老鼠来说，4 周相当于人类寿命的 80~100 周。）

这些发现的重要性怎么说都不过分。当你了解到一种模式或环境能够让自己赚钱后，你大脑中的多巴胺将会被这种刺激所触发，而不是真正赚到钱时才被激发。任何使用技术分析等选股系统的人都已成为牺牲品。只要一只股票类似于之前曾让我们赢利的股票，你就会觉得自己终于找到了正确的股票，确信自己知道接下来会发生什么，却不管是否有任何客观理由印证你的直觉。

这种效果随着体验重复的次数增加而得到强化。你拥有的体验次数越多，你从赚钱中获得快感的时刻就越可能前移：从你真正赚钱的那一刻，前移到你认为自己将要赚钱的那一刻。

无意识学习

蒙塔古和他经常合作的研究伙伴、埃默里大学神经精神病学家格雷戈里·伯恩斯（Gregory Berns）在埃默里医学中心伯恩斯的实验室里对我进行了一项令我深感震惊的实验。[22] 通过这个实验，我明白了自己的大脑是如何自动做出预测的。蒙塔古和伯恩斯做了一组奇怪的大脑研究。蒙塔古是一个性格外向、容易激动的佐治亚州人，他面颊轮廓分明，下巴突出，肌肉发达，几乎把衣服都撑破了，似乎刚从足球场出来一样。伯恩斯在加州南部长大，个子矮小，面色苍白，沉默安静，带着一种令人舒缓放松的气质，这在他以前为海洛因成瘾者提供心理咨询的工作中一定派上了用场。这两个人的智商加在一起肯定达到了四位数。

在亚特兰大一个闷热的日子，伯恩斯把我绑在轮床上，把我推进磁共振扫描仪。虽然我的头部是固定的，但食指可以自由地按压身体两侧的触摸板。在我脸部上方的一个显示屏上，科学家们设计了一个简单的实验：我可以用左手食指点击左边的红色方框，或者用右手食指点击右边的蓝色方框，显示屏上面那个柱状的滑块上下移动，显示我的选择是赢还是输。我的目标是推动滑块高度的增加，达到预设高度后，最多可拿到40美元的奖励。与此同时，磁共振成像扫描仪会追踪我大脑内血液中氧气含量的变化，在我思考的过程中绘制出我神经系统的热成像图。

当我躺在磁共振扫描仪里面时，嘴里吸着一个婴儿用的那种安抚奶嘴。不，我没有想妈妈，这是实验程序的一部分。我用食指点击左边或右边的方框，试着找出哪一个序列能让我赚到最多的钱，同时，一小股液体通过连着安抚奶嘴的管子流进了我的嘴里。一根管子喷出的是热带水果味的酷爱牌饮料，另一根管子喷出的则是白开水，但并不是我每次按下左右两侧的方框都有水喷出来。

这些方框和喷水的顺序杂乱无章，这很令人生厌。选择左边的方框有时给我带来收益，有时给我带来损失；右边也是一样。同样，同时连续出现两个，或连续出现三个，或者连续出现其他组合，也不一定能带来收益或损失。这让人沮丧，近乎发狂：不管我怎么努力，我都不知道接下来该选哪个方框，而我头顶显示器上的滑块只是在中点附近不停地上下抖动，而不是朝着头奖的方向延长。

然后，我惊奇地发现我的滑块竟然慢慢变高了。就在这时，我意识到我的左手食指一直在疯狂地点击，而我的右手却一动不动。然后我意识到我的嘴里充满了酷爱牌饮料。

到底发生了什么事？很简单，当我大脑的反思系统还在努力分析的时候，我大脑的反射系统已经凭借直觉找到了一种赚钱的模式。尽管这些喷射看起来是随机的，但只有当我点击右侧方框时，我才会得到水，只有当我点击左侧方框时，才会得到酷爱牌饮料。（这种模式似乎很混乱，因为平均而言，只有 1/3 的情况下才有液体喷出。）当我大脑的反思系统试图找出哪一组选择最有效时，我大脑中的伏隔核突然意识到，只有当我选择了左边的方框，酷爱牌饮料才会喷出。所以，在我毫不知情的情况下，我开始每次都选择左边的方框，结果就是滑块开始不断向上移动到中奖的地方。

蒙塔古说，你可能在 99.9% 的情况下没有意识到多巴胺的释放，而且在 99.9% 情况下，你的驱动力来自多巴胺传递给大脑其他部分的信息。我认为，最重要的一个事实是，你周围环境中的绝大部分事情都超出了你的意识范畴。如果你什么都不做，等着外界的事情自己去改善，改善到让你意识到的地步，那么你就不会采取任何正确的行动。在多巴胺信号从大脑底部涌出的刺激下，伏隔核善于在无意识的状态下闪电般快速识别各种各样的模式，伯恩斯称这种现象为"无意识学习"。一切都是在潜意识状态下完成的，你完全不知道自己在做什么，但这种重要的生物学因素却迫使你的大脑进行预测。

好事难过三

大脑的预测回路启动起来所需要的时间很少,这是非常值得注意的。[23] 杜克大学的神经经济学家斯科特·休特尔(Scott Huettel)表示,在同一刺激连续出现两次后,大脑开始预测它会出现第三次。休特尔和他的同事向人们展示了一系列的圆圈和正方形,并明确地告诉他们这些形状会随机出现。(比如,经过 10 次尝试,结果可能是●■●●●■■●■■,或者是■■■●■●●●●■。)研究人员发现了一个简单却惊人的现象:当人们看到单个■或单个●时,并不知道接下来会发生什么。但看到两个■之后,他们自然而然地、下意识地期待着第三个。看到两个●之后,他们也会下意识地期待第三个。

在神经经济学领域,人们倾向于寻找趋势,比如人们常说"肯定有趋势可循"及"连续出现三次才有魅力",但事实上,在我们周围的世界里,往往根本没有趋势可循。如果一个事物连续出现两次,这就像一个开关一样打开了我们的思维,引导我们认为第三次也会出现。老虎机就是这么设计的,拉一下手柄或按下按钮,经常会先出现两个可能获得最高奖金的符号,让玩家屏住呼吸,充满希望地等待,看第三次是否会出现一个与大奖相匹配的符号。许多刮奖式彩票都会在前面先印上两个相同的符号,这让彩民觉得自己把最后一个符号的涂层刮掉时,很可能会得到第三个同样的符号,进而赢得奖金,但他们最终往往会失望。伟大的投资分析师本杰明·格雷厄姆批评了交易员投资任何一只连续上涨两倍的股票的投机行为:"投机的大众无可救药。从财务角度看,好事不过三。"现在，我们终于明白为什么了。

休特尔解释说："因为自然界的事件经常遵循特定的模式，比如发生闪电之后，雷声紧随而至，所以，在长期进化过程中，大脑形成了对自然界诸多模式的预期。通过快速识别这些模式，大脑有效地利用了其有限的资源。在获得奖励的问题上，大脑甚至在获得奖励之前就形成预期了，但这个过程有一个缺点，那就是在现代世界里，许多事件并没有规律可循，我们的大脑能从自然现象中总结规律，却无法从现代社会的现象中总结规律，无法找到固定的模式。就像赌徒押注热门骰子或投资者押注热门股票一样，我们现代大脑识别的模式往往是错误的。"

休特尔的发现对人们的投资行为提供了新的解释。[24] 毋庸置疑，在任何时期，在所有选股者里面，总会有一半人的业绩在平均水平之上，另一半则比较糟糕，在平均水平之下。因此，借用伯顿·马尔基尔（Burton Malkiel）的著作《漫步华尔街》（*A Random Walk Down Wall Street*）中流行的一句话来说，"一只蒙住眼睛的黑猩猩向《华尔街日报》上的股票目录投掷飞镖，在任何一年内都有50%的概率击败市场。在三年的时间里，这只蒙着眼的黑猩猩依然有12.5%的概率超过市场平均业绩"。然而，投资者却觉得能够连续三年跑赢市场平均水平的基金经理一定是个选股天才。很多时候，投资者纷纷把钱委托给一个所谓的"天才"，结果却发现他跟一只黑猩猩没有区别。

- 从1991年到1993年，美国传统基金（American Heritage Fund）一直是美国表现最好的共同基金，该公司的平均年回报率为 48.9%。投资者向该基金投入了大约 1 亿美元，却在 1994 年损失了 35%，1995 年又损失了 31%，经过 1996 年和 1997 年这两个好年景之后，从 1998 年到 2002 年，该基金的价值每年都损失 12% 到 60% 不等。

- 2000 年，大奖基金（Grand Prix Fund）经理罗伯特·祖卡罗（Robert Zuccaro）对投资者们夸下海口说："你们将在未来 5~10 年内在我这只基金上获得非常好的收益。"毕竟，他的基金在 1998 年和 1999 年的年回报率分别达到了 112% 和 148%，令人深感惊讶，而且仅在 2000 年的头 3 个月就增长了 33%。因此，投资者向该基金投入了大约 4 亿美元。最后，投资者吃了大亏，因为在 2000 年初投入的 1000 美元到 2004 年底就缩水到了 180 美元。
- 股票交易者经常犯同样的错误。2003 年，制造警用眩晕枪的泰瑟国际公司（Taser International）的股票以 1937% 的涨幅领跑市场。然后，到 2004 年，泰瑟的股价几乎同样令人震惊地上涨了 361%。到 2005 年初，每天有超过 1000 万股股票易手，新投资者蜂拥而至，他们相信这只股票将连续第三年上涨。然而，泰瑟国际公司却令那些新来的投资者感到震惊，因为它的股票在 2005 年前 6 个月内跌掉了近 2/3 的市值。

就连地球上那些规模最大的投资机构也同样因为盲目相信"连胜三次是个趋势"这一谬误而蒙受惨重损失。一项关于养老基金、捐赠基金和其他基金雇用和解雇基金经理的研究发现，这些老练的投资机构总是雇用那些连续三年业绩火爆的基金经理，并且解雇那些连续三年业绩不佳的基金经理。具有讽刺意味的是，它们雇用的基金经理往往表现不佳，而它们解雇的基金经理后来却表现出色。这些所谓的"专家"管理着世界上规模最大的投资，如果他们冻结投资组合，什么都不做，而不是遵循"连胜三次是个趋势"这一原则，他们得到的回报会高得多。

你最近为我赚了多少？

投资的内涵有很多，不仅仅意味着你发现一只股票或基金处于连续赢利状态。[25]在现实世界中，投资很少以持续平稳的方式增长。更常见的情况是，它们在崎岖不平的小路上颠簸。大脑如何理解这些似乎没有明确方向的短期运动？在对恒河猴进行的一项令人关注的实验中，科学家们发现多巴胺信号通过计算历史数据的移动平均值来预测未来。

纽约大学的神经生物学家保罗·格里姆彻神采飞扬地向我介绍了他这一发现。他说，想象一下你在寻求某个奖励，比如说免费乘出租车，这样你就不必站在令人窒息的地铁车厢里了。他解释说，这个过程首先是预测：我相信，如果我现在就去百老汇，将不得不等 5 分钟的出租车。接下来是观察：我实际上不得不等 7 分钟。当你的预测不正确时，预测和实际观察就不匹配。我们称这种不匹配为"预测误差"。但等出租车也面临着金融市场上存在的一个困扰，即不可预测性。下次你要打出租车的时候，可能需要等 5 分钟、7 分钟、20 分钟，或者根本等不到。因此，你的大脑需要借助一种方法来计算出你等出租车的平均时间，以免受到等车时间过长或过短的极端结果影响，或者受到遥远的过去总结出来的经验的影响，而这些经验与今天的关联性不大。你需要及时更新对平均等待时间的预期，这样才能适应不断变化的环境。

多巴胺神经元是如何做到的呢？一方面，它们不仅要回应你最近一次的"预测错误"，即最后一个预期和最后一个观察之间的不匹配，而且要将你过去所有的预测和观察之间的错误计算出一个平均值。格里姆彻说，这种计算已经把你每一次的等车时间都考虑进去了。但事件发生的时间越久远，多巴胺神经元的反应就越小。另一方面，如果你最近刚刚获得了一个惊喜，那么这些惊喜会导致神经元的反应更快，从而导致多巴胺的分泌数量激增，这表明大脑的其他部分也在期待同样的惊喜。

由于你最近的经历对神经元的刺激更大，所以神经元主要根据你最近5~8次的投资结果来评估未来的可能性。在这5~8次里面，最近三四次的尝试产生的影响最大。就像格里姆彻所说的那样："弗雷德坐在客厅里，看着《美利坚证券》（Ameritrade）节目，决定是买进还是卖出；与此同时，有人根据一只股票最近发生的事情来决定下一步该怎么做，这就是正在发生的事情。"

这是心理学家首次从生物学角度解释所谓的"近因效应"，即人类倾向于不根据长期经验，而是根据少数最近发生的事件和结果来评估未来发生同类事件的概率。正如格里姆彻发现的那样，人们总是主观地认为，无论最近发生了什么，都将在很大程度上决定未来可能发生的事情。但在现实中，没有任何逻辑和理由去假定最新结果会对未来产生影响。（只有当之前得到的奖励特别大的时候，就像我们在第三章看到的马克·吐温发现银矿那种很大的好处，遥远的过去才会在神经元的反应过程中占很大分量。)

你可能会纳闷,人类竟然会像恒河猴一样思考?但事实上,至少在涉及投资决策时,我们无疑就是这样想的。[26] 加州大学伯克利分校金融学教授特伦斯·奥迪安(Terrance Odean)研究了 7.5 万多户美国家庭的 300 多万笔股票交易之后表示,"在一般情况下,人们都会对最近的价格上涨做出更积极的反应,而不只是对昨日的大幅上涨做出反应。促使人们买入一只股票的因素是近期股价的大幅上涨,以及他们对未来股价可能继续上涨的判断,买入是这两种因素综合作用的结果"。(奥迪安以一种讽刺口吻说出了"趋势"一词,因为他知道,股价的大多数所谓"模式"似乎只是随机变化的结果,并没有规律可循。)一项针对数百名个人投资者的预测的调查发现,他们对未来 6 个月股市回报的预期,受到上周股市趋势影响的程度,是受到前几个月股市趋势影响程度的 2 倍以上。

回到 1999 年 12 月,在美国股市连续 5 年至少上涨 20% 之后,投资者预计未来 12 个月的股票收益率将达到 18.4%。但到 2003 年 3 月,在经历了 2000 年、2001 年和 2002 年的连续亏损后,投资者预计他们的股票在未来 12 个月里能上涨 6.3% 就不错了。投资者对历史数据的依赖导致他们对未来的预测完全错误:2000 年,股市非但没有上涨 18.4%,反而下跌了 9%,令人震惊不已;在 2003 年 3 月之后的 12 个月里,美国股市的涨幅不是温和的 6.3%,而是惊人的 35.1%。

同样,投资者倾向于追逐最近的热门基金。[27] 这样一来,他们忽视了金融学的一个基本定律:上涨的必然下跌,上涨最多的通常下跌最多。比如,第一手技术价值基金(Firsthand Technology

Value Fund）在 1996 年增长了 61%，1997 年增长 6%，1998 年增长 24%，然后在 1999 年达到惊人的 190%。因此，到 2000 年初，人们不只是小规模地投资于这只基金，而是砸进去了大规模的资金。短短 3 个月，21 亿美元的新资金涌了进来，而不到一年前，这个组合的总规模还不到 2.5 亿美元。但科技股随即暴跌，该基金的投资者在接下来的 3 年里损失了数十亿美元。

同样，那些主要基于 2003 年和 2004 年的高回报而在 2005 年前 5 个月向能源基金投入 20 多亿美元的投资者，最终几乎注定遭受损失。当基金连续获得高回报时，投资者往往会在峰值之前入场；然后，当热潮降温时，太多的投资者会被困在底部，这着实令人遗憾。

专家们在抵抗"近因效应"的影响方面有什么过人之处吗？许多投资类报刊的编辑在经历了股市短短四周的高回报后开始看涨。在基金经理中，看多的最明显迹象是他们有多少现金储备。数十年的数据显示，基金经理只需看到几周的高回报率，就会减少手头的现金。随着行情看涨，经理们会更多地买入，而不是卖出。

最终结果是，低买高卖只是一厢情愿，有太多的投资者，无论是业余人士还是专业人士，都在高买低卖，就像保罗·格里姆彻的新经济学实验室里的猴子们一样，受到近期业绩的强劲推动。曾经有助于人类始祖繁衍生息的一些心理反应机制可能会在我们今天的投资过程中引爆导火索。

如何修正预测？

以上对"预测"的认知可能会让你怀疑投资是一场博傻游戏，

觉得我们注定要用自己的愚蠢毁掉自己的财富。这种看法也不对。借助神经经济学的最新见解，你可以确保自己比以往任何时候都能获得更好的投资结果。

第一步是认识到你在多大程度上受直觉和自发行为的支配。[28]虽然像前额皮质这样的反思区域在这个过程中也很重要，但你对未来回报的预测在更大程度上取决于大脑中更加情绪化的反射系统。哥伦比亚大学商学院心理学教授埃里克·约翰逊（Eric Johnson）表示："我们喜欢认为，当我们估算概率时，我们是在思考，但令人惊讶的是，这个过程的很大一部分似乎是无意识地自动发生的。"正是由于这个原因，在你的投资决策被一时的冲动左右之前，把正确的做法落实到位至关重要。这里有一些经过验证的方法，可以让你的大脑为你工作，而不是与你作对。

➤ **把你可以控制的事情控制好**。与其把时间和精力花在寻找下一个谷歌或弄清楚哪个基金经理会成为下一个彼得·林奇（Peter Lynch）这种注定失败的尝试上，你还不如像我所说的那样，专心把你可以控制的事情控制好。你无法控制自己选择的股票或基金的回报率是否会高于平均水平，但你可以控制下面这些事情：

- 你的期望。在过去的基础上为将来的业绩设定切合实际的目标。举例来说，如果你认为自己平均每年能从美国股市中获得10%以上的收益，那你就是在自欺欺人，几乎肯定会失望。
- 你的风险。要记住，不仅要问决策正确时能赚多少，还要问如果决策错误会损失多少。即便最伟大的投资者也有近一半的时间出现错误。所以,你需要提前考虑如果你的分析结果是错误的,你会怎么做。

- 你要做好准备。确保你采用了附录 1 中提出的行动指南,三思而后行,而不是凭直觉,这是可以防止自己被"预测瘾"冲昏头脑的最好方法。
- 你的管理费。投资收益可能有,也可能没有,但基金管理费之类的费用永远不会消失。因此,完全不要理会对冲基金,也不用考虑那些年度费用支出高于下列门槛的基金:政府债券基金 0.75%;美国股票型基金 1%;高收益债券基金 1.25%;国际股票型基金 1.5%。
- 你的佣金。雇用佣金低的股票经纪人或理财规划师,每年把股票交易次数控制在一定范围之内(少数几次足矣)。买入一只股票很容易花掉你 2% 的钱,再卖掉它也很容易花掉你 2% 的钱。所以股票必须上涨超过 4% 才能在付给经纪人佣金后达到收支平衡。你付给经纪人的钱越少,你能自己留下的就越多。
- 你交的税。买入一只股票之后,至少持有一年,这将使你的资本利得税降到最低。如果你持有股票或基金的时间少于一年,在美国按最高 35% 的普通收入税率征税,但长期持有下去,你的税率可能会低到 10%。
- 你的行为。在沦为"预测瘾"的牺牲品之前给自己戴上手铐。

➤ **停止预测,限制风险。**[29] 在投资过程中,面对几乎所有的数据,你的大脑都会觉得能够预知接下来会发生什么,但它通常会出错，所以最好的办法就是避免下太多赌注。限制风险的理想方法是平均成本法，这是许多基金提供的一种策略，它能让你每月用安全、自动的电子转账方式从储蓄账户上划拨固定金额投入你的投资账户。这样一来，你就不会因为预感股市下跌而抛售，也不会因为预感股市上涨而把所有的钱都押上去。每个月买一点可以防止你的大脑反射系统突发奇想，从长远来看，这可以帮助你积累财富。这让你的钱进入自动模式，所以一时的热度不会削弱你的决心。

➤ **追问证据。**[30] 古斯基泰人通过烧死预测不准的预测家，来阻止虚假的预测。《圣经》明确禁止占卜，称其为耶和华所憎恶的行为。如果按照《圣经》中的正义标准去约束市场预测和盈利预测这类现代形式的占卜，那么投资者的日子可能会好过一些。

沃顿商学院营销学教授J. 斯科特·阿姆斯特朗（J. Scott Armstrong）喜欢引用他所说的"预测者-受害者理论"，即每一个预测者都有一个受害者。阿姆斯特朗理论的一个明显推论就是，如果没有预测者，就没有受害者。每当有分析师在电视上吹嘘自己做出了正确的判断时，请记住，在他公布自己过去所有预测（包括错误预测）之前，猪都能被他吹得飞起来。如果没有完整的预测记录，你就无法判断他是否知道自己在说什么，所以你应该假设他自己也不知道。

南加州的机械工程师鲍勃·比利特（Bob Billett）已经学会了如何停止对预测家的迷恋。20世纪90年代中期，当比利特正在为他的投资组合寻找一个快速的解决方案时，当地一家小公司的股票经纪人打电话给他，吹嘘他的公司过去选股的业绩有多好。比利特中了圈套，买了五只股票，却输得精光。那些未曾谋面的经纪人仍在给比利特打电话，但现在，他说："我本子上都记着谁在什么时候从哪里打来了电话，如果他们说'我三个月前给你打电话，在某只股票翻倍之前给你推荐过'，我就会查一下记录，结果我总是发现，要么这样的对话从未发生过，要么他们推荐的是别的股票。"从那以后，比利特再也没有买过可疑的股票，反倒是在应付这些股票经纪人的过程中获得了一些免费的快乐。

新泽西州的退休医生舍伍德·瓦因（Sherwood Vine）在对他的财务顾问让他卖掉两只基金，买两只更好的基金且不会多花一分钱的时候表示怀疑。所以瓦因提出了两个要求：计算新基金的表现要比旧基金好多少，才能抵消他出售旧基金可能要付的资本利得税，以及1年、2年、3年、5年前这位顾问推荐的所有更好的基金的完整清单。这位经纪人说他会再联系他，但瓦因再也没有得到任何回复。他仍然持有他原来的基金。

爱因斯坦警告说："对权威的盲目信仰是真理最大的敌人。"正如比利特和瓦因所认识到的那样，投资者可以通过谨慎地做记录并为自己着想来摆脱愚蠢的信念。

➤**练习，练习，再练习。**[31] 因为你的大脑即使面对随机数据也要无中生有地创造出一个所谓的"模式"，所以，在蒙受真金白银的损失之前，了解你的预感和预测是否正确就十分重要了。

哈佛大学经济学家理查德·泽克豪泽（Richard Zeckhauser）建议："找一些成本较低的情况，在练习中检验自己的偏见，在一个充满低成本实践的假想世界中跟踪自己的投资情况。"

伟大的投资分析师本杰明·格雷厄姆在去世前接受的最后一次采访中建议，每个投资者都应该花一年时间经营一个模拟的投资组合，设计策略，挑选股票，并在投入真金白银之前测试结果。现在做起来比1976年容易多了，在雅虎这样的网站上就可以做到。你可以使用投资组合跟踪软件，建立一个列表，列出所有你想象中的投资，监控你所有的买进卖出行为，然后将它们与标准普尔500指数等客观基准进行比较，这样你就能看到，在你不得不投入实际资金之前，你的决策是好还是坏。

更重要的是，在线投资组合跟踪器不会让你的记忆欺骗你，也不会选择性地掩盖你的错误，所以它会为你的决定提供一个完整而准确的记录。在你真正投资之前进行练习，就像在飞行模拟器中学习如何驾驶飞机一样，这样的信息几乎和真实情况一样丰富，而且安全得多。只是要小心，不要形成过于频繁地检查投资组合价值的习惯。

➤ **要考虑到基本概率。**[32] 提高你的预测能力的最好方法之一就是训练你的大脑去问："基本概率是多少？"基本概率是一个技术术语，指的是在合乎逻辑的基础上，你在大量的长期性样本中看到的某件事情发生的概率，但任何不寻常的或生动的事情都可能分散我们对基本概率的关注。心理学家霍华德·拉克林通过这样一个生动的例子去解释基本概率的问题：假设你在海滩上，猜测一下你看到的那些人的职业。如果一个人从水里出来时穿着脚蹼、面具和潜水衣，你可能会认为他是专业潜水员或海军蛙人，因为他们比其他职业的人更有可能穿成那样。但是如果你猜他是个律师，你猜对的机会就会更大，因为在美国喜欢潜水的律师比专业潜水员多得多。我们只是不习惯想象穿着潜水服套装的律师。

如果你看到有人连续31次抛硬币，你或许不再关注这样一个明显的事实，即从长远来看，抛硬币正面朝上的基本概率肯定是

50%，但连续数次朝上的概率则非常低。如果你最喜欢的棒球队常年输掉比赛，突然连续 5 次战胜了之前战绩最好的球队，那么你可能会期待它继续保持这种战绩。然而，从长期的平均水平来看，在棒球比赛中表现最差的球队连续 5 次战胜表现最好的球队的基本概率只有 15%，它都是靠运气赢的。

基于同样的道理，人们在股市上取得短暂的、令人激动的成功之后，也会飘飘然，从而忽略这种成功不太可能持久的事实。比如，谷歌的股票在首次公开发行后的 12 个月内上涨了两倍，当时外部投资者可以首次持有该公司的流通股。这一巨大涨幅促使成千上万的投资者在其他高科技公司首次公开发行股票时疯狂地寻找下一个谷歌。但是这些人忘了扪心自问一下：基本概率是多少？当你购买首次公开发行的股票时，你并不是在买入下一个谷歌，只不过是在买入一个首次公开发行的股票，你的业绩更有可能类似于普通公司的长期收益率，而不是类似于谷歌的收益率。佛罗里达大学金融学教授杰伊·里特（Jay Ritter）定期在他的网站上更新首次公开发行的股票的长期平均表现。里特的权威数据显示，自 1970 年以来，按照每 5 年作为一个时间段来计算，首次公开发行股票的表现平均每年比那些存在时间较久的公司至少低 2.2 个百分点。这个基准利率应该会告诉你，通过购买首次公开发行的股票，你打败市场的可能性要小于被市场打败的可能性。

如果一个金融顾问或网站正在兜售对冲基金、共同基金或其他试图击败市场的投资工具，那么你就问一个简单的问题：从长期来看，有多少比例的基金经理表现优于市场平均水平？答案是，在 10 年的时间里，只有大约 1/3 的基金经理能跑赢市场。如果这个基本概率听起来对你没有吸引力，那就像我一样，只投资一个指数基金，目标仅仅是以最低的成本获得与整体市场表现相符的收益。

最后，正如华尔街的一句老话所说，永远不要被牛市冲昏头脑。如果有人吹嘘自己选的股票有多好，记得检查一下他所投资的市场是否表现得更好。（科技股投资者可能会吹嘘自己2003年的回报率为48%，但高盛科技股指数当年却上涨了53%。）记住，当大多数投资都在上涨时，任何人都可能看起来像个天才。正如心理学家丹尼尔·卡尼曼打趣的那样："在一个不断上涨的市场中，就算你的想法不够好，依然会带来足够多的回报，以致你永远不会知道或许最好是少思考一些。"

➤ **相关关系不等于因果关系。**[33] 华尔街最古老的伎俩之一就是制作一张股票价格的图，然后在上面叠加第二张图，挥舞着它们，指出一幅图能够以不可思议的方式预测另一幅图。比如，在20世纪90年代，股票市场权威分析人士哈里·登特（Harry Dent）准确估算出了美国每年有多少名46.5岁的人。后来，他根据通胀指数调整了道琼斯指数，结果发现了一件神奇的事情：自1953年以来，道琼斯指数的水平与每年46.5岁的人的数量存在很大的相关性（登特认为，这是因为这个岁数是美国消费者支出最多的年龄）。登特根据美国未来每年46.5岁的人数预测，到2008年，道琼斯指数将达到41000点。他甚至成立了一只基金，根据他自己的理论挑选股票。

但我们有多达成千上万只股票、几十个市场指数及几乎无限的时间周期可供选择，所以用历史图表上的一条数据线去预测另一条数据线，其实并没什么值得关注的。如果说有人找不到任何一个似乎可以预测金融市场未来的统计变量，那才算是真正的奇迹。

毕竟，如果不以 1953 年作为计算的起点，也可以切换到 1954 年、1981 年、1812 年，或者其他任何一个年份，你总能碰巧遇到一个符合预测的年份。如果道琼斯指数不能给出你想要的结果，你可以使用标准普尔 500 指数或任何其他指数。

1997 年，基金经理戴维·莱茵韦伯（David Leinweber）想知道哪些数据最能预测 1981 年至 1993 年美国股市的表现。他从数千个可以获取的公开数据中进行筛选，最终找到了一个能够"预测"美国股市回报率为 75% 的数据，即孟加拉国每年的黄油产量。他又增加了其他几个变量，包括美国绵羊的数量，提高了他那个预测模型所谓的"准确性"。这简直是胡编乱造！但他现在能够以 99% 的准确率"预测"过去的股票回报率。尽管莱茵韦伯的本意是用这个实验去讽刺市场上的所谓预测大师，但他的观点是严肃的：金融营销人员可以获取如此庞大的数据，可以对这些数据进行切割和分析，因此，他们可以证明任何事情。然而，他们从不告诉你他们检验和排除过的那些理论和数据，因为这可能会让你了解到他们的大多数想法实际上有多危险和愚蠢。

无论什么时候，只要有人（包括你自己）试图说服你，让你相信他找到了预测市场行情的"法宝"，那么你可以问自己下面这些问题：

- 如果开始和结束日期向前或向后移动，这些人的分析结果会发生什么变化？
- 如果假设条件略有不同，那么这些结果将如何变化？（比如，消费者支出顶峰是否总出现在 46.5 岁时？人们达到消费高峰的年龄不会在未来几年发生变化吗？）
- 你认为预测未来回报的因素能够合理地推动市场吗？（为什么消费者支出一定比医疗保健支出或企业支出更重要？）

这些步骤将帮助你记住一个事实：相关关系不等于因果关系，大多数市场预测都是基于巧合模式。这就是 20 世纪 90 年代末"彩衣傻瓜"（Motley Fool）网站①所面临的问题。该公司声称，股息率与股价平方根之比能够预测一只股票的未来表现。基于这项研究结果，它从道琼斯成分股中选出这个比值最高的几只股票，即所谓的"愚人四股"（Foolish Four），试图通过买入价格最低、分红最高的四只股票击败大盘。然而，从长远来看，一家公司的股票只有在其基础业务不断赢利时才能上涨。你可以想象一下，如果你仅仅计算一个公司的股息率与股价平方根之比，会导致你更渴望购买该公司的产品或使用该公司的服务吗？在资本主义的历史上，从来没有人这样想过，将来也不会有。

由于"彩衣傻瓜"网站的这个比率不可能导致股价上涨，唯一明智的结论是，它的预测能力是你的一种幻觉。所以，仅在 2000 年，"愚人四股"就损失了 14%，这让投资者觉得自己像个愚人。与此同时，在连续 6 年以每年近两个百分点的差距落后于市场之后，哈里·登特基于自己的错误理念设立的基金被迫于 2005 年年中关闭，道琼斯指数也比他的预测低了 31000 点左右。

---

① 该网站曾经是最受欢迎的投资理财网站，汇集了大量中小投资者的信息和智慧，创造过一个又一个散户团结起来战胜机构的奇迹。——译者注

➤**做决定前，先休息一下。**[34]心理学家乔治·沃尔福德在关于寻找模式的实验中（参见前面"鸽子、老鼠和随机性"这一小节）发现，当人们被次要任务分散精力时，比如试图回忆他们最近看到的一系列数字，那么他们更善于评估概率。中断思考可以让大脑避免忙于在数据中寻找虚假的模式，从而改善他们的股市业绩。

我们最奇怪的心理怪癖之一就是所谓的"赌徒谬论"①。比如，重复抛一个质地均匀的硬币，若连续多次抛出反面朝上，赌徒可能错误地认为，下一次抛出正面的机会较大。但事实上，这其实是一种谬论，因为无论连续出现多少次正面，一枚均匀的硬币出现反面的概率总是50%。[35]如果一个过程看起来具有明显的随机性，比如抛硬币或者轮盘赌，那么赌徒谬论就会占据我们的思维，导致我们相信如果出现了一连串运气好的事情，那么接下来情况可能会逆转。（当人类技能似乎发挥着重要作用时，比如在体育运动中，我们往往会认为这股热潮将持续下去。）有时，赌徒谬论会带来悲剧性的结果。比如，在两年多的时间里，53这个数字在意大利威尼斯彩票中从未中过奖。在这段漫长的时间之后，53号彩票终于在2005年初被抽中。但在此之前，一名女子溺水身亡，一名男子开枪打死了他的妻子、儿子并自杀，因为此前他们把所有的钱都花在了53这个数字上，但都没有中过奖。

大部分专业投资者都承认股票市场在一定程度上是随机的，相信华尔街存在的赌徒谬论多如沙发下面的灰尘。比如，一些所谓的

---

① 赌徒谬论，是一种错误的信念，以为随机序列中一个事件发生的概率与之前发生的事件有关，即其发生的概率会随着之前没有发生该事件的次数而上升。——译者注

"权威人士"会预测说，股票 X 连续多年表现不佳了，接下来肯定会反弹；而另一些人则宣称股票 Y 最近上涨了很多，因此接下来注定会崩盘。

有一个简单的方法可以让你摆脱赌徒谬论的束缚。[36] 卡内基-梅隆大学的研究人员发现，如果一枚硬币连续出现几次正面，人们会本能地倾向于押注反面。但如果你在再次抛硬币之前暂停一段时间，那么人们就会把赌注押在正面上，好像时间的流逝会让他们觉得再次出现正面的机会已经恢复到 50% 这个正确概率了。这个实验及沃尔福德的发现表明，为了防止你的大脑欺骗你去寻求原本不存在的所谓"模式"，最好的方法之一就是在研究股票或市场的过程中休息一下，用 20 分钟左右的时间来做其他活动就可以了。

➤ **不要过于痴迷。** 曾几何时，个体投资者为了跟踪股票价格，只能打电话给他的经纪人，或者前往一个经纪公司了解股票行情，或者等待阅读第二天早上的报纸，而报纸可能用类似下面这一连串数字总结前一天的所有交易活动：40.43，+.15，47.63，30.00，0.6 23.5，18547。但如今，这种日子一去不复返了。

现在，得益于电子技术的奇迹，我们随时可以获取股价动态，每一笔交易都会被当作一个光点，所有光点放在一起，表示价格上涨或下跌，连续几个光点就能验证或扭转一个趋势。视觉信息，尤其是传达股价变化的图像，会激发你的反射系统，排挤反思系统，导致你无法理智地思考问题。一旦一条绿色的趋势线爬上你的电脑显示器，或者一条可怕的红线像一道伤疤一样划过你的电脑显示器，它们都会以一种报纸上任何一行干巴巴的文字都无法企及的力量触发你大脑的情感回路。

在线券商利用技术将投资变得类似于任天堂公司开发的游戏机——"游戏小子"（Game Boy），价格变动的趋势线在发光的屏幕上蜿蜒曲折，红色和绿色的箭头在鲜艳的色调中跳动。[37]这其实利用了人类大脑中一些起作用的基本力量。这与任天堂的"游戏小子"或索尼的"游戏站"（PlayStation）存在一个相似之处，就是一个令人不寒而栗的暗示：研究人员发现，当玩家在玩电子游戏时表现出色，他们大脑中释放的多巴胺大约会增加一倍，而且这种激增可能会至少持续半个小时。

因此，你能看到的价格光点越多，大脑就越容易欺骗自己，认为自己在数字中发现了一个可预测的模式，你的多巴胺系统就会发挥更大的作用。正如我们所见到的那样，只需三次价格变化，你就会认为自己发现了一个趋势。过去，由于投资者只能从报纸上得到他们的股价变动信息，因此，他们可能需要三天的时间来搜集自己所需要的完整数据，而今天，一个股票网站能够在不到一分钟的时间内帮你做完。难怪到了20世纪90年代末，高通、威瑞信（VeriSign）和彪马科技（Puma Technology）等热门科技股的典型投资者持有这些股票的时间平均不到8天。

丹尼尔·卡尼曼警告说："如果打算长期持有股票，那么不断地跟踪它们的变化是一个非常非常糟糕的主意。这是你能做的最糟糕的事情，因为人们对短期损失非常敏感。如果你每天都数钱，你就会感到痛苦。"[38]如果痴迷地监控你所持股票的价格，你就更有可能预见到短期的损失或明显的走势，你认为应该在这些时间节点进行交易，但实际上，数据里面除了一堆随机的曲线之外，什么都没有。考虑到我们已经了解了多巴胺系统是如何工作的，这些刺激就像一罐倒在篝火上的煤油一样冲击你的大脑。卡尼曼和其他研究人员进行的几项实验发现，人们越频繁地观察投资价格的起落，越可能在短期内买进卖出，而在长期获得高回报的可能性就越小。

在《宋飞正传》(Seinfeld)这部电视剧里，有一集就反映了这种精神痛苦。宋飞买了一只名叫森德拉克斯（Sendrax）的垃圾股，然后忍不住频繁关注股价，从早关注到晚。当杰里拿过一份报纸时，他的约会对象告诉他："这只股票和你之前查看时的价格一样，市场收盘后没有变化，还在下跌。"杰瑞回应道："我知道，但这是另一份报纸。呃，我想也许它有不同的……消息来源。"如果我们嘲笑宋飞，那一定也是对自我认知的嘲笑，因为根据《金钱》(Money)杂志的一项调查，22%的投资者表示自己每天都会查看自己投资的股票的价格，49%的人每周至少查看一次。

因此，与其不断关注自己的股票或基金，把自己逼疯，倒不如逐渐减少查看次数，直到每个季度的最后一天再查看，或者挑选容易记住的、时间间隔大致相同的日期，定期查看，一年只看四次。

毕竟，时间就是金钱，但金钱也是时间。如果你强迫自己检查投资的价格变动，不仅会减少你的经济回报，还会不必要地浪费你余生的宝贵时间。

第五章
信　心

在成为教皇前,我相信教皇绝对不会犯错。现在我已经成了教皇,我能感受到这一点。[1]

——教皇庇护九世讲的一个笑话

什么?我会焦虑?

1965年,华盛顿大学的两位精神病学家卡罗琳·普雷斯顿（Caroline Preston）和斯坦利·哈里斯（Stanley Harris）发布了一项研究,他们让西雅图地区的50名司机对自己上次开车时的技能、能力和警觉性打分。[2]不到2/3的司机表示,他们的表现不亚于往常。许多人用"特别好"或"完全没问题"来描述他们最近一次的驾驶体验。但这些结果显得非常奇怪,因为普雷斯顿和哈里斯进行这项调查访问的地点是医院,每个司机的最近一次旅行都是开着自己的车,但最后都进了救护车。

根据西雅图警察局的数据，在这些司机里面，68%的人对自己的交通事故负有直接责任，58%的人过去至少两次违反交通规则，56%的人的车辆报废，44%的人最终将面临刑事指控。（在50名司机中，只有5名向普雷斯顿和哈里斯承认，他们对撞车事件负有部分责任。）他们遭受了一系列可怕的伤害，从脑震荡、面部创伤、骨盆骨折、其他骨折到严重的脊柱损伤，其中三名乘客已经死亡。很难想象还有比这更可悲的一群鲁莽、粗心、愚蠢的人——他们竟然坚持说他们在造成如此严重事故的时候开车技术很好，简直令人难以置信。

这些司机疯了吗？不，一点也没疯，他们和正常人差不多。人性最基本的特征之一就是认为自己比实际的自己更好。尽管普雷斯顿和哈里斯采访的那些可怜人似乎对自己的能力有着错觉，但后来对无不良驾驶记录的人进行的一项调查也有类似的发现：93%的人认为自己的驾驶水平高于平均水平。

问问你自己：我比一般人好看吗？

你没说不，对吧？

没有多少人会否认自己比一般人好看。如果你问100个人组成的小组："与这里的其他99人相比，谁在×方面高于平均水平？"不管这个×是指开车、打篮球、讲笑话，还是在智力测试中取得好成绩，大约有75人会举手，表明他们觉得自己的水平高于平均水平。然而，事实上，根据"平均"一词的定义，小组中肯定要有一半人必须低于平均水平。当我对一群投资者发表演讲时，我有时会给每人分发一张纸条，让人们写下他们认为在退休前能省下多少钱，以及他们认为在座的一般人能省下多少钱。人们总是认为自己省下的钱至少是普通人的 1.8 倍。[3]

这就像动画片《辛普森一家》中的荷马·辛普森在照镜子时，仿佛看到了布拉德·皮特在注视着他，而玛吉看到妮可·基德曼在注视着她一样。心理学家称这种人生观为"过度自信"，这会让投资者陷入困境。

当然，过度自信并不全是坏事。[4] 丹尼尔·卡尼曼喜欢说，如果我们对成功的机会总是抱着现实的态度，我们就永远不会冒险，而是会很沮丧。一项对近 3000 名刚刚创业的企业家进行的调查显示了这种说法是多么正确。当被问及"像你这样的企业"的成功概率是多少时，只有 39% 的人表示成功概率至少为 70%。但当被问及"你自己的企业"的成功概率是多少时，81% 的企业家表示成功概率至少为 70%，令人惊讶的是，33% 的人表示自己不可能失败。（平均而言，大约 50% 的初创企业会在开业后的 5 年内倒闭。）

毫无疑问，这些企业家大多是在自欺欺人。但若非如此，他们中还有谁能鼓起勇气创业呢？如果没有额外的信心，那么要在一个不确定的世界里做出确定的选择，克服成功路上的挫折，将会困难得多。正如卡尼曼所言："乐观与过度自信的结合，是保持资本主义活力的主要力量之一。"

积极的想法是有用的，但是极端的乐观主义是危险的。对投资者来说，过度自信导致业绩不佳的原因有以下几种：

- 我们可以冷静地估计一个典型的人在某件事情上成功的概率，但当我们评估自己成功的概率时，通常会不切实际。这将导致我们在未来的道路上承担悔之莫及的风险。

- 我们过于相信熟悉的东西。这种"本土偏见"导致我们过于关注我们工作的行业和我们居住的地区，导致我们在本国以外的地方投资太少，还促使人们在自己供职的公司的股票上投资过多。
- 我们夸大了自己对自身处境的影响力。这种"控制错觉"使我们变得自满，对未来的计划投入太少，当我们的投资失败时，我们会不知所措。
- 即使我们曾经不知道未来会发生什么，但我们在投资时觉得自己预见到了将要发生的事情。这会让我们误以为自己真的看到了未来。更糟的是，它阻碍我们从错误中吸取教训。
- 最重要的是，虽然我们不知道一些事情，但承认起来却很难。如同大自然厌恶真空一样，人类的大脑蔑视"我不知道"这句话。我们知道得越多，就越认为自己知道得多。我们甚至对自己克服过度自信的能力过于自信！

要想提高你的投资业绩，你能做的最重要的一件事就是长时间、诚实地盯着镜子，看看你是否真的是你所认为的那个投资者。你的水平真的高于一般人吗？你自己的决定是影响你回报的主要力量吗？"买熟悉的东西"是最好的投资方法吗？你真的预测到了市场的走向吗？你知道的和你想象的一样多吗？

坏消息是，对我们大多数人来说，大多数问题的答案都是否定的。好消息是，神经经济学可以帮助你让信心与现实协调起来，使你成为一个比你想象中更好的投资者。

我是最棒的

20世纪90年代末，盖洛普民意测验每月都会联系全美近1000名投资者，询问他们认为未来12个月的股市和自己的投资组合会上涨多少。[5] 1998年6月，投资者曾认为股市将上涨13.4%，但他们预测自己账户的股票将增长15.2%。到2000年2月牛市达到顶峰时，他们预计整个市场将上涨15.2%，但他们认为自己所选的股票将上涨16.7%。即使是在2001年9月的黑暗日子里，人们依然预计股市能够上涨6.3%，预计自己挑选的股票将获得7.9%的收益率。无论市场表现如何，投资者都预计自己的投资组合的收益将高出市场平均水平约1.5个百分点。

每个人似乎都认为自己在充斥着失败者的世界里是赢家。当然，股市并不是唯一让人如此乐观的场合，不切实际的乐观主义无处不在：

- 一项针对750名投资者的全国性调查发现，74%的投资者预计，他们的共同基金将"每年持续跑赢标准普尔500指数"——尽管从长期来看，大多数基金的表现都不及标准普尔500指数，而且很多基金在任何一年都没能跑赢标准普尔500指数。
- 只有37%的企业经理认为并购能为收购方创造价值，只有微不足道的21%的人认为并购符合收购方设定的战略目标。然而，当涉及他们自己的并购时，58%有经验的经理人说他们创造了价值，51%的受访者认为他们已经实现了战略目标。

- 研究人员询问大学生，他们自己及其他本科生的生活中发生某些事件的可能性有多大。一个典型的学生说，她在第一份工作中感到快乐的可能性比同龄人高出50%。她还认为自己赚到一份不错的薪水的概率比其他人高21%，在5年内看到自己的房子升值一倍的概率比其他人高13%，拥有一个天才般的孩子的概率比其他人高6%。更重要的是，她认为自己酗酒的可能性比一般人低58%，离婚的可能性比一般人低49%，心脏病发作的可能性比一般人低38%，甚至觉得自己买到一辆存在缺陷的汽车的可能性比一般人低10%。
- 最后，64%的美国人相信他们死后会去天堂，这可能是不切实际的乐观主义的终极形式，只有0.5%的人预计自己死后会下地狱。

简而言之，评价自己就是欺骗自己，尤其是当这种评价要求我们将自己与普通人进行比较时。[6]我们每个人的内心深处都潜伏着一个骗子，他永远在哄骗我们，让我们对自己的能力评估有所夸大。你在某件事上的技能或经验越少，你内心的骗子就越难说服你相信你在这件事上很出色。

从某种程度上来讲，这很好。通过对自己撒谎，我们可以让我们的自尊获得必要的提升。毕竟，没有人是完美的，日常生活让我们不断与自己的无能和不足发生冲突。如果我们不忽视大部分的负面反馈，以及通过创造心理学家所称的"积极幻觉"来抵消它，那么我们的自尊会彻底崩溃。不然的话，我们怎么能鼓起勇气跟别人约会，参加工作面试，或者参加体育比赛呢？

只有一个群体的成员并不始终认为自己好于平均水平：临床上被诊断为抑郁症的人。这些长期悲伤的人对自己的能力评价非常准确——当然，这可能是他们一直感到悲伤的主要原因之一。抑郁剥夺了他们愚弄自己的能力。正如心理学家谢利·泰勒和乔纳森·布朗（Jonathon Brown）所言："心理健康的人似乎具有一种令人羡慕的能力，即能够扭曲现实，从而增强自尊……促进以乐观主义的方式展望未来。"

对自己撒个小谎是一回事，但撒个离谱的弥天大谎完全是另一回事。如果你有能力的话，想象自己是一名优秀的篮球运动员可能不会给你带来太多麻烦，但如果你借助一个斜靠在篮板上的梯子都投不进去一个球，你还认为自己是勒布朗·詹姆斯（LeBron James），那么一场竞争激烈的篮球比赛肯定会让你要么自我崩溃，要么跟腱断裂。

投资也是如此。一点点的自信会鼓励你去冒一些合理的风险，让你不会把所有的资金都放到一个篮子里。但是如果你认为你是沃伦·巴菲特或者彼得·林奇，那么你内心深处的骗子就不是在开小玩笑了，而是变成了一个大骗子。如果你觉得自己的投资潜质比实际大得多，那么你永远也不会充分利用你的投资潜力。实现你所能做的一切的唯一方法就是，接受你所不能做的。

这对大多数投资者来说都是非常困难的。[7]有两项研究跟踪了当典型的投资者听从他内心的骗子时会发生什么。在这两种情况下，就像渔民张开双臂，宣称他们捕获的鱼"这么大"一样，投资者过分夸大了他们的表现。

1999年末，《金钱》杂志进行了一项调查，500多名投资者报告了他们的股票或股票型基金在过去 12 个月里是否跑赢了市场（以道琼斯指数作为衡量标准）。共有 131 名（28%）投资者表示，他们的投资组合的业绩优于道琼斯指数。然后，他们被要求估计他们的回报率。大约 1/10 的人报告说，他们的投资组合增长了 12% 或更少，约 1/3 的人声称自己的收益为 13%~20%，另外 1/3 左右的人说自己的收益为 21%~28%，1/4 的人认为自己的收益至少为 29%。最后，4% 的投资者承认不知道自己的投资组合上涨了多少，但他们确信他们无论如何已经打败了市场！然而，在这 12 个月里，道琼斯指数上涨了 46.1%，在那些声称击败该指数的投资者里面，至少有 3/4 的人被甩在了后面。

在另一项研究中，研究人员不断向 80 名投资者更新关于其所持基金和标准普尔 500 指数的表现情况。之后，在实验结束时，投资者被问及他们做得如何。近 1/3 的人声称他们的基金至少比市场表现好 5%，1/6 的人说他们的基金表现比市场好 10% 以上。但当研究团队检查那些声称已经打败市场的人的投资组合时，发现 88% 的人夸大了他们的回报。超过 1/3 的人认为自己已经打败了市场，但实际上他们落后市场至少 5%，1/4 自称打败市场的人的表现至少落后于标准普尔 500 指数 15%。

哈佛大学商学院心理学家马克斯·巴泽曼（Max Bazerman）表示：“这表明人们知识之匮乏令人惊讶。你有权打败市场，但是你需要知道你做傻事的可能性有多大。如果你连自己刚刚经历的事都无法掌控，那就很容易对未来产生幻想。”综上所述，这些研究表明，大多数人声称自己能打败市场，其实是在自欺欺人。卡内基－梅隆大学的心理学家唐穆尔（Don Moore）说：“每个人都愿意相信自己很特别，比一般人优秀。"他们认为自己可以用独特的东西打败市场。值得注意的是，即使面对相反的证据，这种错觉仍然存在。

这也是完全可以理解的。大多数人宁愿听从内心骗子的花言巧语，也不愿准确衡量他们的财务业绩。毕竟，他们内心的骗子从来没有说过不好的话。

这给我们带来了一个更大的教训。当你看财经节目、访问市场网站或阅读财经新闻时，你会被告知，在这个战壕里，投资是一场竞赛、一场战斗、一场决斗、一场战争、一场在充满敌意的荒野中求生的斗争。但投资不是你和别人的对立，而是一场你和自己的较量。杰克·尼科尔森（Jack Nicholson）在电影《好人寥寥》（*A Few Good Men*）中对汤姆·克鲁斯（Tom Cruise）大声喊道："你无法掌控真相！"事实上，作为一名投资者，你面临的最大挑战就是了解自己的真相。

没有比"家"更舒适的地方

2002年3月，安然公司破产3个月后，我在波士顿向一群个人投资者发表了演讲。[8] 我提醒大家，安然公司破产时，它的员工不仅失去了工作，他们的退休基金也被一扫而空。安然公司的雇员把他们退休储蓄的60%投入了公司的股票。当公司股价暴跌时，安然公司的2万名员工损失了至少20亿美元。我对观众说："你已经在为你的公司效力了，最不应该做的就是承担双重风险，把你的退休金也放在那里。"我警告说："毕竟，我们所有人工作的公司都可能成为下一个安然。防止这种情况发生的唯一方法就是多元化，在整个股票市场上分散投资，确保你不会把超过10%的退休金投入自己公司的股票中。"

我对接下来发生的事毫无准备。一个男人忽然跳了起来，用食指指着我，大声喊道："我真不敢相信你刚才说的话。虽然我完全同意任何公司都可能成为下一个安然，但恰恰因为这一点，我觉得你的建议毫无意义。我为什么要把我的钱从一个我了如指掌的公司转到几百只我一无所知的股票上呢？多元化并不能保护我不受下一个安然事件的影响，而是将我暴露在了每一个安然公司的面前，而股市上到处都是这样的公司！我想把钱放在我熟悉的地方，那就是我工作的公司，我比周围任何人都了解自己的公司。这就是我控制风险的方法。"

我尽可能温和而坚定地回答说，安然是世界上最伟大的公司之一，它的大多数员工直到最后一刻到来之前还确信它不会出什么差错。安然公司在《财富》美国500强公司排行榜上排名第七，其股票长期表现远远超过市场平均水平，几乎所有安然的员工都相信该公司的官方口号"世界领先公司"，他们做梦也没想到安然会破产。1999年12月，在一次有数百名雇员参加的会议上，安然公司的人事部经理被问道："我们应该把我们的401（k）养老金全部投入安然公司的股票吗？"她的回答是："绝对应该！"

对我提问的人就像安然公司的员工一样，遭受着"本地偏好"的折磨，倾向于认为最熟悉的、所居住地区的投资是最好的。在世界各地，业余投资者和专业投资者都是喜欢长期待在家里的"宅人"。[9]

- 1984年，美国电话电报公司（AT&T）拆分为8家地区性电话公司后，投资者在当地公司持有的股票总额是在其他区域公司所持股票总额的3倍。
- 基金经理更喜欢投资距离他们比较近的公司。一种典型的情况是，一只基金投资的公司距离基金总部所在地的平均距离，比其他公司到基金总部的平均距离少99英里。
- 法国共同基金投资者将55%的资金投资于法国股市，尽管巴黎证交所的市值总额仅占全球股市总市值的4%。新西兰人将75%的资金投资在国内，尽管新西兰的市值总额还不到全球市值的1%。希腊股市在全球总市值中所占比重也不到1%，该国93%的投资都在国内。（一种更糟的情况是，1989年，日本股市即将跌入举世罕见的、史上最严重熊市之一，而日本投资者98%的投资组合都投资于国内公司。）
- 参加401（k）计划的投资者仅将其股票投资组合的5%左右配置给美国以外的公司，尽管其他国家的股市市值总额占世界股市总市值的一半。
- 美国和德国联合进行的一项研究发现，德国投资者预计其股市每年将比美国高出2~4个百分点。与此同时，美国投资者预计道琼斯指数将以几乎完全相同的幅度跑赢德国股市。
- 在401（k）计划的投资者中，只有16.4%的人认为自己所在公司的股票风险高于整体股市。

为什么我们在自己公司里感到如此安全？在熟悉和陌生之间，在我们所住地区和世界其他地方之间，边界是非常狭窄和接近的。[10]

比如，你嘴里的唾液是你身体的一部分，你认为它好是理所当然的。这种有益的液体有助于消化，缓解口渴，帮助保持口腔清洁。但是如果有人让你把唾液吐到干净的杯子里，从一数到五，然后再把唾液喝回去呢？突然间——现在它是"在外面"，而不是在你的身体里——即使是你自己的一小口唾液也会让你觉得恶心。在你的嘴巴外面待几分钟，几英寸的距离，就足以把你的一部分变成某种陌生的、令人反感的东西。熟悉的舒适区和外部世界的危险区之间存在的时间间隔和距离就是如此之小。

当然，这是有道理的。如果人类祖先没有学会避开潜伏在他们身体外面和他们家园之外的细菌、捕食者和其他危险，他们就不会生存下来。太多的好奇心会害死穴居人。在无数代人繁衍生息的过程中，对熟悉事物的偏爱和对未知事物的警惕已经根植于人类的生存本能中。熟悉变成了安全的同义词。

纯粹曝光效应的可怕影响

几十年前，一位名叫罗伯特·扎荣茨（Robert Zajonc）的心理学家开始了一系列非同寻常的实验。[11] 扎荣茨首先让几个美国人听 afworbu、kadirga 和 dilikli 这样的单词，然后让听众猜每个词在土耳其语中的意思是好还是坏。一个词被重复的次数越多，听者越有可能觉得它代表着积极的东西。（事实上，这些单词大多是无意义的音节，在土耳其语或英语中都没有任何实际含义。）接下来，扎荣茨向不熟悉汉语的人展示了中文表意文字，发现他们认为的每个文字代表的意思是好还是坏，仅仅取决于他们接触它的频率。

扎荣茨将他的发现称为"纯粹曝光效应"。他让昏暗的屏幕上闪现 20 个不规则的八角形，曝光速度快得惊人，每个图形出现的时间只有 1 毫秒——大约是眨眼时间的 1/300。在这样的速度下，没有人能辨认出这个形状，大多数人都不确定自己是否看到了什么东西。然后，他展示了两个八角形——一个是新的，另一个是他之前在屏幕上闪过的，展示时间为整整 1 秒钟，而且光线更好。当扎荣茨问他们更喜欢哪种形状时，绝大多数人都更喜欢之前曝光过的那个，尽管他们不清楚自己之前见过它。

扎荣茨继续进行实验。他随机向一组人展示了一组汉字，每个字闪烁 5 次。他让第二组人看另一组汉字，每个汉字只闪烁一次。所有的汉字都只显示 4~5 毫秒——同样，如此短的曝光时间导致大多数人只能下意识地记下来。然后，扎荣茨再次展示了之前的那些汉字，同时展示的还有一些看着相似而实则不同的汉字，以及一组完全不相关的图形。这次，他让两组人用整整 1 秒钟仔细看每一张图片，使他们充分意识到自己看到了内容，然后问他们是否喜欢这些图像。结果表明，如果人们之前在潜意识中接触了某个汉字 5 次，他们会比接触了 1 次这个字的人更喜欢它。

然后，更奇怪的现象出现了。与那些只看一次汉字的人相比，那些反复看汉字的人并不只是更喜欢旧的文字，还喜欢新的文字，甚至是不相关的图形。与那些只看过一次图片的人相比，那些在潜意识中反复看到图片的人最终的心情要快乐得多。

熟悉的事物（即使我们没有意识到）往往能够让我们感觉更好。扎荣茨说："重复一段经历本质上是令人愉快的，它能改善你的情绪，那种快乐会感染周围的一切。"伊索曾说过："熟悉会滋生蔑视。"事实上，熟悉反而能催生愉悦。

你可能认为自己的好恶是有意识的选择，自己的偏好是基于你从研究证据中得出的推论，但事实恰好相反：扎荣茨的发现表明，我们的偏好来自我们的经历——不管它们是有意识的，还是无意识的。我们最终很可能喜欢上我们之前经常经历的事物。（抽象艺术是为数不多的例外之一：不管我们在潜意识里接触了多少次，我们还是不太喜欢它。）这有助于解释为什么投资者倾向于高价购买名牌公司的股票。这也说明了为什么彼得·林奇的"买你知道的东西"的建议对人们来说是如此实在——尽管许多投资者已经因此赔得倾家荡产。

纯粹曝光效应可能让一些人想起"潜意识诱惑"，这是因 1973 年出版的威尔逊·布莱恩·基（Wilson Bryan Key）的同名著作而广为人知的奥威尔式的概念。他认为，广告商让我们在潜意识中无休止地重复接触某些图像，从而决定了我们的消费习惯和我们的生活。他（错误地）声称，"sex"（性）这个单词是偷偷印在丽思（Ritz）饼干的包装袋上的，裸体女性的图片也是故意潜伏在酒类广告的冰块里。还有人声称，如果影院屏幕上闪现"BUY MORE POPCORN"（多买些爆米花）这几个单词，那么观众就会狼吞虎咽地吃爆米花。

但是扎荣茨指出，人们对句子的理解都是有意识的，虽然反复接触"性"这个词肯定能改善你的心情，但它不太可能让你对咸饼干产生欲望，所以这个广为流传的潜意识诱惑概念是无稽之谈。

纯粹曝光效应是真实存在的。就像月球的引力场无形地推动潮汐一样，你无法感觉到控制你行为的纯粹曝光——但它确实控制了你的行为。扎荣茨说："进化论认为，你应该对某件新奇或未知的事物给予最强烈的关注。如果你一遍又一遍地遇到这种新奇的刺激，它不会伤害你，那么你在这个事物面前就是安全的。这让你对它的态度更加积极，尽管你可能没有意识到这个事实。"

在熟悉的瞬间，你的大脑里发生了什么？[12]在扎荣茨的一项中文图像实验中，神经科学家对实验对象的大脑进行了扫描。扫描显示，即使你没有意识到自己之前曾经看到了某个特定的汉字，但大脑的记忆中心已经被纯粹曝光自动激活。实际上，图像的重复似乎把图像深深地嵌入了你的大脑，而你根本没有意识到这些沉没的记忆的存在，但它们就在那里，等待着外部世界更多的重复，让它们从你意识的海底浮上来。

另一项研究发现，那些说自己更喜欢可口可乐而非百事可乐的人，在盲测中却无法确切地说出自己更喜欢哪一个。可口可乐和百事可乐的粉丝在不知道品牌的前提下，喝两种饮料时大脑的反应是基本相同的。当人们在喝百事可乐前，看到那个贴有标签的百事可乐罐时，海马区的记忆中心和大脑反射系统中的情感回路只会被轻度激活。但是，当人们看到可口可乐罐上那燃烧的红色标志时，他们的记忆中心和情感回路就会进入高速运转状态。你可能认为自己更喜欢可口可乐的味道，但实际上你更喜欢它主要是因为觉得它更熟悉。同样，投资者把钱投入名牌股票的原因，正是因为名牌让他们感觉良好。

只对"哈莉·贝瑞"有反应的神经元

有一些显著迹象表明，强烈的"熟悉感"信号可能从颞叶区域的脑细胞发出。[13] 海马体（hippocampus，源自拉丁语，意为"海马"）是一个新月形的块状组织，位于大脑中部离耳朵大约一英寸的地方。海马体是大脑反射系统的关键组成部分，是情感记忆的温床。这里有大量的神经元，这些神经元在识别不同环境特征方面具有不可思议的能力，也被称作"位置细胞"（place cell），能够区分你周围环境的每一个特征。当你看到甚至只是想象一个特定的位置时，这些神经元就会单独发出信号。海马体是记忆储存仓库，是你的内心对外部世界的"记忆地图"，既完整，又详细，而且海马体的激活完全可以在潜意识状态下实现。所以，这些位置细胞可以让我们在黑暗中摸到所需的物体，而不需要借助任何有意识的思维。在老鼠身上的许多实验表明，位置细胞的激活有助于大脑保持专注以实现目标。

一旦周围环境中出现重要的相关事物，只要再次遇到这一事物，海马体中的一个位置细胞就会被激活，而且精确度也高得惊人。你的大脑似乎把一个特定的脑细胞奉献给了你周围的每一个有形元素。这种环境暗示可能是一张特定的脸、一个名字、一栋特定的建筑，或者有公司标识的特定颜色和字体。神经元就像一个微型岗哨一样，专门负责识别每一个物体——除此之外几乎不负责识别其他东西。加州大学洛杉矶分校和特拉维夫大学的实验结果令人惊讶：有的人有一个单一的神经元，专门用来识别悉尼歌剧院独特的帆船形轮廓；另一些人的位置细胞只会在电影明星哈莉·贝瑞（Halle Berry）的照片出现时，才会发出信号。同样的细胞会对她的照片、画像，甚至她名字的字母做出反应，但不会对帕梅拉·安德森（Pamela Anderson）的照片做出反应。其他名人的名字和面孔，比如詹妮弗·安妮斯顿、茱莉亚·罗伯茨和科比·布莱恩特，也会引发一种独立而独特的反应——每一种反应都集中在海马体内或附近的一个神经元上。

伦敦出租车司机的大脑中一般有一个比常人大的后海马体，他们需要不断地识别城市路标，记住交通路线，这自然会导致该部位的位置细胞不断增长。

其他人的海马体记忆中心里，在面对阿里埃勒·沙龙（Ariel Sharon）和萨达姆·侯赛因（Saddam Hussein）的照片时，脑细胞几乎是完全潜伏着的，但在面对特蕾莎修女的照片时，每秒会有多达9次的闪光。

如果你的大脑中有一个只对"哈莉·贝瑞"有反应的神经元，那么很明显，你可能有一大堆只对"我工作的公司"有反应的神经元。你公司的每一个特征都可能在你的大脑神经元中触发独特而熟悉的信号，当你在工作场所的地标之间移动时，你海马体中的"位置细胞"会迅速地发出一连串的信号。当你在自己的"大本营"时，细胞会从多个部位以和谐的方式放电，这一现象有助于解释纯粹曝光效应的可怕力量。

德国明斯特大学教授彼得·凯宁（Peter Kenning）的神经经济学实验室的脑部扫描显示，当投资者考虑将资金投入国外市场时，大脑的恐惧中枢之一杏仁核就会发挥作用。[14] 这些发现表明，把钱放在国内会自动产生一种舒适感，而投资不熟悉的股票本身就令人恐惧。这些反应来自大脑反射系统的生物基础。（难怪当我告诉波士顿那个人要做多元化投资时，他会那么生气。）

一旦你理解了纯粹曝光效应，就很容易明白为什么401（k）

计划的投资者总是把太多的钱投入他们工作的公司的股票。[15]每天，员工都会被公司的名称、标识、产品和服务轰炸：ID卡、电脑屏幕、钢笔和铅笔、记事本、咖啡杯、钥匙链、棒球帽、停车场、自助餐厅、接待处、收发室、浴室等，无处没有自己所在公司的独特元素的影响。

正如一个站在暴雨中的人不可能数出落在身上的雨滴数量一样，你也不可能有意识地追踪你在一天内与同事接触的所有方式，但这些方式都被储存在你的海马体中了，一旦未来再次出现，就能激活你的"位置细胞"，让你对自己的公司充满熟悉感。

有一项针对约100家公司的员工的调查，其中，55%的员工坚持认为持有雇主的股票不会影响我的态度和感受，40%的受访者认为持有雇主股票的风险与持有多元化股票的风险"大致相同"。然而，在过去的五年里，这些公司的股票平均损失规模几乎是整个市场的两倍！对于这些员工的盲目性，最好的解释就是不断强化的纯粹曝光效应将公司股票变成了一种"感觉良好"的投资。随着员工对公司形象的接触变得饱和，持有公司股票会产生一种潜意识的愉悦感，从而掩盖了股票是否真正值得持有的问题。

现在我们很清楚为什么这么多员工会过度投资自己公司的股票了。约500万美国投资者将60%以上的退休基金投资于雇主的股票。401（k）计划中，有近1/10的投资者投资自己公司的股票，而且投资额占到了退休储蓄的90%。虽然美林证券公司的经纪人应该防止员工把太多的钱投到该公司的股票上，但美林的401（k）计划中仍有高达27%的钱投资于美林的股票。

纯粹曝光效应也是其他类型投资心理游戏的基础。[16]对特拉维夫证券交易所进行跟踪研究的专业金融分析师发现，人们往往认为自己"更熟悉"的股票的亏损风险要比"不太熟悉"的股票低得多，但这些专业人士都知道一个事实，那些人们自认为熟悉的股票的亏损风险，不亚于那些人们从未听说过的股票的亏损风险。在股票市场上，最受投资者欢迎和熟悉的股票更容易易手，从而更容易跻身当日"最活跃股票"行列，而跻身这一行列之后又会吸引更多的注意力。由于曝光度较高，交易量大，这些股票在短期内或许能带来更高回报，但从长期来看，它们的表现往往比市场平均水平低2~5个百分点。股票市场本身就是一个锱铢必较的地方，比市场平均水平差这么多已经非常严重了。

纯粹曝光效应有助于解释为什么这么多投资者乐于"购买自己熟悉的东西"，以及买入他们所用产品的生产者或服务提供者的股票。心理学家罗伯特·扎荣茨住在加州帕洛阿尔托市，经常开车路过位于附近的山景城的谷歌总部，并且是该公司的一名股东。他有点不好意思地承认道："我想我买入这只股票的原因可能是因为谷歌总部就在这里，而且我经常用谷歌。"换句话说，这个发现了纯粹曝光效应的人，也是在他自己的投资组合受到了这种效应的影响之后，才意识到这一点。考虑到人们每天无数次点击谷歌公司的网站，就很容易明白投资者为什么会喜欢它的股票，与谷歌服务的每一次接触都会让它的用户更加熟悉它，并倾向于更喜欢它。人们从该公司网站上得到了温暖的光芒，从而使其股价笼罩着一层光环。

不幸的是，历史表明，好公司并不总是好的投资对象。[17]持有一只股票是否划算，不仅取决于该公司的潜力有多大，还取决于有多少人了解该公司的潜力。如果你已经熟悉了一家公司的产品或服务，知道它们质量好，而且越来越受欢迎，那么其他很多人可能也已经很熟悉它了。一旦一大群人喜欢一家公司，它就会变成金融学教授戴维·赫什莱弗（David Hirshleifer）所说的"明星股"。到那个时候，这些股票就像歌手凯思琳·李·吉福德（Kathie Lee Gifford）或演员T先生一样，其价格几乎肯定会被高估，而且会被极度频繁地易手，最终招致受欢迎程度暴跌。不管一家公司有多好，一旦投资者蜂拥而至，将股价推到了过高水平，那么该公司的股票就不可能长期带来收益。因此，从长远来看，熟悉会滋生失败。

控制错觉

胡安妮塔·爱德华兹（Juanita Edwards）是一位聪明且受过良好教育的企业设计师，每年夏天都要去度假。她习惯于在度假前的最后一天把投资于股票和债券的401（k）养老金取出来，全部换成现金。两周后，当回到办公室时，她再把所有的现金都投资到股票和债券。她说："这样我就知道我在度假的时候能控制自己的钱，就可以放松下来，不用担心会赔钱。"[18] 胡安妮塔受到了所谓的"控制错觉"的影响。她认为自己可以用自己的行动控制投资的结果，就像一名保龄球手觉得自己把球扔出去之后再用手朝球道中间指一下就能打出全中的好成绩一样。胡安妮塔外出度假时，股市可能会上涨，也可能下跌——这意味着胡安妮塔在避免损失的同时，也有可能错过收益。她并不是真正的掌控者，只是制造了一种自我欺骗的假象。

控制错觉是一种不可思议的感觉，让我们可以用自己的身体行为对随机实践的结果施加一些重要影响。最好的例子就是在棋盘游戏或赌场的赌桌上掷骰子。当人们想掷出一个高的数字时，他们会摇骰子很长时间，然后用力掷出。当他们想要一个较低的数字时，他们会快速摇动骰子，然后轻轻地掷出。

很久以前，心理学家斯金纳（B. F. Skinner）想知道，如果他的实验室设备能给一群饥饿的鸽子定时自动分配食物，会发生什么样的结果。在第一顿"大餐"毫无预兆地到来之前，鸽子会和我们所有人在饥肠辘辘又没有东西吃的时候一样，躁动不安。在食物出现前的最后一刻，一只鸽子恰好向左转，另一只鸽子上下摇晃着它的头，第三只鸽子从右脚支撑跳到左脚支撑。在第一次啄食食物之后，鸽子开始重复它们在食物出现时正在做的事情，仿佛是他们的身体动作导致了食物的到来，即使斯金纳断绝了食物供给，它们还是坚持重复同样的动作。一只鸽子以同样的方式从一只脚支撑跳到另一只脚支撑，跳了超过1万次，才终于了解跳动的动作对自己是否能够得到食物没有影响。[19] 毕竟，食物真的是在鸽子首次转动、晃头或跳动时出现的，所以我们很容易理解为什么鸽子"相信"食物是自己的行为带来的回报。但事实上，它们的动作和食物出现之间不存在因果关系，这种关系只不过是斯金纳所说的"偶然相关"。

人类如果混淆了相关关系和因果关系，也会犯同样的错误：我们由于一些网站的推荐而买入某只股票，然后它就涨了，我们往往就会得出结论，该网站是获得有利可图的持股建议的好地方，但该股并不是因为网站推荐而上涨的。除非我们能看到一个针对网站全部荐股记录的独立审计报告，否则就没有办法知道它推荐的某只股票上涨究竟是因为运气,还是因为网站的自身能力。我们可能认为我们找到了控制股市的方法,但这可能纯属巧合。

要了解我们大多数人对控制错觉的敏感度有多高,可以考虑下面两个赌注。[20]

- 我从《华尔街日报》的股票列表中随机选择一只股票。你猜测这只股票明天是上涨还是下跌(允许你事先查看股价)。如果你猜对了,就能赢10美元;如果你猜错了,则会损失10美元。
- 我从《华尔街日报》的股票列表中随机选择一只股票。你猜测这只股票昨天是涨了还是跌了(不允许你事先查看股价)。如果你猜对了,就能赢10美元;如果你猜错了,则会损失10美元。

你更喜欢哪个赌注?在斯坦福大学的实验中,2/3的参与者选择了第一个。这些人中的大多数都知道,随机选择的股票明天上涨的可能性不会比昨天上涨的可能性高多少,但第一个赌注似乎令人感到更舒服,因为你可以事先查看股价,不会令你觉得结果是不可控的。早期的一项研究发现,如果人们在掷骰子之前,而不是之后下注的话,那么他们就会愿意赌更多的钱,甚至愿意接受更大的亏损概率。

心理学家艾伦·兰格(Ellen Langer)在几十年前进行的经典实验中展示了控制错觉。[21] 兰格对两家公司的员工进行了理论测试,让他们每人有机会买一张价值1美元的彩票。第一组员工可以自己选择彩票，第二组员工则是由他人帮忙选择彩票。在彩票开奖前，人们被问及是否会出售他们的彩票。结果，第一组提出的平均售价是第二组的 4 倍。尽管每个人都被告知中奖彩票将从一个纸板箱中随机抽取，但他们仍然相信自己的选择有魔力，能够以某种方式打败平均概率，从而让自己中奖。

由于"控制错觉"的影响，我们相信自己的决定天生就比别人为我们做的选择好。在西班牙一所大学的一项实验中，通过自己掷骰子胜出的学生对自己能坚持下去更有信心，那些由别人帮忙掷骰子而胜出的人继续坚持下去的信心则没有那么强烈。对美国利用退休金进行投资的人进行的一项研究发现，这两类投资者都夸大了过去一年的实际回报率。那些没有亲自挑选基金的人夸大了 2.4 个百分点的收益，而那些自己做出选择的人夸大了 8.6 个百分点的收益！对财务顾问而言，最糟糕的噩梦之一就是客户既自己挑选，又让财富顾问挑选，在这种投资组合中，如果客户和理财顾问挑选的股票涨幅相同，那么客户会本能地觉得"我选的"比"你选的"收益高。对这种现象，最佳的解释就是"控制错觉"。

一项又一项研究询问人们在下注前和下注后对自己是否有信心，仅仅是下注这个行为就能让人们更加确信自己会赢，而这种确信只需要几秒钟就能生效。[22] 下注 25 美分的人的信心，是那些还没有拿自己的钱冒险下注的人的 3 倍。

下注能提高我们的信心，即使获胜的概率事实上并没有什么变化。自主选择能够让我们喜欢上自己的选择。难怪这么多投资者如此描述他们已经拥有的股票："我可能不会再以这个价格买入更多股票，但我也不会以这个价格卖出。"

当一种活动存在下列情况时，控制错觉会变得更强烈。[23]

- 这项活动至少在部分程度上存在随机性。
- 这项活动能够给人们提供多项选择。
- 这项活动涉及和其他人的竞争。
- 这项活动可以在长时间内实施。
- 这项活动需要付出努力。
- 这项活动令人感觉熟悉。

除了体育和赌博，投资几乎比其他任何活动都更能满足这些要求。许多投资者深受控制错觉之害，以致他们最终变得像情景喜剧《霍根的英雄》（Hogan's Heroes）中的倒霉指挥官克林克（Klink）上校一样。克林克上校以为自己有把握控制住每个细节，但他往往对周围不断出现的混乱浑然不觉。

从只在401（k）计划中投资几千美元的小投资者，到世界上一些最大的基金经理，世界各地的投资者都成了"克林克上校效应"的牺牲品。[24]

- 2003年，投资银行飞利凯睿公司（Brean Murray）的股票交易员詹姆斯·帕克（James Park）对一名记者说："我从来不会用红笔写字，因为红色意味着损失。"他补充说："我的办公桌整理得井井有条，因为我觉得我越有条理，我的股票交易成绩就越好。"
- 杜克大学的人类学家马克·奥巴尔（Mack O'Barr）的研究显

示，许多养老基金经理似乎都有洁癖，觉得把办公室收拾干净就能神奇地防止数十亿美元的投资变得一团糟。
- 伦敦的一位机构交易员在谈到他的同事们时表示："他们很迷信。如果他们某一天过得很糟糕，那么他们以后就不会再穿同样的西装或打同样的领带，还会换一条开车路线去上班。如果我在一个糟糕的交易日买了一套新西装，即使是全新的，我也不会再穿了。"
- 布莱恩·罗林斯（Blaine Rollins）管理着规模高达310亿美元的骏利基金（Janus Fund）。2001年，他宣布"在我改善基金业绩之前，不会再休假了"，就好像该基金前一年14.9%的亏损是由他休假造成的一样。
- 在线股票交易员通常每小时查看他们的投资组合10~20次，就好像只要不让他们的股票离开他们的视线超过几分钟，他们就能以某种方式阻止股价下跌一样。
- 许多401（k）计划的投资者持有自己公司的股票，似乎相信他们自己可以使公司的股价自由浮动。2001年，环球电讯公司（Global Crossing）的一名员工表示："当你持有公司的大量股票时，就会希望努力工作，让公司繁荣起来，这样你才能发达起来。"（不幸的是，他的辛勤工作并没有阻止环球电讯破产，他的退休储蓄也亏损殆尽。）

真的安全吗？

神经经济学家正在探索"克林克上校效应"背后的驱动因素。[25]

位于大脑中心深处的尾状核有两个弯曲的组织，大小和形状与小拇指大致相同，它们可以帮助我们识别相关关系和因果关系。尾状核是大脑反射系统的重要组成部分，是大脑的"关联性检测器"，对人们的情绪管理发挥着重要作用。它会将我们自身的行为与外部世界的现实相匹配，而这种匹配会忽略二者之间是否真的存在相关关系或因果关系。美国国立卫生研究院的神经学家卡洛琳·津克（Caroline Zink）表示："刺激这些区域的不仅是获得金钱，还有你获得金钱的方式。如果你觉得自己做了某件事情，才导致自己能够得到金钱，似乎就会产生一种特别的快乐或兴奋。"（当你学会信任一个陌生人时，或者当你热烈地坠入爱河时，尾状核就是大脑中最活跃的区域之一，这并非巧合。）

在一项实验中，研究人员让人们尝试着按压几个按钮中的一个来获得奖励。有时候，如果他们按对了按钮，就能赢得 1.5 美元。但在其他时候，不管他们按任何一个按钮，都能赢得 1.5 美元，猜测按钮和获得奖励之间便不存在任何关联性了。每当有人因为按下正确的按钮而获得 1.5 美元时，他们的尾状核就会被激活，持续时间长达 4 秒钟。然而，当人们发现猜测按钮与获得奖励之间没有任何关联性时，尾状核就会平静下来。心理学家毛里西奥·德尔加多（Mauricio Delgado）解释说："掌握控制权，或者至少相信自己掌握了控制权，会让我们对自己的行为及其结果投入更多的精力。"

威斯康星大学的研究人员发现，想象你能控制一个局面，即使局面完全不在你的掌控之中，也能减少大脑中处理疼痛、焦虑和冲突的神经活动。控制错觉有助于抑制大脑的痛苦网络，从而创造实实在在的安慰感。[26]

这似乎是动物思维方式的一个基本部分。[27]诺贝尔奖得主、神经生物学家埃里克·坎德尔（Eric Kandel）在哥伦比亚大学管理的一个实验室做了一个相关的实验。在这个实验中，老鼠们发现，当它们在一个录音室里的时候，脚有时可能会受到轻微的、不舒服的电击。但坎德尔也给了它们学习其他东西的机会：当它们听到一连串的哔哔声时，这就是一个信号，表明它们将不会受到电击。需要重复10次左右，老鼠们才能意识到坎德尔所说的"安全调节"（safety conditioning），就像投资者在其最近几次的交易中实现盈亏平衡或赚钱之后，开始假设市场环境是安全的一样。

然后，坎德尔把这些经过"安全调节"的老鼠放到一个陌生的开放空间里，神奇的事情发生了。如果你曾经遇到过一只老鼠在你的地下室或阁楼里跑来跑去，你就会知道，它们总是紧紧地贴着墙壁，因为本能告诉它们，在面对捕食者时，这样会更安全。但是，当坎德尔的那些老鼠听到熟悉的哔哔声时（它们之前已经学习到这种声音与危险没有联系），它们就会径直冲到空地的中央。它们大胆地去了以前老鼠不敢去的地方，在坎德尔所说的冒险探索中，它们走得更远。

是什么让这些老鼠变得如此胆大呢？当处于安全状态的老鼠听到一连串的哔哔声时，老鼠大脑中尾状核部分的神经元（与人类尾状核区域类似）就会进入加速激活状态，以接近正常状态3倍的速度放电。与此同时，杏仁核中的神经元是老鼠大脑中的恐惧中心，就像我们大脑中的一样，也会平静下来。这就好像是对安全的感知会导致对环境的掌控感，使大脑失去恐惧的能力。难怪当投资者自己的收益让他们误以为市场变得更安全时，他们会冒更大的风险。

就像坎德尔的老鼠一样，不管你是否意识到，你可能最终也会受到"安全调节"现象的制约。一旦杏仁核的恐惧反应消失，一连串有利可图的交易会让你产生一种虚假的安全感。这种安全错觉会让你直接陷入投资风险。

我运气正好

　　1999 年末和 2000 年初，新罕布什尔州的一位空中交通管制员布拉德·拉塞尔（Brad Russell）投资了一只名为 CMGI Inc. 的热门互联网股票。起初，他只是小试牛刀，只买了几股，结果股价直线上涨。于是，他又买了一些，之后股价上涨得更多。拉塞尔一次又一次地买进，至少分 10 次买入了这只股票，股价也一路升至每股 150 美元。在鼎盛时期，他将除退休金之外 40% 的资金投资于这只股票。后来，互联网泡沫破灭了，这只股票像一块从悬崖上轰然掉下的巨石。拉塞尔最终在该股跌至 1.5 美元时将手中的股票全部卖出，损失率高达 99%。[28]

　　回顾拉塞尔的自杀式金融投资之旅，唯一比股价触底时损失多少钱更让他惊讶的是自己在顶峰时是多么兴奋。他回忆道："在股价走高后，我以为自己知道自己在做什么，一切显得简单明了，这股狂热的吸引力让我无法抗拒。"

　　正如拉塞尔的故事所揭示的那样，火爆的行情能像氢气冲进气球一样提振你的投资信心，让你甘愿冒更大的风险，直到整个股市崩盘。是什么驱动了这种"我运气正好"的感觉？

　　首先，一连串的收益让你觉得你是在"拿赌场的钱玩"。赌徒们在心里把钱分成不同的部分：他们开始时的本金（即"自己的钱"），以及在此基础上赚到的所有钱（即"赌场的钱"）。假设你把1000美元投入一只股票，股价涨到了3倍，现在它的价格是3000美元，你赚了2000美元，这部分就是"赌场的钱"。只要这2000美元的收益中还剩下一部分，你就可以对任何损失一笑置之，把它看作是"赌场的钱"的减少，而不是你自己本金的损失。尽管严格来说所有的钱都是一样的，但赌徒觉得失去"赌场的钱"比损失本金带来的伤害要小。正如拉塞尔所发现的那样，这种"赌场的钱效应"会促使你承担一系列不断升级的风险，直到彻底破产。

其次，连续赚钱让人觉得未来更具有可预测性。[29] 就像许多重复的模式一样，金融投资上的连续赚钱会让你的大脑自动期待更多相同的东西。在埃默里大学的格雷戈里·伯恩斯神经经济学实验室里，人们试图猜测四个方块中的哪个接下来会变成蓝色。有时，颜色变化的顺序是随机的，有时则是固定的。由于变化顺序太复杂，人们无法意识到它具有可预测性。当蓝色方块随机出现时，前额皮质和顶叶皮质就会进入活跃状态。这时，负责分析和反思的大脑区域开始有意识地试图弄清到底发生了什么。然而，当人们看到固定的序列时，他们大脑中的尾状核区域就会启动，这是大脑中负责情绪管理的反射系统的一部分，它能识别出一个重复的模式，而不触发任何意识。伯恩斯解释说："不需要有意识地关注，也可掌握这种清楚的序列（比如一连串的财务收益）。"因此，对你的大脑来说，处理一个热点比处理一堆随机的、复杂的收益和损失更容易。一旦你进入状态，像尾状核这样的结构会让你期待进入"自动模式"，即相信更多相同的事情即将发生。

再次，连续赚钱会让你觉得幸运站在了自己这一边，而自己不仅仅是受到了偶然机遇的青睐。[30]心理学家把一枚硬币扔了30次，然后让大学生猜每次是正面朝上还是反面朝上。一些人被告知他们大部分的前期猜测都是正确的，其他人则被告知他们大部分的前期猜测都是错误的。那些得知大部分前期猜测正确的人往往信心满满，觉得如果自己有机会再猜测100次，就可以猜对54次。令人惊讶的是，这些猜测者里面，居然有50%的人认为自己可以通过练习来提高猜测的准确率。好运带来的兴奋让他们忘记了一个显而易见的事实：猜硬币是正面朝上还是反面朝上时，每个人猜中的概率都是一样的，谁也不可能比谁做得更好。

最终结果是：早期的成功让人们感到自己突然拥有了完全驾驭随机过程的力量。他们现在相信运气像守护天使一样守护着自己（至少相信暂时如此）。只要运气似乎还在，人们就觉得有必要充分利用它，这可能导致投资者不计后果地冒险。

一旦他们认为自己好运连连，就会失去控制，最终陷入困境。遭遇这种结局的不只是前文提到的布拉德·拉塞尔这样的小投资者。[31]连续4次准确预测公司盈利的专业股票分析师会继续做出风险越来越大的预测，结果收益比平均水平低了10%。对英国4000多宗公司收购案的研究表明，当一家公司的首次收购赢利时，它在未来的交易中更有可能亏损。在美国，一家公司如果首次收购就获得了丰厚的回报，那么它在未来5年内继续收购一家或多家公司的可能性要大得多，但平均而言，这种连续收购行为最终会使其股价下跌2%。

就连通用电气前首席执行官杰克·韦尔奇也承认，他曾经被自己的交易热情冲昏了头脑。韦尔奇被公认为有史以来最优秀的首席执行官之一。他后来承认，当他买下华尔街经纪公司基德-皮博迪投资银行（Kidder Peabody）时，他"对这个公司了解并不多，但运气好"。矮小秃顶的韦尔奇打趣说，这种意外赚钱的美好感觉让他忽然觉得自己"重新长出头发了，身高忽然变成了6英尺4英寸[①]。"最终，在一个神秘的交易计划失败后，通用电气在基德-皮博迪的投资损失了10多亿美元。

诺贝尔经济学奖得主弗农·史密斯（Vernon Smith）的研究表明，那些在股票估值过高时获得巨额收益，然后在股价暴跌时被套现的企业高管和专业交易员，很快就会重蹈覆辙。他的研究表明，在这种情况下，"一朝被蛇咬，十年怕井绳"这句老话是错误的。因为成功是如此令人兴奋，所以即使是所谓的专家也要经历至少两次失败，才能学会规避市场泡沫。

人们会对预测上瘾。[32]在加州理工学院的一个实验室里，研究人员测试了缺乏经验的赌徒在早期获利颇丰时会做什么。在实验中，玩家要在两副牌中做出选择：第一副牌里面，有的牌能让人大赢，偶尔也有一些牌让人小输；而在第二副牌里面，有的牌能带来较小的收益，有的牌却能带来较大的亏损。我们把第一副牌叫作"热门牌"，第二副牌叫作"冷门牌"。然而，在实验进行到一半时，这两副牌被研究人员秘密调换了，因此，原先的热门牌现在则变成了冷门牌，反之亦然。令人惊讶的是，那些尝过连胜滋味的人根本没有意识到规则已经改变了。加州理工学院的神经学家约翰·奥尔

[①] 1英尺≈0.3米。6英尺4英寸约为193厘米。——编者注

曼（John Allman）说："他们不明白，那些获得最大收益的人很难改变自己的选择，就好像他们纠正错误的能力被麻醉了，他们已经对有利的结果上瘾了。"

前额皮质部分受损的人特别不擅长学习，尤其是当连续获利的情况戛然而止时，他们更不善于总结经验教训。[33]在连续取胜的刺激下，尾状核、伏隔核及海马体等反射结构依旧处于高度兴奋状态，无法迅速对已发生变化的收益模式做出辨别。这表明，当投资者陷入贪婪情绪不能自拔时，主管情绪的反射中枢取代了平时正常运作的分析思维系统进行决策。

一旦明白了货币收益具有这种麻醉作用，那么，人们对金融如此着迷就不再令人惊讶了。[34]赌徒当然知道这一点。猫王埃尔维斯·普雷斯利（Elvis Presley）的传奇经理人汤姆·帕克上校是一个老虎机迷，他在晚年的一次电梯事故中肩膀受伤后，命令他的私人助理和他一起去赌场，帮他拉住那些老虎机的臂状操纵杆。一些赌场玩家用链子把自己拴在老虎机的椅子上，而另一些人甚至在身上用了成人尿布，这样他们就不会因为起身去洗手间而失去"幸运"的老虎机。

连续获利时，你的脑子里发生了什么呢？[35]当你连续获利时，大脑中有三个区域会像圣诞树一样亮起来，分别是丘脑、苍白球和膝下扣带回。丘脑是位于大脑中部位置的卵圆形灰质核团，就像一个交换站，全身各种感觉的传导通路（除嗅觉外），均在丘脑内交换神经元，然后投射到大脑的其他部分。苍白球是一个靠近丘脑的苍白小团状物，负责跟踪奖励和惩罚。膝下扣带回位于前额皮质内侧，也就是前额后部弯曲的地方，是最有趣的部位。

膝下扣带回有助于调节睡眠，重度抑郁症患者的膝下扣带回往往更小，活跃度也更低。另一方面，当人们处于双相情感障碍的躁狂阶段时，它似乎会活跃过度。通常情况下，处于躁狂状态的人是冲动的，极度兴奋，常常无法入睡，并有了一种强大的能力去感知周围一切事物的潜在意义。患有严重躁狂症的人可能会变得过于鲁莽，以致伤害到自己，或让别人无法忍受。当过多的多巴胺涌入膝下扣带回时，人就会出现躁狂症状。

研究人员发现，这种精神疾病可以追溯到连续获利时被激活的那个大脑区域，这个有趣的发现能够解释像 CNBC 的主持人詹姆斯·克拉默（James J. Cramer）这样的市场狂人的行为。但这也令人担忧，因为它表明，当投资者认为自己的投资顺风顺水时，当他们充满了那种能预见未来、什么也阻止不了自己的感觉时，他们最终可能重蹈慢性躁狂患者的覆辙。随着你的膝下扣带回被连续获利的情形激活，你很容易兴奋、躁狂和忽视风险。这种躁狂的感觉让你几乎无法放弃一只你自认为很火的股票。就像大多数极端的情绪波动一样，一阵躁狂必然会以糟糕的结局收场。布拉德·拉塞尔因早期投资 CMGI 公司而获得巨额收益感到得意忘形，但后来又在股灾中损失惨重，至今都没有完全摆脱危机的阴影。他说："今天，那四个字母——CMGI 仍然让我畏缩！"牛市逐渐吸引投资者蜂拥而至是自然而然的，我们称这种现象为"躁狂"。

我一直都知道

在苏联走向衰落的那段日子里，历史教科书被不断改写，以掩盖这样或那样的耻辱。[36] 东欧的异见人士曾开玩笑说，过去和未来一样难以预测。股市也是如此。2002 年，800 多名投资者对 1999 年至 2000 年的牛市进行了调查。现在，回顾过去，近一半的投资者表示，当年科技类和电信类股票的上涨肯定是泡沫，近 1/3 的人认为这可能是一个泡沫。那么，在整个市场狂热期间，他们是否都谨慎地袖手旁观呢？完全不是。就在他们现在坚持认为股价被高估的那段时间里，他们中的每一个人当年都热切地投资美国市场上那些定价最离谱的电信股。

尽管常言道，"后见之明的准确率是百分之百"，但如果没有正确的视角，后见之明就基本上起不到启迪心智的作用。一旦我们知道过去发生了什么，那么当我们回顾过去时，容易夸大原先对此的预测，相信自己早就知道它会发生，但实际上我们当时对后来的事情一无所知。这就是心理学家所说的"后见之明偏误"。

这种人类行为的怪癖在 1972 年首次得到明确诊断，当时理查德·尼克松（Richard Nixon）即将访问北京，这是新中国成立以来美国总统首次访问中国。[37] 没有人知道会发生什么：毛泽东将会见他还是冷落他？会引起台湾地区、日本或苏联的骚动吗？此次访问是否会加剧越南战争局势？

几乎没有人预料到实际发生的事情：这次访问进行得如此顺利，美国和中国签署了一份联合公报，承诺为实现外交关系正常化而努力。就在尼克松访问之前，有人对几十名以色列大学生做了个实验，请他们预测一下尼克松访华之行取得成功的可能性。然后，在尼克松访华结束后，这些大学生两次被要求回忆他们之前的预测。尼克松访华结束后不到两周，71% 的人回忆说自己当时声称这次访问会成功；但访问结束的四个月后，竟然有 81% 的人声称自己当时确信这次访问会成功。

供职于卡内基-梅隆大学的心理学家巴鲁克·费斯科霍夫（Baruch Fischhoff）是当时这个调研的策划者之一。他解释说："当你听到某件事时，你立刻把它融入你已经知道的东西中，而不是试图把这件事作为新信息放入某种知识的边缘地带，等到它证明自己之后再使用它。这种做法似乎是更有效和更明智，但如果你想回顾一下自己的知识范围及预测事物的能力，这并不是特别有用。"

心理学家丹尼尔·卡尼曼说："后见之明偏误会让一切意料之外的事情消失。人们歪曲和记错了他们以前相信的东西。我们对世界的不确定程度之所以从来没有完全确定下来，是因为在事情发生后，我们往往会夸大对事情发生概率的判断。"

"后见之明偏误"是你内心的骗子对你开的另一个残酷玩笑，它让你相信过去对某件事的预测比实际上更容易，这让你误以为未来比以往任何时候都更可预测。当你回首往事时，你不会觉得自己像个傻瓜，但当你走向未来的时候，你会表现得像个傻瓜。

当你投资时，后见之明偏误是如何发挥作用的呢？

比如，在 2001 年的秋天，"9·11"恐怖袭击之后，你对自己说："一切都将不复存在。美国不再安全了。谁知道他们下一步会做什么？即使股票便宜，也没有人有勇气投资。"但股市在 2003 年底上涨了 15%，这时你又怎么说呢？你或许会说："我就知道'9·11'之后股票很便宜！"忽然之间，你似乎比艾伦·格林斯潘更无所不知。

又比如，谷歌在 2004 年 8 月首次公开发售股票。你对自己说：

"嗯，伟大的网站……也许我应该试着买股票。但是，我过去几年在其他互联网股票上损失的钱怎么办？还是算了吧。"然后，谷歌的股价从最初的85美元一路涨到了2006年底的460美元，你又会对自己说什么呢？你或许会说："我当时知道应该买谷歌的！"这种发自内心的"我早就知道"的咆哮让你很难想起自己从来没有预测到这样的事情。而自欺欺人的你很可能会变得更加渴望冒险，希望在股市上找出"下一个谷歌"，从而导致你有可能买入一家高风险的高科技初创企业的股票，但它可能变成下一个安然。

专家们也存在同样的问题。[38] 2002年，投资大师乔治·吉尔德（George Gilder）回顾2000年科技股泡沫破裂时坚称："我知道它会崩盘，我真的知道。"但他不得不承认，在他的通讯稿中，他从未警告过即将发生的"大屠杀"似的暴跌。

"我们都知道这是一种狂热，"《金钱》杂志在2000年6月不无叹息地说道，"从1999年8月到2000年3月……Ariba和VerticalNet等科技股飙升逾800%，尽管这两家公司从未赢利。你永远不知道这种狂热何时会结束，但不难看出，我们正向清算之日狂奔而去。"然而，在1999年12月的封面故事中，该杂志曾敦促投资者"从互联网的迅猛增长中获益"，并吹捧Ariba是目前最值得购买的股票之一。

后见之明偏误也扭曲了我们看待基金经理的方式。[39] 想象一下，2006年刚刚结束之际，你的经纪人打来电话，告诉你一个令人兴奋的消息：他可以带你买入南博斯增长基金（Numbers Growth Fund），该基金刚刚连续10年跑赢了市场（以标准普尔500指数衡量）。你的经纪人宣称，基金经理兰迪·南博斯（Randy Numbers）

是一位天才——很难想象不是这样，因为在通常情况下，超过半数的基金未能跑赢市场，连续10年都能打败市场听起来确实像是一个奇迹。

你应该如何判断兰迪·南博斯是否真的是个天才呢？由于基金经理必须要么跑赢市场，要么被市场打败，因此在任何特定年份，其表现超过平均水平的概率都是50%。（当然，这是按照扣除管理费和税费之前的收益水平来算。）最简单的方法是通过抛硬币来类比这个过程。抛硬币连续得到10次正面的概率是1/1024，这使得兰迪·南博斯听起来比以往的任何人都更像一个天才。但这种后见之明可以在两个方面蒙蔽你的双眼：一方面，它使你忽视过去的回报并不能预示未来；另一方面，它使你忽视在现实中挑选一个成功的基金比你回顾过去要困难得多。

要想知道为什么会这样，请回想一下1996年底的情况，南博斯增长基金正是从这个时候开始实现连胜的。当时，美国共有1325只股票型基金，假设每只基金的一位经理每年抛一枚硬币，即便完全凭运气，那么在这1325名经理中，每年至少有一人得到正面的概率为72.6%。那么，兰博斯的纪录是因为他是天才还是靠运气的结果呢？如果他只是幸运的话，他未来的回报会随着他的运气的消失而消失。即使他很有技巧，也不意味着你可以发现他，不是因为后见之明偏误。早在1996年，还没有人听说过他呢，他只是1325人中的一员。想要在茫茫人群中认出他是未来的赢家，就像想要在发令枪响起之前坐在直升机上，从起跑线后面不计其数的马拉松运动员里面挑出冠军一样困难。

这是你内心的骗子试图让你觉得自己比实际更聪明的另一种方

式。后见之明偏误阻止你了解过去投资的真相，让你无法牢牢把握未来的财务状况。

我知道，我早就知道

这里有三个小问题，不仅是为了测试你的知识，也是为了测试你对自己知识的了解程度。[40]

1. 从底特律开车向南，你离开美国后第一个到的国家是哪个？

A. 古巴　B. 加拿大　C. 墨西哥　D. 危地马拉

现在想一下你有多肯定你的答案是正确的。100%吗？95%？90%？还是更低？

2. 哪个国家75%以上的能源来自核能？

A. 美国　B. 法国　C. 日本　D. 以上都不是

你的确定性是100%吗？95%？90%？还是更低？

3. 大约有多少微生物生活在一个普通人的胃肠道？

A. 100万亿　B. 1000亿　C. 1亿　D. 10万

再一次，想想你有多肯定你的答案是正确的。100%吗？95%？90%？还是更低？

许多并非来自美国中西部的人说，他们至少有90%甚至100%的把握认为第一个问题的答案是墨西哥。事实上，正确答案是加拿大，因为加拿大安大略省温莎市位于底特律河的正南方。（如果你不相信，可在地图中查看。）

对于第二个问题，大多数人有 70% 的把握认为正确答案是 D，而实际上正确答案是 C，即法国，因为法国比其他任何国家都更依赖核能。

至于第三个问题，大多数人似乎有 50% 左右的把握认为他们的肠道内有大约 1 亿个微生物。一个简单却令人恶心的事实是，你的消化系统中有大约 100 万亿个微生物。

多年前，俄勒冈州的大学生被问道：阿多尼斯（Adonis）是爱情之神还是植物之神？世界上大部分的可可豆来自非洲还是南美洲？ 1/4 的学生至少有 98% 的把握认为阿多尼斯是爱情之神，超过 1/3 的人至少有 98% 的把握认为大部分可可豆来自南美洲。（你自己试试，你对自己的答案有多大把握？）甚至当他们被告知大多数人的判断有多么不准确时，许多学生依然对自己的答案信心满满，甚至愿意拿 1 美元打赌，赌自己是正确的。但只有 31% 的人正确地认定阿多尼斯是植物之神，只有 4.8% 的人正确地指出非洲是可可豆的主要来源地。[41]

我们往往没有意识到自己的无知，这影响着我们的财务判断。[42] 在美国工人中，有 22% 的人表示自己非常有信心在退休后会拥有足够的钱，能过上舒适的生活，目前自己没有为这个目标存任何钱，39% 的人存的钱少于 5 万美元，另有 37% 的人甚至从未估计过自己需要多少钱才能舒舒服服地退休。

如果你现在不存钱，却对舒适的退休生活充满信心，这真是够糟糕的了。更糟糕的一种情况是，你不知道自己需要多少钱才能舒舒服服地退休，却认为自己无论如何都会有足够的钱。这种过度自信会导致储蓄严重不足，退休生活因懊悔而支离破碎。

正是由于这个原因，"不是我们不知道的东西让我们陷入困境，而是我们知道的东西让我们陷入困境"这句古老的谚语并不完全正确。[43] 真正让我们陷入麻烦的是，明明有些事情是我们不知道的，而我们却对此一无所知。

对于专业的基金经理和个人投资者等所谓的业余投资者来说，情况都是如此。[44] 在某些方面，可能专家对自己的无知更加无知。一些强有力的证据表明，你知道得越多，你就会认为自己知道的比实际知道的还要多。此外，即使人们确定自己是正确的，他们也往往是错误的。

- 1972 年，斯德哥尔摩的一项研究发现，在预测股价方面，专家（如银行家、股市分析师和金融研究人员）的表现并不比大学生好，在某些情况下甚至略逊于大学生。
- 在密歇根大学，较之于金融专业的研究生（包括一些曾做过金融分析师的学生），本科生在预测未来股价和企业盈利方面更准确一些，或者说偏差小一些。
- 在瑞典，两组人试图从两种股票中选择哪一种更好，并评估一下自己做出正确投资的概率。第一组是专业组，由平均拥有 12 年投资经验的基金经理、分析师和经纪人组成。第二组是业余组，由主修心理学的大学生组成。平均而言，业余组认为自己成功的概率为 59%，而实际选对股票的概率是 52%。专业组对自己的专业知识感到自豪，认为自己会在 67% 的时间里选到更好的股票，但实际准确率只有 40%！

- 过于自信的投资者经常认为自己知道未来会发生什么，总是在买进或卖出。然而，他们夸大了自己知道的内容。那些交易最频繁的人的投资组合比那些交易最少的人的投资组合每年收益要少 7.1%，这着实令人震惊。
- 德国的一项研究考察了专业投资人士对未来股票回报的预测。这些专家把自己的估计空间放得足够宽泛，以确保自己应该有 90% 的准确率，但最终多达 62% 的人预测的准确率还不到 50%。他们经验越多，就越自信。
- 1993 年，《福布斯》杂志基金栏目的一位编辑将自己 5% 的薪水（仅为法定最高比例的一半）存入 401（k）计划账户。当一位朋友问他为什么不往他的 401（k）计划账户中投入更多资金时，这位编辑回应道："因为我可以用我的钱做得比他们更好！这就是原因！"十几年后，这位编辑已经从《福布斯》杂志离职了，他回想往事，仔细计算了一下这个决定让他付出了多少代价。我知道这个答案，因为这个编辑就是我。到目前为止，我过度自信的代价已经超过 25 万美元。

我们还有另一个怪癖，即一项任务越艰巨，真实的成功概率越接近 50%，我们反而越容易对自己过于自信。[45] 一项实验发现，只有 53% 的人能可靠地分辨出一幅画是欧洲儿童画的还是亚洲儿童画的，但平均而言，高达 68% 的人确信自己判断正确。同样，事实上只有不到 50% 的大学生能准确地说出美国哪个州的高中毕业率更高，但有 66% 的人确信自己能做出准确判断。

类似地，频繁交易的投资者往往比买入并长期持有的投资者更加自信。如果你只坚持投资几个小时、几天或几周,你的业绩可能在一段时间内令人难以置信,但从长远来看,一个经常交易的人要想在 50% 的时间里赚钱,必须拥有足够好的运气。然而,短暂的运气会给你带来盲目自信。

对猴子的实验表明,当获得奖励的概率为 50% 左右时,它们大脑深处的神经元会释放出大量多巴胺,这种多巴胺会在近两秒钟内稳步上升。[46] 而高度确定的奖励引发的是更短、更平和的反应。"公平赌博"能在多巴胺系统中引起额外的兴奋感,这可能是大自然让我们摆脱藩篱的方式。否则,我们将永远无法在成功率大致相同的行动之间做出选择。额外的多巴胺有助于打破这种平衡,但它也导致我们不顾现实证据而过于自信。

人们往往拒绝说"我不知道",这会引发严重的后果。很多问题都可以归因于此:导致"挑战者号"航天飞机失事的 O 形环设计,时代华纳首席执行官杰拉尔德·莱文(Gerald Levin)的错觉(即与"美国在线"合并是一个聪明的想法),以及五角大楼的幻想(即伊拉克人会在美军脚下撒上鲜花以示欢迎)。拒绝承认自己的无知,会导致人们不再提出问题,因为他们认为自己已经知道答案,或者害怕承认无知会带来不可预料的结果。

一些心理学家认为,过度自信是一个小问题,如果通过不同的方式展示证据,那就很容易解决过度自信的问题。[47] 事实上,在投资方面,通往地狱的道路是由过度自信铺成的。

早在 1993 年,加州奥兰治县司库、财政基金管理人罗伯特·西纯(Robert L. Citron)就借了大约 130 亿美元对该县 70 亿美元的投资组合加杠杆,投资了错综复杂的证券等金融衍生品,这些产品可以在利率下降或持平的情况下获得高额回报。当一位银行家问他"如果利率上升,该县的投资组合会发生什么变化"的时候,西纯竟然自信地反驳说"利率不会上升"。银行家问他怎么能这么肯定,他说:"我是美国最大的投资者之一,我知道这些事情。"结果,9个月后,利率飙升,西纯的投资组合亏损20亿美元,导致奥兰治县发生了美国历史上规模空前的政府破产。

2005年,对一些管理着总额为7000亿美元的机构投资者进行的调查发现,56%的机构投资者确信他们可以谨慎地投资对冲基金。然而,紧接着,67%的受访者承认,他们缺乏必要的工具来分析和管理这些神秘资产可能遭遇的额外风险。2006年9月,对冲基金管理公司——不凋花顾问公司(Amaranth Advisors)由于过度冒险地豪赌国际天然气价格上涨,结果交易失败,在一周内损失了50%,导致摩根士丹利、高盛等理应非常精明的投资者损失了50多亿美元,圣迭戈雇员退休协会(San Diego County Employees' Retirement Association)损失了77亿美元。而就在此事发生前几个月,这家圣迭戈的养老基金还吹嘘自己有能力绕过外部专业人士,直接投资对冲基金。

也许我们坚持认为自己知道的事情比实际多的主要原因,是承认我们的无知会损害自尊。[48]一知半解其实是件非常危险的事,对某件事哪怕只了解一点点,也会让我们充满力量,而如果我们承认还有多少东西我们不知道,这会让我们感觉受到强烈的威胁。这就是为什么承认自己的无知需要很大的自信。世界上最难说出口的句子之一恐怕是"我不知道"。当被问及阳光从太阳到地球是否需要不到一分钟的时间时,苏格兰13%的大学生表示他们几乎可以肯定答案是不需要，21% 的学生完全肯定，只有 17% 的人承认他们不知道答案。（答案为平均 8 分 20 秒。）

沃伦·巴菲特曾经写过一句非常正确的话："对大多数人来说，在投资中重要的不是自己知道多少，而是务实地确定自己不知道的东西。投资者只要避免犯大错就好了，并不需要做什么正确的事情。"[49]

让你的自信回归到正确水平

许多投资者的行为方式似乎表明他们在模仿哈佛大学的哲学家威拉德·范奥曼·奎因（Willard van Orman Quine）。[50]在早期的职业生涯中，奎因从打字机上拆掉了问号键。后来，在其晚年，有人问他是如何做到 70 年来从未打过一个问号，他回答说："哦，你看到了，我只跟肯定的事情打交道。"但在金融市场的投资中，几乎没有什么是确定无疑的，你的大脑会夸大你的能力，偏爱熟悉的事物，并想象自己比以往任何时候都更能掌控过去和未来。因此，对我们而言，如果我们不拿掉键盘上的问号键，而是把大部分其他的键都拿掉，用问号替代它们，我们或许会感到更加舒服。

但是你不想把自己的自信削弱到零。没有信心的投资者永远不会投资，因为投资至少需要对未来的不确定因素采取某种立场。所以，你的目标是尽可能准确地判断自己知道什么及不知道什么。你知道多少并不重要，重要的是你清楚地知道自己的无知边界从哪里开始。几乎一无所知甚至都不是问题，只要你知道自己几乎一无所知就行了。你可以按照下面的方法来调整你的自信。

➢ **给自己一个心理暗示：我不知道，也不在乎。**[51] 说"我不知道"并不是什么可耻的事情。要想成为一名成功的投资者，你没必要在华尔街创造的猜谜游戏中打败华尔街。你不需要知道易贝的收益是多少，能源和黄金股是否会继续上涨，下个月的失业报告会说什么，或者利率和通货膨胀率的走向如何。全股票市场指数基金就是一个囊括低成本股票的篮子。如果你索性直接买入并长期持有其中两只基金（一只是美国市场的，另一只是非美国市场的），那么你就不再需要对哪些股票、行业或领域表现好或差形成什么看法。这样一来，虽然你直接拒绝了预测游戏，但能赢得这个游戏。

全股票市场指数基金使你有底气说出"我不知道，也不在乎"这几个神奇的字眼。如果有人问你："下一个高速增长的行业将是互联网还是煤矿？"你完全可以底气十足地回答说："我不知道，也不在乎，因为我的指数基金同时拥有这两类公司的股票。"如果有人问你："小型股会比大型股表现更好吗？"你可以底气十足地回答说："我不知道，也不在乎，因为我的指数基金同时拥有这两类公司的股票。"如果有人问你："谁将主宰计算机的未来？微软，谷歌，还是一些未知的后起之秀？"你可以底气十足地回答说："我不知道，也不在乎，因为我的指数基金同时拥有它们的股票。"如果有人问你："未来几十年，世界上最好的股票市场是什么？"你可以底气十足地回答说："我不知道，也不在乎，因为我的指数基金同时拥有它们的股票。"

➢ **把"太难"的问题堆到一边。**[52] 许多人认为，沃伦·巴菲特之所以成为世界上最成功的投资者，是因为他比任何人都懂得多。但巴菲特本人认为，他成功的关键在于"知之为知之，不知为不知"。他说："我们对所有的事情都有诸多怀疑，但我们偏偏忘记了这些怀疑。"他补充道："最基本的原则是像查理·芒格所说的那样，把'太难'的问题堆到一边。也就是说，我们要把不知道如何评估的问题搁置起来，而我们99%的想法都应该归入此类。"因此，你的工作空间里应该有三个小盒子，第一个装着一些你要考虑的想法，第二个装着你已经明确同意或拒绝的想法，第三个装着实在难以评估的想法。（如果你真的非常认真地想投资，那就在废纸篓边上贴上"太难"二字，把太难决定的文件扔进去。如果你什么事情都是在电脑上做的，那就在桌面创建一个名为"太难"的文件夹。）在你考虑一个想法之前，先自问一下这个问题是否属于"太难"那一类。（如果你不确定一个问题是否"太难"，那它肯定是"太难"了！）

➢ **评估两次再出手。**[53] 如果你曾经亲眼见识过一位木匠大师的工作，那么你就会注意到他造成的废料或废木头是多么少，因为他在切割前会非常仔细地测量。所以，在首次对一只股票进行评估之后，你不妨多评估一次。行为金融学作家加里·贝尔斯基（Gary Belsky）和心理学家托马斯·基洛维奇（Thomas Gilovich）建议，为了降低"过度自信"的程度，要将其削减25%。比如，如果你评估一只股票的价值是40~60美元，然后将每个数字削减25%，形成了30~45美元的新区间。这种保守的评估会帮助你避免被自己的过分自信冲昏头脑。

➢ **写投资日记。**[54] 心理学家巴鲁克·费斯科霍夫研究"过度自信"问题已有30多年，他建议投资者写投资日记。他说："记录下你做出预测时脑子里在想什么，并尽可能使这些预测清晰明了。"

要从概率角度去考虑问题，包括价格区间和日期，比如，我认为这只股票有 70% 的可能性在一年内达到 20~24 美元。（别忘了给你的价格区间打一个 25% 的折扣。）最后，把你的投资想法用下列句子表述出来："我认为这笔投资将赚钱，因为……"

在购买之前，把你投资的原因记录下来是很重要的。长期研究记忆的心理学家伊丽莎白·洛夫特斯（Elizabeth Loftus）已经证明，你对早期感觉的回忆很容易受到后来发生的事情的影响。如果你在事后记日记，你对最初动机的记忆可能会受到后来价格变化的影响。（比如，你事后可能会写"我之前以 14 美元的价格买入，因为我知道它会马上涨到 15 美元"。）

把你的日记存起来一年，然后回过头来看看你的预测有多准确，你是否倾向于低估或高估，以及你的投资理论究竟有多好。这样做并不是为了看你的投资是否增值了，因为此时此刻你已经知道了结果。相反，你需要看的是它们是否因你预期的原因而上涨了。这有助于你知道你获益是因为你的预测是对的，还是仅仅得益于好运气。反过来，这会帮助你控制住内心的骗子。此外，有了真正的"后见之明"以后，你现在就可以问自己，什么样的附加信息会帮你提高做出正确决定的可能性，或者提供更准确的价格区间。

➤ **通过追踪不明智的投资去总结经验和教训。**[55] 当我们自己的行为得到及时而明确的反馈时，我们才会从中学习得最好。这就是为什么老师们会立即批改作业，并给出具体的分数和改进建议。（想象一下，如果你永远不知道什么时候能把作业拿回来，或者得到的反馈只是"到目前为止作业写得还不错"，那么学校会是什么样子。）

不幸的是，金融市场充斥着混乱的反馈。假设你以 10 美元的价格买入了一只股票，很快涨到了 11 美元，你就会觉得自己聪明，进而自鸣得意。但你的高兴劲儿还没退，股价却跌到了 9 美元，你又觉得自己很愚蠢。一个决定的好坏，在一定程度上取决于你的评估时机。从短期来看，你赖以评估的证据（即真实股价）是不断变化的，股价有涨有跌，你便觉得自己的决定有对有错，有聪明也有愚蠢。要想对自己的选股能力有一个可靠的了解，你需要跟踪很长一段时间，并综合考虑多个选择，然后对其进行评估。你还需要看看自己想买而未买的股票的走势。庞培法布拉大学的心理学家罗宾·霍加斯建议你长期跟踪三类股票的表现：一类是那些你正在持有的，一类是你已经卖出的，一类是你想买但尚未买入的。要做到这一点，你可以使用组合投资网站，比如 www.morningstar.com。

这种做法对专业投资者、理财规划师或任何经常交易的人特别有用。它不仅仅可以告诉你股票的涨跌，还能告诉你已经卖出的股票是否持续上涨，以及你想买却未买的股票是否比你之前买入的股票表现更好。要确定你的买卖决策究竟有多好，这三方面的信息都是必须掌握的。

➤ **给你内心的骗子戴上手铐。**[56] 你可以通过问三个问题来避免误判自己的能力：

1. 我的收益水平比平均水平高多少？
2. 我能达到什么样的水平？
3. 随着时间的推移，其他人的平均表现如何？

比如，你认为自己在选股方面比平均水平高出 25%，你认为自己的投资组合每年能赚 15%。在考虑第三个问题之前，这听起来很现实。标准普尔 500 指数的蓝筹股的长期平均年回报率为 10.4%。然而，如果你根据人们在投资组合中增加和减少的现金量来调整这个数字，那么 1926 年以来的年均回报率会下降到 8.6%。考虑到税收成本、交易成本和通货膨胀，典型投资者的年回报率会下降到 4% 以下。如果你真的比平均水平高出 25%，那么在扣除所有成本后，你的年回报率不大可能高于 5%。你的选股水平至少要比平均水平高出 3 倍，才有可能每年赚 15%。

➢ **接受错误。**[57] 纽约戴维斯精选顾问公司（Davis Selected Advisors）的克里斯托弗·戴维斯（Christopher Davis）管理着价值 600 多亿美元的基金。他用股票装饰办公室外面的墙壁，但获得这一"殊荣"的股票并不是该公司最佳的投资，反而是最差的投资。该区域被戏称为"错误墙"，展示了 16 家公司的股票。戴维斯挖苦地说："刚挂上去一个，另一个就要装进相框了。一开始，我没有想到它会变成这样的壁画。"有一家公司，名叫"韦斯特管理公司"（Waste Management），其股票两次出现在"错误墙"上，因为戴维斯不仅因为错误的原因买了它，而且在错误的情况下卖掉了它。对戴维斯来说，一个错误意味着在信息错误或分析有所缺陷的基础上，对一个企业的价值做出了重大的误判，而这些误判本来是可以避免的。

当事实证明交易某只股票是一个错误时，戴维斯就会将该股票用相框装裱起来并挂到墙上，同时简要总结一下从错误中可以学到什么。许多基金经理谈论投资回报率或净资产收益率，而戴维斯也发明了一个词,名为"错误回报率"(return on mistake)。虽然戴维斯错误地卖出了挂在"错误墙"上的韦斯特管理公司的股票,但这使他阴差阳错地没有在最悲观的时刻卖掉泰科国际(Tyco International)的股票(其股价后来涨了两倍)。戴维斯从对朗讯科技的错误投资中总结出了一个教训,即"不要对自己不理解的回答感到满意"。正是这个教训阻止了戴维斯基金在安然公司破产前买入其股票。

你要从投资错误中总结教训,也没有必要专门给投错的股票弄一个相框。可以简单地把你投错的股票名字和教训写在便签纸上。直面你的错误,而不是掩盖它们,就可以把它们从负债变成资产。研究你的错误并把它们放在显眼的地方,可以帮助你避免重蹈覆辙。

➢ **不要只买你知道的东西。**[58] 富达麦哲伦基金(Fidelity Magellan Fund)富有传奇色彩的经理彼得·林奇曾以建议投资者购买熟悉的产品而闻名。林奇写道,你可以通过投资那些你亲自消费其产品和服务的公司,"让你的常识发挥用武之地"。比如,林奇投资墨西哥快餐品牌塔可钟(Taco Bell)的股票是因为他喜欢该公司的墨西哥卷饼,投资沃尔沃是因为他开过一辆该公司生产的汽车,投资唐恩都乐(Dunkin Donuts)是因为他喜欢它的咖啡,投资恒适(Hanes)是因为他的妻子喜欢它的L'eggs系列连裤袜。

然而,投资者经常忘记的是,林奇投资唐恩都乐并不仅仅是因为他喜欢它的咖啡和甜甜圈,他还花了数小时分析该公司的财务报表,研究有关该公司及其业务的一切因素。仅仅因为喜欢某家公司的产品或服务就买入它的股票,就像仅仅因为喜欢一个人的穿着就决定和其结婚一样。如果你因为熟悉一家公司销售的东西而对其感兴趣，固然是件好事，但你不应该在没有事先审视投资清单的情况下就贸然买入其股票。（关于排除某些投资的规则清单，见附录2。）

➤ **不要局限于自己所在公司的股票。**[59] 不管你对自己的公司多么熟悉，也不管你从自己的公司中得到了多少温暖，它的股票都堪称风险最高的投资之一。2004年9月30日，默克公司（Merck & Co.）宣布召回其广受欢迎的关节炎药物万络（Vioxx），因为研究表明该药会增加患心脏病的风险。默克公司的股票也因为这个消息出现了大麻烦，在短短几分钟内就暴跌了27%。由于默克公司员工的401（k）计划账户里面，高达1/4的资金都投给了该公司的股票，导致他们超过5%的退休储蓄在一天之内化为乌有。

就在两周后，纽约州总检察长艾略特·斯皮策（Eliot Spitzer）以保险欺诈为由起诉了大型保险经纪公司威达信集团（Marsh & McLennan）。该公司员工的退休计划账户中持有12亿美元的该公司股票。该公司的股票价格在4天内暴跌48%，亏掉了超过5亿美元的退休储蓄。不到1个月后，该公司解雇了3000名员工，4个月后又裁员2500人。所有这些工人都没有工作，退休基金也少了一半。

事实上，把所有的鸡蛋放在同一个篮子里非常危险，克莱蒙特·麦肯纳学院的金融学教授丽萨·梅尔布洛克（Lisa Meulbroek）估计，如果在长达10年的时间内将投资组合的50%分配给一家公司的股票，那么考虑到你的投资组合可能遭到的各种风险因素，它的最终价值可能只剩下本金的60%。即使你只把投资组合的25%分配给一家公司的股票，那么经过风险调整之后它的价值也可能只剩下本金的 74%。

试着这样想一下：你今天会死吗？也许不会，但你还是应该买人寿保险。你的房子明天会被烧毁吗？也许不会，但是给房子上保险是个好主意。你的公司会沦为下一个安然公司吗？也许不会，但为你的投资组合投保以防万一绝对是个好主意。最好的保险政策是投资自己公司的股票（或期权）的资金比例不超过 10%，并将剩余的资金尽可能广泛地分散。

➤ **多元化是最好的防御。**[60] 在今天看来，如果你在 20 世纪 80 年代初把所有的钱都投入计算机相关的股票，你显然可以赚一大笔钱，但后见之明偏误使你看不到真相。回到个人计算机时代的初期，你不可能想到买入微软的股票。事实上，微软直到 1986 年才上市。当时科技领域的超级明星是宝来公司（Burroughs）、康懋达国际（Commodore International）、计算机视觉公司（Computervision）、克雷研究公司（Cray Research）、迪吉多（Digital Equipment）、普莱莫计算机公司（Prime Computer）、坦迪公司（Tandy）和王安实验室（Wang Laboratories）。的确，在 1980 年 12 月苹果公司首次公开发行股票之后，你本可以买下苹果公司的股票，但你可能想要的是康懋达国际的股份，因为如果你早在 1974 年底将 1 万美元投给康懋达国际，到 1980 年 12 月就变成了 170 万美元。

计算机行业早期的明星几乎都一个接一个地黯然失色了。它们的创新产品失去了优势，最优秀的人才流失了，最终走向破产或被人们遗忘。几乎所有这些股票的投资者都一败涂地。回头来看，最初选择微软和苹果的人显然都成了赢家。但在当时的情况下，谁也不清楚哪些公司会赢得胜利，只有竞争形势明朗之后，才能看出来。

这就是为什么多元化投资如此重要。如果你在国内外拥有多样化的股票和债券，基本上可以消除少量垃圾投资毁掉未来财务状况的可能性。

➤**假装你才四岁。**每个家长都知道，四岁的孩子有问为什么的习惯，一遍又一遍地问，直到耗尽父母的知识储备。问自己四五遍"为什么"是测试你自己（或别人）的知识极限的好方法。如果一位理财规划师对你说"你应该把一大笔钱投入专门投资中国股票的基金，因为中国是你应该投资的地方"，那么，你就要反问一句"为什么"。如果他回答"因为中国将成为世界上增长最快的经济体"，你要再问一次"为什么"。如果他回答"因为中国将继续保持低制造成本"，你还要再问一次"为什么"。很有可能，你永远不会有机会问第五个为什么。不知道自己在说什么的人很少能连续两次回答清楚"为什么"。如果你也做不到这一点，那就说明你还没有足够的知识来做出明智的决定。聪明的投资者知道，表现得像个四岁小孩通常是个好主意。

第六章
风　险

如果你被热牛奶烫了嘴，那么下次喝酸奶也会吹一吹。[1]

——土耳其谚语

投资要冷静

如果谁有可能做大规模的高风险投资，那么这个人一定是美国最杰出的攀岩爱好者波比·本斯曼（Bobbi Bensman）。毕竟，你承担多大的风险，应该取决于你能容忍多大的风险，而本斯曼却能容忍那种会让大多数人脸色煞白的风险。她最喜欢的减压方法是沿着悬崖往上爬几百英尺。1999年退役时，本斯曼已经赢得了20多个美国攀岩锦标赛的冠军。1992年，她在科罗拉多州从50英尺高的岩壁上摔了下来，幸亏她在马上就要摔到地面的时候被绳子拉住了，才躲过了灾难性的伤害。[2]

这并不是本斯曼天生喜欢冒险的全部原因。赌博是她的天性。

她的祖父是拉斯维加斯一家赌场的经理,她的母亲从小就和黑帮老大巴格西·西格尔(Bugsy Siegel)交往。

然而,本斯曼避开了冒险的投资,将大部分资金投在她所说的乏味的基金和蓝筹股上。一个喜欢攀登悬崖、从小被赌徒包围的人不喜欢承担金融风险,这是不是很奇怪?"我想我相当保守。"本斯曼耸耸肩说。不过话说回来,她并不认为爬上几百英尺高的"破石墙"有什么风险,在长达13年的攀岩比赛中,她从未受过重伤。她说:"这一切都与防护体系有关。如果你有正确的防护体系,攀岩真的一点也不危险。"

波比·本斯曼的故事表明,认为每个投资者都有一定风险承受能力的传统观点不过是一个谎言。在现实中,你对投资风险的看法也在不断地变化,这取决于多个方面,比如,你对过去经历的记忆,你是散户还是机构投资者,你对风险的熟悉程度,对风险是否可控的看法,别人如何向你描述风险,以及你在投资时恰巧有着什么样的心情。这些元素的任何微小变化都能让你在几秒钟内从一头愤怒的公牛变成一只胆小的熊。如果你盲目相信自己对风险的直觉,那么,你就会习惯性地进行你本应避免的赌博,并放弃你本应接受的赌博。

许多投资者觉得自己喜欢大型金融赌博,而他们往往在赔钱后陷入悲惨境地。年长的寡妇可能愿意承担巨大的财务风险,而一些年轻的单身男性则会小心翼翼地投资。更重要的是,一些人把大部分资金投资于雄心勃勃的新兴市场基金,而把留给孩子上大学的钱投资于稳妥的储蓄类债券。有些人则买保险和彩票。这些人是保守还是冒进?是两者兼有,还是两者都没有?圣克拉拉大学金融学教授梅尔·斯塔特曼称这些人属于"正常"。他这样讲是正确的。

第六章将帮助你弄清楚你应该承担多少风险,如何在市场风暴中保持冷静,以及如何区分虚假的恐惧和真实的危险。通过掌握自己对风险的认知,你可以让自己坚定地走上通往冷静投资的道路。

现实的风险

对投资者及其财务顾问来说,没有什么问题比"你愿意承担多大风险"这个问题更显著、更棘手了。[3] 为了得到答案,理财规划师和股票经纪人经常要求投资者做一份所谓的"风险承受力问卷"。根据这些人的说法,只需回答6个问题,你就能知道你适合承担多大的风险。根据你的回答,你通常会被归成以下三类之一:保守型(主要投资现金和债券)、温和型(大约一半投资股票,一半投资现金和债券)或者激进型(主要投资股票)。以下是一些来自实际问卷调查的问题。

1.我愿意为我的长期投资承担经过计算的风险。
A. 强烈同意
B. 同意
C. 有些同意
D. 反对
E. 强烈反对

2. 许多投资会在短期内发生波动,如果你做了一笔为期10年的投资,本金10万美元,结果在第一年就开始赔了,你会在还剩多少金额的时候决定放弃等待转机,卖出止损,转向稳健投资?

A. 9.5万美元

B. 9万~9.4万美元

C. 8万~8.9万美元

D. 8万美元以下

3. 哪句话最能描述你的投资态度?

A. 我非常有安全意识,不希望我的投资组合价值下降。

B. 我知道投资是有风险的,但我会尽量减少风险。

C. 我愿意承担一些投资风险,以提高投资组合的回报潜力。

D. 我愿意为部分投资组合承担重大风险,以提升整体的回报潜力。

E. 我愿意为我的整个投资组合承担重大风险,以最大限度地提高回报潜力。

这些问题里面,第一个已经假定了你知道自己能承受多大的风险。如果你知道这些,为什么还要做这种测验呢?其次,这些问题前后矛盾。有113名商科学生填写了来自6家大型金融公司关于风险承受力的调查问卷,而测试结果的相似性只有56%。换句话说,任意每两份问卷显示同一个人有相同的风险承受能力的概率并不比抛硬币得出的概率高多少。所谓的风险承受力水平,与其说取决于你是谁,倒不如说取决于你碰巧参加了谁的测验。

但这里有一个更基本的问题。我们当中有谁的风险承受力真的像我们的鞋码一样精确吗？在投资行业充斥的无数愚蠢想法中，这可能是最愚蠢的。令人惊讶的是，你能承受多大的风险取决于你当时的心情。从现在开始的5分钟甚至几秒钟内，你的情绪就可能改变，你冒险的意愿也可能随之改变，就像下面这些例子所显示的那样。[4]

- 研究人员让多名男性观看了从网站下载的一系列女性头部（和胸部）照片，然后，给这些人提供机会，让他们在第二天或未来很长一段时间内收到不同数额的钱，结果，那些看到美女照片的男性宁愿早点拿少一点钱，也不愿等更长的时间拿更多的钱。

- 多名学生面临两个赌博选择：一个是有70%的概率赢得2美元，比较稳妥；另一个是有4%的概率赢得25美元，风险较大。第一组参与者通过在电视上短时间观看喜剧，获得了好心情，其中60%的人选择了较为安全的赌博。第二组被要求完整地唱出弗兰克·辛纳特拉（Frank Sinatra）的《我的道路》（My Way），独唱，没有音乐伴奏，而且要唱两遍（大多数人觉得这非常尴尬）。在第二组中，87%的人做出了风险较大的那个选择，好像他们觉得有必要用高额收益来弥补自己的损失一样。

- 研究人员让一些人想象自己被医生叫到办公室讨论一个紧急的医疗问题，让这些人感到焦虑。接着，给他们提供两种选择，一个是以60%的概率获得5美元，另一个是以30%的概率获得10美元。焦虑的人比情绪平静的人更喜欢安全的赌搏。焦虑往往使我们感到不确定,所以我们回避额外的风险。

- 研究人员给每一位参加测试的学生提供一支荧光笔,然后将他们分为两组,每一组观看一段视频:一段是里奇·施罗德(Ricky Schroeder)催人泪下的电影《舐犊情深》(*The Champ*)中的死亡场景,另一段是热带鱼的镜头。接下来,研究人员问这些学生会以多少价格出售自己手上的荧光笔,以及愿意花多少钱去买下别人手上的荧光笔。那些观看过死亡场景的人更愿意花钱买别人的笔。悲伤的感觉似乎让我们感觉自己失去了一些有价值的东西,使我们希望寻觅到一种新的开端,这种希望往往会催生一股买新东西的冲动。(如果你曾经在结束一段感情之后疯狂购物,这种说法在你听来可能很熟悉。)

- 在一项令人恶心却颇具启发的实验中,让第一组参与者在 48 小时内多次观看恐怖或中性的视频,不使用除味剂,然后用腋窝垫去收集他们的体味。第二组参与者将这些腋窝垫绑在上唇,然后评估投射到屏幕上的单词的情感内容。结果发现,戴着从因观看恐怖视频受惊的捐赠者那里收集来的腋窝垫的人对模棱两可的词语的评价更为谨慎,仿佛是为了避免疏漏。空气中有一丝恐惧气氛就足以表明你需要小心了。

- 某实验要求男性考虑 3~8 个可能增加他们患心脏病风险的因素。值得注意的是,那些只列出 3 个因素的人比那些列出 8 个因素的人对总体风险的评估计更高。为什么?那些不得不综合考虑 8 个不同原因的男性得出的结论是:嘿,如果想出所有这些原因都这么困难,那么我患心脏病的风险能有多高？但那些只考虑3个因素的人发现，更短的清单更容易记在脑海中，使他们自己患心脏病的概率更高。如果考虑风险很容易，那么仅仅这一点就能让风险看起来更真实。

- 其他研究人员发现，如果用简单的语言把鼓励你冒险的理由打印在红纸上而不是蓝纸上，那么你去冒险的意愿或许更强。最后，一些证据表明，如果人们在愉快的春日在户外至少待半个小时，他们可能更容易冒险。

综合上述情况来看，很明显，你的情绪波动会让你的风险承受能力像风暴中的风向标一样旋转。

我们可以从鸟类和蜜蜂身上学到什么？

请思考一下大脑的进化过程，这有助于了解为什么我们对待风险的态度如此容易受到情绪的影响。

想象一下自己回到了亿万年前的东非高原。[5] 你瞥见了一头狮子的踪迹，大脑的报警系统忽然掠过一道闪电，促使你迅速爬到了一棵树上寻求安全。即便事实证明那头所谓的"狮子"不过是棕色杂草在风中摇曳造成的假象，你爬到树上也不至于损失什么。不管狮子是真的还是想象出来的，对它的恐惧都会提高你的存活概率，从而让你能够把自己的基因遗传给后代。

像狮子这样的捕食者并不是促使我们的祖先学会恐惧的唯一风险源头。耗尽水资源，在错误的地方避难，判断未来的食物供应是否趋于稳定，等等，所有这些风险因素都可能演变成一个生死攸关的问题。它们给我们造成了一种与生俱来的对不确定因素的厌恶情绪。心理学家阿莫斯·特沃斯基说:"在古老的进化尝试中,警惕损失比追求收益更有裨益。如果人类能进化成为一个几乎对痛苦不敏感,而且在追求快乐方面拥有无限能力的物种,那将是一件多么美妙的事情。但这样一来,你可能无法在这场进化之战中幸存下来。"对原始人来说,如果没有对切实存在的风险做出充分反应,那么结果可能是致命的,而即便对虚惊一场的风险做出过度反应,也不会给自己带来任何伤害。因此,你的大脑里面以丘脑、杏仁核和脑岛为核心的报警系统仿佛形成了一个内置的扳机,一旦出现危险,这个扳机就会被触动。经过数千代人的努力,"宁求安全,不留遗憾"的反应模式已经成为人类根深蒂固的本能,整个动物界也都是如此。

所有动物都有自我保护的本能,其中最核心的一点是对潜在危险做出敏锐反应。从鱼类到鸟类,从老鼠到猴子,超过24个物种已经接受了风险敏感度测试。由于其他动物不知道金钱是什么,所以它们不在乎失去金钱。但它们确实会对食物耗尽、饮用水耗尽、何时得到食物、能否能得到食物或饮用水等风险做出反应。大多数动物宁愿得到较小的、确定的奖赏,也不愿得到较大而不确定的奖赏。

生态学家莱斯利·里尔(Leslie Real)给大黄蜂创造了从两种颜色的花朵中觅食的机遇。[6]第一种是蓝色的花朵,每一朵都含有2毫升的花蜜。第二种是黄色的花朵,能否取出花蜜则是随机的,每三朵黄花中有两朵是空的,但肯定有一朵含有3倍于蓝色花朵的花蜜,即6毫升。因此,如果一只蜜蜂连续在两种颜色的花朵上觅食，每次平均能得到2毫升的回报。唯一的区别在于，蓝花每次都能给蜜蜂提供相同的报酬，而黄花每次提供的报酬是不稳定的，但随着时间的推移却能提供相同水平的报酬。平均来讲，蜜蜂从两种颜色的花朵那里得到的报酬是一样的。尽管如此，蜜蜂很快就对蓝花表现出更大的偏好，选择蓝花的概率高达84%。

里尔突然改变了策略：使每一朵黄花都能让蜜蜂有所收获，但只有1/3的蓝花能让蜜蜂有所收获，结果发现，蜜蜂几乎立刻放弃了蓝花，转而更喜欢黄花，选择黄花的概率为77%。因此，重要的不仅仅是收益的多少，还有收益的可持续性。里尔解释说，由于带有花蜜的野花很可能成群或密集地生长在一起，形成一个花丛，因此，蜜蜂对恒定回报产生强烈偏好，这种偏好超过了对可变回报的偏好。

在波多黎各大学的一个实验室里，研究人员让一种名为"蕉森莺"的小鸟在黄花和红花之间做出选择，其中每朵黄花的花蜜含量均为10毫升，每朵红花的花蜜含量则不稳定，少则为0，多则为90毫升。红花的回报虽然可能比较大，却不稳定，而黄花的回报虽小，却比较稳定。结果发现，小鸟更倾向于选择黄花。

并非只有鸟类和蜜蜂宁愿要小而肯定的回报，也不愿要大而不确定的回报。[7]为了了解人类是否也以类似的方式思考，心理学家埃尔克·韦伯（Elke Weber）设计了一个简单的实验。想象你面前有两副牌，每张牌的背面都印着一定的金额。在实验结束时，你所选的那张牌背面的金额，就是你获得的金额。由于你事先不知道每张牌的背面印着多大的金额，因此，韦伯指示你从任意一副牌中随机抽取，直到你清楚地知道自己想从哪一副牌中选择最后一张牌为止。

但是，韦伯已经在没有事先告知的情况下对两副牌做了特定设计：一副牌背面的金额是确定的；另一副牌背面的金额是不确定的，有的背面有美元金额，有的却没有，因此存在一定的风险。在其中一副牌中，每张牌总能带来一小笔回报；在另一副牌中，有一些牌带来零回报，但至少有一张牌的回报很高。比如，如果一副牌中的每张牌能稳定地带来 1 美元的回报，那么另一副牌的 10 张牌中的 9 张可能不会带来回报，却有一张牌能带来 10 美元的回报。

如果你不是特立独行的人，那么，你会和普通人一样，从每副牌中挑选 10 张左右，最终，你会根据这 10 张牌背面的金额总额，确定哪一副牌更好。韦伯发现，大多数人的选择是基于每张牌背面的金额与每张牌平均金额之间的差距有多大。韦伯说："得与失的体验是相对的，取决于你用什么标准去评判。"如同其他动物一样，人们在评估一个结果时，也倾向于选择风险性收益作为参考，看看这个结果与这个风险性收益存在多大的差异，当这种差异很大时，人们就会放弃风险性收益，转向稳定的收益。（比如，如果一副牌里面，抽每一张牌总是能够稳定地给你带来 1 美元的收益，而另一副牌 9 张没收益，1 张带来 10 美元收益，那么大约 70% 的人更喜欢收益稳定的第一副牌。）

因此，面对一笔并非近在咫尺的巨额回报，我们大多数人宁愿选择金额较小却更稳定的回报，而不是存在变数的回报。在 401（k）计划退休金账户中，17% 的资金投向了货币市场基金、担保投资合同或价值稳定型基金。这些账户的价值几乎不会出现大幅波动，既不会亏钱，也不会有高收益。

框架效应

通过前面的描述，我们看到，人的风险承受能力并不是固定的，而是相对的。那么，还有其他理由让我们相信这一事实吗？[8]

我们都知道，一个盛了半杯水的玻璃杯，既可以说是半空的，也可以说是半满的，这既取决于我们对自己的感觉，也取决于我们对玻璃杯的感觉。研究人员发现，如果从一个4盎司（约118毫升）的杯子里倒出2盎司的水时，69%的人会说杯子"半空"。如果同样的杯子一开始是空的，然后倒入2盎司的水，88%的人会说它现在"半满"。在这两种情形下，玻璃杯容量没有区别，杯子里面的水量也没有区别，但外部环境的一个简单变化就能改变你思考问题的角度。

俄勒冈大学心理学家保罗·斯洛维奇表示："用相同的方式描述某件事，应该会导致相同的判断和决定，但事实并非如此，因为人们对风险的判断很容易变化，也存在很强的主观性。"在赚钱或赔钱的关口，你的决定可能会像一块橡皮泥一样被拉向某个方向，而这仅仅是因为你所处的环境或别人对你所处环境的描述方式发生了微小的变化，也就是心理学家所说的"框架效应"（Framing）。

为了了解框架效应的力量有多大，不妨考虑一下下面这些例子。

- 面对同一堆绞碎的牛肉，研究人员对第一组人说其中有75%是瘦肉，对第二组人说其中有25%是肥肉，然后让每个人进行评分。结果，第二组人对牛肉质量的评分会比第一组人低31%，第二组人对牛肉味道的评分比第一组人低22%。在两组人都吃了同一批肉做的汉堡后，第二组的喜欢程度低于第一组。

- 如果告知孕妇有20%的风险生下患有唐氏综合征的孩子，或者有80%的概率生下正常的孩子，虽然这两种说法是一样的，但听到第一种说法之后，她们更愿意接受羊膜腔穿刺术，进行产前检查。
- 在一项研究中，研究人员询问了400多名医生：如果他们自己成为癌症患者，是愿意接受放射治疗，还是手术治疗呢？如果被告知100名病人中有10名死于手术，那么一半的医生表示更愿意接受放射治疗。如果被告知100名病人中有90人经过手术之后能幸存下来，那么只有16%的人表示会选择放射治疗。

框架效应的经典例子是由心理学家阿莫斯·特沃斯基和丹尼尔·卡尼曼设计的。[9]他们给一组大学生提供了以下情景：想象一下，美国正在准备应对一种罕见的疾病，这种疾病预计将导致600人死亡。目前存在两个应对方案，关于这两个方案的效果，准确的科学评估如下：如果采用方案A，将会拯救200人；如果采用方案B，600人获救的概率是1/3，没有人获救的概率是2/3。你喜欢哪个方案呢？

与此同时，特沃斯基和卡尼曼用不同方式向第二组学生描述了同样的场景，但他们提出了不同的应对方案：如果采用方案C，将有400人死亡；如果采用方案D，无人死亡的概率是1/3，600人死亡的概率是2/3。你喜欢哪个方案呢？

结果令人震惊：在第一种情况下，72%的学生更喜欢方案A，而在第二种情况下，只有22%的学生喜欢方案C，尽管两个计划的结果相同！事实上，无论哪种情况，都会有200人存活，400人死亡。但第一种描述方式创造的心理框架强调了获救生命的数量，为人们提供了一种积极的视角，让他们看到了一种潜在收益，就好像看到一个玻璃杯原本没有水，现在却有了一些水一样。这与一开始的空杯子相比，似乎有了进步，所以我们的本能是尽快实现潜在收益。以这种半满思维来看，方案 A 能明确地保护 200 人，使得存在高度不确定性的方案 B 听起来像是一个不可接受的风险。

然而，第二种描述方式强调的是死亡人数，仿佛令人忽视玻璃杯中盛着的半杯水，只看到一半杯子是空的，而看不到另一半是满的。方案 C 导致 400 人死亡，使得方案 D 的冒险变成了一种合理的赌博。由此可见，不同的描述方式对我们的主观感觉产生的影响非常不同，从而导致我们甚至都没有注意到这四个方案的效果其实并不存在什么差异。

框架效应有助于解释为什么这么多投资者都无法遵从华尔街的一句名言：割肉止损，保存盈利。当你没做好功课就错误地买入一只股票，你可以通过卖出止损来限制进一步亏损的风险（这样反而可以享受一定的税收优惠）。如果不及时卖出，你可能会在一场残酷的赌博中越陷越深，你会打赌它的价格会反弹到自己买入时支付的价格，打算那时再把这该死的东西卖出去。这是一种半空思维，为了避免进一步的损失，而让自己置身于额外的风险之中。

相反，如果一只股票在买入后出现了上涨，你或许想不通为何要赶紧卖出，尤其是在你卖出股票的那一刻你的收益就要被征税。一个合理解释就是，此时此刻，你面临的巨大风险是如果继续持有股票，你可能失去已经获得的收益。因此，你会赶紧卖出股票，守住现有收益。但卖出后你往往会看到股票又继续上涨了 1 倍或 3 倍。

这是半满思维,为了守住已经获得的收益,而削减风险敞口。

框架效应还会导致其他奇怪的决定。[10] 假设你的银行账户里有 2000 美元,我给你两个选择:一个是什么都不做,另一个是按照 50% 的概率,要么输 300 美元,要么赢 500 美元。你会按兵不动,还是赌一把?你可以思考一下。现在,再假设你的银行账户里有 2000 美元,我给你两个选择:一个是什么都不做,另一个是按照 50% 的概率最终得到 1700 美元或 2500 美元。你会按兵不动,还是赌一把?

大多数人拒绝第一个赌博,却接受第二个赌博。这是因为第一个"框架"强调的是相对于初始资本的收益或损失,而第二个"框架"强调的是最终的收入总额。在第一个赌博中,金额变化给人的感觉比较大,比较可怕,所以大多数人都拒绝了它。从经济角度来看,这两个赌博是相同的。但从心理上讲,它们却有着天壤之别。

在金融界,框架效应无处不在。[11]

- 许多消费者宁愿购买广告上宣传的"买一送一"的东西,也不愿购买打 5 折的同一件商品。
- 在大多数情况下,股票一分为二后,每股价值是原来的一半,比如,原来每股价值 128 美元,那么分割为两股后,每股价值是 64 美元。尽管从逻辑上来看,股票分割相当于把 1 毛分成两个 5 分,但还是令许多人产生了一种虚假的兴奋感,认为自己的投资比之前增多了。2004 年,雅虎宣布将该公司股票按照 1∶2 的比例进行分割,次日股价大涨 16%。
- 如果你把 1% 的钱投在一只股票上,而这只股票的价格跌到

0，你可能会非常沮丧。如果你的整个投资组合损失了 1% 的价值，你很容易把它当作常规波动而不予理睬。然而，这两种情况对你总财富的影响是相同的。
- 如果你获知成功的概率是 1/6，你会比那些获知成功的概率为 16% 的人更愿意冒险；但如果你获知失败概率为 84%，你可能不会去尝试。
- 当通货膨胀率为 3% 时，大多数员工对 4% 的加薪感到高兴，而当通货膨胀率为 0 时，他们对 2% 的加薪也感到高兴，但第一种情况的高兴程度超过第二种情况。因为 4% 是 2% 的两倍，这让人感觉更好。而事实上，加薪的真正意义在于支付上涨的生活成本。

为何存在框架效应？

是什么引发了我们大脑的框架效应？[12] 卡内基-梅隆大学的心理学家克洛蒂尔德·冈萨雷斯（Cleotilde Gonzales）说，这是感觉和思考之间的互动。你的大脑总是寻求以最简单的方式，也就是用最少的情感成本和最少的精神努力（或认知成本）做出决定。让我们回到前述罕见疾病的问题上来。有 600 人的生命危在旦夕，在"半满"的思维框架中，强调可以获救的生命：方案 A 将拯救 200 人；方案 B 有 1/3 的机会拯救 600 人，2/3 的机会不拯救任何人。在"半空"的思维框架中，强调可能失去的生命：方案 C 将导致 400 人死亡；根据方案 D，没有人死亡的概率是 1/3，600 人死亡的概率是 2/3。

冈萨雷斯说，在方案 A 中拯救 200 人的想法是显而易见的，不用费脑子就能明白。这个方案强调确定的收益，是一个简单的替代方案，可以以非常低的认知成本进行评估。这个框架暗示没有情感上的代价，因为它让你关注那些被拯救的生命，而不是那些逝去的生命。

另一方面，如果按照负面框架去描述一个风险，比如，强调那400条失去的生命，就会激起大脑想象悲惨的情景，滋生负面的情绪。如同想象失去生命一样，对失去金钱的想象本质上也是令人担忧的，最终会触发你大脑中一个叫作顶内沟的区域产生强烈活动。这个弯曲的褶皱组织位于你的头顶，在耳朵后面，它的功能有点像一个大脑中的"电影屏幕"，使你能够看到和想象到尚未采取的行动可能带来的后果。结果越不确定，顶内沟就越活跃。在方案B中，挽救所有生命的可能性很小，而且所有人死掉的风险更大，这种切切实实的危险在顶内沟中引发了剧烈活动。

当你想象的内容从"幸存者"变成"死亡者"时，不管这种损失是确定的还是仅仅是潜在的，你大脑中的"电影屏幕"都会显示出令人痛苦和不安的画面，均会引起负面情绪。此时，你的大脑再也无法按照各个选项的情感成本去做决定了。冈萨雷斯由此认为，当大脑处于"半空"状态时，会更加"努力工作"。

冈萨雷斯解释说："当我们做决定的时候，我们要权衡可能损失多少及替代方案是什么。"当你的大脑不得不如此"努力工作"时，你的情绪会失去平衡。没有人死亡的可能性哪怕很小，也比大多数人肯定会死给人带来的感觉要好。这就是我们选择方案D的原因，从情绪上讲，这是比较简单的解决办法。

现在想象两个更简单的情境。[13]

情境1：我给你50美元，你现在必须在两个赌注方案中做出选择。

A. 肯定能剩下20美元。

B. 60%的概率输掉50美元，40%的概率保住50美元。

情境2：我给你50美元，你现在必须在两个赌注方案中做出选择。

A. 肯定输掉30美元。

B. 60%的概率输掉50美元，40%的概率保住50美元。

你可能会发现这两种赌注方案其实是相同的。但是它们给人的感觉不一样。第一个描述框架把你的注意力集中在你最终能拥有多少，而第二个描述框架把你的注意力集中在你最终会失去多少。伦敦的神经科学家扫描了人们面对这些选项时的大脑，之后，参与者们表示自己轻而易举地发现这两个选项其实是一样的，并坚持说自己对确定的结果和潜在的结果的倾向性是一样的，不存在厚此薄彼的现象。然而，他们这种说法是不真实的。对第一个情境，他们有57%的概率倾向于选择确定的结果（即选项A）；在第二个情境中，他们有62%的概率选择潜在的结果（即选项B）。

人们在第一个情境中更倾向于避免赌博，在第二个情境中更倾向于选择赌博，杏仁核的神经活动激增，这表明了大脑的恐惧中枢正在引导他们远离损失风险。杏仁核显然像一个非常迟钝的工具，只对"保留"和"失去"之间的差别做出粗略的反应。只有前额皮质才能发现一个更微妙的事实，即所有的选择都是一样的。通过渲染描述框架蕴含的情感效应，华尔街的营销人员可以让你的杏仁核处于兴奋状态，并阻止你的大脑进行干预。

最聪明的金融框架形式之一是股票指数化年金（EIA）。[14] 2005年，这项新潮的投资在美国卖出了270多亿美元，保证了你在股票市场上的最低回报率，同时也保证了你不会蒙受任何损失。股票指数化年金通常被描述为只提供好处而不提供坏处。但作为给你的损失设定底线的交换，股票指数化年金会给你的收益设置一个上限。就像前述罕见疾病问题中的方案A（将拯救200人）一样，这些年金强调了避免损失的确定性，这使得另一种选择——将资金投入没有下行保护措施的市场听起来风险太大，不值得费心去考虑。但这种"半满"思维也会让你忽略一个更微妙的风险。通过限制利润和避免损失，股票指数化年金阻止你获得所有的市场收益。在一些股票指数化年金中，你只能获得股市回报的一半多一点。如果你在股票指数化年金中投入1万美元，而大盘上涨30%，你只会获得16.5%的收益。如果你不是那么担心损失，你本可以再赚1350美元。这些失去的收益也是一种损失，但股票指数化年金中的描述框架让许多投资者对其视而不见。

那个不幸者会是谁呢？

除了"半满"或"半空"的思维之外，还有另一种形式的心理框架会破坏你的投资逻辑。[15] 我们对以百分比表示的概率（比如10%）与以频率表示的概率（每10个人里面就有1个）的反应有着惊人的差异。

如果精神科医生被告知"与琼斯先生相似的病人在6个月内实

施暴力行为的概率估计为20%",那么其中79%的医生愿意准许琼斯从精神病院出院。但是当他们听说"每100个与琼斯先生相似的病人中就有20个在6个月内实施暴力行为",尽管与前一种描述的概率是一样的,也只有59%的医生愿意让琼斯出院。

心理学家山岸公彦(Kimihiko Yamagishi)询问人们对各种死因的担忧程度,当他告诉人们每1万人中有1286人死于癌症,同时告诉另一批人癌症造成了12.86%的人死亡时,听到第一种描述的人对癌症风险的担忧程度比后者高出32%。

百分比是抽象的,难以理解。为了更好地了解12.86%的死亡率有多糟糕,你需要知道这个数字究竟代表了多少人。但是当你听说同样的癌症每1万人中有1286人死亡时,你的第一反应是几乎1300人死亡!正如心理学家保罗·斯洛维奇所说,如果你告诉人们有1/10的机会赢或输,他们会想:"好吧,谁是那个不幸者?"他们会想象出一个不幸者。通常情况下,人们能想象的那个唯一的人就是自己。

因此,财务顾问只要改变他对投资风险的描述,就能诱导你承担(或避免)投资风险。如果他启用了一些花哨的软件,说你有78%的概率实现你的退休财务目标,这听起来很棒。但他可以换一种描述框架,重新定义相同的结果,比如,他可以说:"100个人里面,有22个人退休时一贫如洗。"那么,你会立即感到惧怕。就这样,当你还没有弄清具体怎么回事的时候,财务顾问已经把一堆你或许永远不想要的高风险股票推荐给了你。

如同业余人士一样,专家也很容易成为思维框架的牺牲品。无论你是散户投资者,还是专业基金经理,你的风险承受能力都应该是你性格中不可或缺的一部分，但它可以因为措辞上令人尴尬的转折而改变。这就是为什么每个投资者都必须永远对思维框架造成的危险保持警惕。

从众效应

你对投资风险的看法也取决于同行施加的压力。我无数次听到基金经理们吹嘘自己是"逆向投资者"，或者"不随大流"，或者"喜欢别人都讨厌的股票"。如果每次听到一个人吹嘘就能得到1美元，那么我早就积累起了巨额财富，几乎只靠利息就可以维持生活。基金经理之间最明显的相似之处是，几乎每个人都坚持认为自己与众不同。事实上，他们就像巨蟒剧团的节目《布莱恩的生活》（*Life of Brian*）中的群众一样。当布莱恩劝诫人群"你们都是个体"，他们高呼："是的，我们都是个体！"当他再试一次，告诉他们"你们都不一样"时，他们齐声喊道："是的，我们都不一样！"投资者真的各行其是吗？[16]

- 一项针对由数百家券商的证券分析师提出的数千条买入或卖出建议的研究发现，分析师们跟在人群后面亦步亦趋。举例来说，当一般建议是强力买进时，任何分析师的下一个电话都更有可能是强力买进。
- 当个人投资者将他们在某只股票上的平均持股比例提高10个百分点时，居住在买家周围50英里范围内的人将自己在同一只股票上的持股比例平均提高2个百分点。

- 无论市场行情是在上涨还是在下跌，对冲基金——由那些被认为具有独立思维的投资者管理的高级资金池，实际上也都在相互模仿，就像十几岁的青少年在商场里逛来逛去一样。
- 研究人员观察了一所重点大学的12500名员工的退休计划决定，发现在同一部门工作的人倾向于投资同一家公司的基金，尽管每位员工都可以自由选择四家不同的基金公司。
- 1995年，小约翰·班尼特（John G.Bennett Jr.）经营的新时代慈善机构（New Era Philanthropy）从大学、教堂和基金会中骗取了1亿多美元，随后倒闭。班尼特设下圈套，答应每6个月让他们的钱翻一番。他的奇迹很快就在非营利性组织董事会的大亨中间传开了，班尼特很快就骗走了风险投资家劳伦斯·洛克菲勒（Laurance Rockefeller）、美国前财政部长威廉·西蒙（William Simon）和对冲基金经理朱利安·罗伯逊（Julian Robertson）数百万美元。另外，这些人都是美国最聪明的投资者，但作为一个群体，他们表现得像一群傻瓜。
- 诸如保险公司、基金会、捐赠基金、养老基金和共同基金这样的机构投资者，每年花费数十亿美元研究他们应该买卖哪些股票。所有这些基础工作都应该挖掘出埋藏在地下的宝藏，也就是没有人知道或理解的稀有、不寻常的宝藏。然而，这些机构都只触及表面。平均而言，如果在过去3个月里，其他大型投资者都买入某只股票，那么一家机构投资者增持该股票的可能性要高出43%。
- 当机构投资者在一个时髦的行业拥有一只热门股票时，他们通常只是通过口耳相传的方式而不是经过深入研究之后决定买入的。他们还会继续与同行谈论，参与谈论的人数是那些不那么令人兴奋的股票持有者的3倍。难怪大家似乎总是在谈论同一只股票。

想法就像打哈欠一样是会传染的。[17]（我只要让你读一下包含打哈欠这个词的句子，就很可能会让你打哈欠。）假设你需要在机场租车，你前面有两个人在排队，一个牌子上写着只有两种车：现代汽车和菲亚特汽车。你的直觉是选择一辆现代汽车，但你对汽车了解不多，而且你从未开过现代或菲亚特。所以，你看着你前面的人。第一个人自信地选择了一辆菲亚特，看起来她好像知道自己在做什么。然后第二个人走上前去，犹豫了一下，要了一辆菲亚特。

现在轮到你了，你应该怎么做呢？你应该记住，第一个旅客似乎对她的选择很有把握，而第二个旅客似乎并不比你知道得多。既然他们都选择了菲亚特，你或许应该抑制自己的直觉，也选择一辆菲亚特。所以你坚定地说"我要一辆菲亚特"。他们的选择已经影响到了你，现在你的选择也会影响到你身后的人，引发所谓的"信息瀑布"，淹没队伍中的所有人，引发对菲亚特的需求浪潮。

这种连锁反应很可能会一直持续下去，直到一位似乎是专家的人最终站出来要一辆现代汽车。如果下一个人也这么做，那么现在，他身后的每一个曾倾向于菲亚特的人都会选择一辆现代汽车。不需要太多的新信息就可以将信息瀑布扭转到相反的方向。

信息瀑布并不一定是非理性的。如果你真的对汽车不太了解，你应该试着找出谁了解，并从他们身上得到启发，尤其是当你必须当场做出决定，没有时间去了解更多信息的时候。当你知道自己没有掌握必要信息时,这是一个简单的选择指南。

事实上,生态学家所说的"公共信息",即关于风险和回报的线索的传染性传播,是生物用来提高生存概率的基本手段之一。令人难以置信的是,甚至是一些植物都有能力去分享关于风险的"公共信息"。比如,当山艾被动物侵袭时,它会释放出芳香化学成分,提醒附近植物加强分泌防御性蛋白,阻止蚱蜢和其他动物的侵袭。在动物王国里,鱼、鸟、羊、狼、鲸等多种动物都会聚集在一起,以便觅食、迁徙、御敌,并相互学习有关风险和回报的知识。

比如,一只椋鸟在地面上寻找食物,独处的时候,它会非常努力地去寻觅。然而,在至少有另一只椋鸟存在的情况下,它很快就学会跳过更难评估的区域,而把注意力集中在其他鸟类的行为上面,根据其他鸟类的行为思考最有可能找到食物的地方。在鱼类中,那些脊椎较小、身体较软的刺鱼倾向于成群结队地寻找食物,从同伴的进食模式中获得更多线索,以确定最佳觅食地点。但那些身体更壮、身上的刺更尖的刺鱼则更倾向于独立寻找食物。当自己的信息不完整、过时或感到脆弱时,动物似乎更倾向于让别人代替它们思考。

人类也是动物。[18]当人们组成投资群体时,会挤在一起买一只股票,为它的上涨喝彩,并相互鼓励。就像椋鸟一样,我们越来越不愿意独自冒险,成为群体的一分子之后,我们更不愿意提出和思考问题。

当投资者蜂拥而至地买入小型股和新产业的股票时,他们更愿意承认一个事实,即自己不了解的东西,别人或许会知道。如同租车队伍中一连串人租用菲亚特或现代汽车一样,结果就是形成了一个信息瀑布，导致团队里的每个人都在同一时间购买相同的股票。长期以来，经纪人一直告诉客户："趋势是你的朋友，别跟趋势较劲。"成为群体的一员是很有趣的，但它带来的利润很少能长期维持下去，而且个体不可能预测群体何时会改变主意。因此，如果你想比别人赚更多的钱，就不能跟在别人的后面亦步亦趋。

放弃孤注一掷的投资

你上一笔投资的盈利或亏损情况能够改变你对下一笔投资的看法。[19]面对同样的赌注，你可能感到危险，也可能感到安全，这取决于你是手气很顺，还是手气不行。在投资问题上，你的大脑就是如此运作的。

动物在食物或水供应不足，或无法保证取暖时，就会出现生态学家所谓的"负能量预算"。饥饿、口渴或寒冷的动物很少愿意去冒险，它们承担不起冒险失败的代价，微小而稳定的供给足以维持它们的生命。实际上，他们迫切需要尝试获得更大的保障。因此，处于被剥夺状态的动物倾向于选择更可变的奖励：虽然这增加了一无所获的风险，但这也是获得巨大刺激、恢复所耗能量的唯一可行办法。

生物学家托马斯·卡拉科（Thomas Caraco）向黄眼灯草雀（一种原产于墨西哥和美国西南部的鸟）提供了两盘不同的谷子。一个托盘里面要么没有谷子，要么有好几粒，我们将这个选项称为"有风险"选项。另一个托盘总是有恒定数量的谷子，但数量比较少。（比如，如果第一个托盘有0粒或4粒谷子，那么第二个托盘就总是有 2 粒谷子；如果第一个托盘里有 0 粒或 6 粒谷子，那么第二个托盘里就总是有 3 粒谷子；等等。）当这些饥饿的小鸟之前刚被喂饱时，它们更喜欢恒定的选项，即盘子里有恒定数量却少量的食物。但是当这些鸟几个小时没有吃任何东西的时候，它们就变成了冒险者，会选择那个要么提供双倍数量，要么什么都没有的盘子。

鸟类如果吃光了谷子，它们可能无法生存。[20] 人类如果用光了钱，也可能无法生存，因为没有钱，我们可能无法获得生活的必需品。人们的钱越少，往往就越愿意承担额外的风险，就像橄榄球比赛中四分卫会在第四节比赛的后半段孤注一掷地传一次球，希望撞上好运，这种传球被称作万福玛丽亚传球（Hail Mary pass）。篮球运动员会在终场哨声响起前在半场孤注一掷地投篮，也是基于同样的道理。通常情况下，"负能量预算"更有可能让人们把仅剩的一点钱拿去孤注一掷地挥霍，希望能撞上好运。有时结果令人心碎，比如在 2006 年的马尼拉，79 名贫困的菲律宾人为了得到赠送现金的奖券而被踩踏致死。

令人悲哀的事实是，即使没有人死亡，那些最无力承担失去少量财富的人，反而最容易因为孤注一掷而将自己置于高风险之中。[21]

- 在弗吉尼亚州，年收入低于 1.5 万美元的居民将其年收入的 2.7% 用于购买彩票，而年收入超过 5 万美元的居民仅将其收入的 0.11% 用于购买彩票。
- 当超过 1000 名美国人被要求选择最实用的致富方式时，21% 的人说买彩票。在年收入不超过 2.5 万美元的人群中，认为最佳致富机会是买彩票的人数几乎是这个数字的 2 倍。

- 与白人相比，黑人和西班牙裔美国人承担适度金融风险的意愿较低，却更愿意承担重大金融风险，概率要高出白人20%~50%。黑人和西班牙裔家庭的平均净资产约为典型白人家庭的1/4。
- 与上半年收益率高于市场平均水平的基金相比，上半年收益率低于市场平均水平的基金在下半年的波动性要高出11%。不知是有意还是无意，上半年表现落后的基金经理更倾向于买入风险较高的股票，以期在年底挽救业绩。
- 平均而言，当芝加哥期货交易所的专业做市商在上午赔钱时，他们愿意在下午承担额外的风险，押下更大的赌注，并加快交易速度，甚至冒着赔上本金的风险。
- 那些净资产少于7.5万美元的较穷的投资者更青睐那些类似于彩票的股票：价格低、亏损概率大，但至少存在一点发大财的机会。通过对这些高风险股票进行押注，那些较为贫穷的投资者的年均收益率大约比市场平均收益率低5%。因此，恰恰是那些最无力承担风险的人承担了最大的风险。与此同时，他们得不到有助于他们谨慎投资的建议。

让风险为你服务

波比·本斯曼是我们在本章开头提到的攀岩冠军，她知道，对思维不清晰的攀岩者来说，悬挂在悬崖之上可能是致命的。但如果你学会控制好最有可能的风险源头，攀岩会变得出奇安全。投资也是如此。下面是一些可靠的投资策略和程序，你可以未雨绸缪，管理风险，以免自己被风险控制。

➤**不要急于做决定。**因为即便微小的、短暂的情绪变化也会对你如何看待风险产生巨大的影响，所以不要一时冲动地买进或卖出。你可能受到你没有意识到的因素的影响。上班路上的路怒、与配偶的争吵、令你烦恼（或高兴）的背景音乐、一道红色的闪光或一抹清凉的蓝色——所有这些都可能影响你对投资的看法。把这件事留到明天再做决定，看看你是否还有同样的看法。

➤**跳出固有思维。**[22] 20世纪80年代中期，面对日本的激烈竞争，英特尔公司的主要业务——存储芯片制造业务濒临崩溃。这家公司的利润在一年内下降了90%以上，夹在对现状的痛苦和对变革的恐惧之间左右为难，英特尔的管理层一时陷入了瘫痪。时任总裁安迪·格鲁夫如此回忆当时的局面：

"我望向窗外，远处的大美洲主题公园的摩天轮不停旋转。我转身对首席执行官戈登·摩尔（Gordon Moore）说：'如果我们被踢出去了，董事会聘请了一个新的首席执行官，你觉得他会怎么做？'戈登毫不犹豫地回答说：'他会让我们忘记过去。'我呆呆地望着他，然后说：'为什么我们不走出门外，然后回来，主动忘记过去呢？'"

通过走出自己固有思维设定的圈子，格鲁夫和摩尔洞悉了哪些冒险是正确的，并鼓起承担风险的勇气。英特尔从内存芯片转向微处理器，这是一个大胆而辉煌的飞跃，为其未来几年的增长提供了动力。

知道甚至想象别人正依赖于你的建议，会让你感到有更多责任感，迫使你克服自己的直觉，用确凿证据来强化自己的观点。在

"9·11"恐怖袭击之后,我收到了许多惊慌失措的读者发来的电子邮件,他们问我是否应该退出市场。我抑制住内心的恐惧和愤怒,尽可能用条分缕析的方式回答这个问题,收集了有关美国股市在早些时候发生全国性悲剧后表现如何的历史证据。我的结论是,在美国现代金融史上,没有发生过对投资回报造成持久破坏的灾难,甚至一场彻底的战争也做不到这一点。不到一年,熊市就结束了,那些在2001年9月的熊市中退出市场的人错过了这一代人最好的买进机会之一。

如果你发现跳出固有思维比较困难,那就做一个任何人都能理解的练习:在做出一个投资决定之前,问问你是否愿意建议你的母亲做同样的事情。如果你告诉她不要做那件事,那你为什么要做呢?我把这个问题称为"WWMD问题"(WWMD为"What would mom do?"的缩写,意思是"妈妈会怎么做?")。

➢ **回顾一下历史。** 如果你从未经历过2000—2002年或1973—1974年的熊市,你很容易误以为自己有钢铁般的意志。每一个新手投资者都应该学习足够多的金融史,以了解繁荣总会以萧条告终,最自负的交易员会先死。要了解这一点,不妨读一下两本好书,一本是爱德华·钱塞勒(Edward Chancellor)的《金融投机史》(Devil Take the Hindmost),另一本是查理·金德尔伯格(Charles P. Kindleberger)的《疯狂、惊恐和崩溃》(Manias, Panics, and Crash)。

➢ **当价格下跌时,风险接踵而至。**[23] 很久以前,金融分析师本杰明·格雷厄姆指出,大多数人通过股票价格来衡量股票,而通过企业价值来衡量企业,这就导致了思维方式的巨大差异。(见表6–1)

表 6-1　股票与企业的区别

	股票	企业
衡量标准	价格	价值
衡量准确度	准确（经常出错）	近似（经常正确）
变化频率	每隔几秒就变化	一年才变化几次
变化理由	非股票持有者提出不同的价格	给企业所有者创造了不同的现金数量
持有时间	平均为 11 个月	可以延续数代人
风险	临时性的股价下跌	企业价值的不断下跌

奥克马克基金（Oakmark Fund）的经理人比尔·尼格伦（Bill Nygren）表示，投资者难以应对坏消息的主要原因是，他们没有弄明白自己为什么持有这些股票。如果你买入一只股票主要是因为它一直在上涨，然后又因为坏消息而下跌，你的直觉肯定是卖出，这并不奇怪。之所以会出现这种情绪上的混乱，是因为一旦一家企业向公众出售股票，几乎所有人都会关注股价的快速上涨，而忘记了企业本身的价值更为稳定。因此，当股价下跌时，这似乎是个坏消息。正如《商业周刊》很久以前在熊市期间所言："对投资者来说……低股价抑制着人们的买入欲望。"但如果企业的价值是稳固的，股价下跌应该为人们创造了买入动机，因为它能让你用更少的钱买到更多的股票。如果股价跌破商业价值，就有了格雷厄姆所说的"安全边界"，即股票价格低于实际价值的区间，安全边界越大，你就越能以远低于实际价值的价格购入股票。

我常说，股票（stock）的问题就在于小写字母 t。如果没有这个 t，stock 就变成 sock（袜子）了。如果人们能用买袜子的心态去

对待买股票，就会理性多了。但袜子和股票几乎没有任何共同点。（见表6–2）

表6–2　袜子与股票的区别

袜子	股票
你需要袜子的时候才买	当其他人需要发行股票时你才买
减价时买更多	上涨时买更多
留在手上好几年	想尽快卖掉
有破洞时，留着用作置物袋	如果价格下跌，你会恐慌

你会花500美元或1000美元买一双袜子，而不问它们怎么值这么多钱吗？当然不会！如果你最喜欢的商店开始打5折卖袜子，你会不高兴吗？当然不会！但在买股票时，人们总会犯这样的错误。

一旦亏损的痛苦和恐惧袭来，你几乎不可能冷静地思考，不会用你的大脑来思考正确的行动方案。但面对不断下跌的股价，你必须系统地分析下跌是否正在给你创造质优价廉的"便宜货"。这就是为什么提前计划很重要。在没有事先计算其背后的基础业务价值时买入股票，是不负责任的做法，就像从没到房子里亲自看过就买房一样。你在股价下跌时，如果打算卖出一只股票，应该先问一个问题：股价下跌是否让其变成了比以往更好的投资呢？如果没有事先问自己这个问题，永远不要盲目卖出。

➤ **把投资策略写下来。**[24]防止自己被情绪冲昏头脑的最好方法是提前在投资策略声明中阐明你的投资策略和程序。投资策略声明陈述了你作为一个个体或一个组织想要用自己的钱达到什么目标，以及你将如何达到目标。它列出了你未来的目标及你在投资过程中的障碍。(投资策略声明的样本，见附录3。)一旦你制定了一份投资策略声明，就必须遵守。这是你与自己或所在组织之间的契约。你可以通过掌上电脑、手机或桌面日历软件，定期向自己发出警告，不要违反自己的投资策略，从而让你的投资策略发挥更大的作用。

➤ **换一个描述框架。**[25]德国数学家卡尔·雅各比（Karl Jacobi）有一条有用的建议："颠倒一下，总是颠倒一下。"投资大师查理·芒格解释道："正如雅各比所知的那样，从事物的本质来看，许多难题只有用反向思维才能得到最好的解决。"如果有人告诉你成功的概率是90%，就这样反过来理解：这意味着有10%的失败概率。这对你来说太高了吗？接下来，将注重百分比的描述框架转换为注重数量的描述框架，即不要想着10%的人会失败，而是想着每10个人中就有1个会失败。我怎么知道自己不是那一个倒霉的人呢？如果你隶属于一个大的组织，那么把你的研究人员分成几个小组，让每个小组用不同的描述框架去汇报他们的发现。从百分比的视角和具体数量的视角去评估风险，这样有助于你做出一个更平衡的决定。

你还应该把证据放到尽可能宽泛的描述框架里。假设你总共有24000美元投资于股票。现在你重新考虑把1000美元投入盈亏概率各占一半的股票中，盈利率和亏损率都是100%。赢了，你就拥有了2000美元；输了，你就赔掉了1000美元本金。在一个狭窄的框架内思考，你会发现自己要么赚1000美元，要么赔1000美元，从而使得你的决定变成了贪婪和恐惧之间的一场拉锯战。相反，如果把它放在一个比较宽泛的框架中，即我的投资组合的总价值可以上升到25000美元，也可以下降到23000美元，会让你的决策过程免受大部分情绪的影响。

> **试着证明自己错了。**[26] 投资大师彼得·伯恩斯坦曾说过:"风险最大的时刻是你自认为正确的时候,那之所以是你遇到最大麻烦的时候,是因为你往往会沉迷于正确的决定之中。"拒绝反思和自我批评会导致巨大的损失和强烈的懊悔。所以,提前约上持有不同意见的人见一面是个好主意。你不妨给自己制定一条规则:每当一项投资的价格翻倍时,找出对它持负面看法的人,充分倾听对方的意见。阅读或倾听对方的批评,仔细做笔记,然后根据这些负面意见重新比较股票的价格和价值。如果价格不再合理,就是时候卖出了。

> **了解自己。** 大多数旨在测试风险承受能力的练习都是在浪费时间。正如我们所看到的那样,你对风险的反应不像琥珀中保存的一只孤立的昆虫那样单一和固定不变。相反,你会出现很多潜在的反应,包括从僵硬的恐惧到太妃糖带来的美妙感觉,等等。通过之前的分析,我们已经了解到,你对金融风险的态度受到多重因素的影响,在不同因素的影响下,你对风险的态度会出现巨大差异,这些因素包括:描述财务风险的框架,你是个体还是隶属于一个群体,你之前的投资盈亏如何,你是否能够容易地想到风险,你做决策时的心情如何,甚至外面的天气如何。这些因素中任何一个微小的变化都会在一瞬间提高或降低你对风险的容忍度。即便如此,你仍然可以通过做很多事情来管理你对风险的态度。

记住,当大多数人说他们对风险有很高的容忍度时,他们真正的意思是他们对赚钱有很高的容忍度。当你所承担的风险似乎都在得到回报时,你很容易对它们感到放心。但当收益消失、损失激增时,风险的结果只会让人心碎。如果你认为投资价值的暴跌不会影响到自己,那你要么是错的,要么是不正常的。

经济学家们常说,"理性"的人应该为赢得100美元或避免亏损100美元的机会支付相同的代价。[27]毕竟,任何一种赌注都能让你增加100美元。但卡尼曼和特沃斯基的实验证明,大多数人不会这么想。不妨考虑下面这种情况:想象一下抛硬币,如果反面朝上,你将损失100美元,那么正面朝上时要赢多少你才会愿意参加这个赌局?大多数人坚持至少要能赢200美元才愿意参加。这说明了什么?说明就强度而言,亏钱的感觉至少是赢得同样金额的感觉的2倍!所以,如果你赚到一笔钱,后来又亏掉了,那么你亏钱的痛苦远远超过赚钱的兴奋。如果你从未经历过这种痛苦,你就不知道它会带来多大的伤害。要想将这种伤害降到最低,你可以将任何一项风险投资金额控制在总资产的10%以下。这样一来,即使你最热衷的股票亏损殆尽,你的投资组合的总额也几乎能够保持不变。

大多数人在牛市跑步入市,却在熊市夺路而逃。很有可能,当大盘上涨时,你最终也会看涨,比平时承担更多的风险。然后,当大盘转跌时,你就会过度看跌,承担更少的风险。正所谓"一朝被蛇咬,十年怕井绳",只要提前知道自己可能会这样做,你就可以提前为防止这种情况做好规划。比如,你可以给你投资于外国股票的资金在资金总额中所占的比例设定一个目标范围,假设把这个范围定在25%~30%。你可以在外国股票大幅上涨一年后将投资比例削减至25%,然后在外国股票大幅下跌一年后将投资比例提高至30%。这样,当价格处于危险的高位时,你可以强迫自己承担更少的风险,而当价格处于诱人的低位时,你可以强迫自己承担更大的风险。

心理学家保罗·斯洛维奇说,因为每个人的风险容忍度都不是固定不变的,所以,从目标和结果的角度考虑问题更有帮助。[28]不妨考虑下列问题：将来你需要多少钱？你怎么达到目标？你想要达到或避免什么样的结果？要回答这些问题，你需要知道你的预算，计算你的流动资产，并规划好你未来的收入和支出。虽然这些数字也不完全确定，但与风险等含糊的概念相比，它们可以为你的判断提供比较可靠的依据。

当你希望在某些投资上大发横财时，不要只考虑如果你是对的能赚多少钱，还要考虑如果你是错的会损失多少钱。[29] 数学家、神学家布莱士·帕斯卡（Blaise Pascal）提出的著名的"帕斯卡赌注"（Pascal's Wager）① 为我们思考这个问题提供了一个模型。既然上帝的存在是一个信仰的问题，而不需科学的证明，那么你应该如何生活呢？假设你赌上帝存在，你将过一种有道德的生活，但如果最终事实证明上帝不存在，那么当你活着的时候，你不过是错失了一些做不道德的事情带来的享受，但这就是你输掉赌博的全部代价。现在，让我们反过来思考一下：假设你首先赌上帝不存在，你一生都在犯罪而没有丝毫不安，如果最终事实证明上帝是存在的，那么你就输掉了这场赌博，结果就是获得了几十年的低级趣味的刺激，最后却在地狱里遭受烈火焚烧。用彼得·伯恩斯坦的话来说，"帕斯卡赌注"表明，你是否应该冒险，不仅取决于你判断正确的可能性，还取决于如果你判断错误会导致的后果。要做出可靠的正确决定，你必须权衡，你认为自己有多正确，以及如果结果证明你错了，你会有多懊悔。

---

① 帕斯卡赌注是指，我不知道上帝是否存在，如果他不存在，作为无神论者没有任何好处，但是如果他存在，对作为无神论者的我来说将有很大的坏处。所以，我宁愿相信上帝存在。——译者注

第七章
恐　惧

在受到巨大恐惧影响的时候,不能相信一个人、一个群体或一个国家会采取人道行为,或进行理智思考……智慧始于征服恐惧。[1]

——英国哲学家伯特兰·罗素(Bertrand Russell)

你害怕什么?

这里有几个问题,乍一看似乎有点傻。[2]

- 哪个风险更大:核反应堆还是阳光?
- 导致美国人死亡人数最多的动物是哪种?
  A. 鳄鱼　B. 熊　C. 鹿　D. 鲨鱼　E. 蛇
- 将死因(左边)与全球每年的死亡人数(右边)连接在一起:
  1. 战争　　a. 31万
  2. 自杀　　b. 81.5万

3. 谋杀　　c. 52 万

现在，让我们看看答案。

历史上最严重的核事故发生在 1986 年。当时，位于苏联统治下乌克兰境内切尔诺贝利的反应堆发生了爆炸。据初步估计，数万人可能死于辐射中毒。然而，根据部分统计，到 2006 年，直接死亡人数不足 100 人。与此同时，每年有近 8000 名美国人死于皮肤癌，皮肤癌最常见的原因是过度暴露在阳光下。

在正常的年份里，鹿每年大约要导致 130 人死亡，这个数字是鳄鱼、熊、鲨鱼和蛇每年致死人数总和的 7 倍。温和的小鹿怎么会造成这样多的流血事件呢？与其他较为可怕的动物不同，鹿并不用牙齿或爪子攻击，而是会走到飞驰的汽车前面，造成致命的碰撞事故。

最后，大多数人认为战争夺去的生命比谋杀要多，且谋杀比自杀要多。但事实上，在大多数年份，战争造成的死亡人数比传统的谋杀要少，而自杀的人数几乎是被谋杀人数的 2 倍。（在上述问题中，死因和死亡人数已经正确匹配了。）谋杀之所以看起来比自杀更常见，是因为想象别人之死比想象自己之死要容易得多。

但这并不意味着核辐射对你有好处，也不意味着响尾蛇无害，更不意味着战争的邪恶性被夸大了，其真正寓意在于，我们往往最害怕那些最不可能发生的危险，而那些最有可能发生的危险却往往没有引起我们足够的担心。[3] 它还提醒我们，世界上很多不幸不是由我们恐惧之物引起的，而是由恐惧之感引起的。比如，切尔诺贝利事件造成的最严重破坏并不是来自核反应堆，而是来自人类的思想。当恐慌的企业主逃离该地区时，失业率和贫困率飙升。焦虑、抑郁、酗酒和自杀在无法逃离的居民中猖獗蔓延。由于担心未出生的婴儿遭受核辐射，准妈妈们接受了超过 10 万次不必要的流产。辐射带来的伤害远远不及对辐射的恐惧带来的伤害，因为想象中的恐惧导致了大规模的现实悲剧。

说到钱的问题，我们也存在类似的认知误区。[4] 对每个投资者而言，最恐惧的噩梦就是股市崩盘，就像 1929 年大萧条时爆发的股灾一样。一项对 1000 名投资者进行的调查结果表明，他们认为美国股市在任何一个年份内下跌 1/3 的可能性为 51%。然而，从历史上看，美国股市在一年之内跌去 1/3 价值的可能性微乎其微，只有 2%。

对投资者而言，真正的风险不在于股市崩盘，而是通货膨胀。通货膨胀会提高你的生活成本，让你的储蓄不断贬值。然而，只有 31% 的受访者担心他们在退休后的头十年可能会花光所有的钱。一旦投资者内心充斥着对市场版"切尔诺贝利事件"的恐惧情绪，就容易忽视无声的通货膨胀杀手所能造成的更微妙却更严重的损害。

如果我们严格按照逻辑思考问题，那么我们会通过回顾之前类似情况下发生风险的概率，来判断未来发生类似风险的概率。[5] 心理学家丹尼尔·卡尼曼却解释说："我们倾向于通过容易记住的事情来判断事件发生的可能性。"一个事件发生的时间越近，或者我们对过去类似事件的记忆越清晰，那么这个事件在我们的脑海中就越有用，似乎越有可能再次发生。但这不是评估风险的正确方法。一个事件不会因为最近发生或难忘而变得更有可能再次发生。

当你大声说出"飞机失事"这几个字的时候，脑海里浮现出什么情景？很有可能，你会想象一个烟雾缭绕的机舱里充满了尖叫声、骨头碎裂的嘎吱声，一个巨大的火球沿着飞机跑道向前滚动。俄勒冈大学心理学家保罗·斯洛维奇表示，从原则上讲，"风险是由等量的两种成分——概率和后果——共同酝酿而成的"。但实际上，在我们的风险感知中，这两种成分的量并不总是相等的。坠机容易令人联想起非常可怕的后果，而坠机的概率完全不会让人联想到任何画面，因此，虽然美国飞机失事导致死亡的概率仅约为 1/600 万，但这一事实并没有给我们带来任何慰藉。对个人来说，那些死亡的画面太可怕了，而 1/600 万却是一个让人没有任何感觉的抽象概念。"我不敢坐飞机，"篮球健将托尼·库科奇（Toni Kukoc）曾说，"我害怕坠机。"在这个案例中，大脑反射系统的情绪再一次压倒了反思系统的分析。

另一方面，当我们驾驶自己的汽车时，即使发生事故的概率比飞机失事的概率大得多，我们依然感到非常安全。[6] 许多旅行者觉得喝几杯啤酒没什么大不了的，然后钻进车里，一手拿着手机，一手夹着烟，开车去机场。许多人担心飞机是否会坠毁，却对自己的危险驾驶熟视无睹。数字能清楚地说明问题：2003 年，美国死于商用飞机事故的只有 24 人，而在交通事故中丧生的有 42643 人。根据旅行的距离来算，你死在自己车里的可能性是死在飞机上的 65 倍。然而，真正让我们感到害怕的却是航空旅行。在 2001 年 9 月 11 日恐怖袭击发生后的 12 个月里，对飞行的恐惧使更多的美国人选择驾车出行，死于车祸的人数因此增加了约 1500 人。

风险越生动、越容易想象，给人的感觉就越可怕。[7] 如果一份保单里面提到因"任何疾病"住院，而不是因"任何原因"住院，那么人们愿意支付两倍于后者的保费。当然，根据定义，"任何原因"包括了"所有疾病"，但"任何原因"是模糊的，而"任何疾病"是生动的，这种生动让我们充满了一种强烈的情感，让经济考量变得毫无意义。

反射系统中产生的情绪会把我们的分析能力推到一边，所以一个风险的存在会让其他事情看起来也更危险。[8]比如，在"9·11"事件之后，美国经济咨商局（Conference Board）发布的消费者信心指数下跌了25%，该指数衡量的是美国人对经济前景的看法。表示计划在未来6个月内购买汽车、住房或大型家电的人数下降了10%。

当一种无形的风险感弥漫在空气中时，你可以像感冒一样轻易地感染他人的情绪。仅仅阅读一篇关于犯罪或抑郁症的简短新闻，就足以促使人们评估自己遭遇离婚、中风或接触有毒化学物质等不相关风险的概率提高一倍以上。就像你宿醉的时候，哪怕是最轻微的声音都可能让你觉得震耳欲聋一样，一个令人沮丧的消息也会让你对任何提醒你有风险的东西极度敏感。就像大脑反射系统经常出现的情况一样，你可能没有意识到你的决定是由你的感觉驱动的，这些决定其实是在下意识状态下做出的。大约50%的人能意识到自己被一些负面消息所困扰，但只有3%的人承认，心烦意乱可能会影响他们对其他风险的反应。

我们对风险的直觉是随着保罗·斯洛维奇所说的"恐惧性"和"可知性"的推动而上下起伏的。[9]他解释说，这两个因素"给风险注入了情感"。

• 恐惧是由一种风险的生动性、可控性和潜在灾难性决定的。

反复的调查发现，人们认为手枪比吸烟的风险更大。因为我们可以选择不吸烟（或者选择戒烟），吸烟的危害似乎在我们的控制之下。但是你无法阻止一些暴徒随时将子弹射入你的头部，电视上的警匪片每天晚上都会让你的客厅充斥着大量枪击画面，所以手枪似乎更可怕。然而，事实上，吸烟导致的死亡人数比枪击多出数百人。

- 风险的可知性取决于其后果出现的迫切性、具体性或确定性。与不迫切、不具体的风险（如转基因食品或全球变暖）相比，那些较为迫切和具体的危险（如火灾、跳伞、火车相撞等）更容易被人知晓，也不那么令人担忧。美国人认为龙卷风是比哮喘更常见的杀手。由于哮喘的发展速度较慢，而且很多患者存活了下来，所以它的危险性似乎较低，但其实哮喘的致死人数更多。如果一项风险的后果高度不确定，且人们对其了解不足，一旦被察觉到任何问题就可能引发公众的疯狂关注。因此，对冲基金，即那些几乎完全保密运作的大型资金池一旦出现亏损，就会成为见诸报端的新闻。

恐惧性与可知性一起扭曲了我们对周围世界的认知：我们低估了常见风险发生的可能性和严重性，高估了罕见风险发生的可能性和严重性，尤其是如果我们从未亲身经历过这些风险的话。当我们觉得自己掌握了主动权，并明白后果时，风险似乎会比实际情况要低。当我们感觉一种风险超出了我们的掌控，并难以理解时，它会显得比实际情况更危险。这就好像我们通过弯曲的双筒望远镜看世界，它不仅能放大远处的东西，还能缩小近处的东西。

这就是为什么那么多人在机场购买飞行保险：虽然死于飞机失事的概率几乎为零，而且大多数乘客已经购买了人寿保险，但人们仍然感觉航空旅行有风险。[10] 与此同时，大约 3/4 的美国人生活在容易遭受洪灾的脆弱地带，却没有购买洪灾保险，因为房主们很容易就能看到过去的水位有多高，而且他们可以很容易地投资排水系统和其他技术，似乎能控制洪水风险，所以他们觉得自己很安全，但卡特里娜飓风暴露了这种安全感有多么危险。

在股市中，这些感知风险的怪癖可能让人分散精力。[11]2005 年 3 月 22 日，一位名叫安娜·阿亚拉（Anna Ayala）的女士在加州圣何塞的温迪餐厅用餐。她舀了一勺辣椒放到嘴里，开始咀嚼，然后吐出了一个人的手指。当消息传出时，温迪公司的股价因交易量大而下跌 1%，到 4 月 15 日，该股市值已削减 2.4%。顾客们拒绝前去该公司的餐厅就餐，该公司估计损失了 1000 万美元的收入。但调查人员很快发现，阿亚拉事先把手指（她丈夫的一位同事在一次工伤事故中失去的手指）放了盛辣椒的碗里。温迪的生意平稳地恢复了，在最初的恐慌中抛售股票的人都感到自己太笨了，因为股票在未来一年里几乎翻了一番。

同样的事情也发生在 1999 年 6 月，当时易贝网站崩溃了，黑屏了 22 个小时。"豆豆公仔"（Beanie Babies）和"特种部队"（G. I. JOE）之类的玩具交易也陷入了停滞，易贝因此损失了约 400 万美元的收入，并引发了数千名买家和卖家的恐慌。在接下来的 3 个交易日里，易贝股价下跌 26%，市值损失超过 40 亿美元。由于当时互联网刚刚兴起不久，许多投资者不知道易贝什么时候能解决这个问题，因此，结果似乎非常不确定，引发了巨大的恐慌。但易贝网站很快就恢复了运行，在之后 5 年里，它的股价几乎涨到了事故之前的 3 倍。

简而言之，对非理性的感觉做出过度反应，而对真正的风险视而不见，往往是投资者面临的最大风险之一。

大脑的热键

在大脑深处，与耳朵顶部齐平的地方，有一个杏仁形状的小软体组织，叫作杏仁核，是大脑反射系统的组成部分。当你面对一个潜在的风险时，它就像一个警报系统，快速产生诸如恐惧、愤怒之类的强烈情绪，然后像警告信号一样向反射系统发射。（实际上有两个杏仁核，一个在你大脑的左半球，另一个在右半球，就像办公楼的电梯门两侧各有一个紧急按钮一样。）

杏仁核可以帮助你在一瞬间将注意力集中在任何新的、不合适的、快速变化的或者可怕的事情上。这有助于解释为什么我们会对罕见而又生动的风险反应过度。毕竟，在风险面前，犹豫的人会沦为输家，甚至几分之一秒就能引发生与死的差别。走近一条蛇，发现一只蜘蛛，看到一个锋利的物体朝你的脸飞过来，你的杏仁核会让你跳起来躲避或者采取闪避动作，能在最短的时间内让你摆脱困境。赔钱或觉得自己可能赔钱也会引发同样的恐惧反应。

虽然大脑的其他部分也能产生恐惧情绪，但到目前为止，人们对杏仁核在这方面的作用了解得最清楚。虽然杏仁核也可以被愉快感刺激，但它似乎是专门为恐惧情绪而量身定做的。杏仁核直接连接到控制面部肌肉、控制呼吸和调节心率的区域。其发出的纤维也会向大脑的其他部分发出信号,释放去甲肾上腺素。去甲肾上腺素是一种"启动液",为你的肌肉提供能量,使其立即发挥作用。杏仁核有助于提高血液中的皮质醇含量,这是一种帮助身体应对紧急情况的应激激素。

值得注意的是,在你意识到恐惧之前,杏仁核就会向你的身体发出大量的恐惧信号。[12] 如果你在家里或办公室闻到烟味,你的心会怦怦直跳,你的脚就会在火警警报响起之前开跑。南加州大学的神经学家安托万·贝沙拉说:"你不必为了了解从 10 层楼高的建筑物上掉下来的感觉而去试一试。你的大脑不需要实际体验。"

在实验室里出生和成长的老鼠从未亲眼见过猫,而一旦遇到猫,就会立即被吓得怔住。尽管老鼠不知道猫是什么,但它的杏仁核能感觉到危险,并自动产生恐惧反应。然而,杏仁核受损的老鼠不会被吓住;相反,它会跑向猫,爬到它的背上,甚至咬它的耳朵。(幸运的是,在这些实验中,猫被注射了镇静剂。)当杏仁核受损时,形成恐惧感的正常过程就会被打破。

安托万·贝沙拉解释说:"情感被之前的一系列经历所触发,这是有益的。否则,你会花很长时间去做决定。"

在对投资者演讲时,我有时会把手伸进一个密封的袋子里,拿出一条响尾蛇,扔向观众。从理论上讲,当蛇在空中飞过时,理性的人应该坐在那里,花点时间来判断如果在演讲中闪开而引起骚动是否值得,并计算出演讲者在演讲中向他们扔一条活蛇的概率。在权衡了潜在的成本和可能的收益之后,理性的人应该得出这样的结论:没有理由惊慌失措。相反,他们却尖叫着从椅子上跳了起来。(不用说,蛇不是真的,只是一个橡皮玩具。)

杏仁核的这种闪电反应会让我们失去理智吗？当然不会。由于恐惧反射帮助我们的祖先生存下来，所以在今天的日常生活中它仍然是一个重要的生存工具：它让你在过马路前向两边看一看，并提醒你扶住阳台上的栏杆。然而，当一个潜在威胁是经济上的，而不是身体上的，更常见的情况却是反射性恐惧会让你陷入危险，而不是让你摆脱危险。每当你的投资突然下跌时，频繁卖出只会让你的经纪人变得富有，让你变得贫穷和紧张。

社会信号可以像身体面临的危险一样轻易地触发你大脑的"热键"。[13] 当带有恐惧情绪面孔的照片在你面前闪现 0.033 秒，你紧接着长时间观看带有中性情绪面孔的照片，这样一来，虽然你根本没有时间意识到你看到了任何恐惧的照片，但你的大脑会以闪电般的速度知道你看过。仅仅 0.033 秒的时间暴露在一张恐惧的面孔下，就足以激发杏仁核的强烈活动，让你的身体做好行动的准备，以防这种潜意识的威胁成为现实。

杏仁核还能让我们在瞬间发现可怕的肢体语言：仅仅看到一个人举起手站着，我们就会想到他可能被抢劫了，而一个弯腰驼背、畏缩不前的人会让我们想到自己可能会遭到他的攻击。如果你只花了 0.3 秒去观看匿名演员做出激动手势的画面，你的杏仁核也会立即捕捉到恐惧情绪，一瞬间就会提醒你全身的应激系统。

最后，杏仁核对人类通过语言传达威胁的独特方式很敏感。[14] 脑部扫描显示，与"毛巾"、"队形"、"数字"或"钢笔"等词汇相比，你的杏仁核对诸如"杀死"、"危险"、"刀子"或"酷刑"等词汇的反应更强烈。法国研究人员的一项研究表明，一个可怕的单词即使只出现了 0.012 秒，也会让你汗流浃背，其反应速度大约是人类眨眼速度的25倍！（难怪当你听到有人说"我在那只基金上赔了钱"或者"买了那只股票就像试图抓住一把下落的刀子一样"时，你会感到害怕。）

一两个警示性质的词语甚至强大到足以改变你的记忆。在心理学家伊丽莎白·洛夫特斯的一个经典实验中，人们观看了车祸的视频片段。其中，一组观众被问及两辆车相"碰"时的速度，另一组人则被问及两辆车相"撞"时的速度。尽管两组人看的是同样的视频，但那些听到"撞"这个词的人估计的汽车速度要高出19%。"碰"可能听起来不是很吓人，但"撞"却很吓人。很明显，这激活了杏仁核，将情绪重新注入你的记忆，改变你对过去的看法。

所有这些对我们的投资有什么启示呢？人类不仅会本能地害怕身体上的危险，还会害怕任何引起警示的社会信号。比如，在一个糟糕的交易日，股票交易所播放的电视画面配上了当时环境中许多能刺激杏仁核的暗示：闪烁的灯光、叮叮当当的铃声、高声喊叫的声音、令人惊恐的话语、人们疯狂的手势。刹那间，你汗流浃背，呼吸加快，心跳加速。在你还没弄清楚自己是否亏损之前，你大脑的这个原始部分就已经在为你的战斗或逃跑反应做准备了。

实际损失和想象中的损失都可能触发这一开关。[15]通过脑部扫描，一项研究发现，人们被告知赔钱的频率越高，杏仁核就变得越活跃。其他实验表明，即使是对财务损失有所预期，也能激活这个恐惧中心。创伤经历激活了杏仁核的基因，刺激了蛋白质的产生，这些蛋白质能增强大脑中储存记忆的细胞。来自杏仁核的信号激增也能触发肾上腺素和其他应激激素的释放，这些激素能融合记忆，使记忆更加难以磨灭。而一个令人沮丧的事件会刺激杏仁核中的神经元，使其同步放电数小时，甚至在睡眠期间也是如此。由于这个原因，我们在噩梦中依然可能会重新体验经济损失带来的痛苦。脑部扫描显示，当你在财务上连续亏损时，每一次新的亏损都会使海马体升温。海马体是杏仁核附近有助于储存恐惧和焦虑体验的记忆库。

这有什么不好的呢？[16] 一时的恐慌会严重破坏你的投资策略。由于杏仁核对重大变化非常敏感，市场的突然下跌往往比更长久、更缓慢甚至更大幅度的下跌更令人沮丧。1987年10月19日，美国股市暴跌23%，单日跌幅超过1929年引发大萧条的股市崩盘。1987年的股灾规模巨大，突如其来，令人费解，正是这种事件刺激了每个投资者的杏仁核，让恐惧感弥漫于大脑和全身。这段记忆很难抹去。到了1988年，美国投资者在股市中卖出的股票比买入的股票多150亿美元，而他们对股票型基金的净购买量直到1991年才恢复到崩盘前的水平。"专家"也是一样的：到1990年底，股票型基金的经理为了追求安全而确保每个月现金在总资产中的比例不低于10%，纽约证券交易所的席位价值直到1994年才恢复到暴跌之前的水平。可以说，股市在1987年秋季那个周一的一次下跌至少在未来三年里扰乱了数百万人的投资行为。

哲学家威廉·詹姆斯（William James）写道："一种印象可能会让人情绪激动，几乎能在大脑组织上留下疤痕。"杏仁核的作用就像烙铁一样，把经济损失的记忆烙进你的大脑。这可能有助于解释为什么股市崩盘会让股票更便宜，也会让投资者在未来很长一段时间内不太愿意购买股票。

恐惧是正确的

我参加艾奥瓦大学的一项实验时,知道了自己的杏仁核对风险的反应。[17] 首先,研究人员在我的胸部、手掌、面部安装了电子跟踪仪器和其他监控设备,以监测我的呼吸、心跳、排汗情况和肌肉活动。然后,我玩了一个由神经学家安托万·贝沙拉和安东尼奥·达马西奥(Antonio Damasio)设计的电脑游戏。我一开始有2000美元的赌金,我需要点击鼠标,从我面前的电脑显示器上显示的四副牌中选择一张牌。每抽一张牌,我要么变得更富有,要么变得更穷。我很快了解到,左边的两副牌更有可能带来较高收益,但也更有可能带来较大亏损;而右边的两副牌则获利概率更高却金额较小,引发大亏损的可能性更低。(左边的两副牌大致相当于一个激进的成长型基金,投资了高风险的小型股;而右边的两副牌则类似一个平衡型基金,将股票和债券组合起来,以获得更平稳的回报。)渐渐地,我变得更加倾向于从右边的牌堆里挑选大部分牌。实验结束时,我已经从那些更安全的牌堆里连续抽了24张牌。

之后,我身体的反应被打印在了纸上,我看后深感惊讶。我可以看到那张纸上布满了锯齿状的线条,随着红色的危险警报席卷我的全身,这些线条记录着心跳和呼吸的变化情况。但是我大脑里面负责反思的区域从来没有意识到我处于紧张状态。据我回忆,我只是心平气和地挑选牌来赚点钱。

起初,打印出来的结果显示,当我点击任何一张导致亏损的牌之后,我会皮肤出汗,呼吸加快,心跳加速,面部肌肉紧张。后来,当我抽到一张输了1140美元的牌时,我的心率瞬间从75飙到了145。在选择高风险的牌并输了三四次之后,我从这两副牌中任选一张之前,我的身体反应都开始加剧。只要我把鼠标光标移到更危险的牌上,甚至还没有开始点击,就足以让我的生理功能失常,就好像我踩到了一头咆哮的狮子。我的杏仁核只经历了几次损失,就形成了一种情感记忆,让我一想到又要赔钱,身体就会因恐惧而反应激烈。

我现在明白了,我的决定是由一种潜意识的恐惧所驱动的,尽管我负责理性思维的那部分大脑并不知道我在害怕,但我的身体感觉到了这种恐惧。任何遇到过突发危险的人都知道,往往只有在你意识到自己在危急时刻是多么紧张之后,你才会意识到自己的紧张。尽管这是一种财务上的风险,而不是身体上的风险,即使它只涉及游戏金,而不是真正的现金,我的大脑也会以同样的方式处理这种危险。

至少在发达国家,金钱已经成为一种人们内心非常期待的东西。当前的社会压力加上几个世纪的传统使我们把金钱等同于安全和舒适。[讽刺的是,我们今天甚至用 security(安全)去称呼股票、债券和其他投资。]因此,经济损失或资金短缺是一种痛苦的惩罚,几乎都会引起原始的恐惧。安东尼奥·达马西奥说:"金钱是生命问题的象征。金钱代表了维持生命和维持我们作为世界有机体的手段。"从这个角度来看,当你遭遇金钱亏损时,你会产生与遇到一头冲向你的老虎、被困在燃烧的森林里或者站在摇摇欲坠的悬崖边相同的恐惧。

具有讽刺意味的是,我们大脑中这个高度情绪化的部分有时能帮助我们更加理性地行动。当安托万·贝沙拉和安东尼奥·达马西奥安排杏仁核受损的人玩纸牌游戏时，他们发现这些病人一直学不会避免从风险更大的纸牌中选择。如果杏仁核受损的患者被告知他们刚刚损失了钱，他们的脉搏、呼吸和其他身体反应不会出现任何变化。由于杏仁核受损，经济损失不再带来伤害。

结果就造成了安托万·贝沙拉所说的"决策病"（disease of decision-making）。由于杏仁核没有发出情感信号来提醒前额皮质，让前额皮质感知亏钱的感觉有多糟，这些人便不加区分地从所有的牌堆中选牌，直到最后破产为止。正常情况下，杏仁核起着至关重要的作用，因为它发出的警报信号会告诉你："不要选那个！"但是一旦杏仁核受损，那么负责反思的那部分大脑就会说："嗯，也许我应该尝试一下那个。"如果没有恐惧带来的益处，大脑的分析部分就会不断试图挑战亏损概率，结果将是灾难性的。达马西奥说："做出有利决定的过程不仅是合乎逻辑的，而且是情绪化的。"

一组研究人员设计了一个更简单的游戏来测试恐惧如何影响我们的财务决策。[18]一开始给你20美元游戏金，让你玩抛硬币的游戏。每抛一次，你就冒着损失1美元的风险（如果放弃抛硬币，就不会冒任何风险）。如果硬币正面朝上，你将损失1美元；如果反面朝上，你将赢得2.5美元。游戏进行20次。研究人员挑选了两组人：一组人大脑完好（称为"正常组"），另一组人大脑情感中心（如杏仁核和脑岛）受损（称为"患者组"）。

正常组普遍不愿下注。他们在整个抛硬币的过程中的下注率只有58%（尽管平均来说，如果他们每次都下注，赚钱的概率较大）。他们的选择证明了这句谚语："一朝被蛇咬，十年怕井绳。"输掉1美元的痛苦使正常组不敢尝试去赢2.5美元。

但情感回路受损的病人组表现得非常不同。他们平均下注率高达84%，即使上一次投注输了1美元，下一次继续下注的概率依然高达85%。这还不是全部。不管他们输了多少钱，他们玩的时间越长，就越愿意再次抛硬币。就好像他们大脑中的疼痛回路被麻醉了，无法感受到亏损带来的痛苦。因此，他们放纵恣意地继续下注："不管该死的后果，全速前进！"

结果是什么呢？情感回路存在障碍的人比大脑正常的人多赚了13%。由于他们的恐惧回路被切断，这些人甘冒我们其他人都不敢冒的风险。

我们能从中总结出什么教训呢？这并不是说你可以通过用锤子砸自己的头来提高投资回报。对经济损失的恐惧总是潜伏在正常投资者的头脑中。当市场横盘或上涨时，你的恐惧感可能会进入深度休眠状态。但是相信自己无所畏惧与自己真的无所畏惧之间存在很大差别，你对自己的想象未必是自己真实的模样。在高歌猛进的牛市，投资者吹嘘自己并不介意为了追求更大的收益而冒更大的风险，但这些人中的大多数从未经历过重大的经济损失及随之而来的杏仁核崩溃。这导致太多投资者错误地认为巨额亏损不会影响自己。

但你无法改变生物学事实。想象自己在遭受任何挫折之前就能摆脱挫折，这是一种灾难性的错觉，因为它会让你承担非常高的风险，以致难免遭受重大损失。当20世纪90年代的牛市结束时，人们在本来就不该持有的股票上损失了数万亿美元。这些人为他们可怜的自知之明付出了可怕的代价！

人多就安全吗？

如今，投资者经常成群结队地汇聚在网上聊天室里。[19]在那里，最有发言权和魅力的成员会吸引一大批志趣相投者。你身处一个由投资者组成的群里面，环顾四周，发现一大群支持自己的人都表达着类似的观点，所以你觉得人多就安全。

但是，加州大学洛杉矶分校的生态学家丹尼尔·布鲁姆斯坦（Daniel Blumstein）指出："身处群体的动物拥有更多的眼睛、耳朵和鼻子来探测捕食者。"一般来说，群体中的动物比单独的动物对风险更敏感。动物聚集在一起形成的群体越大，就越容易尽快逃离危险。所以，只有在没有什么值得恐惧的时候，人数多才是安全的，而一旦出现任何值得恐惧的事情，群体成员可能立即感到不安全，在这种情况下，融入群体带来的安全感可能瞬间消失。

当然，任何一个经历过青少年阶段的人都知道，当你融入一个群体后，来自其他人的压力会促使你形成独特的行为方式，而当你独处时，这种行为方式是不可能出现的。[20]服从于群体力量究竟是有意识的选择，还是因为它会产生一种自发的、近乎有磁性的力量呢？有一项实验要求受试者判断几个三维物体是相同的还是不同的。有时候，受试者单独做出这些选择。另一些时候，他们首先观看四个同伴或四台电脑的反应。（事实上，这些同伴与进行这项实验的研究人员事先"串通"好了。）当人们独立做选择时，判断准确率为84%。当所有电脑都给出错误答案时，人们的准确率就下降到了68%。当同伴都做出了错误的选择时，人们的准确率只有 59%。脑部扫描显示，当人们观看同伴的抉择时，他们前额皮质的活动会减少，似乎社会性的压力在某种程度上压倒了会思考的大脑。

当人们以独立的观点进行判断，并与同伴的一致意见相左时，脑部扫描发现杏仁核中有强烈的信号。（当他们面对电脑进行独立猜测时，并没有出现这样的模式，这表明正是同伴的压力让人们很难独立思考。）领导这项研究的神经经济学家格雷戈里·伯恩斯称，杏仁核的这一现象表明，坚持自己的信念会带来情感负担。社会孤立与生理疼痛刺激到的大脑区域是相同的。简而言之，你随波逐流并不是因为你有意识地选择这样做，而是因为不这样做会让你受伤。

一旦你加入某个群体，你的感觉就不再具有独特性。[21] 一组神经科学家对观看过经典意大利西部片《黄金三镖客》(*The Good, the Bad and the Ugly*) 的观众的大脑进行了扫描。观众们看完电影之后，可以自由地做白日梦，或者继续沉浸在埃尼奥·莫里康内（Ennio Morricone）怪异的音乐中，或者思考为什么克林特·伊斯特伍德（Clint Eastwood）总是眯着眼睛。尽管如此，每个观众依然有 1/3 的大脑皮质与其他观众的大脑同步进入兴奋状态，研究人员称这一惊人的现象为"同步激活"(tick together)。人们的大脑特别容易在电影中最明显的转折点受到刺激，如枪击、爆炸或情节突然转折时。当影片出现让人情绪高涨的情节时，观众的大脑几乎会同时做出类似反应。

"同步激活"表明，我们自己的情绪倾向于与他人对同一刺激的反应同步达到高潮。我们喜欢融入群体的部分原因在于尽管我们都是个体，但我们的大脑对共同的环境会做出相同的反应。当我们面对同样的情况时，融入群体会让我们中的许多人产生同样的情感。如果财经新闻让你感到焦虑、害怕、惊讶或兴奋，那么很可能许多其他投资者也有同样的感觉。

融入一个更大的投资者群体会让你在一切顺利时感到更安全。但一旦风险因素浮现出来，人多就会立即给你带来不安全感。你可能会发现，群体里的每个人都在抛售你最喜欢的股票，实际上是在"逃命"。只要爆出一个突发的坏消息，平时支持你的那些人可能会立即开始夺路而逃，甚至发生踩踏事故。你会突然感到孤单，没有任何东西让你感到安全。

当谁都不知道概率的时候

1971年，推动尼克松下台的军事情报学者丹尼尔·埃尔斯伯格（Daniel Ellsberg）向《纽约时报》泄露了五角大楼的文件，那份绝密报告记录了越南战争决策的系统性缺陷。[22] 人们并不总是具有良好判断力，埃尔斯伯格对这一事实并不陌生。在此10年前，他作为哈佛大学的实验心理学家，发表过一个令人费解的发现，这个发现后来被称为"埃尔斯伯格悖论"，其内容如下。

假设你面前有两个罐子，它们的顶部是开着的，所以你可以伸手进去，但是你看不见里面是什么。第一个罐子为甲罐，里面包含50个红球和50个黑球。第二个罐子为乙罐，里面也正好包含100个球，有些是红色的，有些是黑色的，但你不知道每种球的数量。如果你从任意一个罐中取出一个红色的球，你将赢得100美元，你会从哪个罐子挑选呢？如果你和大多数人一样，你会更倾向于甲罐。

现在，让我们重复这个游戏，但是改变一下规则：这次，如果你从任何一个罐中取出一个黑球，就能赢 100 美元，你现在会选哪个罐子呢？大多数人依然坚持使用甲罐，但这毫无逻辑可言啊！如果你在第一回合选择使用甲罐，显然你的行为表明你认为甲罐比乙罐包含更多的红球。因为你知道甲罐有 50 个红球，你的选择意味着你觉得乙罐里面的红球少于 50 个。因此，你应该得出结论，乙罐中的黑球多于 50 个。既然你在第二回合想取出一个黑球，那么你应该从乙罐中选择才对。

为什么人们在第一回合和第二回合都更喜欢甲罐呢？在 2002 年的一次新闻发布会上，美国国防部长唐纳德·拉姆斯菲尔德（Donald Rumsfeld）做了一个广受嘲笑的区分，即他所说的"已知的已知"、"已知的未知"和"未知的未知"。但是，他的话在某种程度上不无道理。拉姆斯菲尔德解释说："已知的已知，就是我们知道自己知道的东西。已知的未知，是指我们知道有些事情自己不知道。"

按照拉姆斯菲尔德的说法，埃尔斯伯格的甲罐属于"已知的已知"，因为你可以肯定它里面有 50 个红球和 50 个黑球。另一方面，乙罐属于"已知的未知"，因为你明确知道它里面包含红球和黑球，但不知道每种颜色的球的数量是多少。乙罐充满了埃尔斯伯格所说的"不确定性"，这让人感到恐惧。毕竟，如果乙罐中有 99 个红球呢？那么你就很可能在取黑球的时候什么也赢不了。我们对概率越不确定，就越担心结果。不管基本逻辑是什么样，我们都会选择避开乙罐。

埃尔斯伯格发现，即使受试者意识到在两个回合都选择甲罐并不符合逻辑，即使他提醒受试者仔细考虑是否选择了正确的罐子，受试者也仍然坚持在两个回合中都选择甲罐。当埃尔斯伯格对他那个时代的重要经济学家和决策理论家进行研究时,他们中的许多人都犯了和普通人一样的错误。

这并不令人惊讶,因为埃尔斯伯格悖论的根源在于思维和情感之间的紧张关系。[23] 这种紧张关系也是我们做出诸多投资决定背后的驱动因素。一组研究人员要求受试者从 20 张纸牌中选牌并扫描他们的大脑。

在一种情况下,受试者知道这副牌里有 10 张红色的牌和 10 张蓝色的牌;在另一种情况下,他们只知道这副牌里有红色的牌和蓝色的牌,但不知道每种颜色的数量。(如果他们选错了牌,就会错过 3 美元的收益。)第一种情况就是埃尔斯伯格所说的甲罐,属于"已知的已知"。第二种情况就是埃尔斯伯格所说的乙罐,属于"已知的未知"。当人们考虑在存在不确定性的第二种情况下面选牌时,掌管恐惧情绪的杏仁核就会变得过度兴奋起来。更重要的是,正如我们在第五章中所看到的那样,思考一个模糊的赌注会抑制尾状核的活动。尾状核是大脑掌管奖励的区域,它帮助我们信任别人,并感受到控制局面带来的快乐。概率未知不仅会加剧我们的恐惧,还会让我们失去掌控一切的感觉。

埃尔斯伯格悖论经常体现在股票市场上。[24] 尽管每家公司的增长率都是不确定的,但有些增长率似乎比其他增长率更容易预测。当一家公司的增长看起来可靠时,华尔街会说它具有"高度的可预见性"。埃尔斯伯格可能会说它的"不确定性很低"。无论你怎么称呼它,投资者都会为这种虚幻的可预测性付出额外代价。

- 在华尔街，有更多证券分析师追随的股票其交易量更高，这表明投资者更愿意押注于那些受到更多"专家"关注的公司。
- 分析师们对一家公司未来一年的收益认识越一致，购买该公司股票的投资者就会越多。（正如我们在第四章中所看到的，分析师在预测企业盈利方面很糟糕。然而，投资者更喜欢明确而错误的预测，而不是模糊却正确的预测。）
- 在证券分析师中，78%的人认为未来收益的不确定性会"让我对投资小型股的信心低于投资大型股"。
- 平均而言，所谓"价值型"公司的收益波动性是"成长型"公司的2倍以上。

所有这些都使得投资于"价值型"股票或小型股就像试图从乙罐中挑选一个黑球一样：不确定性较高，成功的概率更不确定。挑选可预测的"成长型"股票似乎令人感到更安全。因此，大多数投资者避开"价值型"股票和小型股，压低了这些公司的股价，纷纷涌入成长型大公司，至少在短期内推高了这些公司的股价。然而，在较长时期内，"成长型"股票和最受分析师欢迎的股票带来的回报率往往低于被低估的"价值型"股票。投资大众回避不确定性较高的股票，使得这些股票在短期内表现不佳，从而创造了价值洼地，这些低价股票反而长期跑赢大盘。

与恐惧做斗争

面对风险时，杏仁核会对负责感性情绪的那部分大脑施加强大影响力，像踩油门一样，让你的情绪变得更为强烈。幸运的是，你的大脑在负责理性思考的前额皮质的控制下，却能够像踩下刹车踏板一样，让你的情绪演变速度慢下来，直到你变得足够冷静，做出更客观的决定。最好的投资者会养成一种习惯，即事先制订好计划，这样有助于抑制情绪大脑的强烈反应。下面有一些技巧可以帮助你在面对恐惧时保持冷静。

➤ **把恐惧抛诸脑后。**[25] 除非你退后一步，放松一下，否则你永远不会有镇定的头脑来考虑如何应对已经恶化的风险。旧金山49人队（San Francisco 49ers）优秀的四分卫乔·蒙塔纳（Joe Montana）完全理解这一点。在1989年的"超级碗"比赛中，在距离比赛结束还剩下3分钟时，旧金山49人队以3分的劣势落后于辛辛那提猛虎队（Cincinnati Bengals），只剩下92码的距离可以用于进攻了，这差不多相当于整个球场的长度。身处进攻截锋位置的哈里斯·巴顿（Harris Barton）担心得"发狂"，但是四分卫蒙塔纳对巴顿说："嘿，你看那边的看台，约翰·坎迪（John Candy）在出口坡道旁边站着呢。"球员们都转过头去看这位著名的喜剧演员，这让他们分散了精力，让他们的大脑摆脱压力，在关键时刻赢得了比赛。当你被风险压倒时，也不妨给自己创造一个"约翰·坎迪时刻"。为了缓解焦虑，你可以去散散步，去健身房，给朋友打电话，或者陪孩子们一起玩。

➤ **用自己的语言去描述风险。**[26] 生动的情景和声音会刺激你大脑中的反射系统，影响你的情绪，而较为复杂的语言会刺激你的前额皮质和大脑的反思系统。使用自己的语言去描述风险，可以帮你抵消市场向你抛出的一连串图像，你可以用更冷静的视角看待最紧迫的风险。20世纪60年代，伯克利大学的心理学家理查德·拉扎勒斯（Richard Lazarus）发现，播放一部割礼仪式的影片，会立即引起大多数观众的反感，但如果在介绍这段录像时配上一段文字解说，宣布割礼过程并不像看上去那么痛苦，这种反感可能会在一定程度上被削弱。与那些没有听到文字解说的观众相比，听到文字解说的观众心率更低，出汗更少，焦虑感也更少。（顺便说一句，尽管文字解说的内容并不是真的，却还是发挥作用了。）

心理学家詹姆斯·格罗斯（James Gross）向观众展示了一些恶心的电影片段，其中有烧伤患者正在接受治疗，还有一只手臂被截肢的特写镜头。他发现，如果观众事先得到了书面说明，就更有可能采取一种超然和冷静的态度去观看这种影片，不会感到那么反感。

正如我们所了解的那样，如果你看到一张恐怖面孔的照片，你的杏仁核就会活跃起来，还会心跳加速，呼吸加快，手心出汗。[27] 但是，如果你看到一张被愤怒或恐惧等字眼包围的恐怖面孔的照片，杏仁核的活动就会受到抑制，你身体的报警反应也会受到抑制。当前额皮质受到刺激而开始发挥作用时，试图判断这个词有多准确地描述了照片情况的思维会抑制你最初的恐惧反射。

综上所述，这些发现表明，语言信息可以像一层湿毯一样盖在杏仁核上，过滤它对短暂输入的强烈反应。这就是为什么每当坏消息来袭时，用你自己的语言去思考一项投资决策具有非常重要的意义。当然，之前看似很好的投资可能会在短时间内变得一文不值，当安然和世通这样的股票开始暴跌时，再对它们进行分析和思考就不划算了，及早抛售是明智之举。但瞬间彻底崩盘的股票是少数，更为常见的情况是，成千上万的股票不过遭受暂时的下跌，在这些情况下，过早抛售往往是最糟糕的事情。为了防止感性情绪压倒事实，你要学会使用自己的语言问一下诸如这样的问题：

- 除了价格，还有什么变化？
- 我当初投资的理由还站得住脚吗？
- 我之前喜欢这项投资，愿意出更高的价格买入，现在价格更低了，难道我不应该更喜欢它吗？
- 我还需要其他什么证据来判断这是不是坏消息？
- 这只股票之前有过这么大跌幅吗？如果有过，那么当时是卖出比较好，还是增持比较好？

➤**追踪自己的情绪。**[28] 在第五章，我们了解了撰写投资日记的重要性。你应该考虑做到神经学家安托万·贝沙拉所说的"情绪登记"（emotional registry），记录情绪的起伏，以及自己投资情况的起伏。在市场处于高峰和低谷时，回头阅读自己之前在类似时期的记录。你自己的情绪记录很可能会告诉你，当价格（和风险）上涨时，你往往会变得过于乐观，而当价格（和风险）下跌时，你会陷入绝望。所以，你需要训练自己把投资情绪颠倒过来。世界上许多最优秀的投资者都将自己的情绪视为反向指标：兴奋是一个风险信号，表明是时候考虑卖出了，而恐惧则告诉自己或许是时候买进了。我曾经问过先后供职于富达麦哲伦基金和美盛集团的知名基金经理布莱恩·波斯纳（Brian Posner）一个问题，即他如何判断一只股票能否挣钱。他回答说："如果它让我觉得想抛出，我可以非常肯定这是一项伟大的投资。"同样，戴维斯基金的克里斯托弗·戴维斯也学会了在害怕得要死的时候进行投资。他解释说:"如果感知到了较高的风险,可以通过压低价格来降低实际风险。我们喜欢市场上的悲观情绪带来的低价。"

➤ **避免从众心理。**[29] 20 世纪 60 年代,心理学家斯坦利·米尔格拉姆(Stanley Milgram)进行了一系列令人震惊的实验。假设你在他的实验室里,每小时有 4 美元的报酬(相当于今天的 27 美元),担任一名"教师",帮助"学生"参与一个简单的记忆测试。如果"学生"回答错误,就要受到惩罚。你坐在一台有 30 个拨动开关的机器前面,开关上的标签从 15 伏的"轻微电击"升级到 375 伏的"危险:严重电击",最高是 450 伏,用 XXX 这个不祥的符号来标记。"学生"坐在你只闻其声不见其人的地方,每当"学生"答错一个问题,实验室主管就会指示你按下一个开关,施加电压更高的电击。如果你对增加电压犹豫不决,实验室主管会礼貌而坚定地指示你继续。最初的几次冲击是无害的,当电压达到 75 伏时,"学生"会发出咕噜声。米尔格拉姆写道:"在 120 伏的电压下,'学生'会口头抱怨;电压达到 150 伏时,他要求退出实验。随着电压升级,他的抗议一直继续,变得越来越激烈和情绪化……在 180 伏的电压下,受害者大叫'我无法忍受疼痛'……电压达到 285 伏时,他的反应只能用痛苦的尖叫来形容。"

如果你是米尔格拉姆聘请的一位"教师",你会怎么做?他在实验室外对 100 多人进行了调查,描述了实验过程,并询问他们认为什么时候会停止电击。平均来说,这些受访者表示自己会在 120~135 伏停止电击。没有人预测说会在电压超过 300 伏后继续。

然而,在米尔格拉姆的实验室里,所有"教师"都置"学生"

的痛苦呻吟于不顾，施加了高达 135 伏特的电击。尽管"学生"痛苦地尖叫，80% 的人还是受到了高达 285 伏的电击，62% 的人甚至受到了 450 伏的最高级别的电击。米尔格拉姆悲伤地写道，由于涉及自己是否能拿到报酬，而且担心会冒犯实验室里的权威人物（即实验室主管），所以那些"教师"们往往麻木地、习惯性地按照别人的要求去做。（顺便说一下，在这一系列实验中，所谓的"学生"其实是事先受过训练的人扮演的，只是假装被电流电击而发出相应的反应。米尔格拉姆的机器是假的，不会真的造成电击伤害。）

米尔格拉姆发现了两种打破这种"服从链条"的方法。一种是"同伴反抗"（peer rebellion）：米尔格拉姆付钱给两个人，让他们作为额外的"教师"加入实验，事先告诉他们拒绝施加超过 210 伏的电击，看到同为"教师"的同伴停止了电击，大多数担任"教师"的人也会壮着胆子想要停止电击。米尔格拉姆的第二个解决办法是"权威人士发生分歧"（disagreement between authorities）：他增加了一个实验室主管，同第一个主管一起监督实验，如果第二个主管说没有必要再提高电压，那么基本上所有人都会立即停止电击。

米尔格拉姆的研究成果告诉了我们如何抵御群体的吸引力，即如何抵御从众心理。下面一些建议可供参考。

- 在进入互联网聊天室或与同事开会之前，写下你对正在考虑的投资的看法：它是好是坏，它值多少钱，以及这些看法的理由。尽可能具体一些，并与你尊重的、不属于同一个群体的人分享你的结论。（这样，你便知道会有另外一个人留意你是否会为了迎合群体而改变自己的观点。）

- 把你所在的群体之前达成的共识传达给你尊重的、不属于同一群体的人。向这个人至少提出下面这三个问题：这个共识听起来合理吗？他们的论据合理吗？如果你处在我的位置，在做出这样的决定之前，你还想知道什么？
- 如果你是投资机构的一员，任命一名内部分析师充当自己的"狙击手"。你这位"狙击手"分析师的奖金在部分程度上取决于他能否决别人都喜欢的观点的次数。（不要让同一个人在不同的会议上充当你的"狙击手"，以防止他沦落到普遍不受人欢迎的地步。）
- 通用汽车的传奇董事长小阿尔弗雷德·斯隆（Alfred P. Sloan Jr.）曾经以这种方式忽然宣布休会："先生们，我认为我们都完全同意这个决定……那么，我建议我们推迟到下次会议再对这个问题做进一步讨论，以便给我们留出一些时间看看是否会产生分歧，也许那时我们对这个决定会有更多的了解。"[30] 同伴压力会给你造成心理学家欧文·詹尼斯（Irving Janis）所说的"模糊预感"（vague foreboding），导致你害怕表达出自己的真实想法。但如果同一群人找一个大家都喜欢的酒吧，放松心情，一边喝酒，一边聊天，就可以缓解压抑情绪，让你更自信地表达不同意见。这时，你可以事先指定一个人帮你关注其他人喝酒时自由发表的意见。根据罗马历史学家塔西佗的说法，古代德国人相信喝酒能帮助他们展示内心最隐秘的活动和目的，所以他们会对自己的重要决定进行两次评估，第一次是喝醉时，第二次是清醒时。

第八章
惊　讶

无法想象的事情肯定会发生，因为如果想象得到，它就不会发生。[1]

——奥地利作家卡尔·克劳斯（Karl Kraus）

小意外也能带来惊讶

每个人都知道这种感觉：出于习惯，在没有仔细看的情况下，就一下子坐到了马桶上面，却忽然发现上一个上厕所的人并没有放下马桶圈。在距离坐进马桶内只剩下几毫秒的时候，你忽然恢复了平衡，猛然站了起来，紧接着是一声尖叫或愤怒的咒骂。

这种经历的惊人之处不仅在于它有多普遍，还在于你的反应有多好、多快。垫着马桶圈的马桶只比没垫马桶圈的马桶高了8%，但是你的大脑对预期高度和实际高度之间的细微差别非常敏感。[2]

在差点坐到马桶里面之后，你的心脏需要等一会儿才会停止怦怦直跳。[3]这就是"惊讶"的力量：当我们期待一件事的时候，却发生了另一件事，我们感到惊讶，这是我们从过往经历中吸取教训的最有效方法之一。你那怦怦直跳的心脏和紧张不安的神经确保你在下一次去洗手间时会下意识地拿出一点时间看一看，确认一下马桶圈是否已经放下了。美国国立卫生研究院的神经学家道格拉斯·菲尔兹（R. Douglas Fields）说："准确记录我们环境中的一切几乎没有进化价值，但对发现新奇事物是有好处的。"如果没有意识到事情出错带来的惊讶，你就会不断犯错，直到你的行为日积月累，让你陷入无法扭转的混乱。

且不论是好是坏，就像闪电般地意识到马桶上的马桶圈没有放下一样，你的大脑也能闪电般地意识到投资领域意料之外的变化。当然，如果你总是对每件事感到惊讶，你的一生就会处于狂热状态，最后死于神经衰弱。幸运的是，你接触到的东西越多，你的大脑对它的反应就越弱，这个过程被称为"适应"（adaptation）。加州大学圣巴巴拉分校的神经学家迈克尔·加扎尼加说："你对某件事经历得越多，就会越熟悉，你的大脑活动度就会下降，这会减轻你大脑的代谢负荷。"

如果你对潜在的危险变得更熟悉，那么它对你的威胁就会变得更小，你的神经元将通过放慢速度来保存能量，每秒发出的信号更少。然而，如果之后又出现了一个突然变化，则会促使你的神经元再次进入高速运转状态。这是大脑感知到新的、意想不到的变化之后形成的惊讶，这种感觉会让你的大脑脱离之前的"自动驾驶模式"，及时对已经发生的变化做出反应。

在金融市场上，即便一个小小的意外也可能让你心烦意乱，不管突然改变策略是否真的合理，你都很可能做出重大改变。因此，重要的是要弄清楚如何限制意外事件的发生，以及如何在下意识状态下将自己的恐慌感降到最低。这一章将有助于减少你在投资过程中对意外事件的惊讶感。

"从哪栋楼上跳下去最好？"

2006年1月31日，谷歌公布了2005年第四季度的财务业绩：营业收入增长97%，净利润增长82%。[4]很难想象如此惊人的增幅怎么会是坏消息呢？但华尔街分析师此前预计谷歌的表现会更好。于是，结果就变成了一个"负面惊讶"（negative surprise），或者说市场预期与实际结果之间存在差异造成市场震动。而这个意外的结果进一步发展下去，就演变成了市场恐慌。消息一传出，谷歌的股价在几秒钟内就下跌了16%，不得不停牌。当交易恢复时，几分钟前刚刚跌到432.66美元的谷歌股价继而下挫到了366美元。结局真是匪夷所思：谷歌业绩比华尔街预期少了大约6500万美元，作为回应，华尔街却让谷歌的市值跌去了203亿美元。

在网上留言板上，投资者纷纷表示惊讶。"完了……天哪，我简直不敢相信。"一位谷歌的粉丝喘着气说。有人抱怨道："这势头，我要全抛了。"有人哀叹道："这可能是最糟糕的情况，我觉得浑身不舒服……这是可怕的一天。我完全被震撼了，感到无比震惊……对谷歌来说，这是一个黑暗的日子。"一位网名叫"bodjango2003"的投资者写道："从哪栋楼上跳下去最好？"

每个投资者都应该知道，公司盈利是不可能精确预测的。[5]即便如此，人们还是乐此不疲地尝试这样做，最终一次又一次地感到惊讶。一项研究考察了大约 20 年内逾 9.4 万份对季度盈利的预测，结果发现，这些预测带来的"负面惊讶"超过 2.9 万次。仅 2005 年一年，就有 1250 多家公司公布的季度财报中每股收益低于华尔街预期。马萨诸塞州坎布里奇市的数字投资者公司（Numeric Investors L. P.）宣称，这些公司公布财报后，股价立即平均下跌了 2%。

通常来讲，公司财报如果低于市场预期，那么结果即便不吓人，往往也会令人非常不悦。比如，2006 年 1 月，瞻博网络公司（Juniper Networks Inc.）公布的季度每股收益仅仅比分析师的预期少了 0.1 美分，并宣布未来收益增幅将略有放缓，结果该公司股价几乎立即下跌了 21%，市值蒸发了 25 亿美元。

对公司收益而言，最不令人惊讶的地方在于它们充满了令人惊讶的意外，最令人惊讶的地方则在于投资者不断地感到惊讶。为什么我们不能从经验中学到更多呢？

是什么让这种负面惊讶如此普遍？季度盈利只不过比华尔街的预期少了 6500 万美元，怎么会引发一场金额高达 200 多亿美元的"大屠杀"呢？要回答这些问题，最好的方法是深入大脑，看看里面发生了什么。

让你感到惊讶的前扣带回皮质

平时，你一天之内可能会说好几遍"太惊讶了"、"哇"或"你肯定在开玩笑吧"。经常感到惊讶似乎是人类有别于其他动物的主要特征之一。那么，这种惊讶感究竟从何而来？

在陆地哺乳动物里面，只有人类和类人猿（黑猩猩、大猩猩和红毛猩猩）的大脑前扣带回皮质的中央前部区域有一种被称为纺锤形细胞的特殊神经元。[6]人类在这个区域的纺锤形细胞至少是类人猿的两倍。纺锤形细胞类似于部分展开的开瓶器，它们可以抓住大脑其他区域的信号，帮助大脑前扣带回皮质集中注意力、感知疼痛和发现错误。当正常期望被打破时，大脑前扣带回皮质会帮助你产生惊讶的感觉。由于这个原因，一些神经学家将前扣带回皮质称为"哎呀"中心（oops center）或者"哦该死"回路（oh, s--t circuit）。"扣带"（cingulate）一词来自拉丁语，意思是"带"，大脑皮质的这一部分位于大脑边缘系统顶端一个条状组织的正上方。毫无疑问，大脑肯定还有其他区域对惊讶也很敏感，但到目前为止，人们对前扣带回皮质的研究最为深入。

前扣带回皮质肯定给我们祖先提供了进化优势。由于直立行走的能力使他们能够在更大的范围内活动，早期人类比其他灵长类动物遇到了更多的风险和回报。哈佛大学的神经学家乔治·布什（George Bush）说："猴子身上的这一基本系统可能在人类身上得到了扩展，以便让人们意识到更为普遍的错误和有悖预期的事情。早点得知错误比得知成功更重要。"我们的祖先离"家"越远，就越需要快速准确地做决定。对四处迁徙的原始人而言，熟悉的东西往往与不熟悉的东西混在一起。举一个可能的例子，一种看起来与普通浆果略微不同的浆果很可能有毒，只有那些对最小差异做出最大反应的原始人才最有可能存活下来。

加州理工学院的神经学家约翰·奥尔曼说："这些细胞每秒都在处理跨越时空、快速整合的海量信息。这是一个为速度而建的直觉系统。在自然状态下，我们不需要费尽心力地通过逻辑分析去寻找完美的、理性的解决方案。当不确定性最大时，学习的重要性最大，注意力高度集中。"大脑前扣带回皮质中的神经元能够在不到0.3秒的时间内对各种意外或冲突做出反应。

前扣带回皮质既接收释放多巴胺的神经元（携带奖励信号），也接收来自杏仁核的神经元（对风险做出反应），它还与丘脑紧密相连。丘脑位于大脑的中心位置，帮助你将注意力直接集中到视觉、听觉或味觉等感觉器官输入的信息上面。丘脑还与下丘脑相连，下丘脑是大脑反射系统的一部分，它的功能很像一个"自动调节器"，调节你的脉搏、血压、体温和血液化学指标，使它们都接近合适的水平。当一个意外对你的前扣带回皮质造成刺激时，会继而刺激你的下丘脑，使你体内的"自动调节器"失去平衡。难怪谷歌公司每股盈利与华尔街预期差了1美分，就能导致华尔街陷入恐慌，最终使谷歌市值蒸发掉200多亿美元。

在一个叫作"斯特鲁普实验"（Stroop test）的简单测试中，你可以感觉到自己的前扣带回皮质在起作用。[7]这个实验是由美国心理学家约翰·莱德利·斯特鲁普（John Ridley Stroop）于1935年设计出来的。这个实验主要是让你分辨不同单词所在的背景颜色。在实验中，第一次颜色的变化几乎肯定会让你感到惊讶，即使你回答对了，你也可能会觉得要费脑筋考虑一下，这样会减慢你的思考速度。在经历了一些磕磕绊绊之后，测验就会变得容易一些。普林斯顿大学的神经学家乔纳森·科恩（Jonathan Cohen）表示，当你在测试中的某一步失败时，你的前扣带回皮质就会变得更活跃，你在接下来的测试中成功通过的速度就更快，因为前扣带回皮质会警告你出现了错误，让你矫正自己的行为，以便在下次测试做出正确选择。这就是"一朝被蛇咬,十年怕井绳"。①

意外的不对称性

即使在猴子身上,如果一个选择导致低于预期的回报(比如,得到更少的果汁),其大脑中的前扣带回皮质也会活跃起来。[8] 在涉及钱这种高等文明的产物时,惊讶会促使人们做出一种特殊而原始的反应。在一个实验中,人们必须尽快识别字符串里面的特殊字母(比如,识别出 HHHSHHH 中的 S)。如果人们犯错误,可能会赚钱,可能会赔钱,也可能不会遭受任何经济损失。当错误导致金钱损失时,前扣带回皮质会比不赔钱的时候反应更为剧烈。脑干(位于脊髓顶端的一个区域,负责调节身体的基本功能)中的一大片细胞也会在任何一个错误导致金钱损失的时候受到刺激。然而,当同样的错误没有引来经济上的惩罚时,脑干几乎没有任何反应。这尤其令人震惊,因为脑干是人类大脑中最古老的部分之一。

参与这项研究的密歇根大学心理学家威廉·格林(William Gehring)说:"人们总是会犯错,但我们真正关心的及在未来尽力避免的是那些产生严重负面影响(比如赔钱)的错误。"

在一项实验中,受试者试图让操纵杆向正确的方向移动,以获得数额不等的现金奖励;与此同时,研究人员使用微型电极测量

---

① 斯特鲁普实验展示了人们对事物的认知已是一个自动化的过程。当有一个新的刺激出现时,如果它的特征和原先的刺激相似或一致,便会加速人们的认知;反之,若新的刺激特征与原先的刺激不相同,则会干扰人们的认知,使人们所需的反应时间变长。——译者注

了受试者的前扣带回皮质神经元的活动。结果表明,在钱突然减少时,38%的神经元被激活,但在现金奖励超过预期时,只有13%的神经元被激活,而且这些被"积极意外"刺激到的神经元发出的信号比较微弱。[9] 有了这些真知灼见,我们终于可以理解为什么那些盈利高于华尔街预期的股票平均上涨1%,而那些盈利低于华尔街预期的股票平均下跌3.4%。从最基本的生物学角度来看,一个积极的意外带来的冲击要比消极的意外小得多。

苹果公司为何受挫?

你的惊讶程度在很大限度上取决于你遭遇的意外事件有多么出乎意料。[10] 一个后果重复出现的时间越久,前扣带回皮质的反应就越强烈。在你的反射系统中,大量的神经元会参与其中,尤其是在脑岛、尾状核和壳核区域,这些区域有助于你产生强烈的情绪,包括厌恶、恐惧和焦虑。杜克大学的神经经济学家斯科特·休特尔表示,如果一种模式在重复8次后发生逆转,那么前扣带回皮质的反应强度大约是重复3次后发生逆转的3倍。

在现实世界中,股市为休特尔实验室的发现提供了不可思议的证据:一家公司的业绩连续超过华尔街预期的次数越多,那么,一旦没有达到分析师的预期,其股票最终遭受打击的程度就越严重。[11] 比如,如果一个公司的业绩连续3个季度超过华尔街预期,那么一旦低于预期,股价下跌幅度只有3.4%;但如果连续8个季度超过华尔街预期,那么一旦低于华尔街预期,其股价跌幅就高达7.9%。

因此,一系列成功往往意味着更多的风险。[12] 当期望特别高的时候，失之交臂只会让人更受打击。这就是为什么像谷歌这样的超级明星股在业绩低于华尔街预期之后会受到格外沉重的打击。所以，"成长型"股票（多数投资者看重这类公司的利润不断增长）比波动较慢的"价值型"股票更容易受到"负面意外"的冲击。当公司提前警告说他们将无法满足华尔街的高预期时，其股票在两天内平均下跌 14.7%。

所有分析师对一家公司的盈利状况达成的认识越一致，如果实际数字低于预期，那么该公司股票遭受的打击就越大。此外，如果大盘涨得越高，那么业绩意外低于预期的股票受到的打击就越大。尽管股价的短期下跌会使该公司的长期价值更具吸引力，但在一家公司股价意外下跌后，华尔街分析师下调该公司评级的可能性是在该公司股价意外上涨后的 2 倍。没有什么比一个负面的意外事件更能加深华尔街长期以来对价格和价值的困惑了。

一个意外事件的规模究竟能有多大？后果究竟有多糟糕？2000 年 9 月 28 日，苹果电脑公司宣布其季度收益将比此前预计少约 5500 万美元。但与前一年同期相比，其收益依然增加了约 27%。[13] 客观来讲，这并不算一个糟糕的结果。但华尔街分析人士一直以来对苹果公司寄予了更高期待，预计苹果公司的业绩会更好。结果，业绩公布的第二天，苹果公司的股价下跌了 52%，公司市值蒸发了 50 亿美元。换句话讲，如果苹果公司的业绩比华尔街的预期低 100 万美元，那么其市值就会削减 90 倍，高达 9000 多万美元。

现在，既然苹果公司的股价已经下跌了 50% 以上，那么，分析师们是否会提高他们的评级呢？当然不会！相反，他们还会匆忙下调评级，警告投资者在阴云笼罩之际远离该股。但苹果公司的问题只是暂时的：很快，iMac电脑和iPod音乐播放器就为公司带来了打破历史纪录的利润。那些被负面意外吓得不敢投资苹果公司的投资者，将面临一个更糟糕的意外：在接下来的6年里，苹果公司的股价竟然涨了6倍！在苹果公司发出收益预告之前持有该公司股票的投资者如果继续持有，能让自己的投资翻一番还多。

负面消息的代价

当然，企业界很清楚，投资者讨厌出人意料的负面消息。[14]20世纪90年代，首席执行官和其他高管专注于创造盈利数据，以确保他们能够完全满足华尔街的盈利预期。在对400多家美国主要公司进行的一项调查中，78%的高级财务经理表示，他们愿意损害公司的长期价值，以防止公司利润在短期内出现下滑。一位首席财务官承认，该公司将推迟例行的设备维护，以满足季度盈利预期，即使推迟这一至关重要的维护将在未来耗费更多的资金也在所不惜。另一位高管透露，当他的公司通过出售一项业务获得4亿美元利润时，他使用了一种复杂的融资技巧，在接下来的10个财务季度里，将利润平均分摊下去，每一个季度分摊到4000万美元。尽管这一噱头制造了未来盈利平稳的假象，但它不得不给投行支付本来不必支付的一大笔费用。

那些一贯通过设定一个目标来为华尔街提供"盈利预测指引"的公司，最终代价就是在研发方面的支出要少得多。他们担心给华尔街带来意外，从而损害了这些公司在长远未来的赢利能力，因为目前的研发预算可能是未来增长的主要来源。那些无法承受意外事件带来的痛苦的公司，会害怕投资于自己的未来。

　　长期以来，与那些每股收益低于预期一两美分的公司相比，每股收益超过预期一两美分的公司总是多出数千家。这不能用巧合来解释。正如哈佛大学经济学家理查德·泽克豪泽所解释的那样，当盈利有可能略低于某个门槛时，公司内部人士就会千方百计地将其推高。但从长远来看，这些短期的解决方案是行不通的。那些几乎没有达到盈利目标的公司暗示说，他们为了满足市场对自己盈利的预期，不得不动用一切可能的手段，结果就是长期利润增长率比较低（股票业绩也比较弱），而那些利润率远超市场预期的公司，以及那些由于利润率低于预期而遭到低估的公司则更有盈利潜力。

　　奎斯特国际通信公司（Qwest Communications International Inc.）首席执行官约瑟夫·纳奇奥（Joseph Nacchio）就曾经痴迷于实现华尔街的预期盈利目标。纳奇奥在2001年1月的一次公司会议上宣布："我们所做的最重要的事情就是完成盈利数据。它比任何一种产品都重要，比任何一种哲学都重要……当我们不能完成这个任务时，那就暂停其他一切。"[15] 如果奎斯特不能完成这些数字，它可能就会选择造假。为了避免华尔街对负面意外事件做出可怕的惩罚，奎斯特依靠会计耍花招，将当前支出计入未来，并将未来的收入计入现在。员工们经常被要求使用这些花招，以至他们给这些技巧起了个外号，叫"海洛因"。但奎斯特明显服用过量了：因为该公司被要求抹去了超过25亿美元的虚假收益，导致2001年该公司股价下跌65%，2002年继续下跌65%。可以说，为了避免最微小的意外，奎斯特国际通信公司最终变成了一个怪物。

打破意外的循环

自从 1987 年开始撰写有关华尔街的文章，并研究了几个世纪以来的金融史之后，我开始相信，我们现在对未来的普遍看法几乎总是错误的。[16] 事实上，关于金融市场，历史给我们提供了唯一一条无可辩驳的规律：未来注定充满意外。从这一历史规律延伸出的推论是：未来将以最残酷的方式让那些最确信自己了解未来的人感到意外。有些事情迟早会发生，有时缓慢，有时突然，以一种恶魔般的能力去除掉每一个曾经盯着水晶球占卜未来的人，金融市场总是羞辱那些自以为知道未来会发生什么的人。所以，避免意外最好的方法就是期待意外。由埃德加·爱伦·坡（Edgar Allan Poe）提出，切斯特顿（G. K. Chesterton）加以完善的格言是"智者应该考虑到不可预见的事情"。下面有一些具体的步骤，可以帮助你拥抱意外。

➢ **对于未来，每个人都一无所知。** 投资者在为他们的决定做辩护时，经常用这样的话："每个人都知道……"比如，在 1999 年，每个人都知道互联网将改变世界。2006 年，每个人都知道能源价格会继续上涨。"每个人都知道"的东西体现在了股票的价格或整个市场的预期里面。如果每个人都知道的事情完全成真，那么股票价格就不会改变。如果只是部分应验，那么股票价格将会暴跌。除非你能提出自己的见解，而且这些见解与"每个人都知道"的东西无关，否则你就无从得知哪些因素尚未体现在当前的股票价格里面。当你想做别人都在做的事情时，不要去做；相反，你应该去寻找一个不那么明显的、大多数人都忽略的投资机会。

➤**过高的期望会带来大麻烦。**[17]正如基金经理戴维·德雷曼所指出的那样，人们对"成长型"股票的预期通常很高，以至一个积极意外几乎不会产生涟漪效应，但即使是最小的负面意外也能颠覆它们。平均而言，如果一家"成长型"公司的每股盈利仅比市场预期低了3美分，那么其股价下跌的幅度将是同样亏损的"价值型"公司的2~3倍。相反，由于市场对价格较低的"价值型"股票的预期如此之低，因此，就算爆出一个负面意外，也不会给该公司造成太大创伤，而且一个积极意外可以使"价值型"股票的价格爆发出直线上升的态势。

从短期来看，"价值型"股票的收益往往比"成长型"股票更不稳定，更不具备线性特征。当价值股的利润和股价反弹时，我们的大脑可能会把它们解释为一种交替模式（上涨，下跌，上涨，下跌），而不是"成长型"股票通常在短期内表现出来的简单模式（上涨，上涨，再上涨）。理解交替模式需要我们付出额外的精力。神经经济学的实验表明，大脑需要更长的时间来理解交替模式，它需要重复大约6次，才能被我们的大脑理解，而简单的线性模式则只需要重复2次，我们的大脑就能理解它。

这或许可以解释为什么"价值型"股票总是被低估：因为它们在短期内的收益增长趋势比较不稳定，你的大脑必须更加费力地预测接下来会发生什么。另一方面，"成长型"股票稳步上涨的趋势会自动激活大脑反射系统的情感回路，自然而然地让人感觉更容易预测。一家公司的业绩持续超出华尔街预期的时间越久，其股票的"买入"指令超过"卖出"指令的数量就越多。比如，在连续6次超越华尔街预期之后的"买入"指令数量是连续2次超越华尔街预期之后的买入指令数量的5倍多。这至少在一段时间内有助于推动"成长型"股票持续上涨。一连串的利好消息让投资者对一只股票的可预测性更有信心,但如果忽然爆出一个负面消息,那么投资者就会面临更大的严重亏损风险。

由于我们的大脑更容易理解简单重复的模式,而非交替变化的模式,因此,这些短期内的模式容易导致我们忽视长期事实:长期来看,与注重"成长型"股票的策略相比,价值投资策略带来的利益只会更多。

➢ **跟踪造成意外的原因。**[18]在一个经典的实验中,心理学家们小心翼翼地将伪造的纸牌混合到一副普通的纸牌里面,比如,他们添加了一个黑色方块A,一个红色梅花6。这个简单的调整触发了几个结果。首先,人们说出假牌的花色和数字所用的时间是正常情况的4倍。其次,人们感到困惑,他们能够肯定出了什么问题,但不确定是怎么回事。如果让他们看红色梅花或黑色方块的牌,他们通常坚持认为它是紫色或褐色的。当一个人看到一张红色黑桃牌的时候,就气急败坏地说:"鬼才知道这是红色还是其他颜色!"再次,人们见到假纸牌的次数越多,就越容易正确、快速地将其识别出来。

显而易见的经验是,你看到值得惊讶的事情越多,就越不容易慌张。仔细记录下自己的心路历程,最好是写"情感记录"或"投资日记",这将帮助你从过去的情绪中总结教训。记录让你惊讶的事情、你的感受及你的反应,要特别注意描述一下发生了什么事。用类似这样的填空去充实你的解释,比如,"这个结果使我感到惊讶,因为_____"。不要只是概括性地写一句"我没有预料到"，而要想想具体的原因，比如，"股票在我买进之后翻了一番"，或者"所有关于这家公司的消息都是正面的"。

➤**远离收益指南。**[19]许多公司都会给出盈利预测，不动声色地向华尔街的分析师们暗示下一季度的盈利情况。如果一名分析师预计每股收益为1.43美元，该公司首席财务官可能会表示"我们认为这有点激进"，这就导致分析师将预测下调至1.42美元。然后，当公司最终的每股盈利为1.43美元时，分析师和公司都可以夸耀说业绩超过了预期。把这种自欺欺人的操纵称为一种积极意外是愚蠢之举。但负面意外是不可避免的，因为真实的商业生活是充满变数的。利率或油价突然上涨或下跌，飓风或地震来袭，工人们罢工，竞争对手发明了一种伟大的新产品，等等，其结果就如同制导导弹爆炸后的惨状一般。可以说，一只股票的"收益指南"就像制导导弹一样，可能给企业造成重创。

对明智的投资者来说，只有一个合乎逻辑的结论：忽视这类闹剧。越来越多勇敢的公司拒绝给出任何盈利指南，其中包括伯克希尔-哈撒韦公司、花旗集团、可口可乐、谷歌、互动公司（InterActive Corp.）、美泰公司（Mattel）、前进保险公司（Progressive Corp.）和西尔斯百货（Sears）。这些公司没有浪费宝贵的精力去让自己的业绩在短期内满足市场预期，而是把重点放在提高长期业绩上。一般情况下，从长期看，给予较少业绩指南的公司应该会获得更多的回报。

➤**看透统计数据的骗局。**[20]金融行业有很多人擅长扭曲数字的含义，企图攫取投资者的钱。以下是他们的一些统计伎俩，以及如何防止遭遇意外的技巧。

"孵化型"基金：基金公司创建多个投资组合，然后追踪其中哪些成功。它们将失败的投资秘密终止，而将成功的投资在广告中大肆宣扬，号称自己超过了市场的平均业绩。在不同类别的基金中，这种花哨的操作每年可使其业绩报告中的平均回报率增加0.2~1.9个百分点，只不过基金公司外部从未有人获得过这种回报。从长远来看，这类"孵化型"基金通常表现不佳。为了避免因为这些小伎俩而感到惊讶，一定要阅读新基金招股说明书中的细则，要关注几个意味着危险的信号，比如：基金成立日期下面的脚注是否说明该基金在成立之初并没有向公众开放；成立后第一年的净资产总额是否保持或低于100万美元；第一年是否存在高得令人费解的回报率。

诱导：经纪人和基金公司会等上一段时间，等到他们的某项投资表现良好时，再宣传投资业绩。如果后来这项投资开始表现不佳，他们则会特意挑出业绩好的时间段进行大肆宣传。要识破这种诱导方式，最简单的方法是查看该投资在不同时间段的回报。

他们的另一种诱导方式是在广告中吹嘘旗下有多少投资组合获得了五星评级，这是晨星研究公司（Morningstar）给出的最高评级。但晨星的政策是一个基金公司获评五星的基金在基金总数中所占的比重不能超过10%。如果一家公司宣称旗下三只基金都获得了五星评级，而其基金总数多达60个，这并不是什么值得吹嘘的事情，反而是一件尴尬的事。该公司的顶级基金所占比重只有普通公司的一半。有一个简单的方法可以避免陷入这种统计骗局：无论什么时候有人向你抛出一个数字，都要记得问："与什么相比？"

忽视倒闭企业：通常，投资失败的记录会从历史中被抹去，就好像它们从未存在过一样。比如，2000年科技类共同基金报告的回报率就没有囊括数十个失败、破产的投资组合。一旦某些基金倒闭，晨星公司和理柏公司（Lipper）等就会在编制盈利报告、计算平均收益率时将它们排除掉。如果只考虑幸存下来的基金，而不考虑那些已经倒闭的基金，2000年科技股平均下跌30.9%；但如果把当时所有的科技基金算进去，实际上下跌了33.1%。

只看赢家而忽略输家会扭曲被投资者视为真理的数字的含义。几乎所有人都认为，自1802年以来，美国股市经通货膨胀因素调整后的年均回报率为7%。但没有人告诉你的是，19世纪早期美国股市的业绩记录只囊括了当时市场上所有公司的一小部分。囊括进去的股票都算赢家，而在运河、木制收费站、快马邮递和鸟粪肥料等前景暗淡的行业，数以百计的公司走向了破产，致使投资者也随之破产。如果把这些损失囊括在业绩记录中，那么早期股市每年的平均表现将下降约2个百分点。这并不意味着现在不值得持有股票，但这确实意味着今天的股票不一定能表现出优异业绩。因此，多元化投资是有必要的，不仅要投资债券，还要持有现金。任何人，只要宣称历史证明年轻人应该把所有的钱都投资于股票，那就说明他不太了解历史。

在计算平均盈利水平的过程中，只计算赢家而排除输家的做法有一个术语，叫"幸存者偏差"（因为最终的平均水平会受到幸存下来的公司成功业绩的影响）。每当有人试图根据长期平均业绩向你推销一项投资时，问问他的平均收益是否已经根据"幸存者偏差"进行了调整。如果对方不知道你的意思，或者不能清楚地解释结果，那么你一定要捂紧自己的钱包。

➤**公司的基本面还好吗？** 不要只关注一项投资是否发生了某个变化，而是要关注已经发生的究竟是什么类型的变化。5年之后，投资者会把这个变化视为一个分水岭，还是根本没人记得它呢？花些时间来评估让你深感惊讶的事情。既然某只股票或资产发生了令你惊讶的变化，那么，如果你把它作为长期投资，愿意为它付多少钱？企业未来的基本面是否会受到损害？有什么理由相信这个消息会削弱公司的盈利能力？忘掉意外事件对股价的影响吧，相反，你要关注意外事件对企业的基本面意味着什么。对客户和供应商而言，一家公司的每股盈利比华尔街分析师的预期少了1美分，或许会成为令人最为惊讶的事情之一，但数年之后，他们还会纠结这种意外吗？

第九章
懊　悔

前方又耸起了高山，清晰而高不可攀。[1]

——美国诗人奥登（W. H. Auden）

雨中的狗

居住在洛杉矶北部的退休教师丹·罗伯逊（Dan Robertson）一直对2002年7月22日他的投资组合跌至谷底时的痛苦记忆犹新。由于在互联网股票和科技基金上的一系列极糟糕的押注，罗伯逊几乎损失了100万美元。在不到两年半的时间里，他的145.7万美元本金变成了46.8万美元。罗伯逊回忆道："我感觉自己像我曾经在一个下雨天的洛杉矶高速公路上见过的一只狗。它被一辆车撞伤了，一瘸一拐地。汽车川流不息，然后狗停了下来，看着迎面而来的车流，似乎露出了痛苦的微笑，好像在想：'你撞我，或者避开我，对我来说无所谓，我只知道我不能跑了，我再也跑不动了。'

我对自己说，我就像在雨中看到的那条狗。"²

正如罗伯逊所知道的那样，投资失误造成的损失会让你感到难以想象的痛苦。我们在第八章中看到，财务方面的一个负面意外会迅速导致我们的大脑反射系统爆发出震惊与恐慌。但是，在一个令人讨厌的意外之后，大脑的反思系统可能会开始反思，产生强烈的懊悔，这种感觉会令你痛苦，也会令你沉思，令你感觉身上发冷，觉得时间忽然放慢了脚步。在意外事件发生的时候，你可能会惊呼"噢"、"哎呀"或"哦，不"，但在第二天早上散发着寒意的晨光中，懊悔可能袭上心头，你会想："我当时究竟在想什么啊？""我怎么会相信那种鬼话？"

与其他决策相比，为什么有些投资决策让你更懊悔？至少在短期内，当出现下列情形时，你的懊悔可能更强烈、更痛苦。

- 结果显然是由你自己的行为直接导致的，而不是由你无法控制的情况导致的。
- 你原本可以有其他选项。
- 你离目标很近，差一点就成功了。
- 你的错误是你因为做了什么，而不是因为没做什么；或者是因为你有所作为，而不是无所作为。
- 你所采取的行动与你的正常或常规行为相背离。

作为一名投资者，你最困难的任务之一就是准确地预测你未来会对自己的错误感到多么懊悔。你可能坠入"本来要、本可以、本应该"的无尽循环，或者你可以放下遗憾，从错误中吸取教训。投资时不犯错是不可能的，但当你犯错时，停止自责是可能的。本章将向你展示如何做到这一点。

禀赋效应

想象一下，我给你看一个便宜又简单的东西，也许是一个普通的咖啡杯。它不值钱，没有情感价值，而且你家里已经有好几个了，你有兴趣买吗？如果买，你愿意付多少钱？

现在再想象一下，我没有把杯子卖给你，而是把杯子给了你。这不是礼物，也不是奖励，但你只有这一个咖啡杯，你愿意把它卖给别人吗？如果卖，你想卖多少钱？

理论上，你的买卖价格应该是一样的。这是同一个杯子，你是同一个人，不管你是买家还是卖家。但无数的实验表明，人们在卖刚得到的杯子时，预期价格是从其他人手上购买杯子时所出价格的2~3倍。你很可能与这些人一样，坚持认为自己永远不会做这种傻事，却逃不出这个怪圈。[3]

研究人员称之为"禀赋效应"，即当一个人一旦拥有某项物品，那么他对该物品价值的评价要比拥有之前大大增加。想一下，是什么因素让你不愿意卖出自己之前并不愿意买的东西呢？在你买杯子之前，你更关注的是你必须放弃多少钱才能得到它（以及你用这些钱还可以做其他什么事情）。思考这些问题往往会降低你愿意付出的代价。然而，一旦你拥有了杯子，并被要求卖掉它，你更关注的是放弃已经属于自己的东西（以及拥有它给自己带来的好处）。这些问题通常会让你抬高愿意接受的售价。更重要的是，买杯子感觉像是"有所作为",而决定不出售自己的杯子感觉像是"无所作为"。你的直觉告诉你,"有所作为"比"无所作为"更可能令你感到懊悔。所以,你会用更少的钱去买杯子,而在卖杯子时则要求更高的价格,这是很自然的。

股票和咖啡杯有多少区别?没多少!在我们看来,我们拥有的投资往往比我们没有的要好,只是这种感觉并非总是正确的。[4]

- 一家公司开始自动将新员工纳入401(k)计划。公司将3%的搭配缴款投入收益率较低而稳定性较高的货币市场基金。在实施这项改革之前,员工将大约70%的储蓄投入收益率较高而稳定性较低的股票型基金。但由于公司将所有搭配缴款都投入了货币市场基金,这些新参与者将超过80%的资产转而投向了这个收益率低的投资工具中。
- 为了鼓励员工将更高比例的薪水存入401(k)计划,许多公司提供了相应比例的搭配缴款。有些公司会自动地用这部分搭配缴款买入本公司股票。即使员工可以自由地抛售本公司股票,将公司的搭配缴款转移出去,却很少有人这么做。这样一来,这些公司的大量股份就不受那些恶意收购者的控制,这有助于确保公司未来的财务状况更加安全。与此同时,对于那些指望这些钱养老的普通员工而言,由于放弃了安全性更高的多元化投资组合,其未来财务状况就变得不那么安全了。
- 在瑞典,尚未决定将养老金投向哪里的工人可以将这笔钱自动投向一个"默认"基金,这是一种低成本的指数投资组合，将股票和债券混合在一起。近年来，尽管劳动者们可以在任何时候自由地转投其他400多只基金中的任何一只，但约97%的人选择将资金留在了"默认"基金中。（幸运的是，在这种情况下，这是个不错的选择。）

一旦你进行了某项投资，就会情不自禁地把它看作自己的东西，你在其中投入了自己的一部分。在英文中，"投资"（invest）这个词的字面意思是让自己穿上某个东西。当你买股票时，你就像穿衣服一样把它裹在自己身上，它就成为你的一部分。从那一刻起，摆脱它就变成了一个令人痛苦的想法。

在以色列海法的一个心理学实验室里，61个人得到了彩票，每个人都有平等的机会赢得价值25美元的奖金。在抽奖之前，参与者可以用他们的彩票换其他人的彩票，如果他们跟别人换彩票，就能得到美味的松露巧克力。只有80%的人相信每张彩票都有相同的中奖机会，10%的人认为自己的彩票比其他人更有可能中奖，另外10%的人则认为自己彩票的中奖率低于其他人。毫无疑问，认为自己有更大胜算的6人中有5人拒绝换彩票。但随后出现了两个意外现象。第一，在那些认为每张彩票中奖概率都相同的人里面，55%的人拒绝跟别人换。第二，在那些认为自己的彩票不太可能中奖的人里面，仍然有67%的人拒绝跟别人换。[5]

是什么让人们的行为如此怪异？如果你把自己的彩票换成了另一张，而你原来的那张竟然中奖了，你会觉得自己像个失败者和白痴。相反，如果你保留了原来的彩票，而其他人却中奖了，你可以不以为意地耸一耸肩。（毕竟，就算你和其他人换了，你也极有可能还是输家）。当你想象未来的感受时，如果你的"有所作为"导致损失，会让你感到更为强烈和真实的痛苦，但如果因为"无所作为"而错失收获，这种痛苦感就会模糊得多。

有时候，人们在投资方面表现出的惰性其实是某种形式的逃避。很多人都太胆怯，太忙，或者根本就懒得花时间和精力在财务上。[6]

- 一项对120万401（k）投资账户的研究发现，2003—2004年，虽然股市上涨了40%以上，但79%的投资者从未选择把资金转到股市。
- 1986年的一项研究调查了85万人为什么决定把自己的养老金投向美国教师退休基金会（TIAA-CREF）养老体系。在他们的投资生涯中，72%的参与者从未改变过任何资产配置，他们总是在一开始选择的基金上投资。
- 对1.6万多个账户的调查发现，73%的参与者在10年内的资产配置没有任何变化，47%的人从未改变过他们投入基金的资金比例。

在金融版的"牛顿第一运动定律"中，处于静止状态的投资者往往会保持静止，除非有外力作用于他们。我们没有在必要的时候采取行动，而是尽可能地"无所作为"。我们是通过惰性去投资的。

没有人喜欢失去

想象一下，一个赌博肯定会让你赢3000美元，另一个赌博让你有80%的概率赢4000美元，20%的概率分文不赢，你可以做出选择。如果你和大多数人一样，你会选择确定性较高的。

接下来，想象一下，一个赌博肯定会让你输3000美元，另一个赌博让你有80%的概率输4000美元，20%的概率分文不输，你也可以做出选择。你现在会怎么做？在这种情况下，人们会拒绝肯定的事情，有92%的概率选择第二个赌博。[7]

其实你最好是在第一种情况下选择赌一把，而在第二种情况下选择肯定的事情——正好与你的选择相反。在第一种情况下的第二个赌博中，有80%的概率赢4000美元，价值相当于赢3200美元（80%×4000=3200），导致第二个赌博的期望值比第一个赌博的确定值高出了200美元。根据这个规则，在第二种情况下，有80%的概率损失4000美元，相当于损失3200美元。因此，从逻辑上讲，你应该倾向于选择肯定损失3000美元，因为这样平均算下来，你会少损失200美元。

但在这些选择中，很难严格遵循逻辑，因为赔钱的想法会在你的大脑中引发潜在的懊悔。如果你把80%的赌注押在赢4000美元上，结果什么都没赢，你会因为错过了3000美元这个有把握的机会而自责。即使冒更大的风险赔钱，但只要有一线希望不赔钱，感觉也比一定赔钱好多了。做任何事情，只要不可避免地招致损失，都是极其痛苦的，哪怕想象一下都觉得痛苦。

这就是为什么美式足球教练几乎总是在第四次进攻时让球员大脚开球，但统计数据表明，他们通常在第一次进攻时大脚开球比较好。大脚开球相当于一件"确定无疑的事情"，因为这样肯定可以迫使对手回到他们自己的半场。如果你不这样做，而是通过传球推进，那么你的对手就会在你的半场实施狙击。如果你在第四次进攻时不去尝试大脚开球，你会感到懊悔，会受到指责，这对你影响更大。同样的道理，棒球教练通常会把最好的救援投手（被称作"终结者"）留到第九局。他知道，如果最好的救援投手在最后一局不能上场，而对方就会跑垒得分，他会懊悔不已（球迷会觉得他像个傻瓜）。但是在任何一场势均力敌的比赛的最后一局使用王牌都更有意义，尤其是当对方最好的击球手即将上场时。合乎逻辑的目标是，在任何一局中都要阻止对手赢球，但从情感上来说，在最后一分钟输掉比赛的遗憾要糟糕得多。

同样的本能驱使数百万退休投资者把钱配置到现金和债券中，因为他们害怕在股市崩盘前投资股票会懊悔。然而，从长期来看，在现金和债券基础上加入股票的投资组合几乎肯定会提高回报率。

避免任何令人预感会造成损失的事情有助于我们的祖先活下来。耶鲁大学的研究人员训练了五只卷尾猴用金属代币交换苹果、葡萄或果冻等美食。两个人——我们叫他们卖家一和卖家二——负责与猴子交易。猴子可以用一个代币从卖家一和卖家二那里购买苹果。卖家一肯定会给猴子一个苹果，同时给第二个苹果的概率是50%；卖家二先给猴子两个苹果，同时导致猴子失去其中一个苹果的概率是50%。猴子交易了几十次之后，终于明白自己总会得到至少一个苹果，而且两种情况下的平均结果都是一样的。然而，猴子在71%的情况下更愿意和卖家一打交道。它们的选择显然是为了避免到手的回报蒙受损失带来的痛苦。卷尾猴的行为表明，损失厌恶是非常古老的心理，而人类与卷尾猴最近的共同祖先可以追溯到4000万年前。

人们往往很难摆脱现实

当投资者被懊悔折磨时，他们会怎样？大多数人并不恐慌，相反，他们会怔住。要理解这种近乎呆滞的状态，不妨看看下面这个例子。[8]

保罗拥有 A 公司的股票，在过去的一年里，他考虑过转投 B 公司的股票，但他决定不投。他现在发现，如果换成 B 公司的股票，他会赚 2500 美元。乔治拥有 B 公司的股票，在过去的一年里，他转而持有 A 公司的股票。他现在发现，如果继续持有 B 公司的股票，他就能避免赔掉 2500 美元。

谁的感觉更糟呢？在调查中，压倒性的多数（92%）认为乔治比保罗更懊悔。[9] 几乎每个人都曾有过同样强烈的感觉：此时此地，"有所作为"导致的错误比"无所作为"导致的错误更伤人。康奈尔大学的心理学家托马斯·基洛维奇说："你站在安全的树干上，然后换到了一个树枝上，当树枝失去控制时，你会觉得自己像个傻瓜，因为你原本不需要冒这个险。"这就是为什么错误经常让投资者陷入瘫痪状态。一旦你搞砸了一次，就会害怕采取另一种可能使事情变得更糟的行动。比失败更糟糕的是你不得不承认自己是个失败者。因此，在投资行情下跌时，尽管大多数投资者急于兑现他们的收益，但他们不愿意抛售，因为抛售会将账面损失转化为实际损失。

根据美国税法，这没有任何意义。当你卖出一只赚钱的股票时，你就将账面利润转化为了应税资本收益（如果你持有时间少于 12 个月，税率高达 35%）。与此同时，紧紧抓住一只失败的股票不放，你就不会获得税务减免。只有当你确定该公司的价值大于股票的价格时，坚持持有才有意义。

然而，经常发生的情况是，从经济角度看行不通的事情，却在情感意义上行得通。心理学家丹尼尔·卡尼曼解释说："当你卖掉一个失败的投资时，你不仅承受了经济损失，而且承认了自己的失误，这会给你带来心理上的损失。当你抛售时，你是在惩罚自己。"另一方面，卡尼曼说："出售赚钱的投资是一种奖励自己的方式。"

持有赔钱的投资太久而过早卖出赚钱的投资并不能让你致富，但几乎所有人都是这么做的。[10]

- 针对约 200 万笔交易的分析发现，芬兰投资者在股价大幅下跌后卖出股票的可能性比股价上涨后卖出股票的可能性低 32%。在以色列，专业的基金经理们平均持有下跌的股票 55 天，是持有上涨股票时间的 2 倍多。
- 针对 9.7 万多笔交易的研究发现，个人投资者在股票上涨后卖出变现的概率比亏损后卖出变现的概率高出了 51%。但如果他们继续持有上涨的股票，或者早点抛售下跌的股票，那么他们的年均回报率会增加 3.4%，而且缴纳的税款也会有所减少。
- 针对一家折扣经纪公司 8000 个账户的 45 万多笔交易的研究发现，21.5% 的客户竟然从未卖出过一只下跌的股票！
- 在一项针对更换了基金经理的基金的研究中，研究人员将基金持有的股票投资回报率从最佳到最差进行了排序，结果发现，新任的经理们一般都会卖出垫底的股票，这意味着他们的前任一定是被自己的错误搞得陷入了麻木瘫痪状态，只有新经理上任才能把差的投资清扫干净。那些绝望地抱着赔钱股票不放的基金，每年的业绩都低于市场预期5个百分点。
- 当卖掉房子会有所损失时，试图卖房的人会把房子留更长的时间，通常宁愿把房子从市场上撤回来，也不愿赔钱卖。

正如哈姆雷特所说："我们宁愿忍受眼前的不幸，也不敢飞向我们所不知的痛苦。"[11] 一旦你犯了一个错误，你的直觉告诉你，如果继续"有所作为"，肯定会比无所作为的伤害更大。几乎每个人都有过这种感觉：在考试中，即使觉得自己的某个答案可能是错的，仍要相信第一直觉，而不是改变最初想到的答案。然而，考生把答案从错改成对的可能性是从对改成错的2倍！一般来说，重新考虑后的答案可以显著提高你的考试成绩。但任何偏离现状的行为都会在自己的大脑中留下深深的烙印，因此，我们总是倾向于高估由对改错的概率，而低估由错改对的概率。如果你改变了最初的答案，你可能担心万一由对改错了，会显得自己很愚蠢。这其实是一种普遍存在的错误看法。

对投资者来说，一个目前情况不妙的股票或基金有可能在未来成为明星。你的直觉告诉你，如果你现在卖掉它，你可能会懊悔两次：一次是当初买了它，一次是在反弹之前卖了它。你会告诉自己："如果我不去管它，它或许会上涨。如果它能涨回到我买入的价格，那么我就卖掉它，至少能做到不赔本。"

你潜在的遗憾是显而易见的：如果你赔钱卖掉了自己熟悉的、最喜欢的股票，你的自尊心会立刻受到打击，之后你可能会用一个自己不太熟悉的股票来取代它，这会让你损失更多。其结果是投资组合陷入一成不变的状态，在这种状态下，你知道自己犯了一个错误，但又害怕做任何其他事情，以免再犯新的错误。

意外之财

你刚刚收到1万美元。你会根据得到这笔钱的方式而采取不同的花钱方式吗？你最初的答案可能是"当然不会"，但考虑以下三种情况。[12]

1. 假设你获得了1万美元的年终奖金。你可能会：
A. 花在奢侈品上
B. 花在必需品上
C. 用于投资
D. 存在一个绝对安全的账户上

2. 想象一下，你最喜欢的姑妈去世了，留给你1万美元。你可能会：
A. 花在奢侈品上
B. 花在必需品上
C. 用于投资
D. 存到一个绝对安全的账户上

3. 假设你中了1万美元的彩票。你可能会：
A. 花在奢侈品上
B. 花在必需品上

C. 用于投资

D. 存到一个绝对安全的账户上

虽然你的答案可能有所不同，但人们通常会给出这样的选择：第1题选B或C；第2题选C或D；第3题选A或B。钱的数目虽然是一样的，给人的感觉却完全不一样。不同的获取方式代表着不同的情感和画面。奖金传递着一种自豪的信息："我用传统方式获得的奖金，是我应得的。"遗产则让你想起你姑妈的英灵在你头上盘旋，看着你如何处理这笔钱的情景。彩票带来了一生一次的机会，让你有机会挥霍从未想过会得到的钱。

意外之财能让你的大脑做出有趣的事情。假设你在一家百货公司寻找一件100美元的商品，却意外地发现它在打折，售价50美元。你买了它，然后把刚刚省下来的50美元花在你本来不会买的东西上。当购物者在商店里看到"立减券"时，他们会比没有优惠时多花大约12%的钱，就好像他们觉得有必要奖励自己省了钱一样。

作为布什总统2001年税收改革的一部分，每个美国纳税人都得到了高达600美元的退税。那些认为这笔退税是政府送来的意外之财的人，比那些认为退税是收回自己的钱的人多支出3倍多。意外之财会让你更愿意花钱。一组大学生被提前告知，如果他们第二天去观看篮球比赛，将得到5美元；第二组人在没有得到任何预告的情况下出现在比赛现场，每人"意外"地得到了5美元。之后，得到意外之财的学生比那些提前知道意外之财即将到来的学生多花了2倍多的钱。

多年来，本杰明·富兰克林一直使用石棉钱包，据说这样他的钱就不会在口袋里烧出一个洞来。[13] 我们中的许多人也可以从防火钱包中受益。1988年，我匆匆穿过纽约市格林威治村去见几个朋友，打算与他们共进午餐，这时，我用余光瞥见人行道上有一卷钞票。我走过去，站在那里几分钟，等主人来认领。由于一直没有人来，我捡起钞票，就去见我的朋友了。在餐馆里，我数了数钱，300美元。对于一个苦苦挣扎的年轻作家来说，这是一笔不小的幸运之财。我是怎么处理它的呢？首先，我请我的4个朋友吃午饭。（他们觉得这样才公平。）然后我给自己买了几本书、几张唱片和几条漂亮的领带。我带我女朋友出去吃了一顿昂贵的晚餐。我捡到的是300美元，最后却花了430美元，但我没有懊悔。

另一方面，如果一笔意外之财的金额非常大，而你却把它挥霍一空，当你回首往事时，几乎肯定会懊悔浪费了一生难得遇见一次的好机会。这就是为什么许多彩票中奖者最后沦落到了既一贫如洗又沮丧懊悔的境地。

但如果你认为意外之财是自己应得的，则会有另外一种感觉。大约在我捡到300美元的前一年，华尔街一家领先公司的顶级投资经理X先生获得了当时有记录以来最高的现金奖励之一：大约1亿美元。X先生来自一个贫穷的移民家庭，突然发现自己登上了一座从未想过的财富大山。作为投资经理，X先生习惯于像我们大多数人洗牌一样随意地把别人的钱转来转去，那么，这位专业的选股专家是如何处理这1亿美元的呢？他将全部资金投入货币市场基金，这是一种回报率最低、风险最小的投资。他把资金放在那里好几年，一直想投入股市，但从来没有真正冒险。请注意，X先生仍然是一个非常富有的人，但是他害怕未来赔钱带来的遗憾，因而畏首畏尾，不敢投资股市，以致损失了一大笔钱。他的一位前同事后来回忆说："如果他把钱投入股市，他的资产现在就变成10亿美元了。"[14]

上述事例给我们的教训就是，意外之财给人的感觉有多好，取决于是你控制它，还是它控制你。

选择空间

"有选择终归是件好事。"

我们都相信这一点，对民主国家的生活而言，它似乎是一条基本真理。就连鸽子也喜欢有不止一种获取食物的方式。[15] 知道自己有很多选择会给你一种自由和有力量的感觉。如果你想要一杯普通的黑咖啡，可以去最近的便利店，但是当你真的想要一大杯无咖啡因加杏仁的冰拿铁时，没有比星巴克更好的地方了。

我们似乎觉得自己拥有的选择越多，最终做出的选择就会越好，也会越快乐。就像许多看似正确的观念一样，这个想法在很大程度上也是错误的。信不信由你，一旦你有了一些选择，增加更多的选择会降低你做出正确决定的概率，增加你感到懊悔的概率。有几个选择可能是好的，但是太多的选择只会带来麻烦。

在加利福尼亚州门洛帕克市主营美食杂货的德拉格市场（Draeger's Market）进行的一个经典实验中，购物者路过一个展示高档果酱的摊位。有时有24种果酱可供选择，有时候只有6种。当展示了24种果酱时，有50%的顾客会顺道来品尝。

然后，选择的多样化开始显出负面效应。如果展出 24 种果酱，只有 3% 的人至少买了一罐果酱。然而，在仅有 6 种果酱时，30% 的人最终至少买了一种。[16] 当对歌帝梵（Godiva）巧克力进行类似的实验时，从 6 种巧克力中选择一块的人比从 30 种巧克力中选择一块的人对自己的选择更满意。摆在桌面上的选择越多，人们就越担心自己选的不是最好的。太多的好东西会造成"选择过载"（choice overload），导致一大堆潜在的遗憾。

我们在投资时也会发生同样的事情。一项对数百个 401（k）计划的研究发现，一个计划提供的基金选项越多，人们就越不愿意为退休后的生活存钱。选择的难度越大，人们想要选择的就越少。

然而，选择余地减少的威胁几乎总是困扰着我们。比如，如果商场的广播系统宣布"商店将在 5 分钟后关门"，你可能更倾向于从货架上拿一些你之前不打算买的商品。当共同基金宣布他们将很快对新的投资者关上大门时，这意味着那些还没有买入的人将不再被允许购买，数百万美元可能会在几天内涌入。仅仅警告你可能会错过某个选择，就足以让它看起来值得选择。换一个情景的话，你或许几乎不会考虑做这样的选择。

假设思维

判断一下这句话的对错：你宁愿得到 150 美元，也不愿得到 100 美元。

如果你回答"对"，那么考虑一下下面这个场景。[17]

当拉尔夫走到罗克西电影院的票房窗口时，他被告知由于他是这家电影院的第 100000 名顾客,能够获得 100 美元奖金。与此同时,在宝石剧院,比尔由于是剧院的第 100001 名顾客,能够获得 150 美元。你愿意做谁呢？比尔还是拉尔夫？

然而,过了一会儿,比尔得知他前面的那个人因为成为该剧院的第 100000 名顾客而获得了 1 万美元的奖励。现在你想做谁？比尔还是拉尔夫？

正如这个例子所示,你感到经济上的遗憾有多大,不仅取决于发生了什么,还取决于你认为可能发生的事情。如果你和大多数人一样,那么你一开始宁愿做比尔,因为他获得的钱比拉尔夫还多。但你或许也能感觉到,当比尔得知他本来可以赢得 1 万美元奖金的时候,他的兴奋顿时烟消云散。这就是心理学家所说的"假设思维"（counterfactual thinking）,也就是说,你会偏离现实,想象可能发生的事情。

在"假设思维"中,人们通常先想象"如果我……"或者"如果我没有……"。比如,比尔可能会用这样的想法来折磨自己："如果我没有停下来系鞋带,那么我就能赢得 1 万美元。""假设思维"创造了另一个世界,在这个世界里,结果总是可知的,正确的事情总是显而易见的。你越容易让自己进入这类虚幻的世界,就越容易对自己在现实世界中犯下的错误感到懊悔。

在荷兰,政府经营一种"邮政编码彩票"。[18] 你的彩票号码不是随机的,你也无权选择自己的彩票号码。相反,你的彩票上有你家庭住址的邮政编码（四个数字和两个字母）。中奖号码在所有邮政编码中随机抽取,所有中奖者都能分享 1.25 万~1400 万欧元的奖金。在传统的彩票中,你可以自己选择彩票数字,就算没中奖,也不会懊悔，但在荷兰的彩票中，你的彩票号码取决于自己居住地的邮政编码，你没有选择权。如果你的邮政编码被选中为中奖号码，那么你就赢了。当荷兰市民被问及如果居住地的邮政编码中了奖，而他们却没有买彩票，他们会有什么感觉时，他们会表现出嫉妒、愤怒、悲伤，当然还有遗憾等情绪。他们越懊悔，就越有可能再去买一次邮政编码彩票，就好像要抓住另一个机会以弥补上次错过的机会一样。

2006年意大利都灵冬奥会上，美国单板滑雪运动员林赛·雅各布利斯（Lindsey Jacobellis）遥遥领先，直奔终点。金牌距她只有几十米之遥了。雅各布利斯完成了倒数第二跳，为自己在比赛中占据主导地位而兴奋不已。她在半空中抓起了滑雪板，忽然失去平衡，摔了一跤，最终以第二名的成绩冲过终点线。镜头捕捉到了她眼中的痛苦。美国全国广播公司的帕特·帕内尔（Pat Parnell）和托德·理查兹（Todd Richards）表示，这不是一个刚刚获得银牌的人的脸，这是一个丢了金牌的人的脸。[19]

那就是一种"差一点就赢得胜利"的痛苦。在奥运会上获得奖牌是任何人所能感到的最兴奋的事之一。但是，如果你知道你本可以或本应该做得更好，你反而会感觉更糟。距离目标越近，失之交臂后就越懊悔。一项对数十名奥运会运动员的研究显示，铜牌得主的幸福感平均高于银牌得主。毕竟，银牌得主只差一点点就可以获得金牌，而铜牌得主则庆幸自己好歹获得了一枚奖牌。

对一名运动员而言，一旦在一场比赛中错过金牌，就可能再也没有机会得到了。但在其他领域，如赌博或投资，则提供了多次获胜的机会。在这里，与胜利差之毫厘虽然会令人略感遗憾，但大部分情况下会令人感到快乐，因为这种情况会让你告诉自己"我并不是真输，我差不多就要赢了"。你事后回头来看，就会觉得获胜的概率高于实际情况。侥幸躲过一场重大损失会让你感到异常幸运，就像有个天使守护你一样。这种感觉能促使你继续尝试。[20]

宾夕法尼亚州斯克兰顿的学生们在一场投资游戏中选择了两只股票。然后，他们可以看到自己所选股票的回报，以及他们错过的那只股票的回报。有时候，他们所选股票的回报远低于他们错过的股票。有时，他们所选的股票收益率甚至低于1%。当他们选择的股票差一点就赢了，而不是明显输了，如果有机会再投资，他们更愿意买之前选择的股票。当被问及原因时，他们会说："我现在感觉很好，因为我离胜利如此之近。"[21] 当然，股票并不知道你是否差点就赚了钱，而一个公司未来的繁荣与你何时买进或卖出股票也没有丝毫关系。

散户投资者在6年时间内进行的200万笔交易中，15%的购买指令是回购他们在过去12个月内卖出的股票。他们马上买回了哪些股票？投资者在获利时回购股票的可能性是在亏损时卖出股票的2倍。知道这些股票曾经创造盈利后，投资者就迫不及待地把它们买回来，尤其是当它们跌破最初卖出的价格时。人们似乎在告诉自己："我差一点就发财了，我不会再错过了！"（唉，他们重新买回的股票的表现并不比他们卖出或持有的股票好。）

所以，要警惕自己的遗憾，这种警惕是很有价值的。股市滋生假设思维，就像沼泽地滋生蚊子一样。每一秒钟，你都可以把你所拥有的，与你曾经拥有的或者本可以拥有的价值进行比较。无论你做什么，总有一些事情看起来像是你本应该做却没有做的。

懊悔的残酷后果

人类的大脑是一台聪明的机器，能将现实与想象中的事情进行比较。[22]如果你不知道事情是否会以其他方式发展，那么你的许多错误决定将永远不会折磨你。知道（或相信）你本可以做得更好，导致你在出问题时感觉很糟糕。令人痛苦的懊悔促使你在脑海中思考原本可以发生的其他事情，并把注意力集中在原本应该做好却没有做好的事情上。这会激励你在未来做得更好。为我们的错误感到懊悔，促使我们不会重蹈覆辙。这一功能的进化可能是为了帮助我们的祖先在一个艰难的世界中利用有限的资源规划生产和消费，那时的风险和回报遵循着比当今金融市场更可预测的规则。

在人类的前额皮质里面，至少有一个在学术上被称为"布罗德曼第10区"的区域比其他灵长类动物的大脑大得多。[23]就像因为一个愚蠢的错误打了自己一样，你把手掌拍在眉毛上方的前额上，就能隐约感觉到这个区域在大脑表面皮质所处的位置。人类这个组织的体积大约是类人猿身上的2倍，神经元的密度几乎是类人猿的4倍。与类人猿相比，人类大脑的布罗德曼第10区似乎与大脑其他部分的联系更为紧密。

布罗德曼第10区与眶额皮质位于同一神经区域，并和附近的腹内侧前额皮质一起构成了我们评估实际收益与预期收益的主要大脑区域。眶额皮质与大脑中处理记忆、情感、味觉、嗅觉和触觉的其他部分联系尤为紧密，这或许可以解释为什么我们的懊悔感常常让人觉得如此深刻和真切。（你可能会说，"过早卖出谷歌的股票让我有一种苦乐参半的感觉"，或者"我已经快赚到钱了，我都快闻到钱的气味了"。）眶额皮质中的神经元预测行为的潜在结果是奖励还是惩罚，然后监测与现实的任何不匹配之处。如果你认为一只股票会上涨，但它反而下跌了，你感到的懊悔主要来自眶额皮质。

这些大脑区域受伤的人会变得冲动，无法规划未来。[24] 美国国立卫生研究院的神经学家乔丹·格拉夫曼研究了一组在越南战争期间头部受伤的退伍军人。由于眶额皮质和腹内侧前额皮质受损，这些患者在规划孩子未来的大学学费时花的时间不到未受伤人群的一半，也几乎没有花时间考虑如何为自己准备退休储蓄。他们也很难想出增加收入的新方法，就好像他们被困在现实中。其他有类似脑损伤的人把钱浪费在俗气的珠宝上，不做功课就投身于有风险的商业合作中，或者浪费他们的全部保险金去购置一辆昂贵的汽车。

当被要求回忆过去那些让他们感到悲伤或害怕的经历时，腹内侧前额皮质损伤的患者能够回忆起发生了什么，但不像接受同样挑战的正常人那样突然出汗，而且他们的脉搏也不会加快，仿佛他们能在没有产生这些感觉的情况下记住这些经历。同样，他们经常说知道自己的行为是错误的，经常听到自己在屈服于突发奇想之前对自己说"不"。

艾奥瓦大学的赌博实验显示，在50%的情况下，腹内侧前额皮质损伤患者能够识别哪些赌注更有可能输掉。不幸的是，在超过50%的情况下，病人出于好奇或反复无常，抑或其他原因，还是继续下错误的赌注。他们大脑里面形成懊悔的反馈回路受损，使得他们在明知错误的情况下也无法阻止自己。

对正常人来说，对懊悔的预期相当于一种紧急刹车，使人们在每一次贪婪的冲动出现在我们的脑海之后放慢行动速度。不幸的是，这也会阻止我们追求一些好的投资。

比较和对比

神经经济学目前正在试图解释眶额皮质对现在发生的及可能发生的事有何反应。[25] 在一项实验中，老虎机 A 有 50% 的概率中 20 美元，50% 的概率分文不中；而老虎机 B 有 25% 的概率中 20 美元，75% 的概率分文不中。脑部扫描显示，当人们玩老虎机 B 却一无所获时，眶额皮质中的神经元几乎没有反应，毕竟，这些人知道，中奖的可能性很小，更有可能分文不中。然而，当人们玩老虎机 A 而错过 20 美元时，他们眶额皮质的神经元就会猛烈地放电。当中奖的概率是 50% 时，错过之后，大脑就会突然形成懊悔的反馈回路。这表明你的大脑在投资方面形成的一个基本规则：你认为赚钱的概率越高，没有赚钱之后就越会感到懊悔。

在加州理工学院的"人类奖励学习实验室"（Human Reward Learning Lab），神经学家约翰·奥多尔蒂（John O'Doherty）利用磁共振成像仪扫描受试者的大脑。受试者面临两种情况，一种是有机会赢 1 美元或不赚不赔，另一种是有机会输 1 美元或不赔不赚。他测量了他们赚钱、赔钱及不赚不赔时的大脑活动。每当人们赢了 1 美元，眶额皮质的神经元就会在大约 4 秒内激增，而当人们避免了输掉 1 美元时，它们也会变得几乎同样活跃。另一方面，如果赔了 1 美元，则完全抑制了神经元的活动，就像关掉电灯开关之后立即让一个房间陷入黑暗一样。错过了 1 美元的收益，几乎同样显著地降低了这些神经元的活动。

所以，你的眶额皮质对正在发生和可能发生的事情都有反应。避免损失带来的神经兴奋程度超过获得直接收益的一半。当你试图赚钱，但结果只是不赚不赔时，你的眶额皮质神经元受到的抑制程度大约是实际赔钱时的一半。

一个显而易见的结论是，避免损失是一种较为温和的收益形式，而错过收益则是一种被稀释的亏损。当你思考可能发生的事情时，你是在给自己创造一个想象中的结果，而它带来的情感却是真实的。

在法国布隆的一个实验中，一些受试者玩一个简单的赌博游戏，他们可以赢或输 50~200 法郎。其中，一些人的眶额皮质或腹内侧前额皮质曾经受过伤，而另一些人的大脑完好无损。当参与者在两种赌博中进行选择，并且只能看到他们选择的那一种结果时，他们都感到了大致相同的轻度失望。但当他们不仅能看到自己赌博的结果，而且还能看到他们本可以选择的更好结果时，情况突然就不一样了。拥有正常大脑的人说，如果他们发现自己原本可以赢 200 法郎，但刚刚只赢了（或输了）50 法郎，他们会感到"极度伤心"（并立即出了一身汗）。与此同时，当那些眶额皮质或腹内侧前额皮质受损的人知道自己本可以做得更好时，不会感到懊悔（也不会出一身汗）。他们知道，如果当初下了另一个赌注，他们的境况会更好，但这并没有让他们感到痛苦。[26] 就像法国歌手伊迪丝·琵雅芙（Edith Piaf）演唱的《我不懊悔》（*Je Ne Regrette Rien*）一样，他们完全不会感到懊悔。

一项后续研究对大脑完好无损的人进行了磁共振扫描，让他们进行同样的简单赌博。眶额皮质会对赚钱或赔钱做出反应，但只有在人们知道他们本可以做得更好或更糟之后，眶额皮质才会被激活。眶额皮质越活跃，人们对自己错过的选择就越懊悔。当他们下次面临选择时，就会预料到如果自己犯了错误会感到懊悔，并相应地改变自己的行为。

因此，大脑的这些区域似乎具有一种对比功能，可以在你预计会发生的事情、已经发生的事情和其他可能发生的事情之间进行对比。[27] 当大脑这些区域的反馈回路被破坏时，这个功能就会崩溃。当被问及决定在几套公寓中选择哪一套时，大脑正常的人往往会同时比较所有公寓的大小、位置和噪声水平等因素。但腹内侧前额皮质受损的人在看一套公寓的信息时只看一次，不会深入考虑其他因素。通常来讲，当他们发现一套似乎可以接受的公寓时，就会停止搜索，并在现场敲定。如果他们做了一个错误的决定，他们无法预料到自己会懊悔，所以他们不关心如何做出最好的选择。他们只是想要一个足够好的选择。

墨菲定律与投资

2006 年 6 月 13 日，我收到一封来自一位心烦意乱的投资者的电子邮件，他叫迈克尔·布坎南（Michael Buchanan），是一名退休的社会学教师，他无法相信自己的坏运气。他回忆说："多年来，我一直打算把部分资金投入一个新兴市场基金。我知道这会给我带来大笔收益，事实确实如此。"（2003 年，新兴市场基金平均上涨 55.4%，2004 年上涨 23.7%，2005 年上涨 31.7%。）"我认为我不能再按兵不动。5 月 13 日，我把 1 万美元投向了一个新兴市场股票型基金。"但随后，利率上升和地缘政治问题打击了巴西、俄罗斯、印度和中国等地的投资，布坎南在4个星期内损失了22%的资金。

布坎南继续说道："信不信由你，如果我没有在2000年1月买入雅各布互联网基金（Jacob Internet Fund），这其实并不会给我带来这么大的困扰，那笔基金让我亏得很惨。"（雅各布互联网基金在2000年跌了79.1%，2001年跌了56.4%，2002年又跌了13%。）"所以，我在2002年底卖掉了新兴市场的基金。结果，我一卖出，那该死的东西就变成了超级明星。"（雅各布互联网基金在2003年和2004年分别上涨了101.3%和32.3%。）

"为什么这种事总是发生在我身上？"布坎南哀怨地问。"我知道一旦我卖掉我的新兴市场基金，它就会涨起来，但如果我继续持有它，它就会继续赔钱！我怎么了？我该怎么办？这是共同基金的墨菲定律吗？"[28]

布坎南之所以给我发这一封电子邮件，是因为我在2002年写过一篇题为《墨菲是投资者》的专栏文章。在我们的日常生活中，我们总是否认墨菲定律（如果事情有变坏的可能，不管这种可能性有多小，它总会发生）及其推论（……总是以最糟糕的方式发生在最糟糕的时间）。但我们仍然倾向于认为如果我们没有带伞，就会下雨，如果带着伞，反而会是晴天；我们结账时站到哪一个队，哪个队就是最慢的；在高速公路上，只要我们一改变车道，原来车道的行车速度就加快。但墨菲定律的反常逻辑也适用于投资吗？这个概念仅仅是一种巧妙表达的迷信，还是实际上有一些根据呢？

牛津大学毕业的物理学家罗伯特·马修斯（Robert A. J. Matthews）是墨菲定律的专家。几年前，马修斯着手研究墨菲定律的一个最古老的例子：为什么面包掉在地板上的时候总是涂了黄油那面朝下？你可能认为这是因为涂了黄油的那一面更重；心理学家可能会说，我们更容易回忆起涂黄油那一面落到地上的情景；持怀疑态度的人可能会坚持认为，面包的落地方式是完全随机的。事实证明，所有这些观点都是错误的。

马修斯说："和大多数人一样，我觉得哪一面朝下是各占50%的概率，除非你在某一边抹上了一磅果酱。"2001年，马修斯在英国各地招募了1万名小学生，让他们把涂黄油的吐司面包从盘子里倒到地上。抹了黄油的那一面先落在地上的概率略高于62%，这个比例太高了，在这么多的实验中，这不是偶然的结果。马修斯很容易就把黄油的重量排除在外：在不涂黄油的吐司面包上用马克笔写上字母B，然后面朝上放在盘子里，从桌子上掉下来的时候，大部分情况下也是B面朝下的。

为什么吐司面包落地的那一面往往与人们的期望相反呢？马修斯直截了当地说："宇宙的运作方式本来就是与人类期望相反的。"考虑到面包的宽度和掉落速度，以及桌面的典型高度（29~30英寸），没有足够的空间让一片带尖的吐司在落地前充分旋转。桌面之所以如此低，是因为人类的平均身高不足6英尺。为什么呢？马修斯说："如果我们再高一些，一旦摔倒，那么我们的头就会以巨大的力量撞到地面，从而破坏颅内组织之间化学键，这样人们就很容易因为被绊倒和摔倒而死亡。"

这就类似于工程师们所说的"基本设计约束"。投资也存在"基本设计约束"吗？当然。从2003年初到2005年底，新兴市场的股价平均每年增长36.3%。但事实上，几十年、几百年的历史表明，经通货膨胀因素调整后，经济增长超过 2.5%~3.5% 是不可持续的。从短期来看，股市的表现可能会好于它们所代表的经济体和组成这些经济体的公司。从长远来看，这是不可能的。在经历一段异常高的回报期之后，必须有更多的正常回报。这就是为什么日本股市在 20 世纪 70 年代和 80 年代实现了创纪录的回报率后，在 90 年代损失了约 2/3 的价值。这就是为什么美国在经历了 20 世纪 90 年代末的繁荣之后，又经历了 2000 年至 2002 年的萧条。这也是为什么新兴市场在经历了多年的高速增长后，到了 2006 年初并不是一个好的投资选择。那时，唯一的问题不是我们是否会赔钱，而是什么时候赔钱。（我告诉迈克尔·布坎南要保持冷静，不要急着抛售。事实上，新兴市场在 2006 年总体表现良好，但我联系上布坎南时已经太迟了，他已经抛掉了。）

投资者对极端增长的追求本身就埋下了毁灭的种子。正如沃伦·巴菲特所讽刺的那样，"没有什么比成功更容易消退"。这就引出了墨菲投资定律：如果一只股票或基金的回报率远高于平均水平，那么迟早有一天会回落到平均水平。同样，严重低于平均回报水平的股票或基金也可能出现逆转。

这种随着时间的推移而翻转的趋势称为"均值回归"。如果没有这个规则，长颈鹿每一代都会长高，直到它们的心脏和臀部在压力下爆裂。橡树会掉下更大的橡子，长出越来越大的树苗，直到长成的树因自身的高度和重量而倒下。个子高的人总是会有更高的后代，他们的孩子也会如此，如此下去，直到要低头通过一扇 9 英尺高的门（而且正如马修斯所指出的那样，如果他们摔倒，头部就会撞裂）。

"均值回归"代表着一种自然的、平衡的竞争环境，几乎在每一场游戏中都是如此，包括投资。因此，无论何时，只要你押注于极高（或极低）的投资回报，绝大可能会对你非常不利。迈克尔·布坎南本应押注于"均值回归"，但他做的正好相反。他希望不断地攫取他所能找到的最高回报，但迟早会亏损，这几乎是肯定的事情。

　　墨菲定律的其他方面也适用于投资。罗伯特·马修斯指出，伟大的剑桥大学数学家哈代（G. H. Hardy）相信"墨菲雨伞定律"。马修斯说："哈代相信雨神是邪恶的，所以，在看板球比赛的那天，他会派一名助手带着雨伞到外面去捉弄雨神，以确保比赛时不会下雨。"即使在潮湿的英国，一天中任何一个小时下雨的概率也只有10%左右。所以，即使天气预报说那天下雨的概率是100%，在某个特定时间下雨的概率依然比较低。因此，在大多数情况下，你会因为天气预报说要下雨而带伞出门，结果雨伞经常派不上用场。晴天带伞的次数越多，这种失落感就越有可能留在你的选择性记忆中。当你带伞出门正好赶上雨天，那么你就觉得这是正常的，不太可能记得这些情景。久而久之，结果就是你往往高估自己带伞却没下雨的次数，而低估自己本该带伞却没带的次数。

　　同样，每当股市的某个板块表现抢眼时，你往往觉得将资金分散到其他资产上是在浪费精力，觉得这似乎是一把永远派不上用场的雨伞。然而，正如迈克尔·布坎南的故事所表明的那样，觉得不必分散投资是错误的想法。无论你曾经多少次带伞却没用上，一旦大雨来临，你也真的会很庆幸带着伞。

　　你在结账时似乎经常选择错误的队列，这也给你上了一堂投资课。如果有 3 个收银台是开着的，那么你选择结账速度最快的队列的概率只有 33%（假设等待结账的人数相同，收银员的效率也差不多）。其他两条队列中的一条会移动得更快的概率是 67%。如果有 4 个收银台是开着的，你这一队最快的概率下降到 25%。因此，单纯从数学原理来看，你总是处于不利地位，即无论你选择哪一个队列，往往都是错误的选择。你可能认为你的成功率取决于你对每个队列人数的判断，但事实上它是预先确定的。

现在考虑一下共同基金。平均而言，随着时间的推移，一半基金的表现将高于市场平均水平，另一半基金在扣除管理费、税收等成本之前的表现将低于市场平均水平。扣除各种费用后，基金持续表现优异的概率从 1/2 下降至约 1/3。因此，如果你试图仅根据过去的回报率来挑选未来可能超过市场平均水平的共同基金，你将有 2/3 的概率出错。这就是为什么聪明的投资者不会犯这样的错误。

当你听到陌生人在电视上、网上或聚会上吹嘘自己的成功时，你追逐一个热门基金或股票所带来的懊悔就会变得更加强烈，因为你搞砸了，而他们还在赚钱。[29] 当你在高速公路上换车道时，你也会有一种不可思议的感觉：好像你一离开慢车道进入快车道，快车道就变成了停车场。不管你在哪个车道，似乎都是错的。事实更微妙：当另一条车道很慢时，你可以在不知不觉中超过许多辆车，所以你只能模糊地感觉到你已经超过了多少辆。但当你自己的车道慢下来时，一辆接一辆的汽车就会从你旁边呼啸而过。更重要的是，为了安全驾驶，你要把更多的注意力放在前面的道路上，而不是盯着你的后视镜。这样一来，你就能更好、更久地观察超过你的车，而不是观察你自己超过的车。

投资也是如此。那些让你赔钱及让别人挣钱的股票往往给你留下更深刻的印象，你对那些让自己挣钱的股票往往印象不那么深刻。在鸡尾酒会或烧烤会上，似乎除了你之外，每个人都有一个值得夸耀的伟大投资。当你不好意思地为自己找个借口去续杯时，你可能不会想到这些人也犯过投资错误，他们肯定不会在派对上讨论这些错误。你认为自己是唯一一个对投资感到懊悔的人，其实这是一种错误认知，这可能刺激你去冒平时不敢冒的风险。因此，重要的一点是要记住：每个人都会犯错，每个犯错的人都会有遗憾。

主管厌恶和恶心情绪的脑岛

我们为何如此难以容忍自己的损失（至少短期内如此）？是什么让迈克尔·布坎南和其他很多人对愚蠢的投资行为感到了如此强烈的懊悔？[30]

在大脑内侧的边缘，其他几个大脑皮质叶下面，有一个叫作"脑岛"的区域。脑岛是大脑内部主要的反应中枢之一，用来评估那些引起负面情绪的事件，比如失去金钱之际的痛苦、厌恶和内疚。就像我们在第八章学到的前扣带回皮质一样，岛叶前部充满了特殊的神经元，叫作"纺锤形细胞"。当环境发生变化时，这些神经元可能会专门帮助我们调整行为方式。它们是人类和类人猿所特有的，而人类大脑的前岛叶皮质所包含的纺锤形细胞比黑猩猩多出近30倍。

令人惊讶的是，这些细胞携带着一种分子，这种分子在人类大脑中很少见，但在消化系统中却很丰富，尤其是在结肠里面，它有助于触发肠壁收缩，推动食物通过肠道。患有克罗恩病（消化系统的一种疾病）的患者对恐怖、悲伤或恶心场景的视频片段反应更强烈，这是发自内心的反应。当你有一种投资失败的感觉时，你或许没有想到，你脑岛中的纺锤形细胞可能与你翻腾的胃同时受到刺激。

尽管我们的嗅觉比其他动物迟钝得多，但人类脑岛中这些丰富的神经元或许可以解释为什么我们对恶臭的味道如此反感。[31]（只要想想你所见过的狗嗅来嗅去、吃来吃去的那些垃圾，不管你有没有闻到垃圾的味道，你都会感到反胃。）几十年前，科学家们发现，用电流直接刺激脑岛会引发强烈的恶心和令人作呕的感觉。脑岛似乎也是大脑将瞬间刺激转变为意识的关键部位之一，当你心跳加速的时候，是你的脑岛让你意识到你身体的这种变化。

尽管它的名字叫"脑岛"，但它并不是一个岛。你的脑岛与其他多个部位紧密相连，包括调节心脏和肺的下丘脑，对感官刺激进行分类整理和对基本奖励进行比较的丘脑，处理恐惧情绪的杏仁核，感受惊讶和冲突的前扣带回皮质，以及评估潜在事情的眶额皮质。[32]

你不需要直接接触令你感到恶心的东西就能激活你的脑岛。[33]当人们在闻到丁酸（一种很难闻、令人想吐的化学物质）的时候，他们的大脑扫描结果显示脑岛开始活跃。当人们看到别人对令人作呕的气味做出反应的照片时，其大脑的这一部位也会开始活跃。（所以，我们可以通过观察别人对什么恶心来了解什么是令人恶心的，而不必每一次都要亲自接触。）脑岛反应迅速，大约需要 0.25 秒的时间来产生恶心这个反应。

只要我们瞥见一些恶心的东西，比如蟑螂或腐烂的食物，脑岛就会被激活。在一系列的测试中，一个脑岛受损的人无法在一系列照片中辨认出哪张脸有恶心的表情。听着某人呕吐的录音，他人也无法解释为什么这个人会发出这样的声音。当他填写一份问卷时，看到"如果你饿了，你会吃一碗用清洗过的苍蝇拍搅拌过的汤吗？"这个问题，他说："会的。"他也不会因为别人描述一块大便形状的巧克力而感到厌烦。然而，脑岛完好无损的人很容易对这样的事情感到恶心。（承认吧：你觉得大便形状的巧克力好吃吗？）

还有一件事会激活你的脑岛：赔钱。在一项实验中，人们在输钱之后，脑岛的活跃程度大约是赢钱之后的3倍。[34] 与此同时，每当人们选择一个可能导致损失的赌注（基于他们最近的经验来判断）时，脑岛的活跃度是他们赚钱时的4倍多。在其中一个高风险的赌注中，脑岛越猛烈地放电，这个人下次就越有可能选择一个低风险的选项。研究还表明，当人们购买消费品时，如果产品定价过高，脑岛就会活跃起来；一想到要付出太多，可能真的会很痛苦。[35]

在杜克大学斯科特·休特尔神经经济学实验室的一项研究中，我目睹了自己的脑岛是如何发挥作用的。[36] 在磁共振成像中，我看到了三种老虎机的图像：一种总是盈亏平衡的黑色老虎机；一种是既有小赚又有小赔的蓝色老虎机；一种是要么大赚要么大赔的红色老虎机。每当我决定玩蓝色或红色老虎机时，脑岛的右前部分就会活跃起来，其中选择风险更大的红色老虎机时，脑岛的活跃度就会飙升。我的脑岛一直高度活跃，我心里产生了一种紧张的感觉，直到我做出下一个选择，这种感觉才消失。毫不奇怪，我最终转向了更安全的机器，70%的时间里我都选择了它，这将我的损失降到最低。

在另一项实验中,脑岛受损的患者玩了一个简单的投资游戏。[37]他们一开始得到了20美元的游戏币。在20轮投资游戏中的每一轮,他们都可以投资1美元,也可以按兵不动。如果一个患者把钱投进去,实验者就抛硬币。如果出现人头,病人就会损失1美元;如果是反面,他则赢2.5美元。当普通的人玩这个游戏时,如果他们在之前的掷硬币中输掉了1美元,60%的情况下他们会拒绝投资。但是,脑岛受损的患者在一轮游戏中损失了1美元之后,却有97%的概率选择投入更多的钱。当他们大脑中的厌恶回路遭到损坏时,他们不会因为过去的损失或未来的损失预期而感到痛苦。

知道可能会发生一些痛苦的事情几乎和痛苦本身一样糟糕,大脑对疼痛预期的反应与对实际疼痛的反应几乎一样强烈。脑岛不仅在你输钱的时候会产生厌恶感,而且在你认为可能输钱的时候也会产生厌恶感,就像你不仅在踩狗屎的时候会感到恶心,在看到狗屎的时候也会感到恶心一样。毕竟,这就是你不会踩上去的原因。如果你预测自己会因为亏损而感到厌恶,这就会促使你远离风险更高的投资。

在斯坦福大学,神经经济学家布莱恩·克努森和卡米拉·库南(Camelia Kuhnen)让人们接受磁共振成像扫描时做出一个简单的选择:要么投资两只股票,要么投资债券。[38]首先,受试者被告知其中一只股票是好的低风险股票,另一只是不好的高风险股票,但他必须弄清楚哪只股票是好的,哪只股票是不好的。投资低风险股票有50%的概率赚10美元,25%的概率盈亏平衡,25%的概率损失10美元;而投资高风险股票赢利10美元的概率是25%,盈亏平衡的概率是25%，亏损10美元的概率是50%。在游戏进行到中途时，好股票和不好的股票将被交换。然而，债券总是能让人保持1美元的盈利。

每当你做一个选择，你不仅可以了解自己在选择中得到或失去了什么，而且还可以了解你本可以从这一轮游戏的其他两个选项中得到什么。你所做的和你本可以做的差距越大，你的脑岛就越活跃。此外，当你选择股票时，你的脑岛越活跃，你在下一轮选择安全性较高的债券的可能性就越大。当亏损激发了你大脑的"厌恶中心"脑岛，你就远离了进一步的风险。

因此，当你犯了一个重大的投资错误时，你的脑岛对你的行为产生的反应，就像对一堆腐烂的鱼或一袋放在阳光下的垃圾产生的反应一样。你要远离恶臭。你试着忘掉它，最重要的是，你再也不想靠近它了。实际上，这些特殊的神经元在你的脑袋里尖叫："你让我恶心。"这是最强烈的懊悔，促使你尽快摆脱愚蠢的错误。

当投资者对自己的错误感到厌恶时，他们对承担损失的天然厌恶感就会油然而生。[39]他们不再像往常一样冷酷地坚持下去，而是变得不顾一切地想摆脱他们所拥有的投资。这使得他们愿意承担更高的交易成本，从而大幅削减了净收益。当你买卖股票时，你不仅要支付佣金，还需要支付各种无形的成本，比如价差成本（买卖价格之间的差距）、市场影响成本（你自己的交易指令推动价格上涨或下跌的幅度），以及延迟成本（等待交易完成的成本）。

平均而言，在所有市场中，卖方支付的总交易成本最高是买方的6倍。绝望的人往往会做绝望的事。以2001年第一季度为例，当时纳斯达克指数下跌了25%。经纪专家韦恩·瓦格纳（Wayne

Wagner）说，在这个市场上，交易员卖出下跌速度较快的股票时，平均总成本为3.52%。与此同时，购买价格稳定的股票只需要0.21%。换句话说，恐慌性抛售的成本大约是耐心买入的17倍。2005年第一季度，当纳斯达克指数下跌8%时，耐心买入的总交易成本平均为0.52%，而恐慌性抛售的平均交易成本为1.8%，几乎是前者的3.5倍。这可能是因为人们倾向于零零碎碎地买进，却一下子就卖出，这是一个传统经济学无法解释的事实，但神经经济学有助于解释这一点。

你的厌恶让别人变得富有。毕竟，在股价下跌后卖出股票就是承认自己错了。你为自己的愚蠢而自责，只想从这该死的事情中解脱出来，这样你就可以重新反思过去，知道自己未来要做什么。你越早摆脱下跌的投资，就感觉越欣慰。相信我，在这种情况下，无论你同谁交易，对方都会很高兴。

随着时间的流逝……

想象一下你买了100股"白痴公司"的股票，结果第二天就暴跌了29%。你可能会惊呼："我怎么会这么蠢？我就知道我不该买那只垃圾股！"你的遗憾集中在现在意识到本不该做却做了的事情上面。但随着时间的流逝，当往事渐行渐远，你再往回看，你的视野就变宽了，就会对之前的决定有一个更全面的了解，会更清楚地看到自己本来面临着更好的选择却与之擦肩而过。从长远来看，你可能会对你的"无所作为"怀有更多的遗憾：你没有做的事情，你现在意识到你应该做。[40]

由于记忆会随着时间的流逝而淡化,你会越来越难以回忆起之前做出某个决定时究竟在想什么。[41]因此,在当时决定买股票时,尽管你确信"白痴公司"将成为比谷歌更大的金矿,但事后看来,你更容易觉得似乎任何替代品都同样具有吸引力,觉得自己原本可以做出更好的选择。现在你知道了"傻瓜公司""笨蛋公司"等公司的股票都跑赢了"白痴公司",看来你应该投资其中一家或全部公司。然而,在那个时候,这些替代方案甚至都没有出现在你的考虑范围之内。

在一段糟糕的婚姻中,一方可能会首先把注意力集中在愤怒的想法上,比如"我不应该跟他(她)结婚!"但是,随着时间的流逝,现实世界中狭隘错误造成的遗憾往往会淡化,你开始在假想的世界中思索无限的、正确的替代选项。从长远来看,一个不快乐的配偶会经常想"为什么我不嫁给鲍里斯而选择他呢?"或者"我要是娶了娜塔莎就好了"。随着时间的推移,自己的选择造成的强烈懊悔往往会逐渐变成对错失的选择的冷静反思,变成一种怀旧的渴望,变成一种淡淡的失望。本可以做却没去做的事情太多了,数不尽,道不完,谁知道自己高中时吻了两次的那个人后来怎么样了呢?

所以,"无所作为"造成的懊悔往往比"有所作为"造成的懊悔持续更久。每当你看到另一只股票的价格,你都会觉得自己错过的机会又多了一个。("我就知道我应该买那个!")随着时间的流逝,你想象自己本应买入的每只股票的价值会不断上涨。

随着时间的流逝,几乎每个人都会懊悔。在一项对176名个人投资者的研究中,175人表示,他们对至少一个财务决定感到懊悔。

其中59%的人说,他们为自己持有某只下跌的股票太久感到懊悔;只有41%的人说,他们对过早卖出一只上涨的股票感觉更糟。[42]

回顾过去,让这些投资者更烦恼的是他们本该选择某只股票却与其擦肩而过,而不是错误地选择了某只股票。然而,奇怪的是,他们"有所作为"几乎肯定要比"无所作为"付出更多的代价。比如,投资回报是不对称的,当一只股票下跌时,你的损失不可能超过全部本金(除非你加杠杆炒股),但如果上涨,你能赚到的钱是没有上限的。因此,平均而言,过早卖出上涨的股票比持有下跌的股票会让你的损失更大。

但当你回头看的时候,你会敏锐地记起,如果早点卖出某只下跌的股票,就可以减少损失,一切损失都是自作自受。如果你持有一只好股票的时间更长,你就会想,如果当初多给这只股票投一些钱,那么收益就很难衡量了。尽管"无所作为"造成的经济损失可能比较小,但其造成的心理上的痛苦却比较大。因此,事后来看,即使你"有所作为"的失误可能让你付出了更多的金钱代价,但你更容易为自己没有做什么而感到自责。因为随着时间的推移,懊悔会以一种有趣的方式铺展开来,你的感觉会蒙蔽你,使你无法认清真实的财务状况。

如何减轻你的懊悔?

也许时间并不能治愈所有的伤痛,但大多数投资上的伤痛不会留下永久的伤疤。[43]总的来说,我们在减少懊悔方面做得比我们意识到的要好得多。这可能需要一段时间,但人们会适应和调整,并想方设法继续前行。即使是一直不变的投资，如果持有的时间足够长，也能赚钱，而且只需要有一只大涨的股票，就能弥补其他多个投资的损失。一个奇怪的悖论是，对懊悔的预期往往比真正经历懊悔更伤人。因此，对投资者伤害更大的并不是真正经历的风险，而是他们总是试图逃避预期可能导致懊悔的风险。人们倾向于避免采取以后可能带来伤害的行动，哈佛大学心理学家丹尼尔·吉尔伯特（Daniel Gilbert）认为这相当于"购买实际上并不需要的情感保险"。

在投资中，有两种基本的错误。第一种是瞬间的、令人愤怒的：你买了，价格下跌；或者你卖了，价格飙升。你马上就知道你做错了什么，然后你马上就开始自怨自艾。第二种错误一开始并不明显。当你躺在沙滩上时，没有任何一个时刻你能看到你的皮肤从健康的古铜色变成痛苦的、晒伤后的红色。晒伤过程发生得如此缓慢，以至这种转变是看不见的。投资失误往往就像晒伤一样：它源于健忘、粗心大意，或者一直浑然不觉地做可能带来不利结果的事情。但事实是它看似没有错，却可能带来严重后果，导致你很懊悔做了这件事。

越是你自己的选择导致某个结果，你就越容易想象自己如果做一些不同的事情就好了，你的懊悔越深。所以，只要可能，尽量少做。你不应该武断地做出一个判断，而是应该遵循既定的策略和程序，让你的投资决策处于"自动驾驶"状态，让你的投资组合受制于你的投资准则。1995年，我开着岳父的车超速行驶，被开了一张罚单，我感到非常羞愧，发誓再也不超速了。从那以后，每当我进入高速公路，就会注意限速标志，设置导航仪，消除所有的担心，以免因为粗心大意或情绪化而最终超速。康奈尔大学的心理学家托马斯·基洛维奇说："你越能让自己的投资决策过程实现自动化运作，就越容易控制自己的情绪。"下面有几种形式的投资决策控制方法，以及其他一些神经经济学方面的经验。

➤**面对现实，承认失败。**[44] 在这一章的开头，我们探讨了丹·罗伯逊的情况，他在科技股上的损失让他感觉自己像一只"雨中的狗"，但他没有一蹶不振。起初，他和他的合作伙伴史蒂夫·舒洛（Steve Schullo）否认了他们的损失。然而，等到大约40%的钱都花光了，他们就强迫自己面对痛苦。罗伯逊说："当你把你的想法说出来的时候，就把问题摆上了台面，就在某种程度上改变了它的本质，进而可以改变你的行为。"罗伯逊觉得他们必须在剩下的钱消失之前采取行动。他说："我一直在问，我们是损失了，但得到教训了吗？既然我们没有利用市场高位来还清债务，为何不吸取这一教训呢？"罗伯逊和舒洛放弃了他们现在才意识到自己从一开始就不了解的所有高科技投资，用这些收益来偿还抵押贷款，建立了一个由保守型股票、债券和指数共同基金组成的新投资组合。他们的金融资产曾高达146万美元，也曾低至46.8万美元。

那么，要治愈一个瘫痪的投资组合的最好方法之一就是和你信任的人讨论一下情况。朋友、父母、配偶或合作伙伴可以帮助你抛开羞耻和自责。你不应该仅仅因为一项投资下跌了就卖掉它，但是如果突然下跌让你意识到自己从来都不知道自己在做什么，那就好好谈谈吧。为了从错误中吸取教训，你必须首先承认你犯了错误。大声说出来比在私下里自责要健康得多。

➤**制定排除某些投资的规则。**[45] 在2006年，你很容易因为没有在油价飙升之前把所有的钱都投入能源股而对自己感到愤怒,会情不自禁地说:"我早知道会涨!"但如果你当时遵守了排除一些投资的规则,以后就不太可能懊悔了。坚持一些简单的规则,告诉自己为什么不买,你回过头来看时,你会说:"我没有把所有的钱投资于能源股,因为那样的话,我就违反了自己的投资原则。那样感觉不好,迟早要出错。"这样一来,你就会觉得冲动决定与正常行为有很大不同,就不太可能因为没有冲动行事而懊悔。(关于排除某些投资的规则清单,详见附录 2。)

➤ **找人帮你卖掉亏本投资**。主动放弃一笔没希望赢利的投资并非易事,所以,你可能需要习惯于找人帮你卖掉亏本投资的想法。如果你用自己的语言重新审视了最初选择这笔投资的理由(参见第七章"用自己的语言去描述风险"),并得出结论认为这笔投资确实是一个错误,但你仍然无法下决心摆脱它,那么你需要找人推动你去做这件事。庞培法布拉大学的心理学家罗宾·霍加斯建议,将交易账户的登录密码改为"dumpmylosers"(意为"卖掉赔钱的东西")。每次检查账户时,你都要输入这个密码,相当于提醒自己一次,如此下去,反复多次,卖掉赔钱的东西将成为你的"第二天性",当你内心真正接受这一理念之后,那么在需要采取行动的时候,你就感到比较轻松舒服。

作家、工程师和平面设计师都知道,发现错误的最好方法是让别人检查自己的作品。一些资金管理公司规定,每笔投资都必须由买家以外的人进行审核。银行可以通过让最初授权的高管以外的人重新评估贷款,以便减少损失。如果你不是犯错的那个人,承认投资错误就容易得多。所以,只要有可能,就听听别人的意见。

➤**卖出失败投资，寻找一线希望。**[46] 卖出失败投资的逻辑非常清楚：你之前为一项投资付出了多少，不应决定你是否要卖出。如果你认为一只股票的真实价值高于当前价格，那就应该继续持有。如果你认为它的当前价格高于真实价值，就应该卖掉它。如果你迫切需要现金，当然也可以出售。但你之前花了多少钱，则不是要考虑的事情。然而，加州大学伯克利分校经济学家特伦斯·奥迪安表示："对大多数人来说，卖出股票的决定更多地取决于股票之前的表现，而不是它未来可能的走势。"

那是因为感情压倒理智。懊悔让人们把注意力集中在已经改变的东西上（股票价格），而不去分析什么没有改变（股票背后的企业价值）。一项针对个人投资者的调查发现，只有17%的人认为买股票比卖股票难。然而，62%的人花在买入决策上的时间比花在卖出决策上的时间要多。人们非常清楚，要做出一个好的卖出决策，需要付出更多的精力和思考，因此，人们才会把问题搁置起来不再考虑。

不要把你亏损的投资看成负债，而要看成资产，这种视角对你是有好处的。税损结转是美国税法给个人留下的一大福利，颇有吸引力。根据美国税法，投资者出现亏损可以申报抵税，每年上限为3000美元。按美国个人最高税率35%计算，可以减税1050美元。如果你让损失一直持续下去，这对你没有任何价值。相反，如果你及时卖出止损，那么你就能获得一笔现金，可以把它投入其他地方，此外，你的亏损还可以削减税单。当你卖出时，你把账面损失变成了实际损失，并从政府那里得到了一份真正有价值的税收优惠。每年，你可以使用高达3000美元的亏损额度来抵消你的资本收益及其他应税收入。(在税损结转之前，请咨询税务专家，并访问税务局的网站，www.irs.gov/pub/irs-pdf/p544.pdf。)

卖出股票后，不要再关注它是否立刻反弹。正如 T2 合伙公司（T2 Partners）的基金经理惠特尼·蒂尔森（Whitney Tilson）喜欢说的那样："你不必以赔钱的方式把钱赚回来。"如果投资某只股票或基金真的是一个错误，你应该把它处理掉，找到更好的投资方式。如果卖出带来的感觉跟买入带来的感觉一样，那么你卖出的决策可能是正确的，实施起来可能会更轻松。首先，找到另一只你想持有的股票或基金，确保你在"投资清单"的帮助下去寻找。你手头有现金吗？如果没有，告诉自己，为这个潜在的盈利股融资的最简单方法就是甩掉一只赔钱股。

另一种有利于促使你卖出赔钱股的方法是不要把资金投入完全不同类型的股票上。心理学家给受试者各种各样的小饰品、糖果、蜡笔和铅笔，如果有谁愿意用自己的某个东西去和别人交换不同的东西，就能得到 5 美分。结果发现，他们更愿意拿相同的东西来交换（比如，蜡笔换蜡笔），而不是拿不同的东西交换（比如，蜡笔换糖果）。所以，如果你不确定自己是否能找到更好的投资对象，那就投资与你刚刚卖出的类型相似的股票。这样你就不会觉得自己会被别人甩在后面，也不会觉得自己正陷入未知境遇之中。比如，如果你担心戴尔电脑公司的股票可能会在你亏本卖出后又出现大幅上涨，你可以卖掉它，把收益投资于惠普等类似的股票，或者更好的做法是投资于电脑股的交易所交易基金（ETF）。

➢ **合理止损，不要亏太多。**[47] 股市专家经常建议你使用止损指令，这是一种提前指令，指示你的经纪人在股票跌破一定价格时自动卖出。但如果你将止损线设置得太接近于当前价格,就容易不断卖出那些只是短期下跌却长期看涨的好股票。每次卖出止损,你的经纪人就会得到一笔佣金,而且你可能懊悔地看到股价在你卖出后立刻回升。一些专家建议将止损线设定在当前价格的5%,这真是太疯狂了。除非你是短线操盘手,否则将止损线设置在当前价格的25%都显得太高了。你要清楚一点:你的目标是增加你自己的财富,而不是让你的股票经纪人多赚点佣金。

另一种方法是提前设定"自动审视线",即当估价跌到这条线的时候,你要重新审视最初投资这只股票的理由是否依然存在。比如,如果你以每股50美元的价格买入一只股票,你可以在每股价格分别跌至45美元(亏损10%)、40美元(亏损20%)和37.50美元(亏损25%)的时候进行新一轮的审视。你不应该因为股票下跌而迅速抛售,而是只有当你的研究告诉你这个公司的基本面出问题时,才考虑卖出。在考虑要不要卖出时,你不妨问自己以下三个问题:

- 如果我尚未持有这只股票,我愿意以这个价格买入吗?
- 如果我不知道这家公司的股票价格是多少,还愿意入股这家公司吗?
- 既然现在股票更便宜了,我的安全边界不是更大了吗?

➢ **让自己的惰性发挥作用。**[48] 如果你很难攒钱,就把你的"意外之财"储蓄起来。数以百万计的美国人选择让国税局把联邦所得税退税自动存入自己的储蓄账户,而这笔退款到账后,大多数人会将其花掉。相反，如果这笔钱直接退入一个投资账户，你在投资方面的惰性几乎肯定会导致你把钱留在里面，而且这样应该会比存在银行获得更高的收益。大多数大型基金公司都可以向你提供银行路由号码和账户号码，以便让国税局把退税直接存入你的账户。如果你已经在基金公司有了个人退休账户，你可以每年用退税来增加里面的金额。通过让这个过程处于"自动"状态，你将永远不会错过这笔钱，也不至于抵御不住各种诱惑而把钱花掉。

➢ **不要持有太多现金。**身为华尔街金融家的 X 先生把 1 亿美元奖金投到了收益率偏低却较为稳定的货币市场基金上，看着资金一天天缩水，他现在感到非常懊悔，想投到收益率较高的股票上，但他又担心进入股市之后遭遇大跌。你可以采用一种"平均成本"的投资计划，长期、分步、自动地进行投资，从而避免投资组合瘫痪。这是分摊风险、掌控意外之财的最好方法。

➢ **评估盈利时，改变你的参考框架。**[49] 如果一项投资在两天内暴跌 25%，这的确是可怕的，尤其是你在股市网站上看到"跌跌不休"、抛盘连连的时候，更会感到可怕。在恐慌中，你不断将当前价格与峰值价格（或崩盘前的价格）进行比较。假设思维可以活生生地吞噬你："如果我在顶部卖出……""要是我三天前卖了就好了……""要是我当时能出去就好了……""我要是相信自己的直觉就好了。"

但你可以使用像雅虎财经这样的网站去回顾股票自你买入以来的表现。看看你在买入价的基础上赚了多少，而不是盯着你在峰值的基础上损失了多少。这样一来，你就不会自怨自艾，以免因为没有在峰值卖出而感觉自己像个傻瓜。毕竟，如果你一开始没有买过这只股票，那么你连下跌后的这点收益都不会有。所以，除了关注股票在下跌之前涨了多少之外，更要关注即使在下跌之后仍然领先于大盘多少，这样就会帮你减轻一些懊悔感。

哈佛大学经济学家理查德·泽克豪泽经历了这一教训。1996年，他投资的一家新兴科技公司被美国在线收购之后，他得到了美国在线的大量股份，价格非常低，每股实际成本不到2美分。美国在线的股价在2000年初达到了每股95美元左右的峰值，但泽克豪泽并没有高位抛售。美国在线的股价一路跌至16美元，多年来一直停滞不前（现在是时代华纳的一部分）。泽克豪泽知道，他本可以通过在峰值套现发一大笔财。但他没有因为没有高位卖出而自责，反而为自己的投资行为沾沾自喜。他自嘲地说："如果你的股票从2美分涨到近100美元，然后又回到16美元，你应该参考2美分，而不是100美元。"他的结论是"能够控制自己参考框架的投资者是幸福的"。

➤**有的事情不知道，就不会受伤。**[50] 哥伦比亚大学心理学家埃尔克·韦伯表示："如果你拥有一个真正多元化的投资组合，那么根据定义，肯定一些投资会表现良好，而另一些则表现糟糕。如果你认为风险是在某一特定时期内经历某种损失的可能性，那么一个多样化的投资组合可能比单一的集中投资风险更大。但风险不应该是这个意思，如果你的目标不是寻找失落感，你就不必过于在意它们。"

要让自己对亏损之痛变得麻木起来，不妨选择一个不让你孤立看待每一项投资的投资组合。许多401（k）计划现在都提供"生命周期型基金"或"目标型基金"，这些基金包含多种资产，包括美国和外国的股票、债券。因为它将所有股票、基金的回报率整合为一个整体性的数字向你报告盈利率,所以生命周期基金可以让你不必因为一次只关注一个损失而频繁懊悔。以 2006 年 5 月为例,在这个月里,全球股市都在经历一场噩梦,投资者的基金也积累了惊人的损失。

- 先锋全股票市场指数基金下跌 3.2%。
- 先锋欧洲股票指数基金下跌 2.4%。
- 先锋全债券市场指数基金下跌 0.1%。
- 先锋太平洋股票指数基金下跌 5.3%。
- 先锋新兴市场股票指数基金下跌 10.7%。

如果你的某只基金在一个月内下跌了 10.7%,你真的很难不感到懊悔。"先锋目标型退休基金 2035"(Vanguard Target Retirement 2035)这款基金同时投资了上述 5 只基金,属于一种生命周期型基金,在 2006 年 5 月只损失了 2.8%。你不必孤立地去看待这 5 只基金。所以,目标型基金让你的损失看起来更容易承受,也让你不那么懊悔。比如,其中的新兴市场基金像一块石头落地一样迅速下跌,但你能感觉到的只是整个投资组合的损失,损失幅度要小得多。任何接种过疫苗的人都知道,某种东西的伤害程度往往取决于你观察的密切程度。

➤ **保持你的平衡。**[51] 如果一个人在 1984 年初将 1 万美元投资于一只典型的美国股票或基金,之后一直持有,那么到 2003 年底,收益将达到 50308 美元。但普通投资者并不会让自己的资金不受干扰，相反，还不断地折腾，在市场热的时候增持，在市场冷的时候卖出。结果，普通投资者的收益只有 46578 美元，几乎比他在一直持有的情况下少赚 10%。法国哲学家布莱斯·帕斯卡在他的著作中一语中的："人类所有的不幸都来自一件事，即不知道如何在房间里保持安静。"

避免追逐热门股却最终以亏损告终的方法被称为"再平衡"。首先，你要决定把多大比例的本金分配给每项投资，即把你的鸡蛋按精确的比例放在篮子里。假设你最初的目标分配如下：

- 全美股票市场指数基金占比 50%；
- 国际股票指数基金占比 25%；
- 新兴市场股票指数基金占比 5%；
- 全美债券指数基金占比 20%。

现在，我们假设明年美国和国际股票跌去 1/5，新兴市场股市下跌 1/4，债券保持稳定。这样一来，美股就占了大约 48%，国际股占了大约 24%，新兴市场股占了大约 4%，债券占了大约 24%。

要将这些数字"再平衡"到最初的比例，你必须卖出债券，买入股票。在 401(k) 计划或个人退休账户这样的退休金储蓄账户中，你可以在不引发额外缴税的情况下进行再平衡。强制自己每年两次回头审视一下每项投资占比的变动情况，可以选择两个容易记住的日期（比如生日和假期），两个日期大概间隔 6 个月，或者选在每半年一次的牙齿检查日。（使用日历软件或 www.backpackit.com 这样的网站给自己发送提醒，并让身边的人检查你是否遵守了。）从长期来看,"再平衡"几乎肯定会提高你的回报,降低你的风险。你的投资同步涨跌的可能性就会变小,你从再平衡中获得的好处就会变大。

这样一来,你大脑中负责情绪调节的反射系统就不会扯着嗓子吼你去追逐那些上涨盈利的"胜利股"或者死死抱着下跌亏损的"失败股"不放,而是深思熟虑之后强迫你卖掉上涨幅度最大的部分,买进下跌幅度最大的部分。心理学家托马斯·基洛维奇表示:"你除了投资于特定的证券之外,更要坚持一种较为抽象的理念,即低买高卖。"这种理念应该能消除你的一些情绪。

大多数人做不到"再平衡",因为他们害怕围绕着买卖而产生的懊悔。遗憾的是,他们没有意识到可以让这个过程"自动化"。对1000名投资者进行的一项调查发现,61%的人宁愿对配偶或伴侣承认自己的错误,也不愿卖出一只盈利股。然而,这些投资者中只有34%的人表示,他们会定期或特意安排时间对自己的投资组合进行"再平衡",其中一半人承认至少每月检查一次自己的账户价值。

就像有人拒绝用一张彩票换另一张彩票一样,投资者担心,如果他们做出改变,投资组合就会表现不佳。他们忽视了,如果不做出改变,也会给自己带来厄运。所谓"再平衡"的本质,就是在长时间内将更多的钱投入价格下跌的投资中,并削减那些价格上涨的投资,相当于把自己锁定在低买高卖的状态中。如果你保持现状,你就会错过提高回报的机会。先锋基金公司的证券分析师约翰·阿梅里克斯(John Ameriks)表示:"人们被迫在某一时刻做出决定,总比让惰性完全占据主导地位要好。"

"再平衡"过程自动化的美妙之处在于,你不必一次又一次地做决定;相反,越来越多的401(k)计划的提供者允许你设定对每只基金的投入比例。你可以要求基金公司在一年的时间里至少帮你实现一次"再平衡",最多四次,这样一来,基金公司就会自动适当卖出盈利投资和增补下跌投资,以达到"再平衡"的目标。你再也不用劳心费力地思考这个问题,你大部分的潜在遗憾也就不复存在了。这是最好的"投资导航仪"。如果你的证券公司提供自动"再平衡"服务,那就注册一下吧。如果没有,就主动提出这项要求。除此之外,既能提高投资回报,又能让你保持内心平静的方法少之又少。

第十章
快　乐

对人类这种渺小的生物来说，没有什么事物是渺小的。正是通过研究渺小的事物，我们才获得了尽可能减少痛苦和尽可能提高幸福的伟大艺术。[1]

——英国作家塞缪尔·约翰逊（Samuel Johnson）

钱（这才是我想要的）

钱能买到幸福吗？

传统意义上，当美国人被问及什么可以改善他们的生活质量时，最常见的回答是"更多的钱"。尽管大多数人认为自己大部分时间都很快乐，但几乎每个人都想变得富有，越来越多的人说他们宁愿在财务上很富有，而不是仅仅过有意义的生活。心理学家戴维·迈尔斯（David Myers）说，现代的美国梦已经变成了"生命、自由和购买幸福"。甲壳虫（和其他几个乐队）创作了很多以

"钱"为主题的歌曲，比如《钱（这才是我想要的）》。

不幸的是，如果你赚的钱已经足够生活开销，那么仅仅拥有更多的钱就能变得更快乐的概率接近于零。幸运的是，这个故事的意义远不止于此。你赚多少钱并不重要，重要的是你想要多少钱及如何花钱。此外，无论你钱多钱少，如果你知道钱为你所做的事情是有限的，而且你可以借助自控能力去控制钱，让它为你发挥合理作用，那么你就可以用它来过上更快乐的生活。

钱能否买到快乐是存疑的，但快乐却肯定能换来钱，这意味着我们很多人的生活都本末倒置了。我们越是努力工作挣钱，用于锻炼和度假的时间就越少，用于爱好、慈善或宗教的时间就越少，与朋友和家人一起创造美好回忆的时间就越少。正是诸如此类的活动——而不仅仅是赚钱——创造了持久的幸福。我们应该认识到这样一个事实：如果我们花更多的时间去创造快乐，我们最终很可能会获得更多的钱。

我要是个富人，该有多好啊！

任何父母都知道，婴儿最先学会说的几个词语里面就包括"还要"（more）。钱与牛奶、苹果酱没什么不同，一旦我们尝到它的滋味，就会情不自禁地说"还要"。一项对 800 名净资产至少为 50 万美元的人进行的调查发现，19% 的人同意这一说法，即"我在生活中经常担心的问题是怎样把钱赚够"。但在身价至少 1000 万美元的富豪中，33% 的人有这种感觉。不知何故，随着财富的增长，担忧之情也在以更快的速度增长。这些富人里面，只有不到一半人觉得"随着我在生活中积累了更多的钱，我变得更快乐了"。

1957年，美国人的年均收入约为1万美元（经通货膨胀调整后），生活中没有洗碗机、烘干机、电视或空调。但35%的受访者表示，他们对自己的生活非常满意。到2004年，扣除通货膨胀因素，个人收入增长了近2倍，一般住宅里充斥着消费品，但只有34%的人说他们非常幸福。不知何故，美国人的财富几乎翻了3倍，却不那么幸福了，仍然想要更多。

正如哲学家亚瑟·叔本华（Arthur Schopenhauer）所警告的那样："财富就像海水一样，你喝得越多，变得越渴。"[2] 我们许多人都曾想过："如果我有比尔·盖茨那么多钱，那么我所有的问题都会迎刃而解。"这种想法有什么道理吗？

在美国这样的富裕社会里，富人当然比穷人更幸福。贫穷使人们更容易遭受暴力犯罪的侵害，无法像富人那样获得金钱带来的舒适感和对周围环境的掌控感。穷人更容易患高血压和慢性心脏病，而且更容易死于慢性疼痛。在贫困中成长甚至可能会降低左前额皮质的活动水平，而左前额皮质是大脑中产生快乐的中枢之一，因此，穷人更容易患上慢性抑郁症。穷人的家庭也不那么稳定，这一发现具有根本性，甚至蓝色知更鸟也存在这一现象。当食物不足时，蓝色知更鸟的"家庭"就会过早地解体。总体而言，年收入低于2万美元的美国人于中年时死亡的可能性大约是年收入至少7万美元的人的3.5倍。当你的收入和财富水平很低的时候，哪怕收入多1美元，都会对你的生活质量产生很大的影响。[3]

但富人是否比那些勉强生活在贫困线以上的人幸福得多呢？令人惊讶的是，答案是否定的。多年来，心理学家一直在向世界各地的人们提出标准化的问题：综合考虑各方面，你觉得现在的情况如何？你是非常快乐、相当快乐，还是不太快乐？答案分值通常从1（一点都不快乐）到7（非常快乐）。平均而言，在肯尼亚和坦桑尼亚干旱的高原上放牧的马赛族人得分为5.7分；居住在格陵兰北部寒冷荒野的因纽特人平均5.8分；阿米什人尽管保留着陈旧的农村生活方式，依然得到了5.8分。美国著名的《福布斯》400富豪榜（Forbes 400）上面的富人们接受类似测试时，他们的平均得分是5.8分。[4]

换句话说，在美国拥有一大笔财富——豪宅、奔驰汽车、厨师、教练、游艇和私人飞机，只会让你刚好比典型的马赛人更幸福一点。在本次调查中，《福布斯》400富豪榜中的人的最低净资产为1.25亿美元，年均收入估计超过1000万美元。美国最富有的人平均有77%的时间是快乐的。接受同一项调查的美国中产阶级中，62%的人感到幸福。这个差别虽然不算小，但考虑到《福布斯》400富豪榜中的人的年均收入大约是中产阶级年均收入的300倍，这个差距也不是很大。此外，尽管大多数富人的幸福感略高，但其中37%的人认为自己的幸福感低于美国人的平均水平。

因此，事实就是，金钱买不到幸福。一旦你有足够的钱来满足基本需求，更多的钱买到的额外幸福就会比你想象的要少得多。

如果你在1995年11月经过匹兹堡国际机场，你可能会遇到卡内基-梅隆大学的学生向你分发糖果，他们正在参与一项调研，这些糖果是给你的奖励。他们想知道人们对未来工资变化的预期对生活质量的影响有多大，然后调查家庭收入已经发生变化的人的生活水平差异。研究团队对数十名旅客进行了调查，发现根据他们的预测，收入的变化对未来生活质量的影响大致相当于实际情况的 3 倍。[5]

为什么我们认为钱比它实际的作用更重要呢？这就涉及大脑的构造。正如我们在第三章中所看到的那样，当你预计会有经济收益时，你大脑的反射系统的伏隔核会变得异常兴奋。但是，当你真正赚到钱的时候，那种热切的期待就会冷淡下来，最终只不过在你反应灵敏的大脑中产生一种相对平淡的满足感。相比之前的热切期待，这种满足感就显得苍白了。对未来财富的想象往往比实际拥有财富更让你快乐。换句话说，你预计的快乐往往比你经历的快乐更强烈。因此，如果你不了解这个事实，恐怕你会长期感到失望。

不要纠缠于不幸

约翰·肯尼迪遇刺后，感到万分震惊的记者玛丽·麦格罗里（Mary McGrory），转向时任劳工部助理部长的丹尼尔·帕特里克·莫伊尼汉（Daniel Patrick Moynihan）忧心忡忡地说："我们再也不会笑了。"莫伊尼汉答道："天哪，玛丽，我们还会笑的，只是我们再也不会年轻了。"[6]

莫伊尼汉感觉到，人类从逆境中恢复的速度比我们自己想象的要快得多。我们的身体具有行为科学家丹尼尔·吉尔伯特所说的"心理免疫系统"。因为我们总是想象自己对消极事件的反应永远不会消失，但其实我们自己的恢复能力让我们大吃一惊。另一方面，我们适应好事情的速度也会超过预期。

比如，闭上眼睛，想象一下你中了 2.5 亿美元的彩票头等奖，会发生什么奇妙的事情？你觉得你的余生会是什么样子？

现在想象一些可怕的事情，比如，一场车祸让你从脖子以下瘫痪，你对未来的生活有什么看法？

你对一夜暴富的本能反应很有可能是"我再也不用担心没钱了"，或者"我终于可以实现所有梦想了"。另一方面，当你想到要瘫痪时，你的反应可能是"我无法忍受"，或者"我死了会更好"。

当我们预测某件事会给我们带来多大的快乐或不悦时，奇怪的事情就会发生：我们往往把注意力过多地放在错误的事情上。[7]当你想象一个戏剧性的事件对你未来生活质量的影响时，感觉它就像一道闪电或锤子重击铁板一样：一个突然的、剧烈的变化，吸引了你的注意力，并控制了你的情绪。在我们的生活中，发生重大事件的那一刻，或许令我们感到美好或可怕，但在事件过去之后，就是我们适应有关结果的过程。这个过程是微妙的、零散的，且随着时间的推移而展开。因为对变化的适应过程远没有变化本身那么引人关注，所以很难提前想象这个阶段会给你什么感觉。你的想象力集中在变得富有或瘫痪的那一刻，而不是富有或瘫痪的状态。

结果与过程大不相同。[8]当你想象自己彩票中奖时，你会专注于瞬间获得数千万美元的那种难以置信的刺激，你看到自己摆脱了经济烦恼，享受漫长假期，搬进豪宅，买了一辆宾利。这些画面在你脑海中如潮水般涌来，你脑海中立刻浮现出跟财富有关的所有奇迹，仿佛时间在这个巨大的变化之后停滞了。

但时间不会停滞。成为一个中奖者只需要一瞬间，而成为富人的结果将会伴随你的余生。真正中了彩票的人往往会对他们的幸运感到震惊。正如中奖者所期待的那样，一夜暴富会让人兴奋不已，但也有一些不那么明显和难以预测的后果：电话响个不停，骗子和极其友好的熟人打来电话；安坐在你的新居里，你再也见不到以前的老邻居了，相反，你会被长期没有联系的亲戚包围，你觉得他们倒不如不出现；每一个你曾经冒犯过的人都对你提起诉讼；辞掉工作，你会想念你的朋友，无聊得发疯；如果你继续从事之前的工作，你的同事们似乎都很讨厌你或者会向你要钱；很难分辨谁是你真正的朋友，所以你会花更多的时间独处；在家里，你和你的配偶就如何处理这些钱争吵不休。

你的暴富可能会让你想起金钱买不到的所有东西：青春、时间、自控、自尊、友谊和爱情。这种挫折感可能会让你疯狂地把钱花在所有能买到的东西上。据估计，70%的暴发户会把钱财挥霍一空。难怪很多人中了彩票几年后，几乎不会比以前感觉更快乐，反倒很痛苦。纽约州的彩票中奖者小柯蒂斯·夏普（Curtis Sharp Jr.）表达了一种非常普遍的情绪："彩票给我带来了虚假的快乐。如果你像我一样滥用它，那么，当它结束时，你将一无所有。"

我们错误地认为成为富人之后会像成为富人那一瞬间一样令人快乐，同样，我们还错误地认为瘫痪之后和瘫痪那一刻一样令人感到可怕。当你想象四肢瘫痪者的命运时，你关注的是灾难性伤害带来的震惊和恐惧，失去行动能力和自由，工作生涯的结束，以及想要一了百了的念头。但当一个人瘫痪后，新的生活就会取代旧的生活。通常，在经历了一段可怕的否认、震惊、愤怒和抑郁之后，创伤会消退，你逐渐觉得病情也可以忍受。你会把精力和注意力集中在充分适应现实处境上，因为你知道虽然有些事情再也不能做了，但有一些之前从来未想过的事情却可以做。

因此，虽然从来没有人自愿成为瘫痪者，但事实证明，瘫痪者比大多数人，甚至是该领域的专家所能想象的更能忍受痛苦。在三家创伤治疗中心的 150 多名医护人员里面，只有 18% 的人认为如果自己的脊髓受伤了，会庆幸自己还活着，只有 17% 的人认为瘫痪后自己的生活质量将不低于平均水平。但在那些实际上因脊髓损伤而瘫痪的病人中，92% 的人说他们很高兴能活着，86% 的人认为他们的生活质量不低于平均水平。令人难以置信的是，在受伤后的第二年，1/4 的脊髓损伤病人同意这一说法："在很多方面，我的生活已经接近我的理想。"部分原因是他们已经开始充分适应自己的处境，还有一部分原因在于对任何人来说，最大的幸福源泉之一就是家人和朋友的社会性支持，而当人们残疾时，这种关系反而能够得以深化。[9]

杰克·赫斯特是一位热情的投资者，尽管肌萎缩侧索硬化症已经让他几乎完全瘫痪，但他可以在网上管理自己投资的股票和基金。赫斯特通过呼吸机呼吸，通过喂食管进食，每天需要吸几十次痰。在他的整个身体里，他唯一还能活动的地方是他右脸的一小部分。一个贴在他脸颊上的装置将他面部肌肉的电活动转换成信号，使他能够操作笔记本电脑。我第一次见到赫斯特是在 2004 年 11 月，从那以后我们一直保持着频繁的电子邮件联系。（赫斯特利用面部肌肉，一分钟能打 10 个字。）他是我认识的最知足、最有魅力的人之一。在经历了 20 年的瘫痪之后，他眼中依旧闪烁着光芒。这个不能动弹的人仍然感恩自己得到的福气，而他确实做到了。赫斯特给我发了一封电子邮件写道："妻子对我的态度和爱让我很开心。帮助和支持我们的朋友增添了我的快乐。我一直是个乐观主义者，这使我不会消极。我没有太多的遗憾，因为无论我面对什么任务，我总是尽我最大努力去完成。"自 1988 年以来，赫斯特就不能走路了，然而，他坚持认为"我这样处境中的人没什么可抱怨的"。[10]

那不是很好吗？

即使我们对未来情绪的预测往往是错误的，我们也通常对自己的错误视而不见。伊利诺伊大学的心理学家埃德·迪纳（Ed Diener）说："在我们的生活中，在很长一段时间内，确实有成千上万的事情在发生，所以很难找出我们在预测自己情绪时所犯的错误。"[11]

你告诉自己："只要波士顿红袜队赢了世界大赛，那么我的人生就终于圆满了。"然后，红袜队做到了，但过了几天，这件事给你的生活带来的光芒就消失了。你发誓说："要是我能得到这份新工作，我肯定会心满意足的。"然后，你得到了这份工作，但你比以往任何时候倍感压力。你祈祷着："只要她答应嫁给我，那么我的余生每天都会很快乐。"然后，她这么做了，但尽管你的婚姻还能维持下去，你的余生也不会每天都快乐。此外，当你祈祷她嫁给你时，你竟忘记了不久前，你曾对自己破碎的心庄严地发誓，再也不会坠入爱河。

当我们想象未来时，我们夸大了自己的情绪有多强烈，以及它们会持续多久。这就导致了丹尼尔·吉尔伯特所说的"错误需求"，即我们预期某些东西或经历未来会让我们快乐，觉得自己迫切需要它们，但实际结果却并非如此。[12] 除非你学会克服这种错觉，否则你很可能会把钱浪费在购买那些似乎能带来巨大幸福，但其实只是空壳的东西上。人类错误预测自己未来情绪的方式多种多样，令人眼花缭乱。

- 大学里的橄榄球迷被问及，如果他们最喜欢的球队赢得一场大赛，他们会有多高兴，这种感觉会持续多久。他们预计他们会高兴好几天，但48小时后，就似乎什么也没有发生过。尽管自己喜欢的球队输了比赛，许多球迷还是很高兴。
- 当被问及是否愿意接受5美元作为在公共场合表演哑剧的报酬时，许多人的回答是肯定的。但当他们真的被带到观众面前，尽管他们仍然可以通过模仿大象或洗衣机挣到5美元，却只有一半的人愿意去做。
- 在艺术品和古董拍卖会上，人们通常会发誓，他们的出价不会高于某个特定的价格。但在一时冲动之下，他们会惊讶地发现，有些东西的价格是他们"希望"支付的最高价格的2~3倍。即使是经验丰富的首席执行官也会遭受同样的"买家懊悔"或"赢家诅咒"，他们常常发现，他们为成功收购一家公司而兴奋不已，但这家公司简直乏善可陈，经营起来令人头痛。

我们往往把目标建立在错误欲望的基础上。[13]事实上，经济学最基本的原则之一就是人们知道自己的好恶。但我们经常发现，我们想要的东西到我们手上之后就已经不是我们真正想要的了。正如人们能迅速适应中彩票或瘫痪等突发事件一样，我们也习惯了几乎所有我们经常接触的东西。这就是为什么我们花在采购上的钱只能给我们带来如此短暂的快乐。滚石乐队有一句歌词："你不能总是得到你想要的。"在这里，我想歪曲一下来表达我的意思，那就是："你不可能总是想要你得到的。"

以一辆崭新的 SUV（运动型多功能汽车）为例。当你第一次把它从经销商的停车场开出来的时候，它就像一颗巨大的宝石一样熠熠生辉，给人的感觉就像你梦想的那样快速、安全、舒适、宽敞。成为车主那一瞬间的感觉比你想象的还要好，但成为车主之后的状态就没你想的那么好了。几周后，新车特有的气味消失了。再过一两个月，它的外部就会出现碰撞剐蹭的痕迹，而它的内部则会溅上咖啡、饮料和其他你可能压根不知道的东西。你很难找到停车位，而且每次从加油站出来，至少会花掉 50 美元的油费。日子一天天过去，你对车主身份的设想与现实之间的反差将变得越来越明显。因此，虽然你可能不太愿意放弃你的新 SUV，但它给你带来的快乐可能会比你想象的要少得多。

同样的道理也适用于你漂亮的新衣服或新鞋子（它们很快就会被弄脏或过时），或者你刚刚重新装修过的厨房（台面有缺口、地砖有划痕，不知怎的，你忽然发现冰箱还是不够大）。当我们提前想象结果时，巨额资本支出可以给我们带来极大的快乐。不幸的是，当幻想与现实发生冲突时，现实就黯然失色了。你只能在你得到的和你梦想得到的之间进行权衡，与你的梦想相比，结果会让你觉得存在缺陷。

由于最初那些梦依然如此生动，你通常会得出错误的结论，即你没有意识到大手大脚花钱可能永远不会让你快乐，反而认为你只是把钱花错地方了:下次,我要买辆雷克萨斯,而不是这该死的讴歌。结果雷克萨斯又让你失望了,你会希望拥有一辆宝马,以此来迫使自己无休止地陷入满怀希望和坠入失望的循环之中。如果你这样花钱,金钱不仅不能让你快乐,还会让你痛苦。萧伯纳写得很对:人生有两大悲剧,一是没有得到你心爱的东西,一是得到了你心爱的东西。

记忆错觉

什么东西能让我们感到快乐?我们的预测往往很不可靠。这感觉似乎有些奇怪。不仅如此,对什么会让我们感到快乐的记忆,往往也可靠不到哪里去。因为没有人喜欢承认错误,过去常常在我们的记忆中得到打磨,让我们觉得它并没有那么糟糕。反过来,这可能会让我们更愿意重复那些我们当时并不总是喜欢的经历。[14]

- 在一项实验中,研究人员给一些即将出去度春假的大学生配备了手提电脑。学生们一天填写 7 次电子调查问卷,对自己当时的情绪(快乐、平静、友好、愉快等)进行打分。平均而言,他们对自己情绪的评分排在中间位置。阳光下的乐趣也会伴随着蚊虫叮咬、晒伤、满是沙子的泳衣和宿醉等令人不悦的事情。然而,回到学校一个月后,学生们被要求回忆自己在假期中的情绪。他们现在回忆起来的感觉比他们当时的感觉评分要高出 24%。
- 在一次加州骑行之旅中,自行车骑手们得到了自己预期的东西：充足的锻炼、新鲜的空气和目不暇接的美景。除此之外，他们也遭遇了令人不悦的意外：感到无聊，被雨水淋湿，被炎热天气和长距离骑行弄得筋疲力尽。61%的骑手表示，旅途中至少有一个方面比他们预计的要糟糕。然而，仅仅一个月后，只有11%的人记得当时那些不悦的感觉，就好像不久前发生的那些令人不悦的事情有了玫瑰色的滤镜一样。

- 翻看相册回忆度假的感觉，比真正度假时感觉还好。相册可能扭曲你的记忆。毕竟，当你的丈夫从船上摔下来时，你必须把相机放下；你在35℃高温下排队如厕的场景，肯定没有被拍下来；6岁的儿子扔掉了法式炸薯条的场景，肯定也没有被拍下来。相反，你只是拍下了所有人站在灰姑娘城堡前面带微笑的场景。

- 研究人员对数十人进行了时间跨度长达数十年的调查。这些人被问及童年有多快乐。30岁左右的人回头看，只有40%的人觉得自己的童年总体上是快乐的。到了60多岁，57%的人认为自己的童年大多是阳光灿烂的。到了70多岁，回忆往事时，83%的人觉得自己的童年总体上是快乐的。

- 在多伦多一家医院接受结肠镜检查的病人中，有一半接受了持续约27分钟的常规检查。而在另一半人的结肠镜检查结束后，结肠镜仪器在受试者体内静置了3分钟。在接受检查的时候，两组人对这个过程的痛苦程度几乎是一样的。但是当他们后来回忆的时候，第二组人觉得这次检查没有那么痛苦。第二组患者疼痛的时间更长，但恰恰由于最后几分钟的疼痛程度有所下降，他们现在回忆当时的情景时，对痛感的回忆就比较温和了。与一种感觉持续多久相比，更加重要的是它如何结束。

那么，你的记忆不只是回想之前的情景，从某种意义上讲，你的记忆也是一种"重建"过程。[15]这有助于解释为什么你从自己的经历中学到的东西如此之少。你对过去的记忆在很大程度上受到了现在情形的影响。比如，当你现在变得更快乐时，似乎过去也显得快乐了一些。当你忘记过去发生的不悦事件，那么在回忆过去时，你就会觉得它变得更像你最初预期的那样。你觉得假期应该很有趣，所以当你在假期结束之后回忆过去的时候，一些不愉快的事情就会淡化、模糊化，你便觉得假期很有趣。你做了一件愚蠢的事情，可能会责备自己，但过一段时间之后再回忆当时的情景，你可能会觉得如果做这件事真的那么愚蠢的话，你一开始就不会去做，所以做这件事或许并没有自己当时所想的那么愚蠢。这些跟记忆有关的奇怪现象揭示了一个宝贵的经验：随着时间的推移，你对自己的新 SUV 或新装修的厨房越来越熟悉，已经没有了当初的那种好奇感和兴奋感，当你回忆之前买车或装修厨房的经历时，反而觉得更开心。随着时间的推移，你花钱购买某些物品，感觉越来越像一个错误；而你花钱去购买某些体验，却随着你的回忆趋于温暖而显得更有价值。

难以捉摸的快乐

我们已经看到，关于什么会让自己在未来感到快乐，甚至什么会让自己在过去感到快乐，人们常常做出错误的判断。[16] 但我们一定要知道是什么让我们在当下感到快乐。

不幸的是，事实证明我们在这方面的判断也不是真的。

- 已婚人士对自己生活的满意度的评价在很大程度上取决于他们与配偶在一起的快乐程度，但前提是在你问他们总体快乐程度之前先问了他婚姻生活情况。同样，如果你先问大学生的总体快乐程度，他们会说自己有多快乐与他们约会的频率无关。相反，如果你先问他们的约会情况，然后再问他们的总体快乐程度，你会得到截然不同的答案。
- 得克萨斯州近1000名职业女性详细记录了自己一天的生活，并根据她们的满意度对16种常见活动进行了排名。结果显示，"陪孩子"勉强排在"上网"之前，排在"午睡"之后。唯一让她们比"上班"更不开心的活动就是"通勤"。与"购物"相比，她们更喜欢"祈祷"，而"与朋友交往"比"独自放松"更让她们快乐。然而，如果有人问你什么让你感到最快乐，你或许会想到下面这些事情，比如在工作中有所成就、陪孩子、购物或者独自放松。你可能不会想到的是，对于这些事情，你只是比较喜欢想一下，而不是真正喜欢去做。
- 研究人员对刚开始约会不久的大学生进行调研，持续两周，每天一次，让他们对整体恋爱关系、性生活情况和整体生活状态的满意度进行打分。最后，研究人员让他们回忆过去两周的生活和爱情，并给自己的总体感受打分。6个月后，研究人员对问卷调查的结果进行汇总，了解哪些人的恋爱不断升级，哪些已经分手。他们惊讶地发现，这些人在回忆从前时的打分与恋情持续时间并没有关系，而之前在恋爱过程中每天给出的分数则能很好地预测恋情是否能够持续下去。换句话讲，即便恋爱过程中存在一些不悦，之后回忆往事时，这些不悦也会淡化，给往事的打分相对较高。

这看起来很奇怪，但不难理解。比如，在日常生活中，当你经历起起落落时，会让你感到不悦，而奇怪的是，时间的流逝可以平息你对生活的不快，当你回首往事时，你会对自己的生活感到更加满意。

有益的社交令人更快乐

评估快乐听起来似乎就像把彩虹装进罐子里一样不可思议。幸运的是，一些发现的确是有道理的。[17] 比如，你对自己的生活有多满意，首先取决于你与他人的关系有多密切。心理学家埃德·迪纳和马丁·塞利格曼（Martin Seligman）连续几个月对 200 多人进行了研究，通过多次测试来确定谁是真正快乐的。结果表明，那些最快乐的人对自己的总体生活状态满意的时间要比普通人多得多。当事情出错时，他们很少长时间地感到悲伤，当事情顺利时，他们也不会被狂喜冲昏头脑。最重要的是，快乐的人拥有较多的朋友，独处的时间较少。

研究人员让 100 多人戴着会发出哔哔声的手表，提醒他们填写一项有关快乐程度的调查。在性格测试中，外向的人比内向的人更快乐。事实上，那些自称拥有 5 个以上朋友的人比那些拥有 5 个以下朋友的人感到快乐的概率高出近 50%。平均而言，独处带来的快乐微乎其微，以至大多数人宁愿和老板在一起，也不愿独处。

我们还知道，当人们快乐时，大脑内部特定组织受到刺激之后就会发出一种特殊的"光芒"。[18]威斯康星大学的神经学家理查德·戴维森通过脑部扫描和电子记录发现，快乐的人左前额皮质的活动要多得多。左前额皮质的神经元可以帮助你从沮丧情绪中恢复过来，帮你在逆境中实现积极的目标，并抑制杏仁核产生的消极情绪。平均而言，左前额皮质活动程度较高的人对恐怖或恶心的电影不那么反感。更重要的是，这部分大脑活动较强的投资者对他们最近的盈利情况有更好的记忆。这一区域似乎是大脑内部的"光芒"的来源，而患有抑郁症的人则缺乏这种"光芒"：尸检结果显示，患有慢性抑郁症的人的左前额皮质的细胞通常会严重萎缩。

有些人可能天生左前额皮质功能比较强大。戴维森对 10 个月大的婴儿进行了研究。当母亲走出房间一分钟之后，有的婴儿会哭泣，有的不会哭泣。通过比较这两类婴儿，他发现安静的婴儿的左前额皮质比哭泣的婴儿活跃得多。幸运的是，似乎至少有一些出生时左前额皮质功能较弱的人可以通过后天发育变得强大起来。佛教僧侣花数年时间打坐冥想来达到内心安宁，其左前额皮质活动水平似乎非常高，即使不冥想，这种高水平的活动也会持续。刻意驱散消极情绪似乎能催生积极情绪。

金钱只是获得满足感的一种手段，而不能等同于满足感，明白这一事实是获得满足感的一个关键。[19]那些不太看重金钱的人往往比那些物质至上的人更幸福。心理学家埃德·迪纳认为，单纯为了金钱而去追求金钱，对快乐情绪有"毒害作用"。一味追求金钱的人更有可能患上精神疾病（除非他们已经很富有）。不幸的是，不安全感和不确定感几乎能够激发每个人内在的物欲。在规则多变的环境下长大的孩子，或者在严酷或敌对环境下长大的孩子，更容易通过追求金钱来补偿自己之前的精神损失。这就形成了一个恶性循环：以追求金钱为目的导致抑郁、焦虑、压力和家庭关系紧张，而这些反过来又会促使人们更为迫切地追求更多金钱，以期获得精神安慰。

一味追求金钱只会令我们日渐不安。一项调查中，职业女性普遍认为，年收入不超过2万美元的人产生消极情绪的概率是年收入超过10万美元的人的2倍多。事实上，与高收入者相比，低收入者陷入消极情绪的概率只是略高一些，并没有高很多。毕竟，如果你用更多的时间去从事高薪工作，追逐更多的金钱，追逐想象中的幸福，那么，你就只能用更少的时间去追逐真正能给生活增添快乐的事情。

攀比能带来快乐吗？

你很难摆脱跑步机的一个原因可能是你的邻居也在不停地用跑步机锻炼。钱给你带来的感觉有多好，在一定程度上取决于你周围的人有多少钱。

嫉妒是人之常情，但人类并不是唯一在乎自己在同类中排名的生物。[20]许多物种都形成了特有的等级，那些在底层的物种向那些更高层的物种磕头膜拜。有些占统治地位的动物可能会让同一族群内部等级较低者为它梳理毛发，或者让等级较低者服从它在支配食物或选择配偶方面的权威。当动物在自己物种的图腾柱上处于低水平时，它们的血液中往往会有高水平的应激激素。当一只老鼠被群体中更强大的成员吓到时，它的大脑里某种蛋白质的分泌数量会增加，以此来增强对这种消极情绪的记忆，从而促使这只弱势的老鼠产生"社交挫败感"，这种挫败感不仅仅针对那只强势老鼠，在未来数周内还会针对周围的每一个同类。低等级的老鼠往往会失去食欲，变得昏昏沉沉，睡眠断断续续，肾上腺增大，分泌更多应激激素。在鱼类中，当一些弱势的鱼的地盘被同一族群中那些较为强势的鱼控制之后，这些弱者就会停止分泌一种能提高繁殖力的蛋白质，也就是说，它们"拥有"的"不动产"越少，它们的繁殖欲越低。

神经生物学家迈克尔·普拉特（Michael Platt）训练猴子把果汁作为货币。这些拥有果汁的猴子为了一睹等级较高的猴子的照片，愿意拿自己的果汁作为交换。相反，对等级较低的猴子的照片，它们则没那么慷慨，只愿意拿出少量果汁作为交换。在族群中占据主导地位仅仅3个月后，猴子体内负责吸收多巴胺的某种特殊分子的数量就增加了20%。由此来看，在等级系统中高高在上的确会强化大脑中的奖励中枢系统。

我们现代人的思维仍然保留着这些对社会地位的原始反应。[21]当德国的年轻人看汽车照片时，他们强烈地倾向于看绚丽夺目的跑车，而不是小型车或笨重的轿车。这不足为奇。对这些男性的脑部进行磁共振扫描的图像显示，仅仅是看着跑车，他们大脑反射系统的奖励中心就会被激活。事实上，只要瞥一眼那种令人羡慕的汽车，观看者的大脑就能充满多巴胺，这与一个男人看到一张美女的照片时大脑充满多巴胺是同样的道理，受刺激的大脑区域是相同的。这种被称为"车欲"的疯狂行为，很可能是由一种古老的、原始的、想要炫耀和提升社会地位的欲望驱动的。

嫉妒和攀比的根源如此之深，以至它们已经变成了我们生理构成的部分本能。在以狩猎采集为生的社会中，占优势的个体之所以占优势，正是因为他们更善于获取和保存稀缺的资源。相互嫉妒和攀比可能对早期人类的繁衍有好处：通过观察那些掌握更多资源的人，我们的祖先学会了如何让自己也获得更多资源。比如，嫉妒并模仿那些最擅长摘水果的群体成员，有助于自己学习如何采摘更多的水果。可以说，在原始社会，嫉妒有助于我们祖先的生存。

然而，嫉妒和攀比在我们的现代基因中依然根深蒂固，这实属一件喜忧参半的事情。对当今西方社会的大多数人来说，生活已不再是一场同饥饿的斗争。不去模仿成功者也不会让你没有孩子或早逝。轻度的攀比是有益的，能够激励你努力工作，增强你对未来的希望，让你不沦为一个十足的守财奴，并促使你在访客到来之前把房子打扫干净。

然而，《十诫》以一份令人震撼的清单——列出了所有"你不可贪恋"（Thou shalt not covet）的东西来结尾，不是没有道理的。虽然偷偷嫉妒是一种积极的动力，但是长期的攀比情结会毁了你的生活。如果你无法控制这种古老的冲动，盲目把自己的成功与其他人的成功进行比较，那么你的幸福将永远取决于别人拥有多少钱，而不是你自己拥有多少钱。这是你永远无法控制的事情。为了赶超别人而总是想要更多钱，导致数以百万计的人永远感觉不到快乐。

即使你认为自己不在乎攀比,也可能在不知不觉中有了攀比情结。[22] 想象一下两种情况:一种情况是,你在中产社区里买了最大的房子;另一种情况是,你在富人社区里买了最小的房子。在这两种情况下,你的收入都属于中上阶层,而且这两套房子的价格都是一样的。在哪个社区你会更快乐?

从财务上讲,富人区的房子可能是更好的投资。然而,从心理上来讲,你更倾向于生活在中产社区。在那里,你不会住得久了便嫌弃自己的房子太小,你的邻居花的钱也不会一直比你多。一项针对300多个城镇的7000多人进行的研究发现,总体而言,你所在社区中那些最富有的人挣的钱越多、你的邻居挣的钱越多,你对自己的生活可能越不满意。

在瑞士,研究人员针对数以千计的人进行了调研,问他们觉得多少收入才能满足所有需求。调查显示,收入每增加10%,人们就希望自己能再多挣4%。换句话讲,你拥有得越多,想要的就越多。

近5200名英国员工被要求评价自己对工作和收入的满意度。与从事类似工作的人相比,一个人挣得越少,对自己的工作和工资就越不满意,即使他原本已经挺富裕了,也依然有欲求不满的感觉。换句话说,如果一份工作的报酬非常微薄,那么只要一个人的收入高于其他人,就更有可能感到幸福;而如果一份工作的报酬很高,那么只要一个人的收入低于其他人,就更有可能感到不悦。

这似乎就是为什么许多贫穷国家的人比美国人、欧洲人所想的还要幸福。当你认识的几乎所有人都和你一样穷时,你就不太可能有攀比情结。因此,马萨伊人和因纽特人的生活中基本没有电和电视,他们很少关心内罗毕或纳诺塔利克的人有多富有,更不用说关心比弗利山庄、达拉斯或苏黎世的人了。

你的钱能让你感到多快乐,甚至取决于你如何与自己的家庭成员相比。记者门肯(H. L. Mencken)曾经打趣说:"财富就是比你的连襟至少多 100 美元的收入。"经济学家的发现表明他的说法是对的:当丈夫赚的钱多于姐妹的丈夫时,女性更满意家庭的收入。此外,与那些收入多于父母的人相比,那些收入少于父母的人即使原本已经挺富裕了,感到快乐的可能性也比较低。

将自己的财富与朋友的财富进行比较也会造成伤害。《金钱》杂志在 2002 年做的一项调查发现,63% 的富裕美国人同意这个说法:"同比我富裕很多的人交朋友比较难。"只有大约 20% 的人认同下面这个说法:"同比我穷的人交朋友比较难。"这是追逐财富会让自己感到更加贫穷的另一个原因。你的新增财富或许会让你和老朋友失去联系。既然积极的社交生活是获得快乐的关键之一,那么最终变得更富有却更孤独并不算更有意义的生活方式。

快乐能换来钱吗?

有人曾打趣地说:"快乐有什么好处?又不能用它来换钱。"这句话很聪明,但可能不是真的。心情好的人更倾向于尝试学习新技能,从更广阔的视角看问题,为问题想出创造性的解决方案,与他人合作愉快,坚持不懈,而不是轻易放弃。如果你正在写一份如何赚更多钱的秘方,"快乐"是你首先要考虑的因素。"发生"(happen)

和"快乐"(happy)来自同一个古英语词根,快乐的人似乎能让好事更频繁地发生。

神经学家理查德·戴维森发现,在注射流感疫苗后,左前额皮质(大脑产生快乐情绪的主要区域之一)越活跃的人产生的抗体越多,这表明他们的免疫系统更强。[23] 无论是人类还是猴子,大脑的这部分越活跃,血液中的应激激素水平就越低,有助于防止我们对日常生活的起起落落做出过度反应。快乐的女性在一天开始时体内的应激激素水平较低,而且在一天中都保持在较低水平。对近1000名荷兰老年人的调查发现,那些笑得更多、对未来充满期待、努力实现目标的人比那些不那么乐观的人死亡率低29%。性格外向对你的健康也有好处:外向的人血液中的糖化血红蛋白水平较低,这表明他们患糖尿病和相关疾病的风险较低。

1976年,一项调查要求数千名大学新生给自己的快乐程度打分。近20年后,那些在快乐指数排名中名列前茅的人的平均收入比得分最低的人高出31%。快乐的职业板球运动员的平均击球率比忧郁的运动员高,而那些更有自信、更快乐的员工也更少缺勤——在俄罗斯也是如此。一项针对三家美国公司近300名员工的研究发现,员工越快乐,18个月后的工资就越高。[24] 更快乐的首席执行官更有可能拥有效率更高、产生效益更好的员工。而那些不管赚了钱还是赔了钱都保持好心情的短线交易员,随着时间的推移,往往会获得更高的回报。

道理很简单:你越快乐,可能就越长寿、越健康,拥有的钱就可能更多。

让自己成为幸运者

1994年5月一个美好的早晨，小巴尼特·赫茨伯格（Barnett Helzberg Jr.）经过纽约市的广场酒店时，听到有人大喊："巴菲特先生！"赫茨伯格转过身来，看见一个穿红色衣服的女人在和一个男人说话。他认出那个男人是沃伦·巴菲特。赫茨伯格回忆道："我走过去对他说，我是堪萨斯城赫茨伯格钻石公司的巴内特·赫茨伯格，也是伯克希尔-哈撒韦公司的股东，我非常喜欢你们的年会，我相信我的公司符合你们的投资标准。"[25]

几周后，巴菲特就以未披露的价格从赫茨伯格及其家族手中买下了这家公司。"我的运气真是不可思议。"赫尔茨伯格说，"你越相信自己是幸运的，你就越幸运。"

赫茨伯格的故事表明，幸运不仅仅是在正确的时间出现在正确的地点，而是要主动出击，发挥正确的时间、正确的地点带来的优势。1970年，美国海军上尉罗伯特·伍德沃德（Robert U. Woodward）向海军作战部部长办公室递送了一个文件。由于暂时找不到人签收，所以他只好坐在那里等。过了没多久，一位上了年纪的人也走进了等候区，静静地坐了下来。上尉强迫自己看了一眼这位长者，做了自我介绍，且很快就摆脱了紧张情绪，向这位陌生的长者滔滔不绝地说起作为一个年轻海军军官的烦恼，他不知道如何度过余生。

结果两人发现，他们都曾在乔治·华盛顿大学读过研究生，有了这个共同点，二人便聊得更投机了。这位长者的名字是马克·费尔特（Mark Felt）。他主动给这位年轻的上尉提出了职业生涯建议。

此后，二人一直保持联系。不久之后，这位上尉就从海军退役了，成了《华盛顿邮报》的一名记者，而这位长者竟然是联邦调查局的高官。费尔特后来成为伍德沃德和卡尔·伯恩斯坦（Carl Bernstein）撰写水门事件相关报道的秘密线人"深喉"。

在他们握手之前，伍德沃德并不知道费尔特是何许人也，也没有任何迹象表明自己日后会成为一名调查记者。如果伍德沃德像等待室里那些典型的沉默者一样坐在那里，他和伯恩斯坦也许永远也无法揭露水门事件的全部真相。通过把一个陌生人变成朋友，伍德沃德最终改变了美国历史。

英国心理学家理查德·怀斯曼（Richard Wiseman）对数百名自称非常幸运或非常不幸的人进行了研究，发现有些人确实比其他人幸运，而且幸运属于一种技能。怀斯曼指出，幸运的人往往有几个共同的特点，这些特点有助于给他们带来好运。

➢ **不会轻言放弃。** 怀斯曼说，不幸的人容易在厄运面前崩溃，而幸运的人则把坏运气当作一种学习经验的机遇。托马斯·爱迪生为了找到适合用作灯丝的材料，进行了一次又一次艰苦的试验，测试了数千种材料，包括黄杨木和竹子。（他说天才是 1% 的灵感加上 99% 的汗水，他亲身体会到了自己在说什么。）最后，爱迪生终于发现了碳化棉线可以用作灯丝。如果他轻言放弃，那么今天当你有一个好主意的时候，你就不会用头上亮着灯泡的图案来表示。

➢ **喜欢利用发散思维。**[26] 幸运的人好奇心强，善于观察，渴望参与和探索周围的世界。1946 年，雷神公司（Raytheon Corp.）的工程师珀西·斯宾塞（Percy Spencer）走进一个实验室，那里正在测试短波雷达核心的磁控管。过了一会儿，他有一种奇怪的感觉，他口袋里的糖果棒正在融化。果然,它变成了一小包巧克力花生汤。斯宾塞并不是第一个遇到这种情况的工程师,但他是第一个对此进行进一步研究的人,尽管他之前只接受过文法学校的教育。斯宾塞立刻拿了一袋爆米花,把它放在磁控管前面。之后,他又拿出一个鸡蛋做实验,不久爆米花和鸡蛋都爆炸了。斯宾塞抓住这个巧合,发明了微波炉。如果你过于狭隘地专注于手头的任务,你可能永远不会养成发散思维,从而错过了社会学家罗伯特·默顿(Robert K. Merton)所说的"让意外发生的重要性"或"结构性不确定性"。

美盛集团的基金经理比尔就强迫自己形成发散思维。他购买了美国在线和戴尔电脑等传统"价值型"投资者不会碰触的股票,从而创造了出色的投资记录。几十年前,富达麦哲伦基金的彼得·林奇从世界各地获得了投资灵感,包括他妻子的新连裤袜;对于购买其他选股者从未关注过的资产,比如瑞典汽车公司或长期国债,他没有任何顾虑。聪明的投资者不会戴着眼罩在一个地方挖隧道,相反,他们对任何事情都睁大眼睛,只要有可能,就投身于意外之旅。

➤**总是着眼光明**。想象一下,有两辆车,每辆车里只有司机一个人,两车以高速迎面相撞,两辆车都报废了,两个司机都没有大碍。着眼倒霉的那个人哭着说:"天哪,看我的车!"着眼幸运的那个人说:"谢天谢地,我还活着!"一个人只看到事物的消极面,另一个人看到的却是积极面。假如他们都拿着同样一杯水,那么,觉得自己是幸运儿的人会认为杯子是半满的,而觉得自己不幸的人则会认为杯子是半空的。

再看看随后会发生什么。觉得自己很幸运的司机，会庆幸自己大难不死。于是，对以后出现的任何阻碍和困难，都会耸耸肩。他告诉每个人，仅仅是生存下来就是一个奇迹。其他人被他的热情感染，祝贺他的好运。他们的赞许使他感到更加幸运。

认为自己倒霉的司机会把注意力集中在任何出错的地方，不管问题有多小，他都觉得这是老天在跟他作对。服务员发现了他的消极情绪，就磨磨蹭蹭地打发时间；保安要求他出示好几种身份证件；收银员甚至不对他讲"祝您心情愉快"。到最后，他相信自己正在遭受诅咒。

哪个司机会在生活中取得更大的成功呢？答案是不言自明的。尽管他们从同一个起点出发，却把自己推到了相反的方向。正如路易斯·巴斯德（Louis Pasteur）所说："机遇偏爱有准备的人。"

生命中的时间

你愿意今天得到 10 美元，还是明天得到 11 美元？如果你和大多数人一样，你宁愿今天得到 10 美元，也不愿意用 24 小时等待额外的 1 美元。[27]

接下来，考虑一下这个问题：你是愿意从现在起的一年后得到 10 美元，还是正好在一年零一天后得到 11 美元？即使这仍然需要多等 24 小时，但大多数人会把答案改为 11 美元。不知何故，未来似乎比现在更容易保持耐心。

这个思维练习揭示出，在做决定时，你的大脑经常会陷入混乱状态。就连我们关于时间的谚语也是自相矛盾的。比如，我们既说"双鸟在林,不如一鸟在手",又说"小鸡孵出之后才算数";既说"早起的鸟儿有虫吃",又说"慢而稳者胜";既说"犹豫的人必失良机",又说"一切美好的事物都青睐愿意等待的人";既说"落后者遭殃",又说"傻瓜却往天使不敢涉足的地方冲去"。说到时间,我们简直三心二意。一方面,我们浮躁和不耐烦,痴迷于短期收益,渴望现在消费和快速致富。另一方面,我们有能力为几十年后的目标留出资金,比如孩子的大学学费或我们自己退休后的生活费。

普林斯顿大学的神经学家乔纳森·科恩援引了《伊索寓言》中关于蚂蚁和蚱蜢的故事:蚱蜢为今天而活,蚂蚁为明天做计划。我们每个人的大脑中都有一只蚱蜢和一只蚂蚁在围绕我们关于时间的决定做斗争。正如我们在第二章所说的那样,情绪性的蚱蜢代表大脑的反射系统,分析性的蚂蚁代表大脑的反思系统。你不可能成为一个成功的投资者或一个完全快乐的人,除非你能控制住你内心的冲动。

尽快消费、借贷和交易的欲望源于我们与大多数其他动物共有的大脑反射系统的情感回路。许多种鸟类和啮齿类动物的实验已经表明,它们一般不会冒着额外的风险去增加食物或其他奖励,但如果缩短等待奖励的时间,它们通常愿意冒更大的风险。在自然状态下,缺乏耐心往往是值得的。这种心理倾向可以追溯到数百万年前,那时,生命短暂,食物容易腐烂,地盘难以保卫。因此,不看长远,只为当下是很有意义的。

一夜暴富总会给我们带来一种特殊的刺激,因为它的原始版本恰恰就是曾让人类祖先幸存下来的动力。[28] 但时至今日,我们的世界在物质方面已经很富裕了,以至我们可以为明天而活。对长远未来的关注则源自大脑反思系统的分析中枢,这是人类所特有的。当然,其他动物也会未雨绸缪,事先计划,也会估计回报的大小及需要等待的时间,并据此权衡利弊。但人类之外的其他任何生物都不会通过制订如此复杂的计划去触及那么遥远的未来。然而,我们的计划并不总是正确的。无论以何种方式,几乎每个人都会时不时地被时间绊倒一下。[29]

- 当美国人离职时,他们可以将自己的401(k)计划账户里的钱"转存"到另一个退休金储蓄账户,或者在给国税局缴纳一笔罚金之后,把里面的钱提取出来。不到一半的人选择将存款转入未来储蓄,12%的人把钱花在消费品和日常开支上,还有22%的人用这些钱买房、创业或偿还债务。对许多人来说,现在花钱的诱惑压倒了为未来存钱的决心。
- 投资者更愿意购买每年额外收取0.75%费率的共同基金,而不愿购买提前一次性收取5.75%费用的基金,尽管这样做会带来更高的回报。
- 成千上万的信用卡公司激烈地竞争。那么,为什么他们收取的利率从未低于20%呢?大约50%的信用卡用户认为自己肯定每次都能全额还款,不会支付额外的利息,但大约75%的账户每个月都要支付利息!在申请信用卡的时候,人们不会被高利率所困扰,因为他们认为自己永远不会分期偿还。在使用信用卡之后,他们几乎都曾有过分期偿还的经历。
- 如果你在62岁时开始领取养老金,那么每个月领到的钱只有几年后开始领取时的 75%。但大约 70% 即将退休的人选择在 65 岁之前开始领取养老金。他们的不耐烦让他们更快地拿到了一些钱，而代价是以后失去了一大笔收入。

- 大多数去健身房的人都会提前付费，每月或每年付一次，以此强迫自己去健身。但事实上，他们也不经常去健身房。如果按照次数付钱，也就是说，每去一次付一次钱，反倒可以省下一笔钱。但他们害怕改变付款计划就会完全不去健身房。
- 为了鼓励美国军人提前退休，20 世纪 90 年代初，五角大楼开始提供军龄买断计划。军官和士兵可以在一次性预付现金和长期年金之间做出选择。结果，在参与该计划的军人里面，超过 90% 的人选择提前一次性领取了这笔钱。这笔钱看似很多，但在以后的日子里，他们平均会损失 3.3 万美元。
- 在洛杉矶韦斯特伍德的一家咖啡馆里，如果顾客有一次机会参与赌博，各有 50% 的概率赢 20 美元或输 10 美元，那么 2/3 的顾客愿意参赌。如果有 100 次机会，输赢概率是相同的，那么只有 43% 的人愿意参赌。几乎可以肯定的是，未来会有更大的收益，还不足以抵消当前可能出现的损失带来的痛苦。

普林斯顿大学的乔纳森·科恩领导的一个研究团队探索了"蚂蚁"和"蚱蜢"是如何随着时间的推移在你的大脑中斗争的。[30] 研究人员让人们在亚马逊网站的两种礼券中做出一系列选择：一种是更快地获得更少的钱，另一种是以后会获得更多的钱。（一个典型的选择是，要么在今天拿到价值 20.28 美元的礼券，要么等到一个月后才能拿到价值 23.32 美元的礼券。）科恩的研究小组发现了一个简单却惊人的现象：无论你是追求即时的满足还是延迟的满足，你的前额皮质和顶叶皮质的反射区都会被激活。但只有当你选择较早的奖励时，你大脑的反射系统才会发挥作用，并在伏隔核和附近区域引发剧烈的活动。因此，选择即时的收益会给你带来多巴胺的刺激，除非未来的收益更大，否则选择延迟的回报无法刺激你的大脑产生多巴胺。科恩说："要想让这个系统像获得即时奖励那样兴奋，就需要一个非常丰厚的未来奖励。"

这就解释了为什么大多数人宁愿今天赚 10 美元，一个月后再赚 1 美元，也不愿等到明天赚 11 美元。当你能立即拿到 10 美元时，只要想想它，就会促使多巴胺爆发，不愿多等待一天去多获得 1 美元，此时，"蚱蜢"代表的大脑反射系统占据上风。然而，如果你直到很久以后才能获得其中的 10 美元或 11 美元，那么你的反思系统就不会被反射系统的情绪淹没，你就可以做出不那么冲动的选择，此时，"蚂蚁"代表的大脑反思系统占据上风。

很久以前，心理学家沃尔特·米歇尔（Walter Mischel）给学龄前儿童提供了一系列类似于"蚱蜢与蚂蚁"的选择。比如，现在可以获得一个棉花糖，或 15 分钟后获得两个棉花糖。他发现，一些 4 岁大的孩子往往能够通过玩一个弹簧之类的玩具来分散自己的注意力，从而抑制和延迟自己的满足感，而事实证明，这样的儿童长大之后往往能够拥有更好的社交技能、更强的自信心，其学业能力倾向测验分数也更高。[31]

如同棉花糖一样，金钱也是如此。研究人员让人们想象自己赢得了 10 张高档餐厅的用餐券，在未来两年的任何时候都可以用。

研究人员问，谁会在第一年用完全部用餐券，以致在第二年可能会懊悔？25%的人承认会这么做。那么，有多少人愿意接受只能在第二年使用的用餐券呢？只有7%的人表示愿意。引人注目的是，与其他人相比，这7%的人在他们的退休账户上存的钱也是比较多的。只有自控能力更强的人才会储蓄，这是政府在考虑将社会保障事业私有化时应该牢记的一点。

收益和损失在当下对人们的情绪具有如此强大的影响力，但当它们被推迟到未来时，这种影响力就会消退。由于这个事实，我们会长期困惑于买入某个东西的价格和拥有它的成本。我们对前者非常敏感，因为它发生在当下，而对后者不那么敏感，因为那是以后的事。一个世纪以前，一个名叫金·坎普·吉列（King Camp Gillette）的人利用我们大脑中的这种怪癖发家致富：他首先哄骗人们几乎不花钱就可以买一把剃须刀，然后让他们每隔几天就买一把新的刀片，直到永远。这也是为什么今天的消费者在以极低的价格购买喷墨打印机时如此兴奋，后来才意识到，更换墨盒将无限期地花掉他们一大笔钱。是你内心的"蚱蜢"在挥霍，让"蚂蚁"想办法为它买单。

拖延症

"我晚一会儿再做。"我们都说过这种话，而且它看起来也没什么害处，但它会对你的财务生活产生巨大的影响。[32]

哈佛大学经济学家戴维·莱布森（David Laibson）说："所谓拖延，就是指把一项令你不悦的任务推迟到你觉得本应完成的时间之后。"当然，令人不悦的任务常常会在未来带来愉快的结果。我们最容易拖延的事情恰恰是对我们有好处的事情，比如，在401（k）账户里储蓄更多养老金，戒烟，按时全额偿还信用卡账单，锻炼身体，提前支付抵押贷款，节食，提高我们的保险免赔额，注册网上银行，按时支付生活账单，为了购买更便宜的电话服务而货比三家，为抵扣税金而提交自己的开支账户。

德保罗大学的心理学家约瑟夫·法拉利（Joseph Ferrari）估计，25%的美国人是慢性拖延者，他们在截止日期前习惯性地拖延。（他说，无论年龄大小，男性和女性拖延的程度都差不多。）根据美国国税局的数据，2005年，在美国1.2亿美元的退税额度中，有27%是在最后一刻由纳税人提交申请的（还有在截止日期之后被提交上来的）。换言之，从4月9日到4月22日，人们共提出了3200万美元的退税申请。近40%的退税额度一直没人申请。由此可见，即便从政府那里拿回税金的刺激也不足以阻止人们拖延。

在一家美国大公司，68%的员工认为他们的401（k）储蓄利率"太低"。超过1/3的受访者表示，他们已经计划在未来几个月提高401（k）养老金的缴存额，但其中只有14%的人真正实现了这些美好愿望。

所以，问题不是我们不知道什么对自己有益，只是觉得明天似乎比今天更适合做这件事。当明天来了，又觉得后天去做会更好。

这是因为很多事情即便今天做了，也只能在未来获得好处，这些延迟的好处是模糊的。然而，你要在当下付出一定代价，这种代价是真真切切、迫在眉睫的，会严重影响你的情绪。比如，当你锻炼的时候，你必须从忙碌的一天中挤出一个小时，变成气喘吁吁、汗流浃背的样子。当然，未来你可能会减肥，并收获更长寿、更健康的生活，但好处来得晚，代价却发生在当下。同样，如果你今天把更多的资金存入401（k）账户，那么未来几十年后退休时，你的生活将变得更富有。但你在当下首先要从浩如烟海的资料中选取适合自己的基金，要忍受一个轻微缩水的钱包带来的支出紧缩，而且代价就在当下，当你想换一双鞋子的时候，不得不压抑自己的欲望。好处要到很久以后才会显现。你的大脑反射系统中的情感回路只关注眼前的代价，从而阻止你的大脑反思系统分析未来的收益。

因此，当把今天真正应做的事情推迟到明天时，我们其实相当于把成本推到了未来，觉得到那时，克服这些麻烦肯定比现在容易。通过这个小把戏，我们假装已经重新平衡了心理账户的成本端和收益端。既然成本和收益都被推迟了，你就很容易用这种不负责任的方式度过自己的一生，每天对自己许下新的承诺：从明天开始，要吃得健康，戒烟，多锻炼，多储蓄，少花钱，而这些承诺却一再被打破。

老年时光依然可以很美好

想象一下自己突然变老了。如果你现在20多岁、30多岁或40多岁，你可以想象一下自己老去的样子：一点烦恼都会让你暴怒，除了自己名字之外的事情都忘了，低于电锯的声音都听不到，每天看着电视就能睡着，晚上要把假牙拿掉，浑身上下从里到外一直疼痛。在《我这一代》（*My Generation*）这首歌中，谁人乐队（The Who）的歌手皮特·汤森唱道："我希望我能在变老之前死去。"

年轻人觉得衰老是一件很糟糕的事情,大多数年轻人认为自己享受金钱的能力一定会随着时间的流逝而衰退。[33] 因此,他们为今天而活,努力去消费,不愿意储蓄,大肆挥霍信用卡,试图在高风险投机中迅速致富,而不是通过更可靠的投资慢慢致富。罗得岛州史密斯菲尔德市布莱恩特大学的心理学家希瑟·庞德·莱西(Heather Pond Lacey)说:"很多人害怕变老。这有助于解释为什么年轻人经常从事冒险行为,而不是为了将来去保养自己和储蓄财产。"

但大多数年轻人对衰老的直觉是明显错误的。近 300 名年轻人(平均年龄 31 岁)和近 300 名美国老年人(平均年龄 68 岁)参加了一项在线调查。两组人都估计了一个人在 30 岁和 70 岁时的幸福程度。不仅 30 岁的人觉得自己到 70 岁时会更不快乐,年龄较大的那一组人也认为如果自己变回 30 岁会更快乐。让人吃惊的是:当被要求给自己的幸福度打分时,70 岁左右的人比 30 岁左右的人打的分数高出 10% 以上!令人惊讶的事实是,随着年龄的增长,人们会变得更快乐,只是他们事先没有预料到,甚至可能没有意识到这种情况正在发生。

随着年龄的增长,你会不断地从积累的经历中学习,会忘掉那些曾经让你心烦意乱的事情,转而关注那些最有可能给你带来快乐的事情。[34] 随着时间的推移,你的大脑会成为一个更好的"情绪管理者"。你的好心情会持续更久,你会更快地从坏情绪中恢复过来,你会更善于忘记过去的失望。斯坦福大学心理学家劳拉·卡斯滕森(Laura Carstensen)表明,随着年龄的增长,你会变得更倾向于放下那些可有可无的关系,这样你就可以花更多的时间去陪伴你最喜欢的人，也会放下那些一时的兴趣，投入更多的精力去从事你最喜欢的活动。随着余生渐短，你的幸福感不再单纯源自对快乐的追逐，而是源自那些能够给生命带来意义和成就感的经历。

- 神经学家精确地测量了人们看照片那一瞬间的眼球运动。让一群 20 多岁的人和一群平均年龄 64 岁的人看一个令人不安的画面，比如一名士兵用枪瞄准一个逃跑的孩子，年轻人的眼睛停留在画面上的时间要长 25% 左右。
- 用图表对六种汽车的价格、油耗量、安全性和舒适性等方面进行比较，与年轻人相比，老年人用于评价这些汽车优点的时间比年轻人多出 10% 左右，而用于评价缺点的时间则少了近 20%。
- 无论是年轻人还是老年人，都会快速浏览那些传达快乐、悲伤或恐惧等情绪的图片。后来，老年人回忆起的传达快乐的图片数量几乎和年轻人一样多，但回忆起的令人沮丧的图片数量却不到年轻人的一半，就好像他们的大脑不再存储消极事物一样。
- 当人们在磁共振扫描仪内观看反映不同情绪的照片时，他们的脑部扫描结果显示，年轻人的杏仁核对负面图像反应比较强烈。然而，当出现令人情绪低落的画面时，老年人的杏仁核反而会稍微冷静下来。

神经学家认为，老年人能够自动用前额皮质的反思能力来抵消杏仁核的反射反应。[35] 实际上，随着年龄增长，你大脑的分析能力会增强，更有助于抑制年轻时产生的负面情绪（年轻的你更容易激动）。这就使你更容易看到事物积极的一面，把注意力集中在你想做的事情上。

随着年龄的增长，通过抑制杏仁核对负面事件的反应，你的大脑也会改变记忆的性质。正如我们在第七章看到的那样，当你的杏仁核被某个激起恐惧情绪的事件唤起时，它会像烙铁一样帮助你把这件事烙进你的记忆。但当杏仁核变得不那么活跃时，这件事在未来的记忆中留下的痕迹就会减少。变老不仅使我们有一种去想象美好事情的冲动，还让我们遗忘消极事物。衰老的大脑似乎会像约翰尼·默瑟（Johnny Mercer）那首老歌里的建议一样，"强调积极的一面"，并且"消除消极的一面"。[36]

一旦你了解了衰老的真相，你就会发现，抑郁症在 20 多岁的人群中比在 65 岁以上的人群中更为常见似乎不再令人惊讶。只有在最老的老年人中（80 岁以上的人），抑郁症才像在年轻人中一样普遍。[37] 假设你的总体健康状况保持良好，当你超过 65 岁时，你应该比年轻时对生活更满意。

内心安宁能让年长的投资者更有耐心。在 20 世纪 70 年代的熊市中，只有 65 岁以上的"老顽固"才会在股价下跌时稳定地买进股票。到 1979 年，当《商业周刊》的封面宣布股市死亡时，许多年轻的投资者满怀厌恶地退出了股票市场。但 20 世纪 70 年代股价的下跌为 80 年代和 90 年代的牛市奠定了基础，年长的股民们笑到了最后。那些在下跌中一路买进的投资者在上涨中获得了最大收益。

总而言之，我们对衰老的恐惧是没有根据的。[38] 储蓄很有意义：随着年龄的增长和智慧的增加，你会从财富中得到更多的享受。那时你就会知道这一点，而当你年轻的时候，你永远不会知道如何最好地利用你的钱来给你的生活增添意义和成就感。不要害怕年老，你应该期待收获。随着时间的流逝，你年轻时储蓄和投资的钱会带来更丰厚的收获。如果你利用这本书中的经验教训，让你大脑的反射系统和反思系统发挥最大的作用，那么当你面对未来、迈入未来时，你应该没有什么好害怕的。罗伯特·布朗宁（Robert Browning）的诗歌《拉比本·以斯拉》（Rabbi Ben Ezra）中说得很对：

> 和我一起慢慢变老吧！
> 最好的日子尚未到来，
> 我们的前半生是为余生而造。

让自己快乐起来

从有关幸福的研究中，我们得到了最有力、最令人宽慰的经验：你不一定要很富有才能感受幸福。[39] 要提高幸福感，管理情绪和预期非常重要，其重要性不亚于管好你的钱。你可以采取许多小步骤，也可以采取一些大动作，用最少的努力从你的金钱中获得最大的快乐。让我们先从小事做起。

➤ **深呼吸**。理查德·戴维森对佛教僧侣的研究表明，内心安宁的人，左前额皮质的活动更活跃。左前额皮质是大脑中产生幸福感的中心之一。每天，为自己创造几分钟安静的时间。拔掉所有的电线，关掉你的手机，关掉你的电子邮件。闭上你的眼睛，深呼吸，花点时间冥想、祈祷，或者细想一段让你感到快乐的记忆。当你做完这个练习后，想一件你今天可以完成的事情，越简单越好。当你的投资表现不佳时，这一技巧尤其重要。

➤**关掉电视。**[40] 无论你挣多少钱，嫉妒和攀比都会让你感到寒酸，所以，你应该尽可能少拿自己和别人比较。黄金时段的电视节目和广告用一连串的画面轰炸观众，可能会让任何人因为没有变得更富有而觉得自己是个失败者。对美国、中国和澳大利亚的研究表明，看电视越多，人们越容易相信自己的幸福取决于他们买不起的东西，对生活也就越不满意。如果你想对自己的钱感觉好一些，关掉电视，把时间花在自身爱好上，去上夜校，或者同亲友聚会。

➤**让通勤之路充满快乐。**通勤几乎是每个人最不喜欢的活动之一，而与朋友共度时光则恰恰相反，是人们最喜欢的事情之一。所以，可以想个一举两得的办法：和两三个好朋友合伙用车。这样，你会把消极的经历变成积极的，还能省下一笔油钱。

➤**随波逐流。**如果你发现自己在工作中感到非常困难，就算付出更多努力，可能也找不到解决方案，那就每天拿出一个小时用于运动、欣赏艺术或听音乐，转移一下你的注意力，帮你重新集中精力，远离烦恼。当你回到办公桌前时，解决方案可能突然出现在脑海中。一个类似的现象是，一个美好的假期似乎总能让下跌的股市扭转颓势，这着实令人惊讶。

➤**办一个派对。**[41] 优秀的管理者意识到，提高士气在困难时期比以往任何时候都重要。长期从事期权交易的马克·戈德费恩（Mark Goldfine）说，他经常在交易大厅度过特别糟糕的一天之后，请同事们喝酒或吃饭。他说:"别人都是在度过愉快的一天之后庆祝,但我认为在糟糕的一天之后庆祝一下会更好。这样就不会让市场左右你的情绪,你也不会再生闷气和黯然伤神了。更快乐的人在交易大厅里迎来更多的胜利日。"

➤**结局要高调**。[42] 由于情感记忆在很大程度上取决于一段经历的结局,你或许能够通过操纵结局来影响记忆。比如,在一个为期两周的假期中,要抑制住挥霍的冲动。相反,可以在最后营造一个特别的场合,包括浪漫的晚餐,在夜空下划船,与家人或朋友进行一次惊喜团聚,等等。任何看起来最有可能给你和旅伴留下积极回忆的事情都可以安排到最后关头。愉快地结束你的假期会让你在未来回顾的时候不再感到失望。出于同样的原因,经纪人和理财规划师会把最好的消息留到面谈结束时再提出来,以此提高客户的满意度。

➤**惊喜的人**。正如我们在第四章中看到的那样,意想不到的奖励会触发大脑释放多巴胺。就像你不能给自己挠痒一样,你也不能给自己一份意想不到的礼物。但是给别人一个惊喜是很容易的。你花在别人身上的每一美元都会比你花在自己身上的带给你和他们更多的快乐。不一定要送昂贵的珠宝,真正重要的是情感。

➤**回归学校**。[43] 当人们回顾生活时,总是说最大的遗憾之一就是没有得到足够的教育。不管他们接受了多少年的教育,依然这么说。无论你对中世纪历史、内战、烹饪、计算机维修还是棒球感兴趣,附近的一所大学几乎肯定会为你提供一门物超所值的课程。从沙发上起来,到教室里去,你会学到一些有趣的东西,结交新朋友。同时,你或许还会学到一些新见解,甚至可能帮助你赚更多的钱。

➢ **不要让老人太大胆。** 由于衰老使我们更加强调事物积极的一面，淡化消极的一面，所以，骗子们长期以来一直把老年人作为目标。快速致富计划总是强调好的一面，对年长的投资者来说有着几乎不可抗拒的吸引力。在美国，佛罗里达州的博卡拉顿市（Boca Raton）就汇集了很多肮脏的证券经纪公司，当然也有一些信誉不错的公司。那些肮脏的经纪公司专门把老年人作为行骗对象。随着年龄的增长，人们不喜欢往坏处想，所以给他们一些保护是至关重要的。如果你有年迈的父母，或者自己超过了65岁，那就安装一个垃圾邮件过滤软件，屏蔽不请自来的电子邮件，注册来电显示服务以屏蔽电话营销公司的电话。调查一下那些主动提出为你或你的父母提供理财服务的人，而且在没有参照"排除某些投资的规则清单"和"投资策略声明"（见附录2和附录3）之前不要轻易投资。

➢ **强调积极的一面。** 你是否经常看到爷爷或奶奶变得很沮丧？老年人更冷静、更积极的态度意味着恐惧通常不是激励他们的好方法。如果你强调他们会因为一个错误的决定而承受多大的损失，他们不会听进去。相反，要强调一个更好的选择所带来的积极结果，尤其是能让他们有更大的自由，或者让他们与最珍视的人共度时光。

➢ **朝着目标前进。** [44] 你的大脑反射系统本能地使你很难为未来存钱，因为遥远的奖励不会像今天花钱那样给你带来情感冲击力。诀窍是让你未来的目标尽可能地具体和生动。给你的储蓄账户或退休账户起个昵称，比如"艾米丽的大学储蓄金"或"托斯卡纳别墅基金"，设定一个目标日期，比如"艾米丽的18岁生日——2024

年 4 月 17 日"或"2029 年平安夜"。从杂志上剪下一张照片或下载一些图片,把这些照片贴在你的记账本上。至于钱在未来能为你做什么,你想象出来的意象越多,你的目标就会显得越接近、越具体,你也就越容易为未来储蓄资金。

➤ **算好时间这笔账**。聪明的营销人员知道把回报放在前面,把风险放在后面。这样一来,利益带来的激动提高到了最大,而坏处给人带来的不安则降低到了最小。强迫自己不仅要关注股票当前的买入价格,还要关注持有的总成本。比如,如果你正在办理抵押贷款,不能仅仅因为月供较低而放弃 15 年贷款期限,选择 30 年的贷款期限,要强迫自己看一看将要承担的总债务的差额。不要想当然地认为没有前端费用的共同基金比年费较低的基金更便宜,请先查阅一下招股说明书的收费表。无论何时,你在购买大宗商品的不同支付方式之间做出选择前,都要索要一份书面报告——对每种支付方式的成本进行分析,不仅要看今天,还要看到 5 年以后。你可能会突然意识到,你原本觉得自己节省了一笔费用,结果未来会导致自己支付更多成本。

➤ **抑制住挥霍的冲动**。如果你发现自己一直挥霍无度,后来却觉得很痛苦,那就把钱存起来。用正常的账户支付日常生活费用。然后单独创建一个专门用于挥霍的账户,并将借记卡与之关联。取消你的信用卡,用碎纸机销毁它们。这样,你就保持了用卡支付的便利,但与信用卡不同的是,你的花费不会超过你手头的钱。

➤ **自己创造运气**。[45] 心理学家理查德·怀斯曼多年来一直在研究那些异常幸运(或不幸)的人。最令他难忘的例子之一是一位女士,她在去参加聚会之前,会考虑穿哪一种颜色的衣服。然后,她和房间里每个穿这种颜色衣服的人交谈。通过强迫自己以一种系统性的方式变得友好,她邂逅了一些她可能永远不会与之交谈的人,并被邀请出去约会。

通过打破常规,拥抱新的体验,你可以释放你的好奇心,接受新的想法。你越经常让自己走在好运的路上,你就越有可能在你的投资或商业生活中获得好运。

每周去一个新地方吃一次午餐,和其他部门的人一起出去喝咖啡,与陌生人攀谈;如果你通常乘公共汽车上班,那就多走一段路再坐车。每天训练自己注意周围世界的不同之处:人们开什么车,穿什么牌子的鞋,用什么牌子的手机。寻找新的信息来源,比如网站、杂志、商业出版物。要偶尔偏离一下自己通常的兴趣。1998年,出于无聊的好奇心,我在机场书店买了一本《科学美国人》(Scientific American)杂志,读了一篇关于神经科学的文章,如果说有什么因素促使我去读这篇文章,那就是它精美的插图。令我震惊的是,我发现那些大脑被切掉一半的人计算概率的方式与我们截然不同。这最终让我产生了对投资的深刻见解,而这些见解是我在平常的投资渠道中永远也找不到的。如果那天我没有冒险打破一下我平常的阅读清单,这本书就不会问世了。

怀斯曼还建议列一个"幸运目标清单",目标要尽可能具体和现实,比如,不要笼统地说"我想发财",而是要说"下个月我想要开发10个新客户"。然后,督促自己朝着这个目标努力。给自己设定几个目标,这样就算在一个目标上运气不好,也可能在另一个上收获好运。

➤ **现在就做。**[46] 拖延是财富的劲敌之一,也是不快乐的最大来源。我们都知道自己应该存更多的钱，而且我们深信只要有更强大的意志力，就会存更多的钱。但心理学家罗伊·鲍迈斯特（Roy Baumeister）通过一项极其聪明的实验证明，人们的意志力往往都是不够用的。他让第一组人坐在烤炉前，烤炉里有新鲜的巧克力曲奇饼干，他告诉他们，桌上那个碗里的萝卜，他们想吃多少都可以吃，但曲奇饼干是不能吃的，之后让他们单独待几分钟。与此同时，第二组人想吃多少饼干就吃多少。最后，鲍迈斯特让所有的实验对象解答一道几何难题。那些之前需要集中意志力去抵制饼干诱惑的人，比那些想吃就吃的人放弃解题的速度快一倍多。显而易见的教训是：至少在短期内，意志力不是一种可再生资源，使用了它，你就会失去它。你的意志力很容易被耗尽，如果你觉得在需要的时候就能拥有它，那你太傻了。

幸运的是，哈佛大学经济学家莱布森指出："通过今天的承诺锁定明天的行为，你就建立了一个不必控制自我的世界。"以下是几种有助于你履行承诺的简单方法。

第一，与朋友建立联系。如果你认识的某个人正在努力实现同样的目标，那就一起努力吧。约定达成共同目标的日期，以及达成目标后你们给予对方的奖励（可以是在你最喜欢的餐厅吃一顿饭，看一场电影，或其他任何能让你开心的事情）。如果你们中只有一个人在截止日期前完成了目标，那么你们两个都得不到奖励。

第二，向你的伴侣做出承诺。如果有一些任务你一直在拖延，那就告诉你的伴侣或其他重要的人，你最终会在本周五完成它，如果没有完成，那么下星期六你将做他或她指定的家务。

第三，用技术手段督促自己。假设你知道你应该为自己的

401（k）账户增加一笔钱，但犹豫不决，那么莱布森建议你告诉一个朋友，如果你到下周五下午 5 点还没有完成，你就欠他一个礼物（任由你朋友挑选）。握手约定，以后不许逃避责任。然后，使用你的手机、个人数字助理或 www.backpackit.com 等网站提供的在线日历，创建一条消息，该消息将在周五上午自动发送给你的朋友。莱布森建议，提前给自己设置提醒，说他 5 点要和我谈！如果这些都不能让你在星期五前很好地行动起来，你一定要在那天的 4:45 左右进入高速运转状态，加快实现自己的计划。

第四，各个击破。做事情要循序渐进，而非一蹴而就，这样可以让行动的代价看起来不那么令人痛苦。假设你一直想在网上支付所有账单。不要尝试一次全部支付完，这太吓人了；相反，分开支付，比如，先支付长途电话费。你会惊奇地发现先注册一下是多么容易，然后你还会发现不用写支票、不用盖章、不用贴邮票、不用邮寄的感觉是多么好。这样，通过各个击破，而不是一蹴而就地全部支付完，你就会明白成本与收益相比是微不足道的。不久，你就可以在网上支付所有的账单了。

▶ **提升自己的快乐。**[47] 心理学家马丁·塞利格曼表示，每天写快乐日记，坚持一周，只写下发生的三件好事，以及你认为它们发生的原因，就能让你在未来几个月里明显更快乐。这就好像数祝福的行为不知何故会让幸福成倍增长一样。

你也可以进行塞利格曼所说的"感恩之旅"：想想那些对你的生活产生过巨大积极影响的人。写一封 300 字的感谢信，详细说明对方曾经做了什么，这对你的人生有什么意义，以及你为什么心存感激；然后找出这个人今天在哪里，并提出过去拜访。如果对方问你为什么想去拜访，你可以说这是一个惊喜。到达后，大声朗读你写的感谢信。如果你觉得这太情绪化了，就陪他/她坐着，让对方去读吧。这会给你们带来持久的温暖。

另一个练习是想象最好的自己。想象一下，如果你所有的目标都实现了，所有的梦想都成真了，你的生活将会是什么样的。想象一下，从这个未来的有利位置回顾一下，那时你最自豪的是什么。尽可能详细地描述一下未来的自己。把这个想象中的美好状态写到一张纸上，放在钱包里随身携带，或者写在便携式电子设备的一个文件里。每当你想到一个新的细节，就把它添加进去。

最后，在每年辞旧迎新之际，比如在1月，当许下新年愿望——例如要更新一个投资账户，你就填写一份简单的进度报告，督促自己完成。把你的生活分成几个主要类别，爱情、友谊、健康、工作、娱乐、金钱、学习、风险和整体幸福感，从1到10给自己打分。将这些条目添加到你的净资产报表中，并逐年跟踪它们，这种简单的方法有助于你发现为实现更丰富的生活目标还需付出哪些努力。当情感这笔"财富"增加之后，你的物质财富最终也可以增加。

➢ **行动和存在比拥有更好。**[48]试图通过赚更多的钱来获得快乐会让你忽略一些简单但深刻的东西。通往幸福的道路有三条：拥有、行动和存在。"拥有"的核心是购买和持有，马丁·塞利格曼称之为"快乐生活"（pleasant life）。但正如拥有一辆新的SUV那样，这不可能让你在通往幸福的道路上坚持很长时间。"行动"的内涵是经历和活动，是塞利格曼所说的"好生活"（good life）。与家人或朋友组织一场特殊的聚会，单纯地为了学习而去大学听课，或者培养一种爱好，这些都可以产生美好记忆。创造新的技能，开拓你的视野，从而带来更持久的幸福。"存在"是投身于超出自我的事业，实现自我的拓展和充实：把你的一部分时间和精力投入一个想法、一个事业，或者一个你想融入的社群。在慈善机构做志愿者，在礼拜堂做向导，或者为你最喜欢的慈善机构筹款，这些行为都能让你感到自己正在改变别人的生活，在这个过程中感到充实。这种归属感和责任感创造了塞利格曼所说的"有意义的生活"（meaningful life）。

坏消息是，正如我们之前了解的那样，你花在"拥有"上的钱会产生递减的回报；无论你买什么东西，你越习惯，从中得到的快乐就越少。好消息是，你花在"行动"和"存在"上的钱会给你的生活投射更为持久的光芒，因为经历会在你的记忆中闪耀，归属感会让你的自尊感更加强烈。最后，过上一种富足的生活与其说取决于你拥有多少，不如说取决于你做了多少、你代表什么，以及你如何充分发挥自己的潜力。正如沃伦·巴菲特的商业伙伴查理·芒格喜欢说的那样："要得到你渴望的东西，最可靠的办法是让自己配得上它。"要成为一个真正明智的投资者，你必须记住一点，即运用本书中的经验和技巧挣钱只是一种手段，而不是目的。实现"自我价值"的最大化比增加净资产更重要。最具价值的投资是把钱花在能让你的生活更有价值的目标上：发挥你与生俱来的天赋，让自己对别人更重要，让你周围的世界变得更美好。考虑到大脑的运作方式，幸福并不取决于你能买多少东西，而是取决于你发现自身价值有多大。

附录 1
十条基本的投资规则

1. 以整体视角看待投资。要保持冷静，盯住总净值，而不要强调每项投资的短期变化。在你买入股票或共同基金之前，使用晨星公司网站（www.morningstar.com）上的 Instant XRay 工具，检查它是否与你已经拥有的股票或基金存在重叠。

2. 抱最好的希望，做最坏的打算。通过制定多元化策略和了解历史情况来应对灾难，这样可以帮助你避免恐慌。每一笔好的投资都有失败的时候，聪明的投资者会坚持下去，直到情况好转。

3. 先做调查，然后投资。股票不仅仅是一个价格，还是一个企业有机体的一部分。调查一下公司的财务报表，购买前阅读共同基金的说明书。如果你想雇一个经纪人或理财规划师，在写支票之前先做背景调查。

4. 永远不要说"总是"。无论你多么确信一项投资是成功的，都不要把超过 10% 的资金投入其中。如果事实证明你是对的，你仍然会赚很多钱；但如果事实证明你错了，你会庆幸还好没有把大部分资金砸进去。

5. 了解自己不知道的事情。不要觉得自己已经是一个专家了。比较一下你打算买入的股票或基金的回报率在不同时期与整个市场的差异。问自己一个问题：什么因素可能会导致这项投资贬值？另外，要看看那些力推这项投资的人是否把自己的钱投了进去。
6. 过去不是未来的序幕。在华尔街，上涨的必然下跌，涨得越高，跌得越惨，甚至往往令人作呕。永远不要仅仅因为股票或共同基金价格上涨就去买入。聪明的投资者低买高卖，而不是相反。
7. 注意权衡预测家说的话。让市场预测家闭嘴的最简单方法就是要求他们提供所有预测的完整记录。如果你不能得到一个完整的列表，不要听他们的话。在尝试任何一种策略之前，先看看之前使用过该策略的人的业绩。
8. 听起来过于美好的事情，或许不是真的。如果某件事情听起来好得令人难以置信，那么它肯定不是真的。任何在短时间内以低风险提供高回报的人都可能是骗子。听而信之的人肯定是个傻瓜。
9. 成本是杀手。交易成本每年会消耗你 1% 的资金，而税收和共同基金费用每年又会消耗你 1% 或 2% 的资金。如果中间人每年拿走你 3%~5% 的钱，他们就会变得富有。如果你想变得富有，多比较几家再出手，要以蜗牛的速度去交易，而不要频繁交易。
10. 把鸡蛋放好。不要把所有的鸡蛋放在同一个篮子里。将你的赌注分散在美国和外国的股票、债券和现金上。不管你多么喜欢自己的工作，都不要把 401（k）账户的资金投资于自己公司的股票，要知道，安然和世通的雇员也曾喜欢自己的公司。

附录 2
排除某些投资的规则清单

在买入某个公司的股票之前,要做下面的工作:

- 一定要多样化,把资金分散投资于各种各样的美国股票、外国股票和债券。
- 如果你对某只股票的判断是错误的,要确保你能承受 100% 的损失。
- 评估一下自己是否有能力了解这家公司的业务。
- 问问这家公司的主要竞争对手是谁,它们是变得越来越弱,还是越来越强。
- 想一想,如果这家公司提高商品或服务的价格,它的顾客是否会放弃它。
- 回顾一下该公司利润最高的那一年的年报,读读董事长给股东的信。看看它的首席执行官是在吹嘘公司的英明决策及其无限的增长潜力,还是警告大家不要指望未来还能有同样理想的业绩。
- 想象一下,如果股票市场关闭 5 年,你没有办法把这只股票卖给别人,那么你还愿意继续持有它吗?

- 请访问 www.sec.gov/edgar/searchedgar/webusers.htm，下载该公司至少三年的 10-Ks 表格（年度报告），以及最近四份 10-Qs 表格（季度报告）。从头到尾读一遍，特别注意财务报表的脚注，因为公司通常会把肮脏的秘密隐藏在财务报表的脚注里。
- 在上面这个网站上，下载最新的 14-A 表格（代理人报告），了解一下负责公司运营的那个人。看看这家公司仅仅在股价上涨时才授予经理人期权，还是在经理人必须超越合理的业绩目标之后才授予经理人期权？看一看"关联方交易"，它可以让你警惕不公平待遇和利益冲突。
- 记住，在支付了所有的经纪费用和资本利得税之后，你的股票必须上涨超过 3% 才能实现收支平衡。在短期交易中，你需要在支付成本前获得 4% 的收益，才能在扣除所有交易成本和税收后实现收支平衡。
- 写下三个与股票价格无关的理由，说明你为什么想成为这家公司的股东。
- 记住，你买的股票，都是别人决定卖出的。别人为什么决定卖出呢？你准确地知道别人之前可能忽略了哪些因素吗？

在买股票之前，不要做下面几项：

- 仅仅因为一只股票的价格上涨就买入。
- 用一句话为你的投资找个合理的理由，这句话可以这样开头："每个人都知道……"或者"很明显……"。
- 根据朋友的建议、电视上的建议、技术分析或者并购传闻进行投资。
- 把超过 10% 的钱投向同一家公司，包括你所在的公司，如果其股票是你 401（k）计划的一个选择。

在购买共同基金之前，要做到下面这几项：

- 从头到尾阅读招股说明书或股东手册，这样你就不会错过那些能提醒你注意潜在问题的小字部分。
- 查看该基金每年向你收取多少持有费用（年费包含在基金的招股说明书和年报中）。
- 了解基金经理的交易频率。在招股说明书中的"财务重点"板块里面找出"投资组合周转率"。算一下该基金通常持有一只股票多少个月。如果还不到 12 个月，就去其他地方看看。
- 查看招股说明书前面的表格，看看该基金在其最糟糕的季度业绩如何。想一想如果你在 3 个月的时间里至少损失这么多钱，是否能够承担。
- 了解该基金总净资产增长速度。与那些需要管理几百亿美元的基金相比，仅仅管理数亿美元的基金的表现往往比较好。
- 问一下该基金是否曾对新投资者关闭大门，以防止新股东迅速涌入，导致基金过快膨胀。你应该看好曾经对新投资者关闭大门的基金。
- 读一下基金经理写给客户的信。如果这位经理承认自己犯了一个错误，警告称未来的业绩可能不会那么好，并敦促投资者保持耐心，那么这算是一个好的迹象。如果他吹嘘该基金的增长速度有多快，最近的回报率有多高，或者未来前景有多好，则是坏兆头。
- 要知道，即使在 10 年的期限内，一只基金的总回报率也可以由短暂的好运驱动。所以，你还要检查一下每一年度的年均回报率，看看不同年度的业绩是否具有一致性。
- 记住，你可以（或许也应该）买一个指数型基金，这种投资组合持有标准普尔 500 等市场基准指数的所有或部分成分股。由于指数型基金的运营成本只有其他基金的一小部分，因此它们应该是你的必要选择。

在买入共同基金之前，不要做下面这几项：

- 因为某只基金最近很火，就考虑买入它。
- 仅仅是因为你在电视上看到了这只基金的经理人，而且他的话听起来很聪明，就考虑买入。
- 考虑那些年度费用高于下列门槛的基金：
    ——政府债券型基金，0.75%；
    ——美国蓝筹基金，1.00%；
    ——小型股或高收益债券基金，1.25%；
    ——外国股票型基金，1.50%。
- 觉得自己需要买入一个跟自己所学"专业"或所在"行业"相关的基金。你的职业生涯已经依赖于这个行业，所以，你的钱应该放在其他地方，以便分散风险。
- 购买你自己都不愿意至少持有 5 年的基金。

附录 3
投资策略声明

投资组合的目的

提供稳定的资本增长,以及扣除通货膨胀和税收后每年至少有 ____ 美元的收益,使我们能够满足现在和退休后的需要。

预期

扣除通胀因素之后,股市的年均回报率约为 7%,再扣税之后约为 5%,扣除交易和管理费后接近 4%。远高于这一水平的长期回报率是不可持续的。如果我们想多赚一些收益,我们就必须多储蓄一些。

投资期限

我们知道,个别投资可能忽然出现短期下跌,可能跌得很严重,令人沮丧。但我们要专注于整个投资组合的长期表现,而不是看到暂时下跌就卖出。因为我们希望余生一直持有这个投资组合,然后我们打算把它留给孩子，我们的投资期限是 50~100 年。基金自身在未来的表现比我们作为投资者在未来几十年的行为更重要。

多元化策略

我们的投资组合应该包括现金、股票、债券及基金。我们将多样化地投资于以下类别的资产：现金（银行账户和货币市场基金）、债券、美国股票、外国股票、房地产证券（比如房地产投资信托基金）和抗通胀保值型债券（比如财政部通胀保值债券）。

平衡投资

我们要为每一种资产类别设定配置比例（比如，10% 的现金，10% 的债券，40% 的美国股票，30% 的外国股票，5% 的房地产证券和 5% 的财政部通胀保值债券）。每隔 6 个月，比如在 1 月 1 日和 7 月 1 日，通过减持上涨的股票、增持下跌的股票，将投资组合重新平衡至上述目标。

业绩评价

把投资组合各个部分的业绩与适当的业绩基准进行比较（比如，美国股票的威尔希尔 5000 指数）。在计算出整个投资组合的总回报率和每一类资产的回报率后，再对个别投资的表现进行评价。

业绩评价频率

每 3 个月评估一次投资表现，将投资组合的总价值与 3 个月、1 年、3 年、5 年和 10 年前的价值进行比较。每年至少写一份总成本明细表，包括所有经纪费、管理费、股息税和资本利得税，以减少投资成本。短期交易会增加我们的经纪费和税钱，所以，我们的交易次数越少，我们给自己留的钱就越多。

适当增减

无论何时，只要我们有闲钱可投资，就可以按配置比例在我们的账户上增加或减少投入。当我们需要取钱的时候，先从现金账户中取出。如果必须从股票或债券账户中取出资金，首先要确保将税务成本降至最低。退休后，当这个投资组合可能是我们主要的经济来源时，要设定一下每年提取的资金不会超过账户价值的某个比例。

永远不要做下列事情

我们永远不要把超过 10% 的总资产投入某只股票；不要仅仅因为价格涨了就入场；不要仅仅因为价格跌了就卖出；不要从事期货或期权交易；不要用借来的钱（保证金）去投资；不要根据所谓的技巧或直觉去交易；不要回复那些不请自来的试图诱惑你投资的电子邮件。

这个投资策略声明仅仅是一个简化的范例，仅供说明之用。每个投资者都应该根据自己的目标和需求制定一个符合自身情况的投资策略声明。

致　谢

我首先要感谢的是埃默里大学的格雷戈里·伯恩斯、纽约大学的保罗·格利姆彻、美国国家卫生研究院的乔丹·格拉夫曼、杜克大学的斯科特·休特尔、斯坦福大学的布莱恩·克努森和贝勒医学院的里德·蒙塔古。他们每个人都乐于接受我的早期询问，并耐心地给我提供帮助，当时我明显连"腹内侧前额皮质"和"腹侧被盖区"都分不清，这令我感到非常痛苦。他们通过源源不断的电话和电子邮件与我保持联系，为我答疑解惑。

很多科学家和教育工作者免费给我分享了丰富的知识，并对本书初稿的很多章节提供了重要反馈，其中包括：南加州大学的安托万·贝沙拉，彼得·伯恩斯坦公司的彼得·伯恩斯坦，投资公司 Efficient Frontier Advisors 的威廉·伯恩斯坦，加州理工学院的科林·卡默勒，普林斯顿大学的乔纳森·科恩，南加州大学的安东尼奥·达马西奥，伊利诺伊大学的埃德·迪纳，康奈尔大学的托马斯·基洛维奇，庞培法布拉大学的罗宾·霍加斯，马里兰大学奈特新闻专业中心的卡罗尔·霍纳（Carol Horner），哥伦比亚大学的埃里克·约翰逊，普林斯顿大学的丹尼尔·卡尼曼，哈佛大学的戴维·莱布森，加州大学洛杉矶分校的马修·利伯曼，www.diehards.org 网站的泰勒·拉里莫尔（Taylor Larimore）和梅尔·林道尔（Mel Lindauer），卡内基–梅隆大学的乔治·勒文斯坦，日本和光理化研究院脑科学研究所的中原浩之，加州大学伯克利分校的特伦斯·奥迪安，日本富山医科药科大学的小野武年，哈佛大学医学院的卡米罗·帕多亚–斯基奥帕（Camillo Padoa-Schioppa），亚利桑那大学的马西莫·皮亚特里–帕尔马里尼（Massimo Piattelli-Palmarini），剑桥大学神经生理学家沃尔夫拉姆·舒尔茨，密歇根大学的诺伯特·施瓦茨，俄勒冈大学的保罗·斯洛维奇，圣克拉拉大学的梅尔·斯塔特曼，哥伦比亚大学的埃尔克·韦伯。

我要感谢我那无与伦比的经纪人约翰·赖特（John W. Wright），感谢他的鼓励、支持和友谊。我的编辑鲍勃·本德（Bob Bender）在这个项目中运用了他娴熟的技巧、数十年的经验和学识，且倾注了极大的耐心。我非常感谢《金钱》杂志的埃里克·许伦贝格（Eric Schurenberg）和克莱格·马特斯（Craig Matters）慷慨地为我提供了足够的时间和空间。

我要感谢很多读者、助手和朋友的支持，包括特德·阿伦森（Ted Aronson）、凯特·阿什福德（Kate Ashford）、卡罗琳·比格达（Carolyn Bigda）、杰克·博格尔（Jack Bogle）、贾森·布拉姆（Jason Bram）、琼·卡普林（Joan Caplin）、彼得·卡巴拉（Peter Carbonara）、让·查茨卡拉（Jean Chatzky）、格伦·科尔曼（Glenn Coleman）、罗杰·埃德伦（Roger Edelen）、埃里克·格尔曼（Eric Gelman）、阿曼达·根格勒（Amanda Gengler）、威廉·格

林（William Green）、塔拉·卡瓦斯基（Tara Kalwarski）、埃德·克莱斯（Ed Klees）、丹尼斯·马丁（Denise Martin）、艾伦·麦吉特（Ellen McGirt）、彼得·奎恩（Peter Quinn）、珍妮特·帕斯金（Janet Paskin）、帕特·雷涅尔（Pat Regnier）、鲍勃·萨菲亚（Bob Safian）、加里·沙茨基（Gary Schatsky）、马克·施韦伯（Mark Schweber）和拉里·西格尔（Larry Siegel）。我深爱的朋友埃里克·施米克勒（Eric Schmuckler）还没来得及读这本书就去世了，我多么希望我们还能在我犯错误之后一起放声大笑。

Aronson+Johnson+Ortiz 和数字投资者这两家投资管理公司的数据奇才们为我提供了股票回报率的数据，还帮我核对过数字。玛丽安·赫塞林（Marian Hesseling）和丽莎·穆斯科利诺（Lisa Muscolino）非常慷慨地为我提供了爱思唯尔科学公司发表的数百篇文章。

最后，与妻子为使我能够专心写书所付出的努力相比，我为撰写本书所付出的努力简直不值一提。现在，她的爱令我想起了以色列首任总理戴维·本－古里安（David Ben-Gurion）的一句话：要做现实主义者，你必须相信奇迹。

注 释

第一章 神经经济学

1. Ambrose Bierce, *The Devil's Dictionary.* (New York: Hill & Wang, 1957), p. 19.
2. JZ interview with "Ed," Nov. 13, 2004.
3. JZ, "How the Big Brains Invest at TIAA-CREF," *MM,* Jan. 1998, p. 118.
4. JZ interview with Hurst, Nov. 12, 2004; JZ, "The Soul of an Investor," *MM,* March 2005, pp. 66–71.
5. Remarks by Daniel Kahneman, panel discussion moderated by JZ, Oxford Programme on Investment Decision-Making, Saïd Business School, Oxford University, U.K. Oct. 22, 2004.
6. "Adam Smith," *The Money Game* (New York: Random House, 1968), p. 41.

第二章 思考与感觉

1. Benedict de Spinoza, *On the Improvement of the Understanding, The Ethics, and Correspondence* (New York: Dover, 1955), p. 200 (*The Ethics,* Part IV, Proposition 17).
2. To protect his identity, I have changed the doctor's name; but the story is true. In related research, psychologists have shown that people are much more likely to buy consumer products whose brands contain the same letters as their own names. Even more remarkably, people are more inclined to marry someone whose initials are the same as their own. See John T. Jones et al., "How Do I Love Thee? Let Me Count the Js ... ," *JPSP,* vol. 87, no. 5 (Nov. 2004), pp. 665–83; Michael J. Cooper, Orlin

Dimitrov, and P. Raghavendra Rau, "A Rose.com by Any Other Name," *JF,* vol. 56, no. 6 (Dec. 2001), pp. 2371–88; Gregory W. Brown and Jay C. Hartzell, "Market Reaction to Public Information," *JFE,* vol. 60, nos. 2–3 (May/June 2001), pp. 333–70; JZ e-mail interview with Gregory Brown, Nov. 15, 2001; Yahoo!Finance message board for KKD, Oct. 2, 2002 (message number 59863), and July 15, 2003 (message number 69986).

3   Robert A. Olsen, "Professional Investors as Naturalistic Decision Makers: Evidence and Market Implications," *JBF,* vol. 3, no. 3 (2002), pp. 161–67; Malcolm Gladwell, "Blowing Up," *The New Yorker,* April 22–29, 2002, p. 162; Malcolm Gladwell, *Blink* (New York: Little, Brown, 2005), p. 14.

4   For more on anchoring, see Gary Belsky and Thomas Gilovich, *Why Smart People Make Big Money Mistakes and How to Correct Them* (New York: Fireside, 1999), pp. 129–49; Gretchen B. Chapman and Eric J. Johnson, "Incorporating the Irrelevant," in *HAB,* pp. 120–38; Nicholas Epley and Thomas Gilovich, "Putting Adjustment Back in the Anchoring and Adjustment Heuristic," in *HAB,* pp. 139–49.

5   Amos Tversky and Daniel Kahneman, "Judgment Under Uncertainty," in *JUU,* pp. 3–20; J. Edward Russo and Paul J. H. Schoemaker, *Decision Traps* (New York: Simon & Schuster, 1989), pp. 90–91. Tversky died in 1996 and would have shared Kahneman's 2002 Nobel Prize in Economics. At the time of the original experiment, approximately 30% of U.N. members were African countries.

6   Adapted from Daniel Kahneman and Shane Frederick, "Representativeness Revisited," in *HAB,* pp. 49–81.

7   Lieberman credits Jean-Paul Sartre with coining the terms "reflexive" and "reflective" in the existentialist essay *The Transcendence of the Ego* (1936–37). Matthew Lieberman, "Reflective and Reflexive Judgment Processes," in Joseph P. Forgas et al., *Social Judgments* (New York: Cambridge University Press, 2003), pp. 44–67; Matthew Lieberman et al., "Reflection and Reflexion," *Advances in Experimental Social Psychology,* vol. 34 (2002), pp. 199–249; remarks by Daniel Kahneman, panel discussion moderated by JZ, Oxford Programme on Investment DecisionMaking, Saïd Business School, Oxford University, U.K., Oct. 22, 2004. Not all neuroscientists agree that the brain uses discrete systems to process reason and emotion; for a compelling statement of the dissenting view, see Paul W. Glimcher et al., "Physiological Utility Theory and the Neuroeconomics of Choice," *Games and Economic Behavior,* vol. 52 (2005), pp. 213–56.

8　The term *limbic* comes from the Latin *limbus,* which means "edge" or "border" or "transitional state" (as in limbo, the no-man's-land between heaven and hell in Catholic theology); Raymond J. Dolan, "Emotion, Cognition, and Behavior," *Science,* vol. 298 (Nov. 8, 2002), pp. 1191–94.

9　JZ e-mail interview with Dukas, March 24, 2005; Reuven Dukas, "Behavioural and Ecological Consequences of Limited Attention," *PTRSLB,* vol. 357 (2002), pp. 1539–47; Reuven Dukas, "Causes and Consequences of Limited Attention," *Brain, Behavior and Evolution,* vol. 63 (2004), pp. 197–210; Reuven Dukas and Alan C. Kamil, "Limited Attention," *Behavioral Ecology,* vol. 12, no. 2 (2001), pp. 192–99; Marcus E. Raichle and Debra A. Gusnard, "Appraising the Brain's Energy Budget," *PNAS,* vol. 99, no. 16 (Aug. 6, 2002), pp. 10237–39; JZ interview with Matthew Lieberman, March 29, 2005.

10　Arne Öhman et al., "Unconscious Emotion," in *CNE,* pp. 296–327; JZ telephone interview with Paul Slovic, Feb. 3, 2005.

11　JZ telephone interview with Colin Camerer, April 6, 2005.

12　JZ, "Are You Wired for Wealth?" *MM,* Oct. 2002, p. 79; JZ interview with Matthew Lieberman, March 29, 2005; Stanislas Dehaene, "Arithmetic and the Brain," *COIN,* vol. 14 (2004), pp. 218–24; Mark Jung-Beeman et al., "Neural Activity When People Solve Verbal Problems with Insight," *PLoS Biology,* vol. 2, no. 4 (April 2004), pp. 500–10.

13　Marian Gomez-Beldarrain et al., "Patients with Right Frontal Lesions Are Unable to Assess and Use Advice to Make Predictive Judgments," *JCN,* vol. 16, no. 1 (Jan. 2004), pp. 74–89; JZ e-mail interview with Grafman, March 24, 2005; Baba Shiv and Alexander Fedorikhin, "Heart and Mind in Conflict," *JCR,* vol. 26, no. 3 (Dec. 1999), pp. 278–92.

14　Robin M. Hogarth, "Deciding Analytically or Trusting Your Intuition?" (Oct. 2002), www.econ.upf.edu/eng/research/onepaper.php?id=654.

15　JZ e-mail interview with Nathaniel Daw, March 25, 2005.

16　Hillel J. Einhorn and Robin M. Hogarth, "Confidence in Judgment," *PR,* vol. 85 (1978), pp. 395–416.

17　Susan T. Fiske and Shelley E. Taylor, *Social Cognition* (Reading, Mass.: Addison-Wesley, 1984).

18　Veronika Denes-Raj and Seymour Epstein, "Conflict Between Intuitive and Rational Processing," *JPSP,* vol. 66, no. 5 (1994), pp. 819–29.

19 Paul B. Andreassen, "On the Social Psychology of the Stock Market," *JPSP,* vol. 53, no. 3 (1987), pp. 490–96; "Explaining the Price-Volume Relationship," *OBHDP,* vol. 41 (1988), pp. 371–89; and "Judgmental Extrapolation and Market Overreaction," *JBDM,* vol. 3 (1990), pp. 153–74.

20 Noel Capon et al., "An Individual Level Analysis of the Mutual Fund Investment Decision," *Journal of Financial Services Research,* vol. 10 (1996), pp. 59–82; Investment Company Institute, *Understanding Shareholders' Use of Information and Advisers* (Washington, D.C. 1997), p. 21; Ronald T. Wilcox, "Bargain Hunting or Star Gazing?" *JB,* vol. 76, no. 4 (Oct. 2003), pp. 645–63; Michael A. Jones, Vance P. Lesseig, and Thomas I. Smythe, "Financial Advisors and Mutual Fund Selection," *JFP* (March 2005), www.fpanet.org/journal/articles/2005_Issues/jfp0305-art8.cfm.

21 JZ interview with Fred Kobrick, portfolio manager, MetLife State Street Capital Appreciation Fund, July 1, 1993; JZ telephone interview with Robin Hogarth, March 17, 2005.

22 JZ telephone interview with Paul Slovic, Feb. 3, 2005; JZ, "What Fund Investors Really Need to Know," *MM,* June 2002, pp. 110–15.

23 Daniel Kahneman, "Maps of Bounded Rationality," http://nobelprize.org/economics/laureates/2002/kahnemann-lecture.pdf; JZ telephone interview with Christopher K. Hsee, Oct. 22, 2001.

24 J.Y. Lettvin et al., "What the Frog's Eye Tells the Frog's Brain," *Proceedings of the Institute for Radio Engineers,* vol. 47 (1959), pp. 1940–51, http://jerome.lettvin.info/lettvin/Jerome/WhatTheFrogsEyeTellsThe FrogsBrain.pdf; Michael W. Morris et al., "Metaphors and the Market," *OBHDP,* vol. 102, no. 2 (2007), pp. 174–92.

25 Patricia Dreyfus, "Investment Analysis in Two Easy Lessons," *MM,* July 1976, p. 37.

26 Piotr Winkielman et al., "Unconscious Affective Reactions to Masked Happy Versus Angry Faces Influence Consumption Behavior and Judgments of Value," *PSPB,* vol. 31, no. 1 (Jan. 2005), pp. 121–35; JZ telephone interview with Winkielman, April 19, 2005; JZ telephone interview with Schwarz, April 20, 2005.

27 David Hirshleifer and Tyler Shumway, "Good Day Sunshine," *JF,* vol. 58, no. 3 (June 2003), pp. 1009–32; Ralf Runde, "Lunar Cycles and Capital Markets: An Empirical Analysis of the Moon and German Stock Returns," working paper, University of Dortmund, 2000; Ilia D. Dichev and Troy D. Janes, "Lunar Cycle Effects in Stock Returns," http://ssrn.com/abstract=281665; Mark Kamstra et al., "Winter Blues: A SAD Stock Market Cycle," www.frbatlanta.org/filelegacydocs/wp0213.pdf; Alex

Edmans, Diego Garcia, and Oyvind Norli, "Sports Sentiment and Stock Returns" (Nov. 2005), http://ssrn.com/abstract=677103.

28 Adam L. Alter and Daniel Oppenheimer, "Predicting Short-Term Stock Fluctuations by Using Processing Fluency," *PNAS,* vol. 103, no. 24 (June 13, 2006), pp. 8907–8; Alex Head et al., "Would a Stock by Any Other Ticker Smell as Sweet?" www.economics.pomona.edu/GarySmith/frames/GaryFrameset.html.

29 Ronald S. Friedman and Jens Förster, "The Effects of Approach and Avoidance Motor Actions on the Elements of Creative Insight," *JPSP,* vol. 79 (2000), pp. 477–92; John T. Cacioppo et al., "Rudimentary Determinants of Attitudes II," *JPSP,* vol. 65, no. 1 (1993), pp. 5–17; JZ telephone interview with Meir Statman, April 12, 2005.

30 Adrienne Carter, "Investing with Style—Any Style," *BusinessWeek,* Feb. 7, 2005; Warren Buffett, remarks at Berkshire Hathaway Inc. annual meeting, April 30, 2005.

31 Michael S. Rashes, "Massively Confused Investors Making Conspicuously Ignorant Choices (MCI-MCIC)," *JF,* vol. 56, no. 5 (Oct. 2001), pp. 1911–27; "In Mannatech IPO, Tech Craze Formally Surpasses Tulips," *Investment Dealers' Digest,* Feb. 22, 1999, pp. 6–7; Warren Buffett, speech to University of Tennessee College of Business Administration (2003; videotape kindly provided to JZ by Al Auxier); Claudia Goldin and Cecilia Rouse, "Orchestrating Impartiality," (Jan. 1997), www.nber.org/papers/w5903; Malcolm Gladwell, *Blink* (New York: Little, Brown, 2005), pp. 245–48; JZ telephone interview with Buffett, May 5, 2005.

32 Remarks by Daniel Kahneman, panel discussion moderated by JZ, Oxford Programme on Investment Decision-Making, Saïd Business School, Oxford University, U.K., Oct. 22, 2004.

第三章 贪 婪

1 Ecclesiastes 5: 10.

2 JZ interviews with Zink, Jan. 19 and Mar. 30, 2005; the odds of winning the grand prize in California's SuperLotto Plus game are posted at www.calottery.com/Games/SuperLottoPlus/HowtoPlay/. Data on Ohio winners: Charles T. Clotfelter and Philip J. Cook, *Selling Hope* (Cambridge, Mass.: Harvard University Press, 1991), p. 122.

3 Hans C. Breiter et al., "Imaging the Neural Systems for Motivated Behavior and Their Dysfunction in Neuropsychiatric Illness," in Thomas S. Deisboeck and J. Yasha Kresh, eds., *Complex Systems Science in Biomedicine* (New York: Springer, 2006), pp.

763–810; JZ telephone interview with P. Read Montague, June 1, 2005; Brooks King-Casas et al., "Getting to Know You," *Science,* vol. 308 (April 1, 2005), pp.78–83; JZ e-mail interview with Peter Kirsch, Feb. 4, 2005; Peter Kirsch et al., "Anticipation of Reward in a Nonaversive Differential Conditioning Paradigm and the Brain Reward System," *NeuroImage,* vol. 20 (2003), pp. 1086–95.

4 Mark Twain, *Roughing It* (Berkeley, Calif.: University of California Press, 1993), pp. 258–70; Twain's "The $30,000 Bequest" can be read in a handsome online edition at www2.hn.psu.edu/faculty/jmanis/twain/bequest.pdf. His financial fumbles are detailed in Justin Kaplan, *Mr. Clemens and Mark Twain* (New York: Touchstone, 1983).

5 JZ participated in Knutson's experiment in the cognitive neuroscience laboratory at Stanford University, May 26, 2004. See also Brian Knutson et al., "Distributed Neural Representation of Expected Value," *JN,* vol. 25, no. 19 (May 11, 2005), pp. 4806–12; Patricio O'Donnell et al., "Modulation of Cell Firing in the Nucleus Accumbens," *ANYAS,* vol. 877 (1999), pp. 157–75; Hans C. Breiter and Bruce R. Rosen, "Functional Magnetic Resonance Imaging of Brain Reward Circuitry in the Human," *ANYAS,* vol. 877 (1999), pp. 523–47; Hugo D. Critchley et al., "Neural Activity in the Human Brain Relating to Uncertainty and Arousal During Anticipation," *Neuron,* vol. 29 (2001), pp. 537–45; Scott C. Matthews et al., "Selective Activation of the Nucleus Accumbens During Risk-Taking Decision Making," *NeuroReport,* vol. 15, no. 13 (Sept. 15, 2004), pp. 2123–27.

6 JZ telephone interview with Breiter, June 22, 2005; John P. O'Doherty et al., "Neural Responses During Anticipation of a Primary Taste Reward," *Neuron,* vol. 33 (Feb. 28, 2002), pp. 815–26.

7 Satoshi Ikemoto and Jaak Panksepp, "The Role of Nucleus Accumbens Dopamine in Motivated Behavior," *Brain Research Reviews,* vol. 31 (1999), pp. 6–41; JZ telephone interview with Paul Slovic, Feb. 3, 2005.

8 Michel de Montaigne, "How Our Mind Hinders Itself," in *The Complete Essays of Montaigne* (Stanford, Calif.: Stanford University Press, 1965), p. 462 (this is an ancient literary device, used by Dante at the beginning of the fourth canto of *Il Paradiso* [ca. 1320] and by Aristotle in Book II, chapter 13 of his *On the Heavens* [ca. 360 B.C.]). John Barth, *The Floating Opera* and *The End of the Road* (New York: Doubleday, 1988), pp. 331–34.

9 JZ e-mail interview with Taketoshi Ono, Feb. 15, 2005; Yutaka Komura et al., "Retrospective and Prospective Coding for Predicted Reward in the Sensory

Thalamus," *Nature,* vol. 412 (Aug. 2, 2001), pp. 546–49; Emily Dickinson, poem 995 ("This was in the White of the Year"), *The Complete Poems of Emily Dickinson* (New York: Little, Brown, 1960), pp. 462–463.

10 JZ e-mail interviews with Rudolf Cardinal, Jan. 22, 2005, and Feb. 16, 2005; Rudolf N. Cardinal et al., "Impulsive Choice Induced in Rats by Lesions of the Nucleus Accumbens Core," *Science,* vol. 292 (June 29, 2001), pp. 2499–2501.

11 Historical data on Celera's stock price from Yahoo! Finance; www.celera.com/celera/pr_1056647999; www.ornl.gov/sci/techresources/Human_Genome/project/clinton2.shtml; http://archives.cnn.com/2000/HEALTH/06/26/human.genome.04/.

12 JZ e-mail interview with Emrah Düzel, Feb. 8, 2005; Bianca C. Wittmann et al., "Reward-Related fMRI Activation of Dopaminergic Midbrain ... ," *Neuron,* vol. 45 (Feb. 3, 2005), pp. 459–67; Brian Knutson and R. Alison Adcock, "Remembrance of Rewards Past," *Neuron,* vol. 45 (Feb. 3, 2005), pp. 331–32; JZ telephone interview with Peter Shizgal, June 27, 2005.

13 Paul E. M. Phillips et al., "Subsecond Dopamine Release Promotes Cocaine Seeking," *Nature,* vol. 422 (April 10, 2003), pp. 614–18; John N. J. Reynolds et al., "A Cellular Mechanism of Reward-Related Learning," *Nature,* vol. 413 (Sept. 6, 2001), pp. 67–70; Fyodor Dostoyevsky, *The Gambler* (1866), chapter 17 (Constance Garnett translation).

14 JZ e-mail interviews with Hiroyuki Nakahara, June 27 and 29, 2005; Michael L. Platt, "Caudate Clues to Rewarding Cues," *Neuron,* vol. 33 (Jan. 31, 2002), pp. 316–18; Johan Lauwereyns et al., "Feature-Based Anticipation of Cues that Predict Reward in Monkey Caudate Nucleus," *Neuron,* vol. 33 (Jan. 31, 2002), pp. 463–73; Johan Lauwereyns et al., "A Neural Correlate of Response Bias in Monkey Caudate Neurons," *Nature,* vol. 418 (July 25, 2002), pp. 413–17. Cisco stock performance: Bloomberg L.P. and Time Inc. Business Information Research Center.

15 Brian Knutson et al., "Distributed Neural Representation of Expected Value," *JN,* vol. 25, no. 19 (May 11, 2005), pp. 4806–12; George F. Loewenstein et al., "Risk as Feelings," *PB,* vol. 127, no. 2 (2001), pp. 267–86; JZ telephone interview with Loewenstein, Jan. 26, 2005.

16 JZ telephone interview with Mellers, Jan. 27, 2005; see also Barbara A. Mellers, "Choice and the Relative Pleasure of Consequences," *PB,* vol. 126, no. 6 (2000), pp. 910–24; Hans C. Breiter et al., "Functional Imaging of Neural Responses to Expectancy and Experience of Monetary Gains and Losses," *Neuron,* vol. 30 (May

2001), pp. 619–39.

17 Richard Dale, *The First Crash* (Princeton, N.J.: Princeton University Press, 2004), p. 101; data on stock returns for 2000 through 2002 kindly provided to JZ by Aronson + Johnson + Ortiz, L.P.

18 For a fuller list of jackpot jargon, see *TII*, p. 275.

19 Howard Rachlin, *The Science of Self-Control* (Cambridge, Mass.: Harvard University Press, 2000), pp. 126–27; JZ telephone interview with Knutson, Feb. 2, 2005; www.berkshirehathaway.com/letters/letters.html.

第四章 预 期

1 Coleridge, letter to William Sotheby, Nov. 9, 1828, in *The Portable Coleridge* (New York: Viking Penguin, 1950), p. 302. Coleridge, of course, knew a narcotic when he saw one, since he was an opium addict for much of his life.

2 British Museum, ANE 92668. You can view an image of this artifact online by visiting www.thebritishmuseum.ac.uk/compass/ and entering "liver" in the search window.

3 *BusinessWeek*'s annual "Where to Invest" forecast issue, 1996 through 2005, inclusive; *WSJ*, Aug. 13, 1982, p. 33; *NYT*, Aug. 13, 1982, pp. D1, D6; *WSJ*, April 17, 2000, pp. A20, C1, C4; *USA Today*, April 17, 2000, p. 6B; Peter L. Bernstein, *The Power of Gold* (New York: John Wiley, 2000), pp. 357–58; data on accuracy of analysts' earnings forecasts kindly updated by David Dreman, e-mail to JZ, May 6, 2005; Peter L. Bernstein, "The King of Siam and the Gentle Art of Postcasting," *Economics & Portfolio Strategy*, Aug. 1, 2005.

4 Daniel Kahneman and Amos Tversky, "Subjective Probability," in *JUU*, pp. 32–47. Note: The probability of any given sequence of heads and tails is $1/2n$, where n is the number of coin flips. Flip a coin six times and the odds of each possible sequence are $1/2^6$ or $1/64$.

5 I am grateful to my colleague, the formidable classics scholar Michael Sivy, for helping me settle on the appropriate Latin for "man the pattern-seeker." *Pareidolia* is discussed in Sagan's brilliant essay "The Man in the Moon and the Face on Mars," in his *The Demon-Haunted World* (New York: Ballantine, 1996), pp. 41–59.

6 Cheol-Ho Park and Scott H. Irwin, "The Profitability of Technical Analysis" (Nov. 2004), http://ssrn.com/abstract=603481; Wei Jiang, "A Nonparametric Test of Market (Mis-) Timing (Aug. 2001), http://papers.ssrn.com/sol3/papers.cfm?abstract_id=287102; *WSJ*, Jan. 17, 2003, p. C4, and Jan. 30, 2004, p. C4; *Fortune*, Dec. 24,

2001, p. 156; Edward A. Dyl, "Did Joe Montana Save the Stock Market?" *FAJ,* Sept.–Oct., 1989, pp. 4–5. The "Super Bowl Predictor" was first presented in Leonard Koppett, "If the Bulls and the Bears Have You Buffaloed, Try Our Foxy Formulas," *Sports Illustrated,* April 23, 1979, p. 8. Koppett, who intended his article as a spoof on the confusion between correlation and causation, was amazed that anyone ever took the Super Bowl Predictor seriously. Late in his life he called it "an embarrassment to rational thought" and "too stupid to believe" (JZ telephone interview with Koppett, Dec. 13, 2001).

7 JZ telephone interviews with John Staddon, Duke University, Sept. 1, 2000, and George Wolford, Dartmouth College, Sept. 6, 2000; George Wolford et al., "The Left Hemisphere's Role in Hypothesis Formation," *JN,* vol. 20 (2000), RC64, pp. 1–4; Michael S. Gazzaniga, "The Split Brain Revisited," *SA,* July 1998, pp. 50–55; JZ, "The Trouble with Humans," *MM,* Nov. 2000, pp. 67–71; John I. Yellott Jr., "Probability Learning with Noncontingent Success," *Journal of Mathematical Psychology,* vol. 6 (1969), pp. 541–75; R. J. Herrnstein, "On the Law of Effect," *JEAB,* vol. 13, no. 2 (1970), pp. 243–66; Richard J. Herrnstein, *The Matching Law* (Cambridge, Mass.: Harvard University Press, 1997); David R. Shanks et al., "A Re-examination of Probability Matching and Rational Choice " *JBDM,* vol. 15, no. 3 (2002), pp. 233–50; Leo P. Sugrue et al., "Matching Behavior and the Representation of Value in the Parietal Cortex," *Science,* vol. 304 (June 18, 2004), pp. 1782–87.

8 Matthew Rabin, "Inference by Believers in the Law of Small Numbers," *QJE,* vol. 117, no. 3 (Aug. 2002), pp. 775–816; http://emlab.berkeley.edu/users/rabin/.

9 JZ interview with Paul Glimcher, Feb. 19, 2002.

10 JZ telephone interview with Preuss, Dec. 29, 2004; Jean de Heinzelin et al., "Environment and Behavior of 2.5-Million-Year-Old Bouri Hominids," *Science,* vol. 284 (April 23, 1999), pp. 625–29; Tim D. White et al., "Pleistocene *Homo sapiens* from Middle Awash, Ethiopia," *Nature,* vol. 423 (June 12, 2003), pp. 742–47; William H. Calvin, *A Brief History of the Mind* (Oxford, U.K.: Oxford University Press, 2004). More recent, fossil remains of anatomically modern humans unearthed near Kibish, Ethiopia, have been dated to about 195,000 years ago, but no intact skull from this deposit has yet been found.

11 Peter B. deMenocal, "African Climate Change and Faunal Evolution During the Pliocene-Pleistocene," *Earth and Planetary Science Letters,* vol. 220 (2004), pp. 3–24; Todd M. Preuss, "What Is It Like to Be a Human?" in Michael S. Gazzaniga

(ed.), *The Cognitive Neurosciences III* (Cambridge, Mass.: MIT Press, 2004), pp. 5–22; Jay Quade et al., "Paleoenvironments of the Earliest Stone Toolmakers, Gona, Ethiopia," *Geological Society of America Bulletin,* vol. 116, no. 11/12 (Nov./Dec. 2004), pp. 1529–44; Simon M. Reader and Kevin N. Laland, "Social Intelligence, Innovation, and Enhanced Brain Size in Primates," *PNAS,* vol. 99, no. 7 (April 2, 2002), pp. 4436–41.

12 Jared Diamond, "Evolution, Consequences and Future of Plant and Animal Domestication," *Nature,* vol. 418 (Aug. 8, 2002), pp. 700–7; Alice Louise Slotsky, *The Bourse of Babylon* (Bethesda, Md.: CDL Press, 1997); Karl Moore and David Lewis, *Birth of the Multinational* (Copenhagen: Copenhagen Business School Press, 1999); Edward J. Swan, *Building the Global Market* (New York: Kluwer Law International, 2000); JZ interview with P. Read Montague, Feb. 28, 2002.

13 JZ interview with Schultz, March 13, 2002; Wolfram Schultz, "Getting Formal with Dopamine and Reward," *Neuron,* vol. 36 (Oct. 10, 2002), pp. 241–63.

14 JZ telephone interview with Bechara, June 20, 2005; JZ e-mail interview with Paul Glimcher, June 9, 2005; Wolfram Schultz, "Predictive Reward Signal of Dopamine Neurons," *Journal of Neurophysiology,* vol. 80 (1998), pp. 1–27; Irene A. Yun et al., "The Ventral Tegmental Area Is Required for the Behavioral and Nucleus Accumbens Neuronal Firing Responses to Incentive Cues," *JN,* vol. 24, no. 12 (March 24, 2004), pp. 2923–33; JZ telephone interview with Kent Berridge, May 12, 2005. Dopamine signals actually travel below the usual speed limits of the brain, but they spread quickly because these neurons are so massively interconnected to other areas.

15 JZ interview with Montague, Feb. 28, 2002; JZ interview with Schultz, March 13, 2002; Wolfram Schultz et al., "A Neural Substrate of Prediction and Reward," *Science,* vol. 275 (March 14, 1997), pp. 1593–99.

16 M. Leann Dodd et al., "Pathological Gambling Caused by Drugs Used to Treat Parkinson Disease," *Archives of Neurology,* vol. 62 (Sept. 2005), pp. 1–5; John C. Morgan et al., "Impulse Control Disorders and Dopaminergic Drugs," *Archives of Neurology,* vol. 63 (Feb. 2006), pp. 298–99; Gaetano Di Chiara and Assunta Imperato, "Drugs Abused by Humans Preferentially Increase Synaptic Dopamine Concentrations in the Mesolimbic System of Freely Moving Rats," *PNAS,* vol. 85 (July 1988), pp. 5274–78; Amanda J. Roberts and George F. Koob, "The Neurobiology of Addiction," *Alcohol Health and Research World,* vol. 21, no. 2 (1997), pp. 101–6; Hans C. Breiter et al., "Acute Effects of Cocaine on Human Brain

Activity and Emotion," *Neuron,* vol. 19 (Sept. 1997), pp. 591–611; Roy A. Wise, "Drug-Activation of Brain Reward Pathways," *Drug and Alcohol Dependence,* vol. 41 (1998), pp. 13–22; Garret D. Stuber et al., "Extinction of Cocaine Self-Administration Reveals Functionally and Temporally Distinct Dopaminergic Signals . . . ," *Neuron,* vol. 46 (May 19, 2005), pp. 661–69.

17 James Olds and Peter Milner, "Positive Reinforcement Produced by Electrical Stimulation of Septal Area and Other Regions of Rat Brain," *Journal of Comparative and Physiological Psychology,* vol. 47 (1954), pp. 419–27; M. E. Olds and J. L. Fobes, "The Central Basis of Motivation: Intracranial Self-Stimulation Studies," *Annual Review of Psychology,* vol. 32 (1981), pp. 523–74; Antonio P. Strafella et al., "Repetitive Transcranial Magnetic Stimulation of the Human Prefrontal Cortex Induces Dopamine Release in the Caudate Nucleus," *JN,* vol. 21 (2001), RC 157, pp. 1–4; Bart J. Nuttin et al., "Long-Term Electrical Capsular Stimulation in Patients with Obsessive-Compulsive Disorder," *Neurosurgery,* vol. 52, no. 6 (June 2003), pp. 1263–74.

18 It is not yet clear whether dopamine is directly involved in the sensation of pleasure, or whether it is just the precursor of a pleasure signal conducted by one or more of the brain's other chemical messengers, like glutamate, orexin, norepinephrine, or acetylcholine. Edwin C. Clayton et al., "Phasic Activation of Monkey Locus Ceruleus Neurons . . ." *JN,* vol. 24, no. 44 (Nov. 3, 2004), pp. 9914–20; Angela J. Yu and Peter Dayan, "Uncertainty, Neuromodulation, and Attention," *Neuron,* vol. 46 (May 19, 2005), pp. 681–92; Glenda C. Harris et al., "A Role for Lateral Hypothalamic Orexin Neurons in Reward Seeking," *Nature,* vol. 437 (Sept. 22, 2005), pp. 556–59; JZ telephone interviews with P. Read Montague, June 1, 2005, and Peter Shizgal, June 27, 2005; JZ e-mail interviews with Gregory Berns, Paul Glimcher, and Brian Knutson, June 3, 2005, and Wayne Drevets and Wolfram Schultz, July 18, 2005; Wayne C. Drevets et al., "Amphetamine-Induced Dopamine Release in Human Ventral Striatum Correlates with Euphoria," *BP,* vol. 49 (2001), pp. 81–96.

19 JZ telephone interview with Breiter, June 22, 2005.

20 Pavlov's classic experiments are summarized at http://nobelprize.org/medicine/laureates/1904/pavlov-bio.html and http://en.wikipedia.org/wiki/Ivan_Pavlov. For more detail, see "Experimental Psychology and Psychopathology in Animals" and "The Conditioned Reflex," in I. P. Pavlov, *Selected Works* (Moscow: Foreign Languages Publishing House, 1955), pp. 151–68, 245–70.

21 JZ telephone interviews with P. Read Montague, June 1, 2005, and Peter Shizgal, June 27, 2005; see also P. Read Montague et al., "Computational Roles for Dopamine in Behavioural Control," *Nature*, vol. 431 (Oct. 14, 2004), pp. 760–67; Wolfram Schultz, "Neural Coding of Basic Reward Terms . . . ," *COIN*, vol. 14 (2004), pp. 139–47; P. Read Montague and Gregory S. Berns, "Neural Economics and the Biological Substrates of Valuation," *Neuron*, vol. 36 (Oct. 10, 2002); Wolfram Schultz et al., "A Neural Substrate of Prediction and Reward," *Science*, vol. 275 (March 14, 1997), pp. 1593–99; Udi E. Ghitza et al., "Persistent CueEvoked Activity of Accumbens Neurons after Prolonged Abstinence from Self-Administered Cocaine," *JN*, vol. 23, no. 19, pp. 7239–45.

22 JZ participated in the Montague-Berns experiment, administered by Sam McClure, on July 1, 2002; JZ telephone interview with P. Read Montague, June 1, 2005; JZ interview with Gregory Berns, July 1, 2002; Gregory S. Berns et al., "Brain Regions Responsive to Novelty in the Absence of Awareness," *Science*, vol. 276 (May 23, 1997), pp. 1272–75.

23 Scott A. Huettel et al., "Perceiving Patterns in Random Series: Dynamic Processing of Sequence in Prefrontal Cortex," *NNS*, vol. 5, no. 5 (May 2002), pp. 485–90; Charles T. Clotfelter and Philip J. Cook, *Selling Hope* (Cambridge, Mass.: Harvard University Press, 1991), p. 54; *TII*, pp. 436–37 (Graham originally wrote this passage in 1971); JZ e-mail interviews with Huettel, May 20 and May 24, 2005.

24 Burton G. Malkiel, *A Random Walk Down Wall Street* (New York: W. W. Norton, 2003), p. 17 (50% odds in each year over three years amounts to 50% x 50% x 50% = 12.5% for the entire period); *Morningstar Mutual Funds;* Gregory Bresiger, "Pit Stop for a Pit Bull," *Financial Planning*, Sept. 2000; performance data for Grand Prix Fund Class A and price and volume data for Taser International are from http://quicktake.morningstar.com and http://finance.yahoo.com; Amit Goyal and Sunil Wahal, "The Selection and Termination of Investment Managers by Plan Sponsors" (Sept. 2005), http://ssrn.com/abstract=675970.

25 JZ telephone interview with Glimcher, May 31, 2005; Hannah M. Bayer and Paul W. Glimcher, "Midbrain Dopamine Neurons Encode a Quantitative Reward Prediction Error Signal," *Neuron*, vol. 47 (July 7, 2005), pp. 129–41; Paul W. Glimcher, *Decisions, Uncertainty, and the Brain* (Cambridge, Mass.: MIT Press, 2003), pp. 330–34.

26 JZ telephone interview with Odean, July 12, 2005; Brad M. Barber and Terrance

Odean, "All That Glitters" (March 2006), http://ssrn.com/abstract=460660; Terrance Odean, "Do Investors Trade Too Much?" *AER,* vol. 89 (Dec. 1999), pp. 1279–98, www.odean.us; Kenneth L. Fisher and Meir Statman, "Bubble Expectations," *Journal of Wealth Management* (Fall 2002), pp. 17–22; David Dreman et al., "A Report on the Mar. 2001 Investor Sentiment Survey," *JBF,* vol. 2, no. 3 (2001), pp. 126–34; Patricia Fraser, "How Do U.S. and Japanese Investors Process Information and How Do They Form Their Expectations of the Future?" (Sept. 2000), http://ssrn.com/abstract=257440. Stock returns: Ibbotson Associates, Chicago. Survey of individual investors: Werner De Bondt, "Betting on Trends," *IJF,* vol. 9 (1993), pp. 355–71.

27 Firsthand: JZ, "What Fund Investors Really Need to Know," *MM,* June 2002, pp. 110–15. Energy funds: data courtesy of Avi Nachmany, Strategic Insight, New York. Roger G. Clarke and Meir Statman, "Bullish or Bearish?" *FAJ,* May/June 1998, pp. 63–72; "Total net assets, cash position, sales and redemptions of own shares," 1954 to present, monthly data set provided to JZ by Investment Company Institute. See also Erik R. Sirri and Peter Tufano, "Costly Search and Mutual Fund Flows," *JF,* vol. 53, no. 5 (Oct. 1998), pp. 1589–1622; Jason Karceski, "Returns-Chasing Behavior, Mutual Funds, and Beta's Death," *Journal of Financial and Quantitative Analysis,* vol. 37, no. 4 (Dec. 2002), pp. 559–94; and Anthony W. Lynch and David K. Musto, "How Investors Interpret Past Fund Returns," *JF,* vol. 58, no. 5 (Oct. 2003), pp. 2033–58.

28 JZ interview with Eric Johnson, July 29, 2005. For more on the prefrontal cortex in predicting reward, see Masataka Watanabe, "Reward Expectancy in Primate Prefrontal Neurons," *Nature,* vol. 382 (Aug. 15, 1996), pp. 629–32; Edmund T. Rolls, "The Orbitofrontal Cortex and Reward," *CC,* vol. 10 (March 2000), pp. 284–94; Jay A. Gottfried et al., "Encoding Predictive Reward Value in Human Amygdala and Orbitofrontal Cortex," *Science,* vol. 301 (Aug. 22, 2003), pp. 1104–7; Scott A. Huettel et al., "Decisions under Uncertainty," *JN,* vol. 25, no. 3 (March 30, 2005), pp. 3304–11; Hiroyuki Oya et al., "Electrophysiological Correlates of Reward Prediction Error Recorded in the Human Prefrontal Cortex," *PNAS,* vol. 102, no. 23 (June 7, 2005), pp. 8351–56.

29 For more on dollar-cost averaging, see JZ, "Tie Me Down and Make Me Rich," *MM,* May 2004, p. 118.

30 Michel de Montaigne, "Of Cannibals," in *The Complete Essays of Montaigne*

(Stanford, Calif.: Stanford University Press, 1965), p. 155; Deuteronomy 18:10–12; J. Scott Armstrong, "Review of Ravi Batra, *The Great Depression of 1990,*" *IJF,* vol. 4 (1988), p. 493; JZ telephone and e-mail interviews with Bob Billett, March 7, 2005; JZ e-mail interviews with Sherwood Vine, July 7, Aug. 16, and Sept. 26, 2005; Einstein letter to Jost Winteler, July 8, 1901, in Alice Calaprice, *The New Quotable Einstein* (Princeton, N.J.: Princeton University Press, 2005), p. 253.

31　Remarks by Richard Zeckhauser, panel discussion moderated by JZ, Oxford Programme on Investment Decision-Making, Saïd Business School, Oxford University, U.K., Oct. 22, 2004; Patricia Dreyfus, "Investment Analysis in Two Easy Lessons," *MM,* July 1976, p. 37.

32　Howard Rachlin, *The Science of Self-Control* (Cambridge, Mass.: Harvard University Press, 2000), pp. 155–56; Michael Lewis, *Moneyball* (New York: W. W. Norton, 2003), p. 274; Kahneman: JZ, "Do You Sabotage Yourself?" *MM,* May 2001, pp. 75–78.

33　Pat Regnier, "How High Is Up?" *MM,* Dec. 1999, pp. 108–14; David Leinweber and David Krider, "Stupid Data Miner Tricks," research monograph, First Quadrant Corp., Pasadena, Calif., 1997. Dent fund performance: e-mail to JZ from Annette Larson, senior research analyst, Morningstar Inc., Aug. 16, 2005. Foolish Four performance: *TII,* pp. 44–46.

34　JZ e-mail interview with Wolford, Sept. 9, 2000. See also Richard Ivry and Robert T. Knight, "Making Order from Chaos," *NNS,* vol. 5, no. 5 (May 2002), pp. 394–96.

35　http://news.bbc.co.uk/1/hi/world/europe/4256595.stm; www.mccombs.utexas.edu/faculty/jonathan.koehler/docs/sta309h/Gambler's_Fallacy_in_Italy.htm.

36　Eric Gold and Gordon Hester, "The Gambler's Fallacy and the Coin's Memory," working paper, Carnegie Mellon University (Nov. 1987); copy kindly provided to JZ by Robyn Dawes.

37　M. J. Koepp et al., "Evidence for Striatal Dopamine Release during a Video Game," *Nature,* vol. 393 (May 21, 1998), pp. 266–68; *TII,* p. 38.

38　JZ, "Do You Sabotage Yourself?" *MM,* May 2001, pp. 75–78; Richard H. Thaler et al., "The Effect of Myopia and Loss Aversion on Risk Taking," *QJE,* May 1997, pp. 647–61; Uri Gneezy and Jan Potters, "An Experiment on Risk Taking and Evaluation Periods," *QJE,* May 1997, pp. 631–45; JZ e-mail interview with Uri Gneezy, Nov. 2, 1997; Shlomo Benartzi and Richard H. Thaler, "Risk Aversion or Myopia?" *MS,* vol. 45, no. 3 (March 1999), pp. 364–81; Uri Gneezy et al., "Evaluation Periods and Asset

Prices in a Market Experiment," *JF,* vol. 58, no. 2 (April 2003), pp. 821–37; *Seinfeld,* "The Stock Tip," originally broadcast June 21, 1990, www.seinfeld scripts.com/TheStockTip.htm; tracking study of *MM* subscribers, 2002, data courtesy of Douglas King, Time Inc. Consumer Marketing.

第五章 信 心

1. Cited in Paul A. Samuelson, "Is There Life After Nobel Coronation?," at http://nobelprize.org/economics/articles/samuelson/index.html.
2. Caroline E. Preston and Stanley Harris, "Psychology of Drivers in Traffic Accidents," *JAP,* vol. 49, no. 4 (1965), pp. 284–88; Ola Svenson, "Are We All Less Risky and More Skillful than Our Fellow Drivers?" *Acta Psychologica,* vol. 47 (1981), pp. 143–48.
3. JZ first ran this little test, inspired by Richard Thaler of the University of Chicago, around 1998. The lowest ratio between "my savings" and "average savings" seems to be around 1.5; people often think they will save at least twice as much as the typical person in the room.
4. JZ, "Did You Beat the Market?" *MM,* Jan. 2000, p. 56; Arnold C. Cooper et al., "Entrepreneurs' Perceived Chances for Success," *Journal of Business Venturing,* vol. 3 (1988), pp. 97–108; Daniel Kahneman, remarks at the Institute of Certified Financial Planners' Wealth Management Symposium, New York, April 30, 1999.
5. Kenneth L. Fisher and Meir Statman, "Bubble Expectations," *Journal of Wealth Management,* fall 2002, pp. 17–22; press release, Montgomery Asset Management, Jan. 12, 1998; survey conducted by Intersearch Corp., Nov. 17–Dec. 9, 1997; Robert F. Bruner, "Does M&A Pay?" http://faculty.darden.edu/brunerb/Bruner_PDF/Does%20M&A%20Pay.pdf; JZ email interview with Bruner, Nov. 7, 2005; Neil D. Weinstein, "Unrealistic Optimism about Future Life Events, *JPSP,* vol. 39, no. 5 (1980), pp. 806–20 (this experiment was conducted with 120 students at Rutgers's Cook College, all of them women); Barna Research Group nationwide telephone survey of more than 1,000 adult Americans, released Oct. 21, 2003, www.barna.org.
6. Justin Kruger and David Dunning, "Unskilled and Unaware of It," *JPSP,* vol. 77, no. 6 (1999), pp. 1121–34; Shelley E. Taylor and Jonathon D. Brown, "Illusion and Well-Being," *PB,* vol. 103, no. 2 (1988), pp. 193–210. The term "con man," of course, is short for "confidence man," someone who earns trust by projecting a suave sense of ability, power, and knowledge (see David W. Maurer, *The Big Con* [New York:

Anchor, 1999].)

7   JZ, "Did You Beat the Market?" *MM*, Jan. 2000, pp. 55–57; Don A. Moore et al., "Positive Illusions and Forecasting Errors in Mutual Fund Investment Decisions," *OBHDP*, vol. 79, no. 2 (Aug. 1999), pp. 95–114; JZ telephone interviews with Max Bazerman and Don A. Moore, Nov. 16, 1999.

8   JZ spoke at the *Boston Globe* Personal Finance Conference, Mar. 23, 2002; Bethany McLean and Peter Elkind, *The Smartest Guys in the Room* (New York: Portfolio, 2003), pp. 242, 314, 401.

9   Gur Huberman, "Familiarity Breeds Investment," *RFS*, vol. 14, no. 3 (Fall 2001), pp. 659–80; Joshua D. Coval and Tobias J. Moskowitz, "Home Bias at Home," *JF*, vol. 54, no. 6 (Dec. 1999), pp. 2045–73; Kalok Chan et al., "What Determines the Domestic Bias and Foreign Bias?," *JF*, vol. 60, no. 3 (June 2005), pp. 1495–1534; Kenneth R. French and James M. Poterba, "Investor Diversification and International Equity Markets" (Jan. 1991), www.nber.org/papers/w3609; Yesim Tokat, "International Equity Investing: Long-Term Expectations and Short-Term Departures," Vanguard Investment Counseling & Research, May 2004, p. 11; Morgan Stanley Capital International *Blue Book*, Dec. 2005, p. 4; Michael Kilka and Martin Weber, "Home Bias in International Stock Return Expectations," *JBF*, vol. 1, no. 3–4 (2000), pp. 176–92; Shlomo Benartzi, "Excessive Extrapolation and the Allocation of 401(k) Accounts to Company Stock," *JF*, vol. 56, no. 5 (Oct. 2001), pp. 1747–64.

10 I am indebted to Professor Zeev Mankowitz of Hebrew University for this metaphor.

11 R. B. Zajonc, "Attitudinal Effects of Mere Exposure," *JPSP, Monograph Supplement*, vol. 9 (1968), pp. 1–27; JZ telephone interview with Robert Zajonc, Oct. 12, 2005; William Raft Kunst-Wilson and R. Zajonc, "Affective Discrimination of Stimuli That Cannot Be Recognized," *Science*, vol. 207 (Feb. 1, 1980), pp. 557–58; Jennifer L. Monahan et al., "Subliminal Mere Exposure: Specific, General, and Diffuse Effects," *PS*, vol. 11, no. 6 (Nov. 2000), pp. 462–66; R. B. Zajonc, "Mere Exposure: A Gateway to the Subliminal," *CDPS*, vol. 10, no. 6 (Dec. 2001), pp. 228. Although the duration of a "blink of an eye" is highly variable, it averages roughly one-third of a second (Frans VanderWerf et al., "Eyelid Movements: Behavioral Studies of Blinking in Humans under Different Stimulus Conditions," *Journal of Neurophysiology*, vol. 89 (2003), pp. 2784–96).

12 Rebecca Elliott and Raymond J. Dolan, "Neural Response During Preference and Memory Judgments for Subliminally Presented Stimuli: A Functional Neuroimaging

Study," *JN,* vol. 18, no. 12 (June 15, 1998), pp. 4697–4704; Samuel M. McClure et al., "Neural Correlates of Behavioral Preference for Culturally Familiar Drinks," *Neuron,* vol. 44 (Oct. 14, 2004), pp. 379–87.

13 The theory of place cells was first proposed in John O'Keefe and Lynn Nadel's masterpiece, *The Hippocampus as a Cognitive Map* (Oxford, U.K.: Oxford University Press, 1978), www.cognitivemap. net. See also Eleanor A. Maguire et al., "Recalling Routes Around London: Activation of the Right Hippocampus in Taxi Drivers," *JN,* vol. 17, no. 18 (Sept. 15, 1997), pp. 7103–10; Eleanor A. Maguire et al., "Navigation-Related Structural Change in the Hippocampi of Taxi Drivers," *PNAS,* vol. 97, no. 8 (April 11, 2000), pp. 4398–4403; Gabriel Kreiman et al., "Category-Specific Visual Responses of Single Neurons in the Human Medial Temporal Lobe," *NNS,* vol. 3, no. 9 (Sept. 2000), pp. 946–53; Arne D. Ekstrom et al., "Cellular Networks Underlying Human Spatial Navigation," *Nature,* vol. 425 (Sept. 11, 2003), pp. 184–87; R. Quian Quiroga et al., "Invariant Visual Representation by Single Neurons in the Human Brain," *Nature,* vol. 435 (June 23, 2005), pp. 1102–7.

14 JZ interview with Kenning, Society for Neuroeconomics annual meeting, Sept. 10, 2006; Peter Kenning et al., "The Role of Fear in Home-Biased Decision Making," University of Münster, working paper (January 2007).

15 Nicholas Epley et al., "What Every Skeptic Should Know about Subliminal Persuasion," *Skeptical Inquirer,* Sept./Oct. 1999, pp. 40–45; JZ interview with Piotr Winkielman, April 19, 2005; JZ interview with Zajonc, Oct. 12, 2005; Shlomo Benartzi et al., "Company Stock, Market Rationality, and Legal Reform," University of Chicago Law School working paper (July 2004), pp. 2, 8, 28; www.ici.org/stats/res/per12-01_appendix.pdf, p. 26; Merrill Lynch & Co. Inc., Form 11-K, June 26, 2006, www.sec.gov/Archives/edgar/data/65100/000095012306008132/y22548e11vk.htm.

16 Yoav Ganzach, "Judging Risk and Return of Financial Assets," *OBHDP,* vol. 83, no. 2 (Nov. 2000), pp. 353–70; Michael J. Brennan et al., "Alternative Factor Specifications, Security Characteristics, and the Cross-Section of Expected Stock Returns," *JFE,* vol.49, no. 3 (Sept. 1998), pp. 345–73; Charles M. C. Lee and Bhaskaran Swaminathan, "Price Momentum and Trading Volume," *JF,* vol. 55, no. 5 (Oct. 2000), pp. 2017–69; Brad M. Barber and Terrance Odean, "All That Glitters" (March 2006), http://ssrn.com/abstract=460660; JZ interview with Zajonc, Oct. 12, 2005.

17 David Hirshleifer et al., "Fear of the Unknown" (May 2004), http://public.kenan-flagler.unc.edu/faculty/zhangha/familiarity-5-30-2004-v2.pdf.
18 This is not her real name, but the story is true.
19 B. F. Skinner, " 'Superstition' in the Pigeon," *JEP*, vol. 38 (1948), pp. 168–72, http://psychclassics.yorku.ca/Skinner/Pigeon/; John Staddon, *The New Behaviorism* (Philadelphia: Psychology Press, 2001), pp. 54–68. While later research refuted some of Skinner's observations, the basic finding still holds: that the pigeons behave "as if" their behavior causes them to be fed.
20 The bet on the stock tables is adapted from Chip Heath and Amos Tversky, "Preference and Belief," *JRU*, vol. 4 (1991), pp. 5–28. The dice experiment is Lloyd H. Strickland et al., "Temporal Orientation and Perceived Control as Determinants of Risk-Taking," *JESP*, vol. 2, no. 2 (1966), pp. 143–51; copy kindly provided to JZ by Roy Lewicki.
21 Ellen J. Langer, "The Illusion of Control," *JPSP*, vol. 32, no. 2 (Aug. 1975), pp. 311–28; Rosa Bersabé and Rosario Martínez Arias, "Superstition in Gambling," *Psychology in Spain*, vol. 4, no. 1 (2000), www.psychologyinspain.com/content/reprints/2000/3.pdf; see also Deborah Davis et al., "Illusory Personal Control as a Determinant of Bet Size and Type in Casino Craps Games," *Journal of Applied Social Psychology*, vol. 30, no. 6 (2000), pp. 1224–42. Retirement investors: William N. Goetzmann and Nadav Peles, "Cognitive Dissonance and Mutual Fund Investors," *Journal of Financial Research*, vol. 20, no. 2 (1997), pp. 145–58.
22 Robert E. Knox and James A. Inkster, "Postdecision Dissonance at Post Time," *JPSP*, vol. 8, no. 4 (April 1968), pp. 319–23; Jonathan C.Younger et al., "Postdecision Dissonance at the Fair," *PSPB*, vol. 3, no. 2 (1977), pp. 284–87; Robert B. Cialdini, *Influence* (New York: William Morrow, 1993), pp. 57–59; Paul Rosenfeld et al., "Decision Making," *Journal of Social Psychology*, vol. 126, no. 5 (2001), pp. 663–65.
23 Ellen J. Langer, "The Illusion of Control," *JPSP*, vol. 32, no. 2 (Aug. 1975), pp. 311–28; Ellen J. Langer, "The Psychology of Chance," *Journal for the Theory of Social Behaviour*, vol. 7, no. 2 (Oct. 1977), pp. 185–207.
24 Meghan Collins, "Traders Ward off Evil Spirits," cnn.com, Oct. 29, 2003, http://money.cnn.com/2003/10/28/markets/trader_superstition /index.htm; William M. O'Barr and John M. Conley, *Fortune and Folly* (Homewood, Ill.: Business One Irwin, 1992), p. 155; Mark Fenton-O'Creevy et al., *Traders* (Oxford, U.K.: Oxford

University Press, 2005), p. 87; *BusinessWeek,* Sept. 3, 2001, p. 70; *NYT,* Oct. 15, 2001, p. C1;www.globalcrossing.com/xml/news/2002/january/28.xml.

25 Elizabeth M. Tricomi et al., "Modulation of Caudate Activity by Action Contingency," *Neuron,* vol. 41 (Jan. 22, 2004), pp. 281–92; JZ e-mail interviews with Delgado, Oct. 31 and Dec. 12, 2005; Arthur Aron et al. "Reward, Motivation, and Emotion Systems Associated with Early-Stage Intense Romantic Love," *Journal of Neurophysiology,* vol. 94 (2005), pp. 327–37; Caroline F. Zink et al., "Human Striatal Responses to Monetary Reward Depend on Saliency," *Neuron,* vol. 42 (May 13, 2004), pp. 509–17; JZ telephone interview with Caroline Zink, Jan. 18, 2005. Caroline is the sister of Laurie Zink (see "I Know How Good It Would Feel," Chapter Three, p. 34).

26 Tim V. Salomons et al., "Perceived Controllability Modulates the Neural Response to Pain," *JN,* vol. 24, no. 32 (Aug. 11, 2004), pp. 7199–7203.

27 Michael T. Rogan et al., "Distinct Neural Signatures for Safety and Danger in the Amygdala and Striatum of the Mouse," *Neuron,* vol. 46 (Apr. 21, 2005), pp. 309–20; JZ e-mail interview with Kandel and Rogan, Dec. 14, 2005.

28 JZ e-mail interviews with Brad Russell, Jan. 10, 2005; Richard H. Thaler and Eric J. Johnson, "Gambling with the House Money and Trying to Break Even," *MS,* vol. 36, no. 6 (June 1990), pp. 643–60.

29 Amanda Bischoff-Grethe et al., "The Context of Uncertainty Modulates the Subcortical Response to Predictability," *JCN,* vol. 13, no. 7 (2001), pp. 986–93.

30 Ellen J. Langer and Jane Roth, "Heads I Win, Tails It's Chance," *JPSP,* vol. 32, no. 6 (Dec. 1975), pp. 951–55; Willem A. Wagenaar and Gideon B. Keren, "Chance and Luck Are Not the Same," *JBDM,* vol. 1, no. 2 (1988), pp. 65–75; Nehemia Friedland, "On Luck and Chance," *JBDM,* vol. 5, no. 4 (1992), pp. 267–82.

31 www.ge.com/annual94/iba3a18.htm; http://pages.stern.nyu.edu/~lcabral/teaching/ge.pdf; Robert L. Conn et al., "Why Must All Good Things Come to an End?" (Feb. 2004), http://ssrn.com/abstract=499310; Matthew T. Billett and Yiming Qian, "Are Overconfident Managers Born or Made?" (May 2006), http://ssrn.com/abstract=696301; Richard Roll, "The Hubris Hypothesis of Corporate Takeovers," *JB,* vol. 59, no. 2 (Apr. 1986), pp. 197–216; Gilles Hilary and Lior Menzly, "Does Past Success Lead Analysts to Become Overconfident?" *MS,* vol. 52, no. 4 (April 2006), pp. 489–500; Vernon L. Smith et al., "Bubbles, Crashes, and Endogenous Expectations in Experimental Spot Asset Markets," *Econometrica,* vol. 56, no. 5

(Sept. 1988), pp. 1119–51; David P. Porter and Vernon L. Smith, "Stock Market Bubbles in the Laboratory," *Applied Mathematical Finance,* vol. 1 (1994), pp. 111–27.

32 JZ telephone interview with John Allman, Dec. 28, 2004; Stephanie Kovalchik and John Allman, "Measuring Reversal Learning," *C&E,* vol. 20, no. 5 (2005), pp. 714–28.

33 J. Hornak et al., "Reward-Related Reversal Learning after Surgical Excisions in Orbito-frontal or Dorsolateral Prefrontal Cortex in Humans," *JCN,* vol. 16, no. 3 (2004), pp. 463–78. Most of these patients had suffered minor brain damage as a result of corrective surgery for stroke, epilepsy, brain tumors, or head trauma.

34 Alanna Nash, *The Colonel* (New York: Simon & Schuster, 2003), p. 322; Carolyn Abraham, "Diapers Keep Gamblers at Slots," *Ottawa Citizen,* May 3, 1997, p. A1.

35 Wayne C. Drevets et al., "Subgenual Prefrontal Cortex Abnormalities in Mood Disorders," *Nature,* vol. 386 (Apr. 24, 1997), pp. 824–27; Rita Carter, *Mapping the Mind* (Berkeley: University of California Press, 1999), p. 197; Rebecca Elliott et al., "Dissociable Neural Responses in Human Reward Systems," *JN,* vol. 20, no. 16 (Aug. 15, 2000), pp. 6159–65; Edmund T. Rolls et al., "Activity of Primate Subgenual Cingulate Cortex Neurons Is Related to Sleep," *Journal of Neurophysiology,* vol. 90 (2003), pp. 134–42.

36 Ravi Dhar and William N. Goetzmann, "Bubble Investors" (Aug. 2006), http://ssrn.com/abstract=683366; JZ e-mail interview with Will Goetzmann, Nov. 9, 2005.

37 Baruch Fischhoff and Ruth Beyth, " 'I Knew It Would Happen,' " *OBHDP,* vol. 13 (1975), pp. 1–16; Baruch Fischhoff, "Hindsight Does Not Equal Foresight..." *JEPHPP,* vol. 1, no. 3 (1975), pp. 288–99; JZ telephone interview with Baruch Fischhoff, Sept. 21, 2005; remarks by Daniel Kahneman, panel discussion moderated by JZ, Oxford Programme on Investment Decision-Making, Saïd Business School, Oxford University, U.K. Oct. 22, 2004.

38 Gary Rivlin, "The Madness of King George," *Wired* (July 2002), www.wired.com/wired/archive/10.07/gilder.html; Jeanne Lee, "Crash Test," *MM,* June 2000, p. 39; Pablo Galarza and Jeanne Lee, "The Sensible Internet Portfolio," *MM,* Dec. 1999, p. 129. (Disclosure: In May 1999, JZ wrote a column for *Money* entitled "Baloney.com," warning investors not to buy Internet stocks. But he did not stop his friend Pablo Galarza from recommending Ariba.)

39 This example is inspired by Meir Statman and Jonathan Scheid, "Buffett in Foresight

and Hindsight," *FAJ*, vol. 58, no. 4 (July/Aug. 2002), pp. 11–18. The number of funds in existence at year-end 1996 is from www.icifactbook.org/pdf/06_fb_table06.pdf. The odds of flipping heads ten times in a row are $1/2^{10}$, or $1/1024$, or 0.001. Thus the probability against a given manager getting ten heads in a row is 99.9%. The probability that none of the 1,325 managers will flip ten heads in a row is $.999^{1325}$, or 27.4%. Thus, the odds that at least one manager will get ten straight heads are 1 - .274, or 72.6%.

40 www.cea.fn and *Science*, vol. 309 (Aug. 19, 2005), pp. 1170–71. The percentages of people's certainty about the answers to these three questions are based on audience responses at speeches JZ has given over the past ten years. "The Inner Tube of Life," *Science*, vol. 307 (Mar. 25, 2005), p. 1914.

41 Baruch Fischhoff et al., "Knowing with Certainty," *JEPHPP*, vol. 3, no. 4 (1977), pp. 552–64. A $1 bet in 1977, adjusted for inflation, is equivalent to roughly $3 today.

42 2006 EBRI Retirement Confidence Survey, www.ebri.org/surveys/rcs/2006/.

43 This message applies to all the people who confidently attribute this proverb to Will Rogers. According to Steven Gragert, archival historian at the Will Rogers Memorial Museums in Claymore, Okla., there is no evidence that Rogers ever said it. *Bartlett's Familiar Quotations* suggests that it is probably based on an aphorism by the 19th-century American humorist Josh Billings: "It is better to know nothing than to know what ain't so."

44 Carl-Axel S. Staël von Holstein, "Probabilistic Forecasting," *OBHDP*, vol. 8 (1972), pp. 139–58; J. Frank Yates et al., "Probabilistic Forecasts of Stock Prices and Earnings," *OBHDP*, vol. 49 (1991), pp. 60–79; Gustaf Törngren and Henry Montgomery, "Worse than Chance?" *JBF*, vol. 5, no. 3 (2004), pp. 148–53; Brad M. Barber and Terrance Odean, "The Courage of Misguided Convictions," *FAJ*, vol. 55, no. 6 (Nov./Dec. 1999); "Trading Is Hazardous to Your Wealth," *JF*, vol. 55, no. 2 (Apr., 2000); "Individual Investors," in Richard H. Thaler, ed., *Advances in Behavioral Finance*, vol. 2 (Princeton, N.J.: Princeton University Press, 2005), pp. 543–69, www.odean.us; Richard Deaves et al., "The Dynamics of Overconfidence" (Nov. 2005), http://ssrn.com/abstract=868970.

45 Sarah Lichtenstein and Baruch Fischhoff, "Do Those Who Know More Also Know More about How Much They Know?" *OBHDP*, vol. 20, no. 2 (Dec. 1977), pp. 159–83; Dale Griffin and Amos Tversky, "The Weighing of Evidence and the Determinants of Confidence," in *HAB*, pp. 230–49.

46 Christopher D. Fiorillo et al., "Discrete Coding of Reward Probability and Uncertainty by Dopamine Neurons," *Science,* vol. 299 (March 21, 2003), pp. 1898–1902; Peter Shizgal and Andreas Arvanitogiannis, "Gambling on Dopamine," *Science,* vol. 299 (March 21, 2003), pp. 1856–58; Hugo D. Critchley et al., "Neural Activity in the Human Brain Relating to Uncertainty and Arousal during Anticipation," *Neuron,* vol. 29 (Feb. 2001), pp. 537–45.

47 Gerd Gigerenzer, *Adaptive Thinking* (Oxford, U.K.: Oxford University Press, 2000), and "Fast and Frugal Heuristics," in *BHJDM,* pp. 62–88; *WSJ,* Jan. 18, 1995, p. A1; U.S. Securities and Exchange Commission, Office of Municipal Securities, *Cases and Materials* (1999), www.sec.gov/pdf/mbondcs.pdf, pp. 59–100; *Pensions & Investments,* March 6, 2006, p. 28; *WSJ,* Sept. 20, 2006, p. C1; www.sdcera.org/ pdf/ SDCERAInvestmentPerformanceAward.pdf.

48 Hart Blanton et al., "Overconfidence as Dissonance Reduction," *JESP,* vol. 37 (2001), pp. 373–85; Robert H. Thouless, "The Tendency to Certainty in Religious Belief," *British Journal of Psychology,* vol. 26 (1935), pp. 16–31, http://psychclassics.yorku. ca/Thouless/certainty.pdf.

49 "Chairman's Letter," 1992 Berkshire Hathaway Inc. annual report, www. berkshirehathaway.com/letters/1992.html.

50 Nicholas Dawidoff, *The Fly Swatter* (New York: Pantheon, 2002), pp. 212–13.

51 JZ, "I Don't Know, I Don't Care," cnn.com, Aug. 29, 2001, http://money.cnn. com/2001/08/29/investing/Zweig/.

52 JZ telephone interview with Buffett, May 5, 2005; see also Peter D. Kaufman, ed., *Poor Charlie's Almanack* (Virginia Beach, Va.: Donning Publishers, 2005), pp. 43, 95.

53 Gary Belsky and Thomas Gilovich, *Why Smart People Make Big Money Mistakes and How to Correct Them* (New York: Fireside, 1999), pp. 172–73.

54 JZ telephone interview with Baruch Fischhoff, Sept. 21, 2005; Baruch Fischhoff, "For Those Condemned to Study the Past: Heuristics and Biases in Hindsight," *JUU,* pp. 335–51; Elizabeth Loftus, "Our Changeable Memories: Legal and Practical Implications," *NNS,* vol. 4 (March 2003), pp. 231–34, www.seweb.uci.edu/faculty/ loftus/.

55 JZ telephone interview with Robin Hogarth, March 17, 2005; Robin Hogarth, *Educating Intuition* (Chicago: University of Chicago Press, 2001), pp. 81–91.

56 S&P 500 return from *Stocks, Bonds, Bills, and Inflation 2005 Yearbook* (Chicago:

Ibbotson Associates, 2005). Return adjusted for cash added and withdrawn is from Ilia D. Dichev, "What Are Stock Investors' Actual Historical Returns?" (Jan. 2006), http://ssrn.com/abstract=544142. These three questions are inspired by Daniel Kahneman and Amos Tversky, "Intuitive Prediction," in *JUU,* pp. 414–21.

57 JZ interview with Christopher Davis, Dec. 8, 2005.

58 Peter Lynch with John Rothchild, *One up on Wall Street* (New York: Penguin, 1990), pp. 18–19; Peter Lynch with John Rothchild, *Beating the Street* (New York: Simon & Schuster, 1993), pp. 152–59.

59 Merck & Co. press release, Sept. 30, 2004, at www.merck.com; Merck & Co. Form 11-K, July 8, 2005, www.sec/gov/Archives/edgar/data/64978/000095014405007240/g96187e11vk.htm; N.Y. State Attorney General press release, Oct. 14, 2004, www.oag.state.ny.us/press/2004/oct/oct14a_04.html; Marsh & McLennan press releases, Nov. 9, 2004, and March 1, 2005, at www.marsh.com; Marsh and McLennan Cos., Inc., Form 11-K, June 29, 2005, www.sec.gov/Archives/edgar/data/62709/000006270905000183/000006 2709-05-000183-index.htm; Lisa Meulbroek, "Company Stock in Pension Plans: How Costly Is It?" *Journal of Law and Economics,* vol. 48, no. 2 (Oct. 2005), pp. 443–74; JZ e-mail interview with Meulbroek, Nov. 1, 2005; JZ e-mail interview with David Laibson, Oct. 8, 2005. See also JZ, "Don't Try This with Your 401(k)," cnn.com, Nov. 4, 1999, http://money.cnn.com/1999/11/04/mailbag/mailbag/. Meulbroek's calculation assumes that you have no savings outside of your 401(k). But even if your 401(k) is just half of your total net worth, a 25% allocation of your 401(k) to company stock for ten years would have an effective value of only 84 cents on the dollar.

60 Rodger W. Bridwell, *High-Tech Investing* (New York: New York Times Book Co., 1983), pp. 12–13; Robert Metz, *Future Stocks* (New York: Harper & Row, 1982), pp. 31–32.

第六章 风 险

1 As quoted by Turkish Prime Minister Turgut Ozal, *WSJ,* July 25, 1984.

2 JZ telephone interview with Bobbi Bensman, Dec. 13, 2005; Meir Statman, "Lottery Players/Stock Traders," *FAJ,* Jan.–Feb. 2002, pp. 14–21, and "What Do Investors Want?" *JPM,* 30th Anniversary Issue (2004), pp. 153–61.

3 www.ifa.com/SurveyNET/index.aspx (accessed March 28, 2006); www.firstambank.com/464.html (accessed March 28, 2006); www.myscudder.com, Planning and

Retirement Worksheet (accessed Nov. 8, 2004); Ken C. Yook and Robert Everett, "Assessing Risk Tolerance," *JFP,* vol. 16, no. 8 (Aug. 2003), pp. 48–55.

4 Margo Wilson and Martin Daly, "Do Pretty Women Inspire Men to Discount the Future?" *PRSLB* (Suppl.), vol. 271 (2004), pp. S177–S179; Roy F. Baumeister, "The Psychology of Irrationality," in Isabelle Brocas and Juan D. Carrillo, *The Psychology of Economic Decisions,* vol. 1 (Oxford, U.K.: Oxford University Press, 2003), pp. 3–16; Karen Pezza Leith and Roy F. Baumeister, "Why Do Bad Moods Increase Self-Defeating Behavior?" *JPSP,* vol. 71, no. 6 (1996), pp. 1250–67; Rajagopal Raghunathan and Michel Tuan Pham, "All Negative Moods Are Not Equal," *OBHDP,* vol. 79, no. 1 (1999), pp. 56–77; Michel Tuan Pham, "The Logic of Feeling," *Journal of Consumer Psychology,* vol. 14, no. 4 (2004), pp. 360–69; Jennifer S. Lerner et al., "Heart Strings and Purse Strings," *PS,* vol. 15, no. 5 (2004), pp. 337–41; Denise Chen et al., "Chemosignals of Fear Enhance Cognitive Performance in Humans," *Chemical Senses,* vol. 31, no. 4 (2006), pp. 415–23; JZ e-mail interview with Chen, April 8, 2006; Norbert Schwarz, "Metacognitive Experiences in Consumer Judgment and Decision Making," *Journal of Consumer Psychology,* vol. 14, no. 4 (2004), pp. 332–48; Alexander J. Rothman and Norbert Schwarz, "Constructing Perceptions of Vulnerability," *PSPB,* vol. 24, no. 10 (Oct. 1998), pp. 1053–64; Norbert Schwarz, "Situated Cognition and the Wisdom of Feelings," in Lisa Feldman Barrett and Peter Salovey, *The Wisdom in Feeling* (New York: Guilford Press, 2002), pp. 144–66; JZ telephone interview with Schwarz, April 20, 2005; Matthew C. Keller et al., "A Warm Heart and a Clear Head," *PS,* vol. 16, no. 9 (2005), pp. 724–31.

5 Amos Tversky, "The Psychology of Decision Making," in Arnold S. Wood, ed., *Behavioral Finance and Decision Theory in Investment Management* (Charlottesville, Va.: AIMR Publications, 1995), p. 6; Alex Kacelnik and Melissa Bateson, "Risky Theories," *American Zoologist,* vol. 36, no. 4 (Sept., 1996), pp. 402–34; Sharoni Shafir, "Risk-Sensitive Foraging," *Oikos,* vol. 88, no. 3 (2000), pp. 663–69.

6 Leslie A. Real, "Animal Choice Behavior and the Evolution of Cognitive Architecture," *Science,* vol. 253 (Aug. 30, 1991), pp. 980–86; JZ interview with Real, Jan. 26, 1999; Joseph M. Wunderle, Jr. and Zoraida Cotto-Navarro, "Constant vs. Variable Risk-Aversion in Foraging Bananaquits," *Ecology,* vol. 69, no. 5 (1988), pp. 1434–38; letter to JZ from Wunderle, Oct. 17, 1997.

7 Elke U. Weber et al., "Predicting Risk Sensitivity in Humans and Lower Animals," *PR,* vol. 111, no. 2 (2004), pp. 430–45; Ralph Hertwig et al., "Decisions from

Experience and the Effect of Rare Events in Risky Choice," *PS,* vol. 15, no. 8 (2004), pp. 534–39; JZ telephone and e-mail interviews with Elke Weber, March 6 and June 10, 2006; Sarah Holden and Jack VanDerhei, "401(k) Plan Asset Allocation, Account Balances, and Loan Activity in 2005," www.ici.org.

8   Craig R. M. McKenzie and Jonathan D. Nelson, "What a Speaker's Choice of Frame Reveals," *Psychonomic Bulletin & Review,* vol. 10, no. 3 (2003), pp. 596–602; JZ interview with Slovic, June 29, 2005; Irwin P. Levin and Gary J. Gaeth, "How Consumers Are Affected by the Framing of Attribute Information before and after Consuming the Product," *JCR,* vol. 15 (Dec. 1988), pp. 374–78; Philip Sedgwick and Angela Hall, "Teaching Medical Students and Doctors How to Communicate Risk," *British Medical Journal,* vol. 327 (Sept. 27, 2003), pp. 694–95; Barbara J. McNeil et al., "On the Elicitation of Preferences for Alternative Therapies," *New England Journal of Medicine,* vol. 306, no. 21 (May 27, 1982), pp. 1259–62.

9   Amos Tversky and Daniel Kahneman, "The Framing of Decisions and the Psychology of Choice," *Science,* vol. 211 (Jan. 30, 1981), pp. 453–58; see also Kahneman and Tversky, "Choices, Values, and Frames," in *CVF,* pp. 1–16.

10 This example is adapted from Kahneman and Tversky's "Prospect Theory," *Econometrica,* vol. 47, no. 2 (1979), pp. 263–91; Richard H. Thaler and Eric J. Johnson, "Gambling with the House Money and Trying to Break Even," *MS,* vol. 36, no. 6 (June 1990), pp. 643–60; John S. Hammond et al., "The Hidden Traps in Decision Making," *Harvard Business Review,* Jan. 2006, pp. 118–26.

11 JZ interview with Nicholas Epley, Sept. 12, 2003; Nicholas Epley et al., "Bonus or Rebate?" *JBDM,* vol. 19, no. 3 (2006), pp. 213–27; Yahoo! Inc. press release, April 7, 2004; stock performance from http://finance.yahoo.com/; JZ, "Splitsville," *MM,* March 2001, pp. 55–56; JZ interview with Daniel Kahneman, Sept. 18, 1996; Daniel Kahneman and Dan Lovallo, "Timid Choices and Bold Forecasts," in *CVF,* pp. 393–413; JZ interview with Paul Slovic, June 29, 2005; Paul Slovic et al., "Rational Actors or Rational Fools?" www.decisionresearch.org/pdf/dr498v2.pdf; Eldar Shafir et al., "Money Illusion," in *CVF,* pp. 335–55.

12 JZ e-mail interview with Cleotilde Gonzalez and Jason Dana, Jan. 25, 2006; Cleotilde Gonzalez et al., "The Framing Effect and Risky Decisions," *Journal of Economic Psychology,* vol. 26 (2005), pp. 1–20; see also Kip Smith et al., "Neuronal Substrates for Choice under Ambiguity, Risk, Gains, and Losses," *MS,* vol. 48, no. 6 (June 2002), pp. 711–18; Alumit Ishai et al., "Distributed Neural Systems for the Genera-

tion of Visual Images," *Neuron,* vol. 28 (Dec. 2000), pp. 979–90; Elia Formisano et al., "Tracking the Mind's Image in the Brain," *Neuron,* vol. 35 (July 3, 2002), pp. 185–204; Scott A. Huettel et al., "Decisions under Uncertainty," *JN,* vol. 25, no. 13 (March 30, 2005), pp. 3304–11; Antonia F. de C. Hamilton and Scott T. Grafton, "Goal Representation in Human Anterior Intraparietal Sulcus," *JN,* vol. 26, no. 4 (Jan. 25, 2006), pp. 1133–37.

13 Benedetto De Martino et al., "Frames, Biases, and Rational Decision-Making in the Human Brain," *Science,* vol. 313 (Aug. 4, 2006), pp. 684–87.

14 Walter Updegrave, "The Surprise Inside the Perfect Investment," *MM,* Oct. 2005, pp. 48–50; *Investment News,* July 17, 2006, pp. 1, 29.

15 Paul Slovic et al., "Violence Risk Assessment and Risk Communi-cation," *Law and Human Behavior,* vol. 24, no. 3 (2000), pp.271–96; Paul Slovic et al., "The Affect Heuristic," in *HAB,* pp. 397–420; Kimihiko Yamagishi, "When a 12.86% Mortality Is More Dangerous than 24.14%," *Applied Cognitive Psychology,* vol. 11 (1997), pp. 495–506; JZ interview with Slovic, June 29, 2005.

16 Ivo Welch, "Herding Among Security Analysts," *JFE,* vol. 58, no. 3 (2000), pp. 369–96; JZ e-mail interview with Welch, March 8, 2006; Zoran Ivkovic and Scott Weisbenner, "Information Diffusion Effects in Individual Investors' Common Stock Purchases" (April 2004), www.nber.org/papers/w10436; Bing Liang, "Alternative Investments," *Journal of Investment Management,* vol. 2, no. 4 (2004), pp. 76–93; Nicole M.Boyson, "Is There Hedge Fund Contagion?" (March 2006), www.nber.org/papers/w12090; Esther Duflo and Emmanuel Saez, "Participation and Investment Decisions in a Retirement Plan," *Journal of Public Economics,* vol. 85 (2002), pp. 121–48; Karen W. Arenson, "Embarrassing the Rich," *NYT,* May 21, 1995, p. E4; Steve Wulf, "Too Good to Be True," *Time,* May 29, 1995, p. 34; Michael Lewis, "Separating Rich People from Their Money," *NYT Magazine,* June 18, 1995, p. 18; Josef Lakonishok et al., "What Do Money Managers Do?," working paper, University of Illinois, 1997; Stanley G. Eakins et al., "Institutional Portfolio Composition" (1998), http://ssrn.com/abstract=45754; Richard W. Sias, "Institutional Herding," *RFS,* vol. 17, no. 1 (2004), pp. 165–206; JZ e-mail interview with Sias, Mar. 9, 2006; Vivek Sharma et al., "Institutional Herding and the Internet Bubble" (May 2006) http://ssrn.com/abstract=501423; Robert J. Shiller and John Pound, "Survey Evidence on Diffusion of Interest among Institutional Investors" (May 1986), http://cowles.econ.yale.edu/P/cd/dy1986.htm.

17 Sushil Bikhchandani et al., "A Theory of Fads, Fashion, Custom, and Cultural Change as Informational Cascades," *JPE,* vol. 100, no. 5 (Oct. 1992), pp. 992–1026; "Informational Cascades and Rational Herding," http://welch.econ.brown.edu/cascades/; David Hirshleifer and Siew Hong Teoh, "Herd Behavior and Cascading in Capital Markets," *European Financial Management,* vol. 9, no. 1 (March 2003), pp. 25–66; Jean-Marc Amé et al., "Collegial Decision Making Based on Social Amplification Leads to Optimal Group Formation," *PNAS,* vol. 103, no. 15 (April 11, 2006), pp. 5385–40; Ian T. Baldwin et al., "Volatile Signaling in Plant-Plant Interactions," *Science,* vol. 311 (Feb. 10, 2006), pp. 812–15; Lars Chittka and Ellouise Leadbeater, "Social Learning," *CB,* vol. 15, no. 21 (2005), R869–R871; Isabelle Coolen et al., "Social Learning in Noncolonial Insects," *CB,* vol. 15, no. 21 (Nov. 8, 2005), pp. 1931–35; Etienne Danchin et al., "Public Information," *Science,* vol. 305 (July 23, 2004), pp. 487–91; Julie W. Smith et al., "The Use and Misuse of Public Information by Foraging Red Crossbills," *Behavioral Ecology,* vol. 10, no. 1 (1999), pp. 54–62. The virtues of collective intelligence among humans are discussed in James Surowiecki, *The Wisdom of Crowds* (New York: Doubleday, 2004).

18 Matthew J. Salganik et al., "Experimental Study of Inequality and Unpredictability in an Artificial Cultural Market," *Science,* vol. 311 (Feb. 10, 2006), pp. 854–66.

19 Melissa Bateson, "Recent Advances in Our Understanding of Risk-Sensitive Foraging Preferences," *Proceedings of the Nutrition Society,* vol. 61 (2002), pp. 1–8; Thomas Caraco et al., "An Empirical Demonstration of Risk-Sensitive Foraging Preferences," *Animal Behaviour,* vol. 28, no. 3 (Aug. 1980), pp. 820–30; D. W. Stephens and J. R. Krebs, *Foraging Theory* (Princeton, N.J.: Princeton University Press, 1986), pp. 134–50; John M. McNamara and Alasdair I. Houston, "Risk-Sensitive Foraging," *Bulletin of Mathematical Biology,* vol. 54, no. 2/3 (1992), pp. 355–78.

20 www.ops.gov.ph/news/archives2006/feb05.htm; http://news.bbc.co.uk/2/hi/asia-pacific/4680040.stm; www.manilatimes.net/national/2006/feb/05/yehey/images/front.pdf.

21 Charles T. Clotfelter, "Do Lotteries Hurt the Poor?" summary of congressional testimony, April 28, 2000, www.pubpol.duke.edu/people/faculty/clotfelter/lottsum.pdf; Consumer Federation of America press release, "How Americans View Personal Wealth," Jan. 9, 2006, www.consumerfed.org; Rui Yao et al., "The Financial Risk Tolerance of Blacks, Hispanics and Whites," *Financial Counseling and Planning,* vol. 16, no. 1 (2005), pp. 51–62; Keith C. Brown et al., "Of Tournaments and Temp-

tations," *JF,* vol. 51, no. 1 (March 1996), pp. 85–110; Joshua D. Coval and Tyler Shumway, "Do Behavioral Biases Affect Prices?" *JF,* vol. 60, no. 1 (Feb. 2005), pp. 1–34; Alok Kumar, "Who Gambles in the Stock Market?" (May 2005), http://ssrn.com/abstract=686022.

22. Richard S. Tedlow, "The Education of Andy Grove," *Fortune,* Dec. 12, 2005, p. 122; JZ, "What Can We Learn from History?" cnn.com, Sept. 21, 2001, http://money.cnn.com/2001/09/21/investing/zweig/index.htm.
23. JZ e-mail interview with Nygren, April 24, 2006; *BusinessWeek,* Aug. 13, 1979, p. 56. For detailed advice on how to compare stock price and business value, see *TII,* especially Chapters 14 and 15.
24. JZ thanks Stephen Barnes, Thomas J. Connelly, Roger Gibson, and Robert N. Veres for their help in preparing a streamlined IPS.
25. Peter D. Kaufman, ed., *Poor Charlie's Almanack* (Virginia Beach, Va.: Donning Publishers, 2005), p. 145.
26. JZ interview with Bernstein, July 28, 2004; JZ, "Peter's Uncertainty Principle," *MM,* Nov. 2004, pp. 142–49.
27. Daniel Kahneman and Amos Tversky, "Prospect Theory," *Econometrica,* vol. 47, no. 2 (1979), pp. 263–91; JZ, "Do You Sabotage Yourself?," *MM,* May 2001, pp. 74–78.
28. JZ interview with Slovic, June 29, 2005.
29. JZ interview with Bernstein, July 28, 2004; JZ, "Peter's Uncertainty Principle," *MM,* Nov. 2004, pp. 142–49.

第七章 恐 惧

1. Bertrand Russell, "An Outline of Intellectual Rubbish" (1943), www.solstice.us/russell/intellectual_rubbish.html.
2. Mark Peplow, "Counting the Dead," *Nature,* vol. 440 (April 20, 2006), pp. 982–83; Dillwyn Williams and Keith Baverstock, "Too Soon for a Final Diagnosis," *Nature,* vol. 440 (April 20, 2006), pp. 993–94; www.nature.com/news/2005/050905/full/437181b.html; www.who.int/mediacentre/news/releases/2005/pr38/en/index.html; seer.cancer.gov/statfacts/html/melan.html. Roughly 4,000 cases of thyroid cancer resulted from the Chernobyl accident; so far, 15 have been fatal. While the U.N.'s worst-case estimate is that more than 9,000 people may eventually die as a result of Chernobyl, nearly all the potential victims remain alive two decades after the accident.
3. *NYT,* Nov. 12, 2002, p. F4; www.flmnh.ufl.edu/fish/sharks/attacks/relariskanimal.htm;

Ricky L. Langley, "Alligator Attacks on Humans in the United States," *Wilderness and Environmental Medicine,* vol.16 (2005), pp. 119–24; www.natural-resources. wsu.edu/research/bear-center/bear-people.htm; www.cdc.gov/nasd; *World Report on Violence and Health* (U.N. World Health Organization, 2002), www.who.int/violence_injury_prevention/violence/world_report/en/, p. 10. United Nations Devel- opment Programme, "The Human Consequences of the Chernobyl Nuclear Accident" (UNDP and UNICEF, Jan. 25, 2002), www.undp.org; Douglas Chapin et al., "Nuclear Power Plants and Their Fuel as Terrorist Targets," *Science,* vol. 297 (Sept. 20, 2002), pp. 1997–99. These data are for calendar year 2000, but even the war in Iraq has not changed the numbers enough to alter the order they are listed in.

4 John Ameriks et al., "Expectations for Retirement," Vanguard Center for Retirement Research (Nov. 2004), pp. 12–14.

5 JZ, "When the Stock Market Plunges, Will You Be Brave or Will You Cave?" *MM,* Jan. 1997, p. 106.

6 Paul Slovic, "Informing and Educating the Public about Risk," *RA,* vol. 6, no. 4 (1986), pp. 403–15; www.planecrashinfo.com/cause.htm; Kukoc: *Sports Illustrated,* Feb. 24, 1997, p. 46; *National Transportation Statistics 2005* (U.S. Department of Transportation), table 2-1, www.bts.gov/publications/national_transportation_statistics/2005/index.html; Michael Sivak and Michael J. Flannagan, "Flying and Driving after the September 11th Attacks," *American Scientist,* Jan.–Feb. 2003, http://americanscientist.org/template/AssetDetail/assetid/16237; Gerd Gigerenzer, "Out of the Frying Pan into the Fire," *RA,* vol. 26, no. 2 (2006), pp. 347–51.

7 Eric J. Johnson et al., "Framing, Probability Distortions, and Insurance Decisions," in *CVF,* pp. 224–40.

8 Consumer confidence data courtesy of the Conference Board's Carol Courter, e-mail to JZ, March 14, 2006. Eric J. Johnson and Amos Tversky, "Affect, Generalization, and the Perception of Risk," *JPSP,* vol. 45, no. 1 (1983), pp. 20–31; JZ e-mail interview with Eric Johnson, Feb. 14, 2006.

9 Sarah Lichtenstein et al., "Judged Frequency of Lethal Events," *JEPHLM,* vol. 4, no. 6 (Nov. 1978), pp. 551–78; Paul Slovic, "Perception of Risk," *Science,* vol. 236 (April 17, 1987), pp. 280–85; JZ interview with Paul Slovic and Ellen Peters, June 29, 2005. Besides dread and knowability, there is a third factor—how many people are exposed to the risk—but it appears to play a less significant role.

10 www.floodsmart.gov; Mark J. Browne and Robert E. Hoyt, "The Demand for Flood

Insurance," *JRU,* vol. 20, no. 3 (2000), pp. 291–300; Howard Kunreuther, "Has the Time Come for Comprehensive Natural Disaster Insurance?" in Ronald J. Daniels et al., *On Risk and Disaster* (Philadelphia: University of Pennsylvania Press, 2006), pp. 175–202.

11 Press release, Wendy's International Inc., July 7, 2005; Wendy's 10-Q report, Aug. 11, 2005; www.cnn.com/2005/LAW/09/09/wendys.finger.ap; stock data from http://finance.yahoo.com; Patricia Sellers, "eBay's Secret," *Fortune,* Oct. 18, 2004, p. 160; www.forbes.com/forbes/1999/0726/6402238a.html.

12 Antonio Damasio, *Descartes' Error* (New York: Penguin, 1994); Joseph LeDoux, *The Emotional Brain* (New York: Simon & Schuster, 1996); Andrew J. Calder et al., "Neuropsychology of Fear and Loathing," *NRN,* vol. 2 (May, 2001), pp. 352–63; K. Luan Phan et al., "Functional Neuroanatomy of Emotion," *NeuroImage,* vol. 16 (2002), pp. 331–48; M. Davis and P. J. Whalen, "The Amygdala," *Molecular Psychiatry,* vol. 6 (2001), pp. 13–34; Nathan J. Emery and David G. Amaral, "The Role of the Amygdala in Primate Social Cognition," in *CNE,* pp. 156–91; JZ interview with Antoine Bechara, April 2, 2002; D. Caroline Blanchard and Robert J. Blanchard, "Innate and Conditioned Reactions to Threat in Rats with Amygdaloid Lesions," *Journal of Comparative and Physiological Psychology,* vol. 81, no. 2 (1972), pp. 281–90.

13 Paul J. Whalen et al., "Masked Presentation of Emotional Facial Expressions Modulate Amygdala Activity without Explicit Knowledge," *JN,* vol. 18, no. 1 (Jan. 1, 1998), pp. 411–18; Beatrice de Gelder, "Towards the Neurobiology of Emotional Body Language," *NRN,* vol. 7(March, 2006), pp. 242–49; Beatrice de Gelder et al., "Fear Fosters Flight," *PNAS,* vol. 101, no. 47 (Nov. 23, 2004), pp. 16701–706.

14 N. Isenberg et al., "Linguistic Threat Activates the Human Amygdala," *PNAS,* vol. 96 (Aug., 1999), pp. 10456–459; Laetitia Silvert et al., "Autonomic Responding to Aversive Words without Conscious Valence Discrimination," *International Journal of Psychophysiology,* vol. 53 (2004), pp. 135–45; Elizabeth L. Loftus and John C. Palmer, "Reconstruction of Automobile Destruction," *Journal of Verbal Learning and Verbal Behavior,* vol. 13 (1974), pp. 585–9. A normal eyeblink lasts about 320 milliseconds (e-mail to JZ from SUNY Stony Brook neurobiologist Craig Evinger, Mar. 23, 2006).

15 Tiziana Zalla et al., "Differential Amygdala Responses to Winning and Losing," *EJN,* vol. 12 (2000), pp. 1764–70; JZ interview with Grafman, March 6, 2002;

Hans C. Breiter et al., "Functional Imaging of Neural Responses to Expectancy and Experience of Monetary Gains and Losses," *Neuron,* vol. 30 (May 2001), pp. 619–39; Gleb P. Shumyatsky et al., "Stathmin, a Gene Enriched in the Amygdala, Controls Both Learned and Innate Fear," *Cell,* vol. 123 (Nov. 18, 2005), pp. 697–709; R. Douglas Fields, "Making Memories Stick," *SA,* Feb. 2005, pp. 75–81; Karim Nader et al., "Fear Memories Require Protein Synthesis in the Amygdala for Reconsolidation after Retrieval," *Nature,* vol. 406 (Aug. 17, 2000), pp. 722–26; James L. McGaugh, "Memory—a Century of Consolidation," *Science,* vol. 287 (Jan. 14, 2000), pp. 248–51; B. A. Strange and R. J. Dolan, "ß-Adrenergic Modulation of Emotional Memory-Evoked Human Amygdala and Hippocampal Responses," *PNAS,* vol. 101, no. 31 (Aug. 3, 2004), pp. 11454–58; James L. McGaugh et al., "Modulation of Memory Storage by Stress Hormones and the Amygdaloid Complex," in Michael S. Gazzaniga, ed., *The New Cognitive Neurosciences* (Cambridge, Mass.: MIT Press, 2000), pp. 1081–98; Joe Guillaume Pelletier et al., "Lasting Increases in Basolateral Amygdala Activity After Emotional Arousal," *Learning & Memory,* vol. 12 (2005), pp. 96–102; Rebecca Elliott et al., "Dissociable Neural Responses in Human Reward Systems," *JN,* vol. 20, no. 16 (Aug. 15, 2000), pp. 6159–65. "Adrenaline" is the common term for epinephrine.

16 *2005 Investment Company Fact Book* (Washington, D.C.: Investment Company Institute, 2005), p. 77; *1996 Mutual Fund Fact Book* (Washington, D.C.: Investment Company Institute, 1996), p. 125; Donald B. Keim and Ananth Madhavan, "The Relation Between Stock Market Movements and NYSE Seat Prices," *JF,* vol. 55, no. 6 (Dec. 2000), pp. 2817–40; William James, *The Principles of Psychology* (New York: Henry Holt, 1890, reprinted Dover Press, 1950), vol. 1, p. 670. (Italics in original.)

17 JZ participated in the Iowa Gambling Task (and interviewed Antoine Bechara and Antonio Damasio) at the University of Iowa, April 2, 2002. The experiment is also described in Antonio Damasio, *Descartes' Error* (New York: Avon, 1994), pp. 212–22; Antonio R. Damasio, "The Somatic Marker Hypothesis and the Possible Functions of the Prefrontal Cortex," *PTRSLB,* vol. 351 (1996), pp. 1413–20; Antoine Bechara et al., "Different Contributions of the Human Amygdala and Ventromedial Prefrontal Cortex to Decision-Making," *JN,* vol. 19, no. 13 (July 1, 1999), pp. 5473–81; Antoine Bechara et al., "The Somatic Marker Hypothesis and Decision-Making," in Jordan Grafman, ed., *Handbook of Neuropsychology* (London: Elsevier, 2002),

pp. 117–43. For a divergent view, see Alan G. Sanfey and Jonathan D. Cohen, "Is Knowing Always Feeling?" *PNAS,* vol. 101, no. 48 (Nov. 30, 2004), pp. 16709–10, and Tiago V. Maia and James L. McClelland, "A Reexamination of the Evidence for the Somatic Marker Hypothesis," *PNAS,* vol. 101, no. 45 (Nov. 9, 2004), pp. 16075–80.

18 Baba Shiv et al., "Investment Behavior and the Negative Side of Emotion," *PS,* vol. 16, no. 6 (2005), pp. 435–39.

19 Luc-Alain Giraldeau, "The Ecology of Information Use," in John R. Krebs and Nicholas B. Davies, *Behavioural Ecology* (Oxford: Blackwell, 1997), pp. 42–68; Isabelle Coolen et al., "Species Difference in Adaptive Use of Public Information in Sticklebacks," *PRSLB,* vol. 270, no. 1531 (Nov. 22, 2003), pp. 2413–19; Theodore Stankowich and Daniel T. Blumstein, "Fear in Animals," *PRSLB,* vol. 272, no. 1581 (Dec. 22, 2005), pp. 2627–34; JZ e-mail interview with Blumstein, March 6, 2006. The science and mathematical laws of herding are explored in depth in Luc-Alain Giraldeau and Thomas Caraco, *Social Foraging Theory* (Princeton, N.J.: Princeton University Press, 2000).

20 Gregory S. Berns et al., "Neurobiological Correlates of Social Conformity and Independence during Mental Rotation," *BP,* vol. 58 (2005), pp. 245–53; Jaak Panksepp, "Feeling the Pain of Social Loss," *Science,* vol. 302 (Oct. 10, 2003), pp. 237–39; Naomi I. Eisenberger et al., "Does Rejection Hurt?" *Science,* vol. 302 (Oct. 10, 2003), pp. 290–92.

21 Uri Hasson et al., "Intersubject Synchronization of Cortical Activity During Natural Vision," *Science,* vol. 303 (March 12, 2004), pp. 1634–40; Luiz Pessoa, "Seeing the World in the Same Way," *Science,* vol. 303 (March 12, 2004), pp. 1617–18.

22 Ellsberg's biography and his classic article "Risk, Ambiguity, and the Savage Axioms" (*QJE,* vol. 75, no. 4 [Nov. 1961], pp. 643–69) are available at www.ellsberg.net. The Ellsberg Paradox has been replicated in many subsequent experiments; see Colin Camerer and Martin Weber, "Recent Developments in Modeling Preferences," *JRU,* vol. 5 (1992), pp. 325–70, and Catrin Rode et al., "When and Why Do People Avoid Unknown Probabilities in Decisions Under Uncertainty?," *Cognition,* vol. 72 (1999), pp. 269–304. Rumsfeld remarks: Department of Defense news briefing, Feb. 12, 2002, www.defenselink.mil/transcripts/2002/t02122002_t212sdv2.html.

23 Aldo Rustichini, "Emotion and Reason in Making Decisions," *Science,* vol. 310 (Dec. 9, 2005), pp. 1624–25; Ming Hsu et al., "Neural Systems Responding to

Degrees of Uncertainty in Human Decision-Making," *Science,* vol. 310 (Dec. 9, 2005), pp. 1680–83. (The frontal lobe is also involved: Scott A. Huettel et al., "Neural Signatures of Economic Preferences for Risk and Ambiguity," *Neuron,* vol. 49 [March 2, 2006], pp. 765–75.) Not knowing what the odds are is very different from knowing that the odds are low; as we saw in Chapter Three, nothing is quite as thrilling as a long-shot gamble on a big jackpot. When the probabilities of winning are remote, many people prefer an ambiguous over a certain gamble; see Hillel J. Einhorn and Robin M. Hogarth, "Decision Making Under Ambiguity," *JB,* vol. 59, no. 4, pt. 2 (1986, pp. S225–S250).

24 Michael J. Brennan, "The Individual Investor," *Journal of Financial Research,* vol. 18, no. 1 (1995), pp. 59–74; Robert A. Olsen and George H. Troughton, "Are Risk Premium Anomalies Caused by Ambiguity?" *FAJ,* vol. 56, no. 2 (March–April 2000), pp. 24–31; Thomas K. Philips, "The Source of Value," *JPM,* vol. 28, no. 4 (2002), pp. 36–44; Brad Barber et al., "Reassessing the Returns to Analysts' Stock Recommendations," *FAJ,* vol. 59, no. 2 (March–April 2003), pp. 88–96; John A.Doukas et al., "Divergent Opinions and the Performance of Value Stocks," *FAJ,* vol. 60, no. 6 (Nov.–Dec. 2004), pp. 55–64; Eugene F. Fama and Kenneth R. French, "The Anatomy of Value and Growth Stock Returns" (Sept. 2005), http://ssrn.com/abstract=806664.

25 Paul Zimmerman, "The Ultimate Winner," *Sports Illustrated,* Aug. 13, 1990, pp. 72–83; Larry Schwartz, "No Ordinary Joe," http://espn.go.com/classic/biography/s/Montana_Joe.html.

26 James J. Gross, "Antecedent- and Response-Focused Emotion Regulation," *JPSP,* vol. 74, no. 1 (1998), pp. 224–37.

27 JZ e-mail interview with Ahmad Hariri, April 14, 2005; Ahmad R. Hariri et al., "Modulating Emotional Responses," *NeuroReport,* vol. 11, no. 1 (Jan. 2000), pp. 43–48; Ahmad R. Hariri et al., "Neocortical Modulation of the Amygdala Response to Fearful Stimuli," *BP,* vol. 53 (2003), pp. 494–501; Kezia Lange et al., "Task Instructions Modulate Neural Responses to Fearful Facial Expressions," *BP,* vol. 53 (2003), pp. 226–32; Florin Dolcos and Gregory McCarthy, "Brain Systems Mediating Cognitive Interference by Emotional Distraction," *JN,* vol. 26, no. 7 (Feb. 15, 2006), pp. 2072–79.

28 JZ interview with Antoine Bechara, April 2, 2002; JZ, "What's Eating You," *MM,* Dec. 2001, pp. 63–64; Beverly Goodman, "Family Tradition," *SmartMoney,* March

2006, pp. 64–67; JZ e-mail interview with Davis, June 27, 2006.

29 Stanley Milgram, *Obedience to Authority* (New York: Harper & Row, 1974), pp. 4, 23, 107, 117–19, 123.

30 Irving L. Janis, *Groupthink* (Boston: Houghton Mifflin, 1982), p. 271; Tacitus, *Germania*, www.fordham.edu/HALSALL/basis/tacitus-germanygord.html.

第八章 惊 讶

1 Harry Zohn, ed., *In These Great Times: A Karl Kraus Reader* (Manchester, U.K.: Carcanet, 1984), p. 70.

2 According to leading manufacturers Kohler and American Standard, the typical distance from the bathroom floor to the rim of a toilet bowl is 16.5 to 18 inches with the seat up and 18 to 19.5 inches with the seat down.

3 Kalanit Grill-Spector et al., "Repetition and the Brain," *TICS*, vol. 10, no. 1 (Jan. 2006), pp. 14–23; JZ e-mail interview with Douglas Fields, July 13, 2005; remarks by Michael Gazzaniga, Institute of Behavioral Finance conference, New York, Oct. 11, 2001.

4 Google Inc. press release, Jan. 31, 2006; www.thestreet.com/tech/internet/10265459.html; Yahoo! Finance message board for Google stock, http://finance.yahoo.com/q/mb?s=GOOG, Jan. 31, 2006, messages 550355, 550407, 550455, 551097.

5 David N. Dreman and Michael A. Berry, "Analyst Forecasting Errors and Their Implications for Security Analysis," *FAJ* (May–June 1995), pp. 30–41; David Dreman, *Contrarian Investment Strategies* (New York: Simon & Schuster, 1998), pp. 91–93; Eli Bartov et al., "The Rewards to Meeting or Beating Earnings Expectations" (Oct. 2000), http://ssrn.com/abstract=247435; Thomas J. Lopez and Lynn Rees, "The Effect of Meeting Analysts' Forecasts and Systematic Positive Forecast Errors," (Feb. 2001), http://ssrn.com/abstract=181929. I am grateful to Langdon Wheeler, Shanta Puchtler, and Yucong Huang of Numeric Investors L.P. for providing extensive data on 2005 results (e-mail to JZ from Huang, May 31, 2006).

6 Esther A. Nimchinsky et al., "A Neuronal Morphologic Type Unique to Humans and Great Apes," *PNAS*, vol. 96 (April 1999), pp. 5268–73; John Allman et al., "Two Phylogenetic Specializations in the Human Brain," *The Neuroscientist*, vol. 8, no. 4 (2002), pp. 335–46; John M. Allman et al., "The Anterior Cingulate Cortex," *ANYAS*, vol. 935 (May 2001), pp. 107–17; JZ telephone interview with John Allman, Dec. 28, 2004; Hugo D. Critchley et al., "Human Cingulate Cortex and Autonomic Control,"

Brain, vol. 126 (2003), pp. 2139–52; JZ e-mail interview with Scott Huettel, May 24, 2006; Phan Luu and Michael I. Posner, "Anterior Cingulate Cortex Regulation of Sympathetic Activity," *Brain*, vol. 126 (2003), pp. 2119–20; Matthew M. Botvinick et al., "Conflict Monitoring and Anterior Cingulate Cortex," *TICS*, vol. 8, no. 12 (Dec. 2004), pp. 539–46; Nick Yeung et al., "The Neural Basis of Error Detection," *PR*, vol. 111, no. 4 (2004), pp. 931–59; Shigehiko Ito et al., "Performance Monitoring by the Anterior Cingulate Cortex during Saccade Countermanding," *Science*, vol. 302 (Oct. 3, 2003), pp. 120–22; Chunmao Wang et al., "Responses of Human Anterior Cingulate Cortex Microdomains," *JN*, vol. 25, no. 3 (Jan. 19, 2005), pp. 604–13; JZ e-mail interview with George Bush, June 2, 2006; Tomas Paus, "Primate Anterior Cingulate Cortex," *NRN*, vol. 2 (June 2001), pp. 417–24. Spindle neurons have recently been found in the brains of some species of whales.

7   J. Ridley Stroop, "Studies of Interference in Serial Verbal Reactions," *JEP*, vol. 18 (1935), pp. 643–62, http://psychclassics.yorku.ca/Stroop/; http://faculty.washington.edu/chudler/java/ready.html; Kenji Matsumoto and Keiji Tanaka, "Conflict and Cognitive Control," *Science*, vol. 303 (Feb. 13, 2004), pp. 969–70; John G. Kerns et al., "Anterior Cingulate Conflict Monitoring and Adjustments in Control," *Science*, vol. 303 (Feb. 13, 2004), pp. 1023–26; Matthew M. Botvinick et al., "Conflict Monitoring and Cognitive Control," *PR*, vol. 108, no. 3 (2001), pp. 624–52; Jonathan D. Cohen et al., "Anterior Cingulate and Prefrontal Cortex," *NNS*, vol. 3, no. 5 (May 2000), pp. 421–23; Joshua W. Brown and Todd S. Braver, "Learned Predictions of Error Likelihood in the Anterior Cingulate Cortex," *Science*, vol. 307 (Feb. 18, 2005), pp. 1118–21.

8   Keisetsu Shima and Jun Tanji, "Role for Cingulate Motor Area Cells in Voluntary Movement Selection Based on Reward," *Science*, vol. 282 (Nov. 13, 1998), pp. 1335–38; George Bush et al., "Dorsal Anterior Cingulate Cortex," *PNAS*, vol. 99, no. 1 (Jan. 8, 2002), pp. 523–28; Ziv M. Williams et al., "Human Anterior Cingulate Neurons and the Integration of Monetary Reward with Motor Responses," *NNS*, vol. 7, no. 12 (Dec. 2004), pp. 1370–75; William J. Gehring and Stephan F. Taylor, "When the Going Gets Tough, the Cingulate Gets Going," *NNS*, vol. 7, no. 12 (Dec. 2004), pp. 1285–87; William J. Gehring and Adrian R. Willoughby, "The Medial Frontal Cortex and the Rapid Processing of Monetary Gains and Losses," *Science*, vol. 295 (March 22, 2002), pp. 2279–82; Stephan F. Taylor et al., "Medial Frontal Cortex Activity and Loss-Related Responses to Errors," *JN*, vol. 26, no. 15 (April 12, 2006), pp. 4063–70;

JZ e-mail interview with Gehring, April 24, 2006.

9   Ziv M. Williams et al., "Human Anterior Cingulate Neurons and the Integration of Monetary Reward with Motor Responses," *NNS*, vol. 7, no. 12 (Dec. 2004), pp. 1370–75; JZ e-mail interview with George Bush, June 2, 2006; Thomas J. Lopez and Lynn Rees, "The Effect of Meeting Analysts' Forecasts and Systematic Positive Forecast Errors" (Feb. 2001), http://ssrn.com/abstract=181929.

10 Scott A. Huettel et al., "Perceiving Patterns in Random Series," *NNS*, vol. 5, no. 2 (May 2002), pp. 485–90; JZ e-mail interview with Huettel, May 29, 2006. After eight repetitions of a stimulus, the amplitude of the fMRI signal was three times greater than after three repetitions.

11 Irene Y. Kim, "An Analysis of the Market Reward and Torpedo Effect of Firms That Consistently Meet Expectations" (Jan. 2002), http://ssrn.com/abstract=314381; Edward Keon Jr. et al., "A Requiem for SUE," *Journal of Investing* (Winter 2002), pp. 11–14; Jennifer Conrad et al., "When Is Bad News Really Bad News?" *JF*, vol. 57, no. 6 (Dec. 2002), pp. 2507–32; Jennifer Conrad et al., "How Do Analyst Recommendations Respond to Major News?" (Aug. 2004), http://ssrn.com/abstract=305167; James N. Myers et al., "Earnings Momentum and Earnings Management" (May 2005), http://ssrn.com/abstract=741244.

12 Douglas J. Skinner and Richard G. Sloan, "Earnings Surprises, Growth Expectations, and Stock Returns" (July 1999), http://ssrn.com/abstract=172060; Lawrence D. Brown, "Small Negative Surprises," *IJF*, vol. 19 (2003), pp. 149–59; Dave Jackson and Jeff Madura, "Profit Warnings and Timing," *Financial Review*, vol. 38 (2003), pp. 497–513; Tim Loughran and Jennifer Marietta-Westberg, "Divergence of Opinion Surrounding Extreme Events" (Jan. 2005), http://ssrn.com/abstract=298647.

13 Apple press release, Sept. 28, 2000, www.apple.com/investor; "Apple Bruises Tech Sector," Sept. 29, 2000, http://money.cnn.com/2000/09/29/markets/techwrap/index.htm. Historical prices for AAPL stock from http://finance.yahoo.com/q/hp?s=AAPL.

14 John R. Graham et al., "The Economic Implications of Corporate Financial Reporting" (June 2004), http://papers.nber.org/papers/W10550 and http://ssrn.com/abstract=491627; Mei Cheng et al., "Earnings Guidance and Managerial Myopia" (Nov. 2005), http://ssrn.com/abstract=851545; François Degeorge et al., "Earnings Management to Exceed Thresholds," *JB*, vol. 72, no. 1 (1999), pp. 1–33; Sanjeev Bhojraj et al., "Making Sense of Cents" (Feb. 2006), http://ssrn.com/abstract=418100.

15 Qwest Communications International Inc., 2002 Form 10-K filing, www.qwest.com/about/investor/financial/reports/2002/Final_10K_AR_10_28_03.pdf; U.S. Securities and Exchange Commission civil complaint against Joseph P. Nacchio et al., March 15, 2005, www.sec.gov/litigation/litreleases/lr19136.htm and www.sec.gov/litigation/complaints/comp_nacchio19136.pdf. The SEC alleged that Nacchio and his senior associates fabricated roughly $3 billion in fraudulent revenues in a desperate attempt to meet outside expectations; the U.S. Department of Justice later indicted Nacchio for securities fraud. (He insisted he is innocent.)

16 Dupin, the detective in Poe's "The Mystery of Marie Roget" (1850), says that "modern science has resolved to calculate upon the unforeseen." In Chesterton's story "The Blue Cross" (1911), the policeman Valentin muses that "in the paradox of Poe, wisdom should reckon on the unforeseen."

17 David Dreman, *Contrarian Investment Strategies* (New York: Simon & Schuster, 1998), pp. 117–36; Lawrence D. Brown, "Small Negative Surprises," *IJF*, vol. 19 (2003), pp. 149–59; Scott A. Huettel et al., "Perceiving Patterns in Random Series," *NNS*, vol. 5, no. 2 (May 2002), pp. 485–90; JZ e-mail interview with Huettel, May 29, 2006; Laura Frieder, "Evidence on Behavioral Biases in Trading Activity" (Dec. 2003), http://ssrn.com/abstract=479983.

18 Jerome S. Bruner and Leo Postman, "On the Perception of Incongruity," *Journal of Personality*, vol. 18, no. 2 (Dec. 1949), pp. 206–23.

19 Joseph Fuller and Michael C. Jensen, "Just Say No to Wall Street" (Winter 2002), http://ssrn.com/abstract=297156; Amy P. Hutton, "Determinants of Managerial Earnings Guidance . . ." (July 2004), http://ssrn.com/abstract=567441.

20 Craig H. Wisen, "The Bias Associated with New Mutual Fund Returns" (Jan. 2002), http://ssrn.com/abstract=290463; letter to JZ from Wisen, Jan. 15, 2002; Richard B. Evans, "Does Alpha Really Matter?" (Jan. 2004), http://lcb.uoregon.edu/departments/finl/conference/papers/evans.pdf; "The Morningstar Rating for Funds" (July 2002), Morningstar Inc.; e-mail to JZ from Annette Larson, Morningstar, June 6, 2006; "Understanding Biases in Performance Benchmarking," *Windows into the Mutual Funds Industry,* March 2006 (Strategic Insight, New York), p. 10; JZ, "New Cause for Caution on Stocks," *Time,* May 6, 2002, p. 71, www.time.com/time/magazine/article/0,9171,1101020506-234145,00.html.

第九章 懊 悔

1 "Autumn Song" (1936), in *W. H. Auden: Collected Poems* (New York: Random House, 1976), p. 118.
2 JZ telephone interviews with Robertson, Feb. 15 and 17, 2005.
3 Colin Camerer, "Individual Decision Making," in John H. Kagel and Alvin E. Roth, *The Handbook of Experimental Economics* (Princeton, N.J.: Princeton University Press, 1995), pp. 587–703; Jack L. Knetsch and J. A. Sinden, "Willingness to Pay and Compensation Demanded," *QJE*, vol. 99, no. 3 (Aug. 1984), pp. 507–21; John K. Horowitz and Kenneth E. McConnell, "A Review of WTA/WTP Studies," *Journal of Environmental Economics and Management*, vol. 44 (2002), pp. 426–47; George Loewenstein and Daniel Adler, "A Bias in the Prediction of Tastes," *Economic Journal*, vol. 105, no. 431 (July 1995), pp. 929–37; Daniel Kahneman et al., "Experimental Tests of the Endowment Effect and the Coase Theorem," *JPE*, vol. 98, no. 6 (1990), pp. 1325–47; Ziv Carmon and Dan Ariely, "Focusing on the Foregone," *JCR*, vol. 27 (Dec. 2000), pp. 360–70; Ying Zhang and Ayelet Fischbach, "The Role of Anticipated Emotions in the Endowment Effect," *Journal of Consumer Psychology*, vol. 15, no. 4 (2005), pp. 316–24; Eric J. Johnson et al., "Aspects of Endowment," Columbia University working paper (Oct. 2004); Daniel Kahneman et al., "The Endowment Effect, Loss Aversion, and Status Quo Bias," in Richard H. Thaler, *The Winner's Curse* (Princeton, N.J.: Princeton University Press, 1992), pp. 63–78. For a technical criticism of the endowment effect, see Charles R. Plott and Kathryn Zeiler, "The Willingness to Pay–Willingness to Accept Gap, the 'Endowment' Effect, Subject Misconceptions, and Experimental Procedures for Eliciting Valuations," *AER*, vol. 95, no. 3 (June 2005), pp. 530–45.
4 Brigitte C. Madrian and Dennis F. Shea, "The Power of Suggestion" (May 2000), www.nber.org/papers/w7682; Jeffrey R. Brown et al., "410(k) Matching Contributions in Company Stock" (April 2004), www.nber.org/papers/w10419; Henrik Cronqvist and Richard H. Thaler, "Design Choices in Privatized Social-Security Systems," *AER*, vol. 94, no. 2 (2004), pp. 424–28; Ted Martin Hedesstrom et al., "Identifying Heuristic Choice Rules in the Swedish Premium Pension Scheme," *JBF*, vol. 5, no. 1 (2004), pp. 32–42.
5 Maya Bar Hillel and Efrat Neter, "Why Are People Reluctant to Exchange Lottery Tickets?," *JPSP*, vol. 70, no. 1 (1996), pp. 17–27.
6 Olivia S. Mitchell et al., "The Inattentive Participant" (April 2006), http://ssrn.com/

abstract=881854; William Samuelson and Richard Zeckhauser, "Status Quo Bias in Decision Making," *JRU,* vol. 1, no. 1 (1988), pp. 7–59; John Ameriks and Stephen P. Zeldes, "How Do Household Portfolio Shares Vary with Age?" (Sept. 2004), www2. gsb.columbia.edu/faculty/szeldes/Research/; JZ e-mail interview with John Ameriks, June 20, 2006.

7   Daniel Kahneman and Amos Tversky, "Prospect Theory," *Econometrica,* vol. 47, no. 2 (March 1979), pp. 263–92; David Romer, "Do Firms Maximize?" *JPE,* vol. 114, no. 2 (April 2006), pp. 340–65; Cass Sunstein and Richard H. Thaler, "Market Efficiency and Rationality," *Michigan Law Review,* vol. 102, no. 6 (May 2004), pp. 1390–1403; M. Keith Chen et al., "How Basic Are Behavioral Biases?" *JPE,* vol. 114, no. 3 (June 2006), pp. 517–37; www.som.yale.edu/faculty/keith.chen.

8   This example (adjusted for inflation) is taken from Daniel Kahneman and Amos Tversky, "The Psychology of Preferences," *SA,* vol. 246 (1982), pp. 160–73, and Daniel Kahneman and Dale T. Miller, "Norm Theory," in *HAB,* pp. 348–366.

9   JZ telephone interview with Thomas Gilovich, July 17, 2006; Daniel Kahneman, remarks at Oxford Programme on Investment Decision-Making, Saïd School of Business, Oxford, U.K. Oct. 22, 2004.

10 Hersh Shefrin and Meir Statman, "The Disposition to Sell Winners Too Early and Ride Losers Too Long," *JF,* vol. 40, no. 3 (July 1985), pp. 777–90; Erik R. Sirri and Peter Tufano, "Costly Search and Mutual Fund Flows," *JF,* vol. 53, no. 5 (Oct. 1998), pp. 1589–1622; David W. Harless and Steven P. Peterson, "Investor Behavior and the Persistence of Poorly-Performing Mutual Funds," *JEBO,* vol. 37 (1998), pp. 257–76; William N. Goetzmann and Nadav Peles, "Cognitive Dissonance and Mutual Fund Investors," *Journal of Financial Research,* vol. 20, no. 2 (Summer 1997), pp. 145–58; Martin Weber and Colin F. Camerer, "The Disposition Effect in Securities Trading," *JEBO,* vol. 33 (1998), pp. 167–84; Stephen P. Ferris et al., "Predicting Contemporary Volume with Historic Volume at Differential Price Levels," *JF,* vol. 43, no. 3 (July 1998), pp. 677–97; Mark Grinblatt and Matti Keloharju, "What Makes Investors Trade?" *JF,* vol. 56, no. 2 (April 2001), pp. 589–615; Terrance Odean, "Are Investors Reluctant to Realize Their Losses?" *JF,* vol. 53, no. 5 (Oct. 1998), pp. 1775–97; Ravi Dhar and Ning Zhu, "Up Close and Personal" (Aug. 2002), http://ssrn.com/abstract=302245; Li Jin and Anna Scherbina, "Inheriting Losers" (Feb. 2006), http://ssrn.com/abstract=895765; Gjergji Cici, "The Relation of the Disposition Effect to Mutual Fund Trades and Performance" (July 2005), http://ssrn.com/abstract=645841;

Zur Shapira and Itzhak Venezia, "Patterns of Behavior of Professionally Managed and Independent Investors," *Journal of Banking & Finance,* vol. 25, no. 8 (Aug. 2001), pp. 1573–87; Karl E. Case and Robert J. Shiller, "The Behavior of Home Buyers in Boom and Post-Boom Markets" (Oct. 1988), www.nber.org/papers/w2748; David Genesove and Christopher Mayer, "Loss Aversion and Seller Behavior," *QJE,* vol. 116, no. 4 (Nov. 2001), pp. 1233–60.

11 William Shakespeare, *Hamlet,* 3.1.88–89; Justin Kruger et al., "Counterfactual Thinking and the First Instinct Fallacy," *JPSP,* vol. 88, no. 5 (2005), pp. 725–35; Dale T. Miller and Brian R. Taylor, "Counterfactual Thought, Regret, and Superstition," in Neal J. Roese and James M. Olson, eds., *What Might Have Been* (Mahwah, N.J.: Erlbaum, 1995), pp. 305–32; Orit Tykocinski et al., "Inaction Inertia in the Stock Market," *Journal of Applied Social Psychology,* vol. 34, no. 6 (2004), pp. 1166–75.

12 Carrie M. Heilman et al., "Pleasant Surprises," *Journal of Marketing Research,* vol. 39, no. 2 (May 2002), pp. 242–52; Hal R. Arkes et al., "The Psychology of Windfall Gains," *OBHDP,* vol. 59 (1994), pp. 331–47; Pamela W. Henderson and Robert A. Peterson, "Mental Accounting and Categorization," *OBHDP,* vol. 51 (1992), pp. 92–117; Nicholas Epley and Ayelet Gneezy, "The Framing of Financial Windfalls and Implications for Public Policy," *Journal of Socio-Economics,* vol. 36, no. 1 (2007), pp. 36–47.

13 Franklin mentions his asbestos purse in Chapter Five of his autobiography. It is described in James E. Alleman and Brooke T. Mossman, "Asbestos Revisited," *SA,* July 1997, pp.70–75, and can be viewed at http://piclib.nhm.ac.uk/piclib/www/image.php?img=46575. On the sadness of lottery winners, see Philip Brickman et al., "Lottery Winners and Accident Victims," *JPSP,* vol. 36, no. 8 (1978), pp. 917–27.

14 I was unable to reach Mr. X directly, so this story is based on interviews with two of his former colleagues, who requested anonymity.

15 A. Charles Catania and Terje Sagvolden, "Preference for Free Choice over Forced Choice in Pigeons," *JEAB,* vol.34, no.1 (1980), pp.77–86; A. Charles Catania, "Freedom and Knowledge," *JEAB,* vol. 24, no. 1 (1975), pp. 89–106.

16 Sheena S. Iyengar and Mark R. Lepper, "When Choice Is Demotiva-ting," *JPSP,* vol. 79, no. 6 (2000), pp. 995–1006; Barry Schwartz et al., "Maximizing versus Satisficing," *JPSP,* vol. 83, no. 5 (2002), pp. 1178–97; Sheena Sethi Iyengar et al., "How Much Choice Is Too Much?" in Olivia S. Mitchell and Stephen P. Utkus, *Pension Design and Structure* (Oxford, U.K.: Oxford University Press, 2004), pp.

83–95; Olivia S. Mitchell et al., "Turning Workers into Savers?" (Oct. 2005), www.nber.org/papers/w11726; Henrik Cronqvist and Richard H. Thaler, "Design Choices in Privatized Social-Security Systems," *AER,* vol. 94, no. 2 (2004), pp. 424–28; Jiwoong Sin and Dan Ariely, "Keeping Doors Open," *MS,* vol. 50, no. 5 (May 2004), pp. 575–86.

17　This example is adapted from Richard Thaler, "Toward a Positive Theory of Consumer Choice," *JEBO,* vol. 1 (1980), pp. 39–60.

18　Marcel Zeelenberg and Rik Pieters, "Consequences of Regret Aversion in Real Life," *OBHDP,* vol. 93 (2004), pp. 155–68.

19　NBC television broadcast of the women's snowboardcross final, Feb. 17, 2006; Victoria Husted Medvec et al., "When Less Is More," *JPSP,* vol. 69, no. 4 (1995), pp. 603–10.

20　Karl Halvor Teigen, "When the Unreal Is More Likely than the Real," *Thinking and Reasoning,* vol. 4, no. 2 (1998), pp. 147–77; Jonathan Parke and Mark Griffiths, "Gambling Addiction and the Evolution of the 'Near Miss,' " *Addiction Research and Theory,* vol. 12, no. 5 (2004), pp. 407–11; R. L. Reid, "The Psychology of the Near Miss," *Journal of Gambling Behavior,* vol. 2, no. 1 (1986), pp. 32–39; Daniel Kahneman and Carol Varey, "Propensities and Counterfactuals," *JPSP,* vol. 59, no. 6 (1990), pp. 1101–10; Michael J. A. Wohl and Michael E. Enzle, "The Effects of Near Wins and Near Losses on Self-Perceived Personal Luck and Subsequent Gambling Behavior," *JESP,* vol. 39 (2003), pp. 184–91.

21　Keith D. Markman and Philip E. Tetlock, "Accountability and Close-Call Counterfactuals," *PSPB,* vol. 26, no. 10 (Oct. 2000), pp. 1213–24; Brad M. Barber et al., "Once Burned, Twice Shy" (Sept. 2004), http://ssrn.com/abstract=611267; JZ telephone interview with Terrance Odean, July 12, 2005.

22　John Allman et al., "Two Phylogenetic Specializations in the Human Brain," *The Neuroscientist,* vol. 8, no. 4 (2002), pp. 335–46; Edmund T. Rolls, "The Orbitofrontal Cortex and Reward," *CC,* vol. 10 (March 2000), pp. 284–94; D. Ongur and J. L. Price, "The Organization of Networks Within the Orbital and Medial Prefrontal Cortex of Rats, Monkeys and Humans," *CC,* vol. 10 (March 2000), pp. 206–19; Antoine Bechara et al., "Emotion, Decision Making and the Orbitofrontal Cortex," *CC,* vol. 10 (March 2000), pp. 295–307; Jacqueline N. Wood and Jordan Grafman, "Human Prefrontal Cortex," *NRN,* vol. 4 (Feb. 2003), pp. 139–47; Daeyeol Lee, "Best to Go with What You Know?" *Nature,* vol. 441 (June 15, 2006), pp. 822–23;

Nathaniel D. Daw et al., "Cortical Substrates for Exploratory Decisions in Humans," *Nature,* vol. 441 (June 15, 2006), pp. 876–79. The orbitofrontal cortex lies on the underside of the VMPFC.

23 Katerina Semendeferi et al., "Prefrontal Cortex in Humans and Apes," *American Journal of Physical Anthropology,* vol. 114 (2001), pp. 224–41; Katerina Semendeferi et al., "Humans and Great Apes Share a Large Frontal Cortex," *NNS,* vol. 5, no. 3 (March 2002), pp. 272–76; Morten L. Kringelbach and Edmund T. Rolls, "The Functional Neuroanatomy of the Human Orbitofrontal Cortex," *Progress in Neurobiology,* vol. 72 (2004), pp. 341–72; Narender Ramnani and Adrian M. Owen, "Anterior Prefrontal Cortex," *NRN,* vol. 5 (March 2004), pp. 184–94.

24 Vinod Goel et al., "A Study of the Performance of Patients with Frontal Lobe Lesions in a Financial Planning Task," *Brain,* vol. 120 (1997), pp. 1805–22; JZ interview with Jordan Grafman, March 6, 2002; E. T. Rolls et al., "Emotion-Related Learning in Patients with Social and Emotional Changes Associated with Frontal Lobe Damage," *Journal of Neurology, Neurosurgery, and Psychiatry,* vol. 57 (1994), pp. 1518–24; Antoine Bechara, "Disturbances of Emotion Regulation after Focal Brain Lesions," *International Review of Neurobiology,* vol. 62 (2004), pp. 159–93; Antoine Bechara et al., "Deciding Advantageously Before Knowing the Advantageous Strategy," *Science,* vol. 275 (Feb. 28, 1997), pp. 1293–95; Antonio Damasio's *Descartes' Error* (New York: Avon, 1995) describes "Elliot," who became incapable of long-term planning after a tumor damaged his VMPFC, and the 19th-century railroad worker Phineas Gage, who became impetuous and impulsive after an iron rod shot through his head in a blasting accident.

25 Jean-Claude Dreher et al., "Neural Coding of Distinct Statistical Properties of Reward Information in Humans," *CC,* vol. 16, no. 4 (2006), pp. 561–73; Hackjin Kim et al., "Is Avoiding an Aversive Outcome Rewarding?" *PloS Biology,* vol. 4, no. 8 (Aug. 2006); JZ e-mail interview with John O'Doherty, July 7, 2006.

26 Nathalie Camille et al., "The Involvement of the Orbitofrontal Cortex in the Experience of Regret," *Science,* vol. 304 (May 21, 2004), pp. 1167–70; David M. Eagleman, "Comment on 'The Involvement of the Orbitofrontal Cortex in the Experience of Regret'" and Giorgio Coricelli et al., "Response to Comment on 'The Involvement of the Orbitofrontal Cortex in the Experience of Regret,'" *Science,* vol. 308 (May 27, 2005), pp. 1260b-c; Giorgio Coricelli et al., "Regret and Its Avoidance," *NNS,* vol. 8, no. 9 (Sept. 2005), pp. 1255–62.

27 Lesley K. Fellows, "Deciding How to Decide," *Brain,* vol. 129, no. 4 (2006), pp. 944–52.
28 e-mail to JZ from sender who requested anonymity, June 13, 2006; JZ, "Murphy Was an Investor," *MM,* July 2002, pp. 61–62; JZ interview with Matthews, March 12, 2002; Angus Maddison, *The World Economy* (Paris: OECD, 2001), p. 262; William J. Bernstein and Robert D. Arnott, "Earnings Growth: The 2% Dilution," *FAJ* (Sept.–Oct. 2003), pp. 47–55; William J. Bernstein, *The Birth of Plenty* (New York: McGraw-Hill, 2004), pp. 17–27; Warren Buffett, chairman's letter, Berkshire Hathaway annual report, 1997, www.berkshirehathaway.com/letters/1997.html; Peter L. Bernstein, *Against the Gods* (New York: John Wiley, 1996), pp. 167–86.
29 Donald A. Redelmeier and Robert J. Tibshirani, "Why Cars in the Next Lane Seem to Go Faster," *Nature,* vol. 401 (Sept. 2, 1999), pp. 35–36; Donald A. Redelmeier and Robert J. Tibshirani, "Are Those Other Drivers Really Going Faster?" *Chance,* vol. 13, no. 3 (2000), pp. 8–14; Dale T. Miller and Brian R. Taylor, "Counterfactual Thought, Regret, and Superstition," in Neal J. Roese and James M. Olson, eds., *What Might Have Been* (Mahwah, N.J.: Erlbaum, 1995), pp. 305–32.
30 John M. Allman et al., "Intuition and Autism," *TICS,* vol. 9, no. 8 (Aug. 2005), pp. 367–73; R. A. Borman et al., "5-HT2B Receptors Play a Key Role in Mediating the Excitatory Effects of 5-HT in Human Colon in Vitro," *British Journal of Pharmacology,* vol. 135 (2002), pp. 1144–51; Eduardo P. M. Vianna et al., "Increased Feelings with Increased Body Signals," *Social, Cognitive, and Affective Neuroscience,* vol. 1, no. 1 (2006), pp. 37–48. The special molecule is a serotonin 2b receptor.
31 Andrew J. Calder et al., "Neuropsychology of Fear and Loathing," *NRN,* vol. 2 (May 2001), pp. 352–63; K. Luan Phan et al., "Functional Neuroanatomy of Emotion," *NeuroImage,* vol. 16 (2002), pp. 331–48; A.D. Craig, "How Do You Feel?," *NRN,* vol. 3 (Aug. 2002), pp. 655–66; Antoine Bechara and Nasir Naqvi, "Listening to Your Heart," *NNS,* vol. 7, no. 2 (Feb. 2004), pp. 102–3; Hugo D. Critchley et al., "Neural Systems Supporting Interoceptive Awareness," *NNS,* vol. 7, no. 2 (Feb. 2004), pp. 189–95.
32 S. Dupont et al., "Functional Anatomy of the Insula," *Surgical and Radiologic Anatomy,* vol. 25 (2003), pp. 113–19; Paul W. Glimcher and Brian Lau, "Rethinking the Thalamus," *NNS,* vol. 8, no. 8 (Aug. 2005), pp. 983–84; Takafumi Minamimoto et al., "Complementary Process to Response Bias in the Centromedian Nucleus of the

Thalamus," *Science,* vol. 308 (June 17, 2005), pp. 1798–1801.

33. M. L. Phillips et al., "A Specific Neural Substrate for Perceiving Facial Expressions of Disgust," *Nature,* vol. 389 (Oct. 2, 1987), pp. 495–98; Andrew J. Calder et al., "Neuropsychology of Fear and Loathing," *NRN,* vol. 2 (May 2001), pp. 352–63; Andrew J. Calder et al., "Impaired Recognition and Experience of Disgust Following Brain Injury," *NNS,* vol. 3, no. 11 (Nov. 2000), pp. 1077–78; Bruno Wicker et al., "Both of Us Disgusted in My Insula," *Neuron,* vol. 40 (Oct. 30, 2003), pp. 655–64; Pierre Krolak-Salmon et al., "An Attention Modulated Response to Disgust in Human Ventral Anterior Insula," *Annals of Neurology,* vol. 53, no. 4 (April 2003), pp. 446–53; www.open2.net/humanmind/article_faces_2.htm.

34. Martin P. Paulus et al., "Increased Activation in the Right Insula during Risk-Taking Decision Making Is Related to Harm Avoidance and Neuroticism," *NeuroImage,* vol. 19 (2003), pp. 1439–48.

35. Brian Knutson et al., "Neural Predictors of Purchases," *Neuron,* vol. 53, no. 1 (January 4, 2007), pp. 1–10.

36. JZ participated in Huettel's experiment at the Brain Imaging and Analysis Center, Duke University, June 22, 2004. (There was also a large, but less intense, area of activation in my dorsolateral prefrontal cortex.)

37. Baba Shiv et al., "Investment Behavior and the Negative Side of Emotion," *PS,* vol. 16, no. 6 (2005), pp. 435–39; Tetsuo Koyama et al., "The Subjective Experience of Pain," *PNAS,* vol. 102, no. 36 (Sept. 6, 2005), pp. 12950–55; George Loewenstein, "The Pleasures and Pains of Information," *Science,* vol. 312 (May 5, 2006), pp. 704–6; Gregory S. Berns, "Neurobiological Substrates of Dread," *Science,* vol. 312 (May 5, 2006), pp. 754–58.

38. Camelia M. Kuhnen and Brian Knutson, "The Neural Basis of Financial Risk Taking," *Neuron,* vol. 47 (Sept. 1, 2005), pp. 763–70; JZ e-mail interview with Knutson, June 19, 2006; Jennifer S. Lerner et al., "Heart Strings and Purse Strings," *PS,* vol. 15, no. 5 (2004), pp. 337–41; JZ e-mail interview with Lerner, June 20, 2006.

39. JZ e-mail interviews with Wayne Wagner, former chairman, Plexus Group, now an independent consultant to ITG Solutions Network, April 7 and 11, 2006; Ian Domowitz and Benn Steil, "Automation, Trading Costs, and the Structure of the Securities Trading Industry," *Brookings-Wharton Papers on Financial Services* (Washington, D. C.: Brookings Institution, 1999), pp. 33–81; Donald B. Keim and

Ananth Madhavan, "The Cost of Institutional Equity Trades," *FAJ* (July/Aug. 1998), pp. 50–69.

40 Nina Hattiangadi, "Failing to Act," *International Journal of Aging and Human Development,* vol. 40, no. 3 (1995), pp. 175–85; Thomas Gilovich and Victoria Husted Medvec, "The Temporal Pattern to the Experience of Regret," *JPSP,* vol. 67, no. 3 (1994), pp. 357–65, and "The Experience of Regret," *PR,* vol. 102, no. 2 (1995), pp. 379–95; Thomas Gilovich et al., "Varieties of Regret," *PR,* vol. 105, no. 3 (1998), pp. 602–5; JZ telephone interview with Thomas Gilovich, July 17, 2006.

41 Ilana Ritov, "The Effect of Time on Pleasure with Chosen Outcomes," *JBDM,* vol. 19 (2006), pp. 177–90; Neal J. Roese and Amy Summerville, "What We Regret Most . . . and Why," *PSPB,* vol. 31, no. 9 (Sept. 2005), pp. 1273–85; Neal J. Roese, "Twisted Pair," *BHJDM,* pp. 258–73; Daniel Kahneman, "Varieties of Counterfactual Thinking," in Neal J. Roese and James M. Olson, eds., *What Might Have Been* (Mahwah, N.J.: Erlbaum, 1995), pp. 375–96; Neal Roese, *If Only* (New York: Broadway, 2005).

42 Suzanne O'Curry Fogel and Thomas Berry, "The Disposition Effect and Individual Investor Decisions," *JBF,* vol. 7, no. 2 (2006), pp. 107–16.

43 Daniel T. Gilbert et al., "Looking Forward to Looking Backward," *PS,* vol. 15, no. 5 (2004), pp. 346–50; JZ telephone interview with Thomas Gilovich, July 17, 2006.

44 JZ telephone interview with Dan Robertson, Feb. 17, 2005; fax to JZ from Robertson and Steve Schullo, Feb. 21, 2005.

45 Terry Connolly and Marcel Zeelenberg, "Regret in Decision Making," *CDPS,* vol. 11, no. 6 (Dec. 2002), pp. 212–16; JZ e-mail interview with Thomas Gilovich, July 20, 2006.

46 JZ telephone interview with Terrance Odean, July 12, 2005; Suzanne O'Curry Fogel and Thomas Berry, "The Disposition Effect and Individual Investor Decisions," *JBF,* vol. 7, no. 2 (2006), pp. 107–16; "Applying Behavioral Finance to Value Investing," presentation by Whitney Tilson (Nov. 2005), www.tilsonfunds.com/TilsonBehavioralFinance.pdf; Gretchen B. Chapman, "Similarity and Reluctance to Trade," *JBDM,* vol. 11 (1998), pp. 47–58.

47 JZ, "How Losing Less Can Cost You More," *MM,* June 2005, p. 70.

48 JZ telephone interview with Michael Hadley, assistant counsel for pension regulation, Investment Company Institute, July 18, 2006.

49 Richard Zeckhauser, remarks at Oxford Programme on Investment Decision-Making,

Saïd School of Business, Oxford, U.K. Oct. 22, 2004; JZ e-mail interview with Zeckhauser, July 20, 2006; Neal Roese, *If Only* (New York: Broadway, 2005), pp. 201–2.

50 JZ e-mail interview with Elke Weber, July 20, 2006; Vanguard data kindly provided by John Woerth, Vanguard public relations, July 24, 2006.

51 Oded Braverman et al., "The (Bad?) Timing of Mutual Fund Investors," http://ssrn.com/abstract=795146; JZ e-mail interview with Shmuel Kandel and Avi Wohl, July 26, 2006; Pascal, *Pensées,* no. 139; Seth J. Masters, "Rebalancing," *JPM* (Spring 2003), pp. 52–57; Yesim Tokat, "Portfolio Rebalancing in Theory and Practice," Vanguard Investment Counseling & Research, report no. 31 (2006); Robert D. Arnott and Robert M. Lovell Jr., "Rebalancing," First Quadrant Corp. Monograph No. 3 (1992); Mark Riepe and Bill Swerbenski, "Rebalancing for Tax-Deferred Accounts," *JFP* (April 2006), pp. 40–44; Efficient Frontier, Sept. 1996, Jan. 1997, July 1997, www.efficientfrontier.com; JZ e-mails with William Bernstein, Jan. 23, 2004, and July 21, 2006; JZ telephone interview with Thomas Gilovich, July 17, 2006; http://therightmix.alliancebernstein.com/CmsObjectTRM/PDF/PressRelease_051102_INV.pdf; detailed survey results provided by Tiller LLC; JZ e-mail interview with John Ameriks, June 20, 2006.

第十章　快　乐

1 James Boswell, *The Life of Samuel Johnson* (New York: Everyman's Library, 1992), p. 273.

2 Ed Diener and Carol Diener, "Most People Are Happy," *PS,* vol. 7, no. 3 (May 1996), pp. 181–85; David G. Myers and Ed Diener, "Who Is Happy?" *PS,* vol. 6, no. 1 (Jan. 1995), pp. 10–19; David G. Myers, "The Funds, Friends, and Faith of Happy People," *AP,* vol. 55, no. 1 (Jan. 2000), pp. 56–67; PNC Advisors, "Wealth and Values Survey Findings" (2005), p. 5; David Futrelle, "Can Money Buy Happiness?" *MM,* Aug. 2006, pp. 127–31; Arthur Schopenhauer, *The Wisdom of Life* (Amherst, N.Y.: Prometheus Books, 1995), p. 45. "Money (That's What I Want)" was originally written by Berry Gordy Jr. and Janie Bradford and recorded by Barrett Strong.

3 Robert Sapolsky, "Sick of Poverty," *SA* (Dec. 2005), pp. 93–99; Rosemarie Kobau et al., "Sad, Blue, or Depressed Days, Health Behaviors and Health-Related Quality of Life," *Health and Quality of Life Outcomes,* vol. 2, no. 40 (2004), www.hqlo.com/

content/2/1/40; Maria J. Silveira et al., "Net Worth Predicts Symptom Burden at the End of Life," *Journal of Palliative Medicine*, vol. 8, no. 4 (2005), pp. 827–37; Andrew J. Tomarken et al., "Resting Frontal Brain Activity Linkages to Maternal Depression and Socioeconomic Status Among Adolescents," *BP*, vol. 67 (2004), pp. 77–102; Peggy McDonough et al., "Income Dynamics and Adult Mortality in the United States, 1972 through 1989," *American Journal of Public Health*, vol. 87, no. 9 (Sept. 1997), pp. 1476–83; Janis L. Dickinson and Andrew McGowan, "Winter Resource Wealth Drives Delayed Dispersal and Family-Group Living in Western Bluebirds," *PRSLB*, vol. 272, no. 1579 (Nov. 22, 2005), pp. 2423–28; JZ e-mail interview with Dickinson, Nov. 9, 2005.

4　Ed Diener et al., "Happiness of the Very Wealthy," *SIR*, vol. 16, no. 3 (April 1985), pp. 263–74; Ed Diener and Martin E. P. Seligman, "Beyond Money," *Psychological Science in the Public Interest*, vol. 5, no. 1 (2004), pp. 1–31; JZ e-mail interview with Ed Diener, Aug. 15, 2006.

5　George Loewenstein and Shane Frederick, "Predicting Reactions to Environmental Change," in Max Bazerman et al., *Psychological Perspectives on Ethics and the Environment* (San Francisco: New Lexington Press, 1997), pp. 52–72.

6　Arthur M. Schlesinger Jr., *A Thousand Days* (New York: Mariner, 2002), p. 1028.

7　Daniel Kahneman, "Objective Happiness," in *W-B*, pp. 3–25.

8　Philip Brickman et al., "Lottery Winners and Accident Victims," *JPSP*, vol. 36, no. 8 (1978), pp. 917–27; www.nefe.org/fple/windfallpage1.html; Beverly Keel, "A Dollar and a Dreamer," *New York*, Dec. 16, 2002, p. 18.

9　Richard Stensman, "Severely Mobility-Disabled People Assess the Quality of Their Lives," *Scandinavian Journal of Rehabilitation Medicine*, vol. 17, no. 2 (1985), pp. 87–99; Gale G. Whiteneck et al., "Mortality, Morbidity, and Psychosocial Outcomes of Persons Spinal Cord Injured More than 20 Years Ago," *Paraplegia*, vol. 30, no. 9 (Sept. 1992), pp. 617–30; Kenneth A. Gerhart et al., "Quality of Life Following Spinal Cord Injury," *Annals of Emergency Medicine*, vol. 23, no. 4 (April 1994), pp. 807–12; John R. Bach and Margaret C. Tilton, "Life Satisfaction and Well-Being Measures in Ventilator Assisted Individuals with Traumatic Tetraplegia," *APMR*, vol. 75, no. 6 (June 1994), pp. 626–32; Lawrence C. Vogel et al., "Long-Term Outcomes and Life Satisfaction of Adults Who Had Pediatric Spinal Cord Injuries," *APMR*, vol. 79, no. 12 (Dec. 1998), pp. 1496–1503; Marcel P. J. M. Dijkers, "Correlates of Life Satisfaction among Persons with Spinal Cord Injury," *APMR*, vol. 80, no. 8 (Aug.

1999), pp. 867–76; Karyl M. Hall et al., "Follow-up Study of Individuals with High Tetraplegia," *APMR*, vol. 80, no. 11 (Nov. 1999), pp. 1507–13.

10 JZ, "The Soul of an Investor," *MM*, March 2005, pp. 66–71.

11 JZ e-mail interview with Diener, Aug. 15, 2006.

12 Daniel T. Gilbert and Timothy D. Wilson, "Miswanting," in Joseph P. Forgas, ed., *Thinking and Feeling* (Cambridge, U.K.: Cambridge University Press, 2000), pp. 178–97; Timothy D. Wilson et al., "Focalism," *JPSP*, vol. 78, no. 5 (May 2000), pp. 821–36; Leaf Van Boven et al., "The Illusion of Courage in Social Predictions," *OBHDP*, vol. 96 (2005), pp. 130–41.

13 George Loewenstein and David Schkade, "Wouldn't It Be Nice?" in *W-B*, pp. 3–25; JZ telephone interview with Daniel Gilbert, June 17, 2004; see also Gilbert's brilliant book, *Stumbling on Happiness* (New York: Knopf, 2006). "There are two tragedies": George Bernard Shaw, *Man and Superman*, 4:369 (Shaw borrowed, and polished, this line from Oscar Wilde).

14 Derrick Wirtz et al., "What to Do on Spring Break?" *PS*, vol. 14, no. 5 (Sept. 2003), pp. 520–24; Terence R. Mitchell et al., "Temporal Adjustments in the Evaluation of Events," *JESP*, vol. 33 (1997), pp. 421–48; Robert I. Sutton, "Feelings about a Disneyland Visit," *Journal of Management Inquiry*, vol. 1, no. 4 (Dec. 1992), pp. 278–87; JZ e-mail interview with Sutton, Aug. 14, 2006; Dorothy Field, "Retrospective Reports by Healthy Intelligent Elderly People of Personal Events of Their Adult Lives," *International Journal of Behavioral Development*, vol. 4 (1981), pp. 77–97; Donald A. Redelmeier et al., "Memories of Colonoscopy," *Pain*, vol. 104 (2003), pp. 187–94; Daniel Kahneman et al., "Back to Bentham?" *QJE*, May 1997, pp. 375–404; Barbara L. Fredrickson, "Extracting Meaning from Past Affective Experiences," *C&E*, vol. 14, no. 4 (2000), pp. 577–606.

15 Michael Ross, "Relation of Implicit Theories to the Construction of Personal Histories," *PR*, vol. 96, no. 2 (1989), pp. 341–57; Chu Kim-Prieto et al., "Integrating the Diverse Definitions of Happiness," *JOHS*, vol. 6 (2005), pp. 261–300; JZ e-mail interview with Justin Kruger, Aug. 24, 2006.

16 Fritz Strack et al., "Priming and Communication," *European Journal of Social Psychology*, vol. 18 (1988), pp. 429–42; Norbert Schwarz et al., "Assimilation and Contrast Effects in Part-Whole Question Sequences," *Public Opinion Quarterly*, vol. 55 (1991), pp. 3–23; Norbert Schwarz and Fritz Strack, "Reports of Subjective Well-Being," in *W-B*, pp. 61–84; Daniel Kahneman et al., "A Survey Method

for Characterizing Daily Life Experience," *Science,* vol. 306 (Dec. 3, 2004), pp. 1776–80; Shigehiro Oishi and Helen W. Sullivan, "The Predictive Value of Daily vs. Retrospective Well-Being Judgments in Relationship Stability," *JESP,* vol. 42 (2006), pp. 460–70.

17　Ed Diener and Martin E. P. Seligman, "Very Happy People," *PS,* vol. 13, no. 1 (Jan. 2002), pp. 81–84; David G. Myers, "The Funds, Friends, and Faith of Happy People," *AP,* vol. 55, no. 1 (Jan. 2000), pp. 56–67; William Pavot et al., "Extraversion and Happiness," *Personality and Individual Differences,* vol. 11, no. 12 (1990), pp. 1299–1306; Daniel Kahneman et al., "A Survey Method for Characterizing Daily Life Experience," *Science,* vol. 306 (Dec. 3, 2004), pp. 1776–80.

18　Richard J. Davidson and Nathan A. Fox, "Frontal Brain Asymmetry Predicts Infants' Response to Maternal Separation," *Journal of Abnormal Psychology,* vol. 98, no. 2 (1989), pp. 127–31; Richard J. Davidson, "Well-Being and Affective Style," *PTRSLB,* vol. 359 (2004), pp. 1395–1411; Robert E. Wheeler et al., "Frontal Brain Asymmetry and Emotional Reactivity," *Psychophysiology,* vol. 30 (1993), pp. 82–89; Diego A. Pizzagalli et al., "Frontal Brain Asymmetry and Reward Responsiveness," *PS,* vol. 16, no. 10 (2005), pp. 805–13; Antoine Lutz et al., "Long-Term Meditators Self-Induce High-Amplitude Gamma Synchrony during Mental Practice," *PNAS,* vol. 101, no. 46 (Nov. 16, 2004), pp. 16369–73; Heather L. Urry et al., "Making a Life Worth Living," *PS,* vol. 15 (2004), no. 6, pp. 367–72.

19　Tim Kasser, *The High Price of Materialism* (Cambridge, Mass.: MIT Press, 2000), pp. 30–32; Tim Kasser et al., "The Relations of Maternal and Social Environments to Late Adolescents' Materialistic and Prosocial Values," *Developmental Psychology,* vol. 31, no. 6 (1995), pp. 907–14; Tim Kasser and Richard M. Ryan, "A Dark Side of the American Dream," *JPSP,* vol. 65, no. 2 (1993), pp. 410–22; Carol Nickerson et al., "Zeroing in on the Dark Side of the American Dream," *PS,* vol. 14, no. 6 (Nov. 2003), pp. 531–36; M. Joseph Sirgy, "Materialism and the Quality of Life," *SIR,* vol. 43 (1998), pp. 227–60; Ed Diener and Robert Biswas-Diener, "Will Money Increase Subjective Well-Being?" *SIR,* vol. 57 (2002), pp. 119–69; Daniel Kahneman et al., "Would You Be Happier If You Were Richer?" *Science,* vol. 312 (June 30, 2006), pp. 1908–10.

20　Robert M. Sapolsky, "The Influence of Social Hierarchy on Primate Health," *Science,* vol. 308 (April 29, 2005), pp. 648–52; Olivier Berton et al., "Essential Role of BDNF in the Mesolimbic Dopamine Pathway in Social Defeat Stress," *Science,* vol. 311 (Feb. 10, 2006), pp. 864–68; Sabrina S. Burmeister et al., "Rapid Behavioral and Genomic Responses to Social Opportunity," *PloS Biology,* vol. 3, no. 11 (Nov. 2005), pp. 1996–2004; Helen E. Fox et al., "Stress and Dominance in a Social Fish," *JN,* vol. 17, no. 16 (Aug. 15, 1997), pp. 6463–69; D. Caroline Blanchard et al., "Subordination Stress," *Behavioural Brain Research,* vol. 58 (1993), pp. 113–21; Robert O. Deaner et al., "Monkeys Pay Per View," *CB,* vol. 15 (March 29, 2005), pp. 543–48; Drake Morgan et al., "Social Dominance in Monkeys," *NNS,* vol. 5, no. 2 (Feb. 2002), pp. 169–74.

21 Susanne Erk et al., "Cultural Objects Modulate Reward Circuitry," *NeuroReport,* vol. 13 (2002), pp. 2499–2503.

22 Michael R. Hagerty, "Social Comparison of Income in One's Community," *JPSP,* vol. 78 (2000), pp. 746–71; Alois Stutzer, "The Role of Income Aspirations in Individual Happiness," *JEBO,* vol. 54 (2004), pp. 89–109; Andrew E. Clark and Andrew J. Oswald, "Satisfaction and Comparison Income," *Journal of Public Economics,* vol. 61 (1996), pp. 359–81; Ed Diener et al., "Factors Predicting the Subjective Well-Being of Nations," *JPSP,* vol. 69 (1995), pp. 851–64; Michael Argyle, "Causes and Correlates of Happiness," in *W-B,* pp. 353–73; H. L. Mencken, "Masculum et Feminam Creavit Eos," in *A Mencken Chrestomathy* (New York: Knopf, 1978), p. 619; David Neumark and Andrew Postlewaite, "Relative Income Concerns and the Rise in Married Women's Employment," *Journal of Public Economics,* vol. 70 (1998), pp. 157–83; Michael McBride, "Relative-Income Effects on Subjective Well-Being in the Cross-Section," *JEBO,* vol. 45 (2001), pp. 251–78 (the finding about a brother-in-law's income holds when both sisters are nonworking); "Affluent Americans and Their Money," survey for *MM* by RoperASW (2002), p. 46.

23 Richard J. Davidson, "Affective Style, Psychopathology, and Resilience," *AP,* vol. 55, no. 11 (Nov. 2000), pp. 1196–1214; Melissa A. Rosenkranz et al., "Affective Style and in vivo Immune Response," *PNAS,* vol. 100, no. 19 (Sept. 16, 2003), pp. 11148–52; Richard J. Davidson et al., "Alterations in Brain and Immune Function Produced by Mindfulness Meditation," *Psychosomatic Medicine,* vol. 65 (2003), pp. 564–70; Carol D. Ryff et al., "Positive Health," *PTRSLB,* vol. 359 (2004), pp. 1383–94; Andrew Steptoe et al., "Positive Affect and Health-Related Neuroendocrine, Cardiovascular, and Inflammatory Processes," *PNAS,* vol. 102, no. 18 (May 3, 2005), pp. 6508–12; Erik J. Giltay et al., "Dispositional Optimism and All-Cause

and Cardiovascular Mortality in a Prospective Cohort of Elderly Dutch Men and Women," *Archives of General Psychiatry,* vol. 61 (Nov. 2004), pp. 1126–35; Carol D. Ryff et al., "Psychological Well-Being and Ill-Being," *Psychotherapy and Psychosomatics,* vol. 75 (2006), pp. 85–95.

24 Alice M. Isen, "Positive Affect and Decision Making," in Michael Lewis and Jeannette M. Haviland-Jones, *Handbook of Emotions* (New York: Guilford, 2004), pp. 417–35; Barbara L. Fredrickson, "The Broaden-and-Build Theory of Positive Emotions," *PTRSLB,* vol. 359 (2004), pp. 1367–77; Sonja Lyubomirsky et al., "The Benefits of Frequent Positive Affect," *PB,* vol. 131, no. 6 (2005), pp. 803–55; Ed Diener et al., "Dispositional Affect and Job Outcomes," *SIR,* vol. 59 (2002), pp. 229–59; Carol Graham et al., "Does Happiness Pay?" *JEBO,* vol. 55 (2004), pp. 319–42; Barry M. Staw et al., "Employee Positive Emotion and Favorable Outcomes at the Workplace," *Organization Science,* vol. 5 (1994), pp. 51–71; Andrew W. Lo, "Fear and Greed in Financial Markets," *AER,* vol. 95, no. 2 (2005), pp. 352–59.

25 JZ telephone interview with Barnett Helzberg, June 25, 2003; Bob Woodward, "How Mark Felt Became 'Deep Throat,'" *Washington Post,* June 2, 2005, p. A1; JZ telephone interview with Richard Wiseman, June 16, 2003; JZ, "Are You Lucky?" *MM,* Aug. 2003, p. 85; Richard Wise-man, "The Luck Factor," *Skeptical Inquirer,* May/June 2003, pp. 26–30, and *The Luck Factor* (New York: Miramax Books, 2003); www.luckfactor.co.uk.

26 Robert K. Merton and Elinor Barber, *The Travels and Adventures of Serendipity* (Princeton, N.J.: Princeton University Press, 2004); http://members.aol.com/spencerlab/history/readdig.htm; www.raytheon.com/about/history/leadership/index.html; www.ieee-virtual-museum.org/collection/tech.php?id=2345891&lid=1.

27 George Ainslie, *Picoeconomics* (Cambridge, U.K.: Cambridge University Press, 1992) and *Breakdown of Will* (Cambridge, U.K.: Cambridge University Press, 2000); Shane Frederick et al., "Time Discounting and Time Preference," in *TAD,* pp. 13–86; Richard Thaler and George Loewenstein, "Intertemporal Choice," in Richard H. Thaler, *The Winner's Curse* (Princeton, N.J.: Princeton University Press, 1992), pp. 92–106; Thomas C. Schelling, *Choice and Consequence* (Cambridge, Mass.: Harvard University Press, 1984), pp. 57–82.

28 Alex Kacelnik, "The Evolution of Patience," in *TAD,* pp. 115–38; Alex Kacelnik and Melissa Bateson, "Risky Theories," *American Zoologist,* vol. 36, no. 4 (Sept. 1996), pp. 402–34; Leonard Green and Joel Myerson, "Exponential versus Hyperbolic

Discounting of Delayed Outcomes," *American Zoologist,* vol. 36, no. 4 (Sept. 1996), pp. 496–505; Joel Myerson and Leonard Green, "Discounting of Delayed Rewards," *JEAB,* vol. 64, no. 3 (Nov. 1995), pp. 263–76.

29 *EBRI Issue Brief,* Jan. 2006, www.ebri.org/pdf/briefspdf/EBRI_IB_01-20061.pdf; Ronald T. Wilcox, "Bargain Hunting or Star Gazing," *JB,* vol. 76, no. 4 (2003), pp. 645–63; Edward S. O'Neal, "Mutual Fund Share Classes and Broker Incentives," *FAJ,* Sept.–Oct. 1999, pp. 76–87; Lawrence M. Ausubel, "The Failure of Competition in the Credit Card Market," *AER,* vol. 81, no. 1 (1991), pp. 50–81; Jonathan Clements, "Why It Pays to Delay," *WSJ,* Apr. 23, 2003, p. D1; www.tiaa-crefinstitute.org/research/papers/070102.html; Stefano Della Vigna and Ulrike Malmendier, "Contract Design and Self-Control," *QJE,* vol. 119, no. 2 (May 2004), pp. 353–402; John T. Warner and Saul Pleeter, "The Personal Discount Rate," *AER,* vol. 91, no. 1 (March 2001), pp. 33–53; Shlomo Benartzi and Richard H. Thaler, "Risk Aversion or Myopia?," *MS,* vol. 45, no. 3 (March 1999), pp. 364–81.

30 George Ainslie and John Monterosso, "A Marketplace in the Brain," *Science,* vol. 306 (Oct. 15, 2004), pp. 421–23; Samuel M. McClure et al., "Separate Neural Systems Value Immediate and Delayed Monetary Rewards," *Science,* vol. 306 (Oct. 15, 2004), pp. 503–7; JZ interview with Jonathan Cohen and Samuel McClure, Nov. 2004.

31 Walter Mischel et al., "Delay of Gratification in Children," *Science,* vol. 244 (May 26, 1989), pp. 933–38; Walter Mischel et al., "Sustaining Delay of Gratification over Time," *TAD,* pp. 175–200; John Ameriks et al., "Measuring Self-Control" (Feb. 2004), www.nber.org/papers/W10514; JZ, "Tie Me Down and Make Me Rich," *MM,* May 2004, p. 119; JZ telephone interview with Andrew Caplin, March 16, 2004.

32 James J. Choi et al., "Saving for Retirement on the Path of Least Resistance" (July 2004), http://post.economics.harvard.edu/faculty/laibson/papers/savingretirement.pdf; JZ telephone interviews with David Laibson, Nov. 11, 2005, and Joseph Ferrari, Nov. 15, 2005; JZ, "Do It Now," *MM,* Jan. 2006, pp. 80–81.

33 Heather P. Lacey et al., "Hope I Die Before I Get Old," *JOHS,* vol. 7 (2006), pp. 167–82; JZ e-mail interview with Lacey, Aug. 15, 2006.

34 A. Rösler et al., "Effects of Arousing Emotional Scenes on the Distribution of Visuospatial Attention," *Journal of the Neurological Sciences* (2005), pp. 109–16; Mara Mather et al., "The Allure of the Alignable," *JEP,* vol. 134, no. 1 (2005), pp. 38–51; Susan Turk Charles et al., "Aging and Emotional Memory," *JEP,* vol. 132, no.

2 (2003), pp. 310–24; Mara Mather, "Why Memories May Become More Positive as People Age," in Bob Uttl et al., *Memory and Emotion* (Malden, Mass.: Blackwell, 2006), pp. 135–58.

35 Mara Mather et al., "Amygdala Responses to Emotionally Valenced Stimuli in Older and Younger Adults," *PS,* vol. 15, no. 4 (2004), pp. 259–63; Leanne M. Williams, "The Mellow Years?" *JN,* vol. 26, no. 24 (June 14, 2006), pp. 6422–30; Laura L. Carstensen et al., "Aging and the Intersection of Cognition, Motivation, and Emotion," in James E. Birren and K. Warner Schaie, eds., *Handbook of the Psychology of Aging* (San Diego: Academic Press, 2006), pp. 343–62. It is possible that the amygdala's ability to process negative emotions may decay with age, leaving positive processing intact; see Faith M. Gunning-Dixon et al., "Age-Related Differences in Brain Activation during Emotional Face Processing," *Neurobiology of Aging,* vol. 24 (2003), pp. 285–95.

36 Johnny Mercer and Harold Arlen, "Ac-Cent-Tchu-Ate the Positive" (1944).

37 Hans-Ulrich Wittchen et al., "Lifetime Risk of Depression," *British Journal of Psychiatry,* vol. 26, supplement (Dec. 1994), pp. 16–22; Susan T. Charles and Laura L. Carstensen, "A Life Span View of Emotional Functioning in Adulthood and Old Age," *Advances in Cell Aging and Gerontology,* vol. 15 (2003), pp. 133–62; John F. Helliwell and Robert D. Putnam, "The Social Context of Well-Being," *PTRSLB,* vol. 359 (2004), pp. 1435–46; *BusinessWeek,* Aug. 13, 1979, pp. 54–59. I am grateful to William Bernstein for calling the "old fogies" line to my attention.

38 Robert Browning, "Rabbi Ben Ezra," lines 1–3, from *Dramatis Personae* (1855).

39 "You don't have to be rich to be happy" is a favorite phrase of my colleague Jean Chatzky of *Money* magazine (see her book *You Don't Have to Be Rich* [New York: Portfolio, 2003]); Fred B. Bryant et al., "Using the Past to Enhance the Present," *JOHS,* vol. 6 (2005), pp. 227–60.

40 M. Joseph Sirgy et al., "Does Television Viewership Play a Role in the Perception of Quality of Life?" *Journal of Advertising,* vol. 27, no. 1 (1998), pp. 125–42.

41 JZ telephone interview with Goldfine, Aug. 28, 2006.

42 Barbara L. Fredrickson, "Extracting Meaning from Past Affective Experiences," *C&E,* vol. 14, no. 4 (2000), pp. 577–606; Dan Ariely and Ziv Carmon, "Gestalt Characteristics of Experiences," *JBDM,* vol. 13, no. 2 (2000), pp. 191–201.

43 Neal J. Roese and Amy Summerville, "What People Regret Most . . . and Why," *PSPB,* vol. 31, no. 9 (Sept. 2005), pp. 1273–85.

44 Daniel Read et al., "Four Score and Seven Years from Now," *MS,* vol. 51, no. 9 (Sept. 2005), pp. 1326–35; Nava Ashraf et al., "Tying Odysseus to the Mast" (July 2005), http://ssrn.com/abstract=770387.

45 JZ e-mail interview with Richard Wiseman, June 27, 2003; JZ, "Are You Lucky?," *MM,* Aug. 2003, p. 85. The article I read in the airport was Michael S. Gazzaniga, "The Split Brain Revisited," *SA,* July 1998, pp. 50–55. (See Chapter Four, "Pigeons, Rats, and Randomness," p. 57.)

46 Roy F. Baumeister et al., "Ego Depletion," *JPSP,* vol. 74, no. 5 (1998), pp. 1252–65; Roy F. Baumeister and Kathleen D. Vohs, "Willpower, Choice, and Self-Control," in *TAD,* pp. 201–16; JZ telephone interview with Laibson, Nov. 11, 2005.

47 Martin E. P. Seligman et al., "Positive Psychology Progress," *AP,* vol. 60, no. 5 (2005), pp. 410–21; Martin E. P. Seligman et al., "A Balanced Psychology and a Full Life," *PTRSLB,* vol. 359 (2004), pp. 1379–81; www.edge.org/3rd_culture/seligman04/seligman_index.html; Kennon M. Sheldon and Sonja Lyubomirsky, "How to Increase and Sustain Positive Emotion," *Journal of Positive Psychology,* vol. 1 (2006), pp. 73–82; Martin E. P. Seligman, *Authentic Happiness* (New York: Free Press, 2002).

48 Chu Kim-Prieto et al., "Integrating the Diverse Definitions of Happiness," *JOHS,* vol. 6 (2005), pp. 261–300; Ed Diener and Shigehiro Oishi, "The Nonobvious Social Psychology of Happiness," *Psychological Inquiry,* vol. 16, no. 4 (2005), pp. 162–67; Leaf Van Boven and Thomas Gilovich, "To Do or to Have?," *JPSP,* vol. 85, no. 6 (2003), pp. 1193–1202; Sonja Lyubomirsky et al., "Pursuing Happiness," *Review of General Psychology,* vol. 9, no. 2 (2005), pp. 111–31; Kennon M. Sheldon and Sonja Lyubomirsky, "Achieving Sustainable Gains in Happiness," *JOHS,* vol. 7 (2006), pp. 55–86; Charles T. Munger in *Outstanding Investor Digest,* Sept. 24, 1998, p. 53; Richard M. Ryan and Edward L. Deci, "On Happiness and Human Potentials," *Annual Review of Psychology,* vol. 52 (2001), pp. 141–66.